U0585466

地图是一种图形表现，可以从空间上帮助理解人类世界中的事物、概念、条件、进程或事件。

地图总是把复杂的世界变得不复杂。世界地图帮助我们分析、简化和视觉化三维物理现实。

在世界霸权的争夺战中，笔和印刷机成为比火药更有威力的武器。

一个人坐在椅子里，在一本地图书陪伴下所完成的对遥远异域的旅行，要比被难以预料的海洋所支配、在一条船摇晃的甲板上完成的旅行，更愉快也更安全。

除了野蛮国家，整个世界都被书统治着。

司母戊工作室

# THE MAPMAKERS' WORLD

# The Mapmakers' WORLD

## A CULTURAL HISTORY OF THE EUROPEAN WORLD MAP

## 欧洲地图里的世界文明史


[芬]马里奥·T. 努尔米宁　著

[芬]尤哈·努尔米宁　主编

尹楠　译



人民东方出版传媒

東方出版社

图书在版编目（CIP）数据

欧洲地图里的世界文明史 / (芬) 马里奥 · T. 努尔米宁 (Marjo T. Nurminen) 著 ; (芬) 尤哈 · 努尔米宁 (Juha Nurminen) 主编 ; 尹楠译 . -- 北京 : 东方出版社 , 2019.11

书名原文 : The Mapmaker's World. A Cultural History of the European World Map

ISBN 978-7-5207-1000-8

Ⅰ . ①欧… Ⅱ . ①马… ②尤… ③尹… Ⅲ . ①世界史—文化史—通俗读物 Ⅳ . ① K103-49

中国版本图书馆 CIP 数据核字 (2019) 第 077792 号


Originally entitled Maailma piirtyy kartalle. 1000 vuotta maailmankartan kulttuurihistoriaa

版权合同登记号：01-2018-3896

欧洲地图里的世界文明史

（OUZHOU DITU LI DE SHIJIE WENMINGSHI）

作　　者：[ 芬 ] 马里奥 · T. 努尔米宁
主　　编：[ 芬 ] 尤哈 · 努尔米宁
译　　者：尹　楠
责任编辑：黄珊珊
出　　版：东方出版社
地　　址：北京市朝阳区西坝河北里 51 号
邮　　编：100028
印　　刷：北京彩和坊印刷有限公司
版　　次：2019 年 11 月第 1 版
印　　次：2019 年 11 月北京第 1 次印刷
开　　本：787 毫米 ×1092 毫米　1/16
印　　张：21.75
字　　数：300 千字
书　　号：ISBN 978-7-5207-1000-8
定　　价：118.00 元
发行电话：（010）59320018

# 目 录

约翰 · 塞勒《迷你地图集》扉页（1678 年）
尤哈 · 努尔米宁世界地图收藏，赫尔辛基

# 前言与主编致谢

古地图是了解历史的一扇窗。最早提出这一理念的是佛兰德人亚伯拉罕 · 奥特柳斯，他是 16 世纪著名的制图大师、出版人和收藏家。地理图像能够提供相关地图制作时期富有魅力的文化历史信息，这种说法并不新鲜，不过，这却让有关地图制作的一切变得更有趣。

多年来，我一直酝酿着一个梦想，那就是出版一本书，记录欧洲人绘制的世界地图的文化历史。近半个世纪以来，我一直在收集早期印刷的世界地图，其中很多都已经用作约翰 · 努尔米宁基金会之前所出版图书的插图。

大约 5 年前，也就是 2010 年，我与妻子马里奥 · T. 努尔米宁对出版一本有关欧洲人绘制的世界地图的书这个问题开始了更为认真的讨论。因为她在科学史研究方面颇有经验，我们便决定由她来做实际研究，并撰写正文与图片说明。全书章节结构设计、地图以及其他插图的选取则由我们两人共同完成。创作本书的初衷是将截至 2013 年我所收集编目的世界地图尽可能多地利用起来（《尤哈 · 努尔米宁世界地图集》）。

据我所知，这本《欧洲地图里的世界文明史》是面向大众读者的世界地图史出版物当中，最为综合的一本。19 世纪晚期，芬兰瑞典语区地图史学家、探索先驱 A.E. 诺登斯科德曾在斯德哥尔摩出版过地图史经典作品《摹本—地图集》和《水域图》，但这本书从未被翻译成我的母语芬兰语。作为地图收藏家、研究家与探索家，诺登斯科德是我非常重要的一个榜样。他丰富而珍贵的地图藏品现存于芬兰国家图书馆，使得这个小国成为制图史领域的国际圣地。同时，诺登斯科德的藏品也在很大程度上促成了本书的创作。

作为努尔米宁基金会此前几项重点图书项目的主编，我总是极力强调，我们出版的图书必须在学术界掷地有声，是能将历史生动再现的引人入胜的非虚构佳作。我们也尽力让出版的作品在视觉方面具有吸引力。早期世界地图堪称视觉艺术的非凡之作，我们强调复制图片的质量，为的就是能够凸显地图本身之美。在使用其他插图时，我们也借助了适合每个具体时期的历史素材。

除了保护波罗的海这个目标，努尔米宁基金会还致力于促进、保护并吸引大家对海洋文化遗产的关注。这从我们对出版的投入中就可以看出来，地图与航海史被置于出版中心地位。本书的主题——世界地图，在我们选择的出版方向中占有独一无二的位置，因为航海史在欧洲人绘制的世界地图中扮演了极其重要的角色。

本书聚焦于欧洲人绘制的世界地图早期历史阶段，时间跨度从约7世纪到17世纪，当时欧洲人正在发现这个世界，并首次将其绘制在地图上。在本书的世界地图中，读者可以看到欧洲人的地理概念随时间发生的变化，并如何逐步固化成为我们今天习以为常的地图影像。本书的尾声部分，简要地介绍了在此之后地图史的发展，18世纪启蒙时代和19世纪殖民主义的探索、科学和技术革新对世界地图的影响。

我想对本书的作者马里奥·T. 努尔米宁致以由衷的感谢，她对这本书全心投入，花了近5年时间研究早期世界地图。为准备这本书，我们得以有机会看到大量原始资料，这些资料来自荷兰、比利时、德国、奥地利、法国、英国、意大利、西班牙、瑞典以及俄罗斯的各个博物馆、图书馆与档案馆。在访问这些文化组织过程中，我们得到了非常友好和专业的服务，对此表示最深切的感谢。

作为约翰·努尔米宁基金会此前几本书（《波罗的海》《天涯海角》《航海史》）的主编，过去几十年我有机会与很多欧洲博物馆与图书馆建立了良好的私人关系。欧洲最大、最重要的早期地图收藏来自于伦敦的大英图书馆、巴黎的法国国家图书馆、梵蒂冈图书馆，我们多次访问这些图书馆，并研究这些伟大图书馆中的国家级宝藏。我与作者在此要特别感谢大英图书馆地图收藏部的负责人彼得·巴贝尔、法国国家图书馆地图与计划部主管让·伊夫·萨拉辛、梵蒂冈图书馆的芭芭拉·贾塔博士、莱顿大学图书馆馆长马丁·斯特罗姆斯、西班牙国家图书馆地图收藏部负责人卡门·加西亚·卡拉塔尤德和塞维利亚西印度群岛综合档案馆主管曼努埃尔·拉维纳·马丁。

如果没有与众多地图史学家的密切合作，绝对无法完成如此量级的图书项目。我们要向本书的专家顾问组成员表示感谢：彼得·巴贝尔、伊夫林·埃德森、甘特·希尔德和托尼·坎贝尔。他们每个人都为本书贡献自己宝贵的时间与专业知识。彼得·巴贝尔通读了全部五章并作了注释。他的注释与对我们的热情鼓励在这次漫长的出版过程中是不可或缺的。皮埃蒙特弗吉尼亚州社区学院荣休教授伊夫林·埃德森对有关中世纪地图的前两个章节作了注释，并提出了很多有益的改进建议。阿姆斯特丹大学荣休教授甘特·希尔德为第五章有关荷兰黄金时代的地图史作了注释，助益颇多。世界图像有限公司地图历史学家托尼·坎贝尔也给了我们很大帮助，他用其中世纪航海图方面的专业知识帮我们揭开了一段有趣的历史。

其他很多研究者还为我们提供作品作为参考，他们以这种方式慷慨地提供了专业支持。我们也要特别感谢约翰·卡特·布朗图书馆的切特·范·杜泽尔，伦敦大学的斯泰拉·克里索楚，国际地图收藏家协会的汉斯·库克以及赫尔辛基大学的古天文学专家塔皮奥·马卡宁教授。

出版这种类型的图书，很大程度上是多方通力合作的结果。我与妻子也要向本书的专业编辑团队致以最诚挚的谢意。约翰·努尔米宁基金会出版经理玛利亚·格容鲁斯很好地控制了编辑工作的复杂流程，她不仅承担了图片编辑工作，还负责了出版原稿的准备工作。编辑伊尔卡·卡图宁对本书文字的提炼给予了很大帮助，并撰写了大量图片说明。欧文·E. 威茨曼对本书进行了专业的英文翻译，唐纳德·S. 约翰逊则进行了专业的编辑工作，我们也在此向他们表示感谢。我们还要特别感谢美术设计奥拉维·汉基莫，他成功地创作出赏心悦目的图文设计，使得图片与书中文字协调，相得益彰。

我的妻子马里奥·T. 努尔米宁因撰写本书而获得芬兰非虚构作家协会的基金资助。她对如此重要的支持深表感谢。

尤哈·努尔米宁<br>约翰·努尔米宁基金会主席、海事顾问

# INTRODUCTION

# 地图作为世界的图像

## 欧洲人绘制的世界地图的千年之旅

这本小书介绍了两位最杰出的君王——卡斯蒂利亚国王费迪南德与葡萄牙国王曼努埃尔，如何考察广阔的海洋，并发现了许多岛屿与新大陆，还有迄今为止不为人知的不着寸缕的人类……不过你将从这里开始找到并读到对地球以及对整个世界的描述的理解。

《地球仪和天球仪：历史与结构》，爱德华·卢瑟·史蒂文森

作为16世纪地球仪和世界地图补充读物的相关指南中，经常包含这种类型的介绍。在此类介绍中，作者会强调，一个人坐在椅子里，在一本地图书陪伴下所完成的对遥远异域的旅行，要比被难以预料的海洋所支配、在一条船摇晃的甲板上完成的旅行，更愉快也更安全。

世界地图引发了我们旅行的兴趣，但是当看着地图时，我们经常首先寻找我们自己的家乡。我们寻求界定我们所知道的世界的边界，以便我们了解相对于我们而言未知的异域土地。在拥有绘制世界地图传统的所有文化中，地图制作者都努力将自己的文化和家乡置于地图的中心，并将陌生的异域土地放在图的边缘。这点也适用于古巴比伦人、中国人、阿拉伯人和印度人的世界地图以及欧洲人的地图。但是，早期世界地图上已经描绘出的信息要比事实层面的地理信息多得多。世界地图上应该呈现什么样的内容？这方面的观点也随着时间和文化的不同而改变。

早期世界地图引发的问题开启了一段迷人的旅程，穿越时光直达我们的文化中心。这些正是这部作品想要尝试回答的问题。早期世界地图如何告诉我们关于我们自己的信息？它们如何讲述我们的历史、文化、态度和价值观？我们对世界作为一个整体的理解，在这些地图上又是怎么体现的？它们又如何反映我们对外国和外国人的了解？

欧洲作为地理实体的概念出现的时间远早于将所有欧洲人联合在一起的共同认同概念。在形成欧洲认同的历史中，早期世界地图及时地打开了一个令人着迷的窗口；在这个复杂的过程中，欧洲和其他已知世界的地理和意识形态边界被多次重绘。

编著本书的目的是为了全面了解由欧洲人制作的早期世界地图，以及这些地图从7世纪到17

公元17世纪的荷兰地球仪◀

在17世纪，地球仪已变得足够普及。图中为著名的阿姆斯特丹制图师扬·扬松纽斯在1648年制作的地球仪。现在该地球仪被放在芬兰的图尔库堡展示。
图尔库博物馆中心

AEVI VETERIS, TYPVS GEOG
EVROPA
SEPTEMTRIO.
Zona frigida,
et
Circulus Arcticus,
Zona temperata,
Tropicus Cancri,
Zona torrida, et
Aequinoctialis, sive
fervorem a veteribus
Tropicus Capricorni,
Zona temperata,
Circulus Antarcticus,
Zona frigida,
MERIDIES.
OCCIDENS.
OCEANVS AT LANTICVS.
OCEANVS AE THIOPICVS.
INDICVS OCEANVS
MARE RVBR
AFRICA.
Abrah. Ortelius Regiae Mtis Geographus describ. cum Privilegiis decennalib. Imp. Reg. et Cancellariae Brabantiae. Antverpiae Ambivaritorum. 1590.
AMERICA
EN SPECTATOR, PILAE TOTIVS TERRAE ICHNOGRAPHIAM: AT VETERIBV
TIS NONAGESIMVM SECVNDVM SVPRA MILLES. QVADRINGENT. COGNITAE

**基督教 T-O 地图：三大洲与重要的水体▲**

中世纪早期基督教世界地图是一种简单的图示，被称为 T–O 地图，根据古代知识与《圣经》教义，将已知世界划分为三个大洲：欧洲、亚洲与非洲。较大的水体以字母 T 描述，T 也用来分开三大洲。在南方，地中海将欧洲与非洲分开，俄罗斯南部的顿河被认为是欧洲与亚洲的东部边界。尼罗河将非洲与亚洲分离。人们也知道欧洲在东边止于大西洋，但欧洲的北部地区仍然很神秘。字母 O 描绘了环绕世界的环形海洋（原文为拉丁文 mare oceanum）。这幅 1472 年的 T–O 地图是世界上已知的第一幅印刷地图。

得克萨斯大学阿灵顿分校

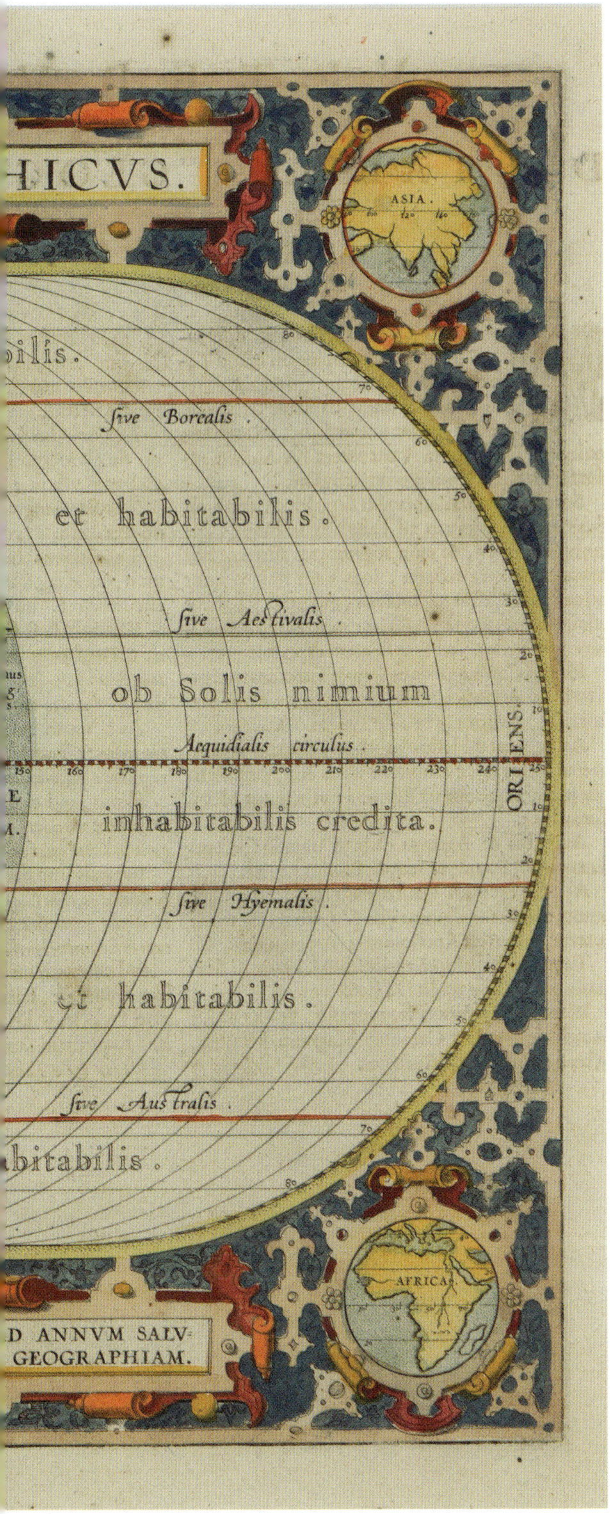

**文艺复兴地图中的古代世界◀**

著名的佛兰芒制图大师亚伯拉罕·奥特柳斯对新的地理信息和古代世界与文明非常感兴趣。这幅在 1590 年由奥特柳斯制作的世界地图描绘了古希腊人与古罗马人地理知识的局限：他们仅了解不到四分之一的地球。作者在地图边缘描绘了 16 世纪人类所认识的所有大洲：欧洲、亚洲、非洲与美洲。

尤哈·努尔米宁世界地图收藏，赫尔辛基

世纪末长达一千年的时间里所传达的世界观。最早的已知世界地图是在古代欧洲创造的，但现存最古老的世界地图，即所谓的 T-O 地图，出自公元 7 世纪。

本书介绍了中世纪、文艺复兴时期和巴洛克时期的欧洲人如何在地图上描绘世界；欧洲人的世界地图在这一千年中如何变化和发展；谁制作

青铜时代的“星象盘”◀

这件古代手工制品是在德国内布拉发现的，人们认为它描述了青铜时代的欧洲人的天文概念以及对星辰的理解。嵌在这件铜盘里的金色装饰描绘了北方天空的月相与星星，其中最重要的是昴昴星团。因为西边天空上的这七颗星会指示种植与收获时间，因此古代的农民已经密切关注它们。内布拉星象盘中的圆形金盘（直径 30cm）可能是在描绘满月，全年之中仅有 10 月底的一天可以在内布拉夜晚的天空看到满月与昴昴星团处于同一高度，这是开始收获的标志。

萨克森－安哈尔特州博物馆，哈雷

中世纪“日历轮”▶

这幅著名的中世纪地图又被称为《加泰罗尼亚图集》，绘制于 1375 年，当中不仅包含地理信息，还有丰富的天文信息，这幅圆形宇宙图就是代表之一。图中描绘了很多事物，其中有根据古代宇宙学绘制的天体规则、月相、阴历与黄道十二宫和星座（占星符号），星座的位置可根据太阳和月亮的运动追踪。天体位置被认为对人类的健康和幸福有重大影响。在“日历轮”角落的四个人物代表了四季。

法国国家图书馆

了世界地图，他们制作地图有什么用途；他们为谁制作地图，他们又是如何制作的。

从本书的地图中，可以很容易地发现欧洲人对世界的地理知识如何逐渐增长并清晰；在 18 世纪，除南极洲以外的地球最终边界终于被绘制在地球上。那时候，世界地图已达到最终的地理形态，尽管还有很多内陆地区难以描绘并且仍未被探索过。

世界地图也反映地理信息以外的东西。地图讲述了它们被创造时代的价值观和态度，这方面的内容令人着迷。地图还传达有关科学、艺术、商业、航海、工艺、政治、外交、宣传和宗教信仰等方面的信息。虽然本书主要关注欧洲人绘制的世界地图的历史，但同时也考察了一些 12 世纪的阿拉伯世界地图与 16 世纪的奥斯曼帝国世界地图，当时欧洲人对其已有所了解。

早期世界地图包含很多我们现代人容易忽视的维度。虽然我们现在在图书中和世界各地的博物馆中看到的古老世界地图主要以其美学艺术吸引我们，但它们的原始文化意义却可能模糊不清；我们无法再知道如何阅读和解释地图的视觉语言。

对早期世界地图的研究是一项令人兴奋的探索工作，因为世界地图所传达的文化信息、参考信息和寓意历经几个世纪的时间，变得越来越模糊。虽然曾经制作这些迷人图像的人们永远消失了，但他们留下的文献——世界地图——并不是沉默无声的。它们跨越几个世纪向我们低声细语，不过它们的语言有时很难理解，因为它们经常披着视觉隐喻的外衣。

本书试图全面描述早期欧洲人制作的世界地图，通过文本和图像，让读者对在大约一千年的时间里影响欧洲人的世界地图的主要历史机构、进程和革新有一个综合概览。

· · ·

我们应该如何定义一张世界地图？一直以来，世界地图帮助我们视觉化、分析和简化三维物理现实，使其以二维化图片形式呈现在我

们面前，也就是世界图像（原文为拉丁文 imago mundi）。历史学家理查德·W. 昂格表示：“地图总是把复杂的世界变得不复杂。地图对物质世界的陈述通常是失实的，因为重现陆地的实际情况是不可能的。”

与现代地图相比，类似中世纪基督教世界地图这样的早期世界地图，甚至不像地图。如果以我们对现代地图的要求，试图解读这些迷人的图像将是毫无意义的。中世纪的制图师——有学识的教士和修女——幸福地活在这些要求和定义之外。在他们的基督教世界观中，世界地图的主要目的不是追求地理上的准确。在中世纪，地图更多地被当作宇宙图和精神方面的指南，其功能是帮助人们从整体了解根据《圣经》教义与古代传统描绘的由上帝创造、人类居住的世界。人们除了在地图上可以看到有人居住的世界里耶路撒冷、罗马等主要城市在哪个方向，这些地图还讲述了基督教时代的历史，并描绘了人类在由上帝创造并统治的宇宙中的地位。

根据当代最著名的两位地图历史学家J．B.哈雷和大卫·伍德沃德提供的定义：“地图是一种图形表现，可以从空间上帮助理解人类世界中的事物、概念、条件、进程或事件。”这个定义在过去二十年中已被学术界广泛接受。当代的学术制图研究试图将早期的地图首先理解为对其时代与文化的记录文档。哈雷和伍德沃德（编辑）的具有纪念意义的系列图书《制图史》是本书的核心参考资料，该系列图书迄今为止已出版四卷，以数千页迷人的文字讲述了地图的历史。

· · ·

现在，地图历史学家和人类学家普遍支持一个观点，即地图制作是一种普遍的人类努力。甚至在人类能够将地图上的世界描绘成图之前，他们已经学会了识别方向，并能认识到天体运动中的某些规律。对古人来说，天体现象比现在对我们而言要重要得多，因为在几万年的时间里，天空就是他们的时钟、日历和指南针。

地理（地理学）和天文（宇宙学）是密不可分的；世界地图既是地理图，又是宇宙图。在五千年前的新石器时代，欧洲各地的人们开始兴建巨石结构物，其中最著名的是不列颠群岛的巨石阵。这些结构物被认为与跟踪天体运动及确定方向有一些联系。如何将这些结构物真正推进成为在数千年期间使用的天文日历，这仍然是个有争议性的问题。

人们对方向概念的理解要早得多，其历史大约能追溯到3万年前的早期石器时代，人类通过观察天空——特别是观察太阳每天从东到西日复一日的无尽重复，来理解方向。在近四千年前的古代美索不达米亚地区，人类创造了第一个月亮历，通过监测天体的运动和位置，使得测量地球上的时间与方向成为可能。

要绘制世界地图，确定方向一直是件很重要的事。被认为是最重要的方向一般被放在地图的顶部。自古代起，欧洲的世界地图会朝向很多方向，但很少以日落的西方为主方向。相反，东方作为日出与基督教圣地的方向被认为是最重要的方向，尤其是在中世纪世界地图上。动词“orient”的原意是指朝东，向着东方。

大约两千年前，古希腊人创造了数学的基础，使地理学（将国家、海洋、河流和山脉等地理地貌放置在地图上的概念）和宇宙学（关于我们的行星即地球相对于其他天体的位置的学说）可以有机结合。然而，由古希腊人创造的基于数学和天文学——即坐标和投影——的制图原理在西欧被遗忘了一千多年，直到15世纪文艺复兴巅峰时期才被重新发现。从那时起直到现在，这些制图理论一直都在被使用。

航海对欧洲人制作的地图在地理丰富性和准确性方面产生的影响也极其明显。出于这个原因，除了宇宙学家创造的世界地图之外，本书还将研究海员们制作的航海图。世界地图的历史可以看作这两种科学——宇宙学和航海理论之间的迷人对话。

· · ·

本书选择的世界地图被相互关联在一起研究，而且被当作各自时代的有机组成部分来研究，它们处于更广泛的文化历史图景与它们所处时代文化含义的网络之中，而不是只作为某一特定时间与地点的断裂的点滴印象。本书的目的是加深对欧洲文化核心历史力量的理解，正是这种力量影响了世界地图的绘制，同时世界地图也反过来体现了这种力量。本书考察所有历史上的世界地图类型，包括宇宙学家制作的世界地图和海员们在各个时间范围内所绘制的地图。

选取本书所用的地图是一个极具有挑战性的工作。为避免本书篇幅过大乃至失控，我与总编辑被迫在数百个可能的选项中放弃了许多有趣的世界地图。历史意义一直都是选图的主要指导理念。换句话说，本书首先处理的是那些显著塑造了欧洲人在自己时代对已知世界的理解的世界地图。由于写作本书的目的不是要作为一本综合百科全书，我们也被迫放弃许多重要的地图而未对进行检视。在这些情况下，每个章节的内部结构成为地图选择的指导。影响选图的因素还包括一些有趣的好奇心，但总体而言，选图的目的是尽

**对当时与现在世界的描述▲**

由朱塞佩·罗萨乔在1610年完成的这个雕刻表明了描绘地理与宇宙信息的不同方式。这幅世界地图将世界分为两个半球，传达了当时最新的地理信息。下方的托勒密世界地图描绘了古希腊人和古罗马人所知道的世界。圆形图展现了地球的气候带以及经线和纬线。类似这样的比较图像的目的是要形象地展现地理信息与测量技术自古代以来的发展过程。不过，文艺复兴时期的制图师也承认他们所掌握的制图与天文知识是建立在古代世界文化遗产基础上的。

美国国会图书馆珍本与特别馆藏部，弗朗西斯·德雷克爵士的汉斯·P. 克劳斯收藏

可能广泛地挑选各种地图。目标是为跨越一千年的欧洲人制作的世界地图的历史创造一个尽可能丰富、多样而有趣的横截面。

本书的时间线相对较长，这就允许我们将欧洲人制作的世界地图的发展当作一段历史进程来研究。我们可以观察到，基于在航海地图中十分典型的可测量信息（距离和方向）和重新发现的托勒密以天文学为基础的坐标理论发展的制图实践，如何逐渐取代15世纪时期中世纪的基督教世界地图。这一过程相当缓慢。基督教世界地图有一些典型特征，如圆形形状，尺寸很大，耶路撒冷在地图上位于中央位置，以及地球尽头的怪异人物的图片，这些特征在地图上停留的时间超过一百年，甚至在文艺复兴时期的印刷地图上还能发现一些踪迹。

其次，长时间线使得将世界地图作为一种人类活动和文化产品来研究成为可能，我们因此可以把世界地图当作随时间推移而变化演变的历史文献来研究。本书将各种世界地图作为它们当时文化历史的文献来考查，无论其制作材料，或者制作目的、比例，还是最开始制作时的形状是什么样。在文献研究中，这些不同类型的地图经常被单独处理，这是可以理解的，因为它们本身就是一个宏大的研究主题。然而，我们的目的是提

工作中的制图师▶

这幅制图师在工作中的图片出自世界上第一本地图绘制手册《几何方法》（原书名为拉丁文 Methodus Geometrica），作者是保罗·芬岑，其中有包括测量在内的许多制图师工作与技术实践的插图和实例。本书讲述了如何将三维的景象转成二维地理图像，也就是怎样把地形中真实的距离与方向转化到地图当中。芬岑的这部作品出版于 1598 年。
德国班贝格州立图书馆

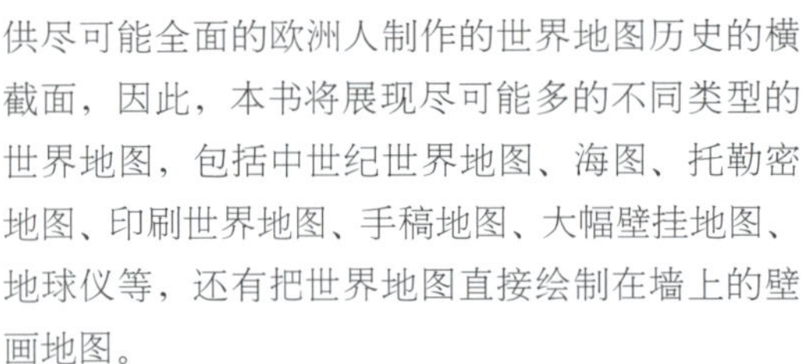

供尽可能全面的欧洲人制作的世界地图历史的横截面，因此，本书将展现尽可能多的不同类型的世界地图，包括中世纪世界地图、海图、托勒密地图、印刷世界地图、手稿地图、大幅壁挂地图、地球仪等，还有把世界地图直接绘制在墙上的壁画地图。

当代历史地图研究不仅要严格谨慎地查看其主要来源、地图本身，还要关注过去几十年对这些地图的解释。研究人员所知道的早期地图大部分是在 19 世纪或 20 世纪初被重新发现的。因此，文化文献的历史也是分层的。除了最新的文献资料之外，我还参考了富有创新意义的比较地图历史学家和著名收藏家的收藏，包括亚历山大·冯·洪堡（1769—1859）、阿道夫·埃里克·诺登斯科德（1832—1901）、约瑟夫·费舍尔（1858—1944）、康拉德·克雷奇默（1864—1945）和罗伯托·阿尔马基亚（1884—1962）。

研究早期地图的学者们遇到了不少挑战。首先，历史不会直接与我们说话，而只有一些既不清楚又断断续续的音节与单词，历史学家必须尝试将其编织成合理的句子和能够理解的意思。很多因素让解读变得困难，但其中最主要的是研究材料的类型很有限。与所有的历史材料一样，目前只有一小部分世界地图被保留到现在。绘制于 1502 年的著名的葡萄牙世界地图，也就是所谓的《坎迪诺平面球形图》（我们在第三章会对其做详细讨论），只是因为在19世纪70年代时被一位意大利地图历史学家在摩德纳一家肉铺的窗口中偶然发现才得以幸存，当时这幅极好的羊皮纸作品正被当作帘子用来遮挡苍蝇和阳光。

研究世界地图的另一个挑战是地图的"复调"。早期的地图同时传达了当时许多不同类型的信息，而不仅仅是地理信息。从地图上可以很容易看到，人类的地理知识如何在几个世纪的时间里增加并成为焦点，到18世纪末，这些地图的地理信息与现代地图几乎完全相同。一个很有意思的研究点就是，早期地图所告诉我们的那个时代的丰富内容的数量。这个"所有其他内容"，如科学、艺术、工艺、政治、外交、宣传、商业和航海，我把它概括地称为地图所传达的文化历史信息。

解读世界地图的第三个核心问题，我认为是"传统与创新"。通过复制与借鉴，地图传统从一幅地图传到另一幅地图。通常制图师仅复制旧地图，而不考虑其中包含的信息的原始来源。各种错误的地理思想和视觉装饰元素能够在地图上活跃数百年。有时复制时也会发生不经意的错误。偶尔，地图上的某些地区甚至会故意画错，因为作者出于商业或政治原因希望隐藏正确的地理信息。制图师经常用新方法结合许多不同旧地图的地理信息和装饰图来创造新的地图。他们也可能给地图添加或删除一些细节，但我们已无法追问他们这样做的原因。

所有早期地图、个人手稿和印刷地图都是独立的作品，具有附加的地理和文化历史维度，我们可以通过追踪其来源对其进行挖掘。比如，我们可以研究信息如何在制图师之间传播。一些特别熟练的制图师试图创造出一些全新且真正具有创新性的东西。这完全有可能，因为世界的地理图像通过新的信息不断改进，在地图上呈现世界的方式尚未固定。当时还没有任何完全单一的世界地图图像，而只有混合了旧传统与新创新的许多平行存在的图像和解读。

与世界地图相关的第四个主题，我称之为"科学与艺术问题"：早期世界地图极力表现当时的科学和艺术。地图中的装饰图案的艺术性尤其明显，尽管16世纪晚期对地理准确度的要求提高，但艺术绝对不会从世界地图中消失。恰恰相反，我们可以从很多精美的17世纪荷兰巴洛克风格的地图中观察到，绘画图案在世界地图中起着非常重要的作用。在一些世界地图中，华丽的装饰性边缘比地图本身占据了更多的面积。

第五个有趣的问题涉及世界地图如何反映当时的强权政治、宣传和外交。在中世纪地图上经常以代表国王形象的人物来描绘特定土地的控制权和所有权。在文艺复兴时期，皇家权威以统治者旗帜作为象征。在14世纪晚期的地图上出现了船只图，以此描述欧洲在海上的优势。有意尝试传播某种思想或价值观的宣传，从中世纪开始在地图上以图像和文字同时表达。地图的视觉语言随时间而变化，但不变的是，绘画主题总是试图传达深思熟虑后的视觉信息。

本书强调了制图师——即人的作用，以及他们制作世界地图的相关工作。他们所扮演的角色会被重点强调，具体表现之一就是将制图者的名字放入副章节名中。通过这些被挑选出来的关键人物，我们可以了解作为更宏大的历史进程组成部分的制图师的个人观点与影响力。

本书的前两章讲述中世纪的制图业的故事，涵盖了最长的一段时间，从7世纪到15世纪70年代，大约八百年的时间跨度。在这段时间里，世界的地理图像还没有固化成一个特定的形状。如果请中世纪博学的神职人员绘制世界地图，那他们画出的世界地图可能与生活在同一时期的商船海员所画的完全不同。而第三、四、五章分别介绍单个世纪的制图情况。

第一章《地图上的中世纪世界——世界边界被教会与航海业定义》研究了现存世界上最古老的欧洲的世界地图，即在中世纪的修道院中所创造的基督教世界地图，还会考察中世纪最古老的航海地图或"波特兰海图"，以及这两者间的相互作用。这两种地图类型起初出于不同的目的彼此独立发展，但在14世纪初已开始制作融合了这两种传统影响的地图。

第二章《过渡时期的世界地图——从遗忘中重新发现古代地理》思考了早期人文主义者如何重新发现古代地理信息，特别是克劳迪乌斯·托

ORBIS TERRARUM NOVA ET ACCURATISSIM
POLUS ARCTICUS
AMERICA SEPTENTRIONALIS
MAR DEL NORT
MAR DEL ZVR
MARE PACIFICUM
AMERICA MERIDIO
POLUS ANTARCTICUS

作为艺术品的世界地图◀

17 世纪的荷兰地图开始越来越注意地图边缘装饰与地图本身。巴洛克风格的地图的边缘装饰艺术通常会描绘四季、四元素等经典的寓言主题。这幅 1658 年的世界地图由尼古拉斯 · J. 菲斯海尔制作，在边缘上描绘的四种元素——火、风、水、土——以古代故事中熟悉的形象来呈现。在荷兰，世界地图成为了实用艺术，经常被悬挂在资产阶级家中和皇宫的墙上。

尤哈 · 努尔米宁世界地图收藏，赫尔辛基

勒密的地理教义，影响了欧洲人制作和理解地图的方式。本章对从 13 世纪最后几十年直到 15 世纪末的这两百年，即大发现与印刷机发明之前的时期，进行了考察。或许称得上最有趣的早期世界地图中的一幅就是在这段时间创造的，即所谓的“混合地图”，混合地图试图整合多种不同地图来源的影响，如中世纪的基督教世界地图传统，海员的航海图传统，重新发现的古代地理文献，以及根据归来的海员与传教士的报告而不断修订的最新地理信息。

第三章《通向新世界——地图上的航行和印刷新世界》，追溯了世界地图在文艺复兴时期两项重要的创新——海洋导航技术和印刷。虽然这两种技术和工艺因不同原因彼此独立发展，但从 15 世纪 70 年代开始，可以在世界地图上同时看到两者迷人的影响力。在 16 世纪，探险家让欧洲人认识到了比之前或之后任何时候都要更多的土地和大陆，并且这一新的地理信息也通过印刷技术被迅速传播给了比以往更多的受众。印刷世界地图既是地理知识消费产品，也是强权政治与宣传的工具。本章还研究了印刷在地图上的文字与装饰元素，并思考了这些内容如何表达欧洲人对以前未知的土地和人的看法，其中包括欧洲开始称为“西印度群岛”和“东印度群岛”的地区。

第四章《世界地图进入专注时代——科学工匠测量世界》对 16 世纪作为科学（天文学、数学、

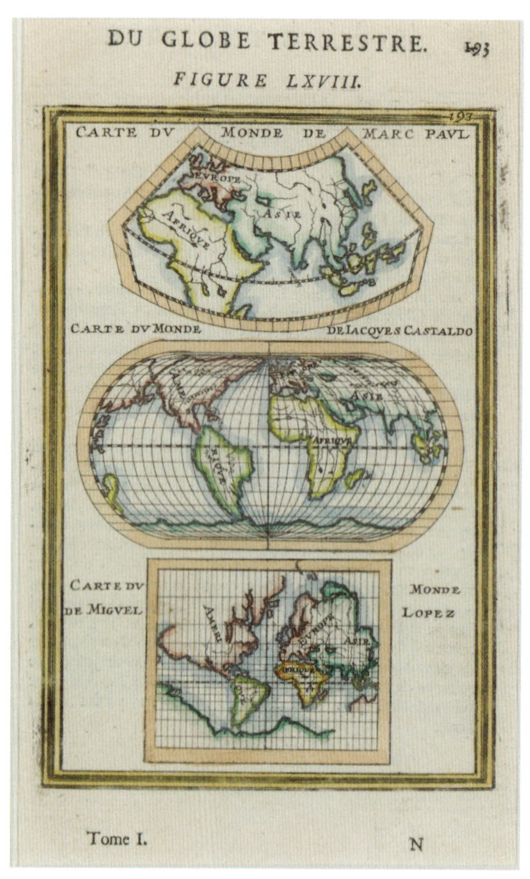


一本 17 世纪制图教科书◀

制图在 16 世纪开始发展为一门科学。这幅图出自 1683 年出版的一本书，作者是法国工程师阿兰 · 梅内松 · 马莱，在书中他发表了 500 多幅基于各种投影法的小幅世界地图。

尤哈 · 努尔米宁世界地图收藏，赫尔辛基

制图学与航海学）产品与工匠工艺品的世界地图做了更深入的研究。那一时期的宗教政治氛围严酷，南方天主教与北方新教地区之间的权力争夺十分激烈。不过，在这段不稳定的时期，仍然有制图师印制出了许多精美的世界地图，并发展出了新的地图投影法，其中最著名的投影以其创造者杰拉德 · 墨卡托的名字命名。在墨卡托投影法中，首次实现了地图历史中两大古老传统的融合，而这两者此前由于使用目的不同而各自发展：这就是强调距离与方向的海员航海图传统，以及由宇宙学者发展出的地图投影理论。

第五章《被包围的世界——海上贸易的兴起与地图出版商》讲的是全球商业贸易与地图市场之间的联系，特别关注了 17 世纪荷兰黄金时代的制图师们制作的地图与地球仪。本章从艺术史角度对巴洛克风格地图进行了研究，还对地图象征图案的视觉表现进行了解读。

本书的后记主要论述了我们的世界地理图像如何在 18 世纪和 19 世纪逐渐丰满，以及世界地图怎样具备了最终的地理形态。我们根据几幅 18 世纪世界地图研究了“最远的海滨”的绘制过程，或者说，北边的白令海峡与南边的澳大利亚大陆是如何在欧洲的世界地图上定型的。无论如何，世界地图的地理故事并未就此结束。在 19 世纪后期，北极地区的东北航道被绘制在了地图上，通过地面三角测量，各大洲的形状与比例也变得更为精确，距离的测量也更加准确。但这些世界地图现代史的故事需另起新书，慢慢道来。

早期世界地图带我们进行了一次回到过去的迷人旅行，但读者需要自己决定方向与目的地。我作为一名作者对这次旅行感到满意，也希望它能给读者带来同样美好的感受。旅途愉快！

# I

第一章

# 地图上的中世纪世界

## 世界边界被教会与航海业定义

### 一幅航海图如何最终出现在一位教士的书中?

意大利地理学家、地图历史学家罗伯托·阿尔马基亚（1884—1962）曾用了近十年时间研究梵蒂冈教廷图书馆的中世纪地图宝库。“二战”、犹太人遭受迫害以及战后的物资缺乏都没能让这位执着的犹太裔教授气馁。《梵蒂冈古迹制图学》系列图书的第一卷于 1944 年完成，最后一卷在 1955 年出版。研究之初，阿尔马基亚教授就有一个惊人的发现。当时他收到了一些老羊皮纸对开书页，他立即意识到，这些配有精美插图的手稿已经有几百年没被人碰过。在对其进一步研究后，他发现这部近两百页的作品的编者是中世纪中期一位没什么名气的教会抄写员兼书稿彩饰师奥皮奇努斯·德·卡尼斯特里斯（1296—约 1353）。

奥皮奇努斯的一部分手稿早在 18 世纪就为人所知，但却没能唤起研究者对中世纪艺术、文学或地图历史方面的兴趣，直到最近才引起人们重视。他的作品保持着他那个时代的好奇心。奥皮奇努斯的文学素养没能达到与自己同时期的但丁(1265—1321)或是彼特拉克(1304—1374)那样的高度；他也没能成为像皮耶特罗·维斯康提（对威尼斯很有影响的一位热那亚制图师，活跃于 1311—约 1325）那样的专业制图师；他又没有像博学的威尼斯商人和年代史编撰者马里诺·萨努托（约 1270—1343）那样的财富与影响力，但奥皮奇努斯身上还是有一些极有意思的东西，那就是他的原创与革新。

奥皮奇努斯富有独创精神，并且能够将他所处时代的知识用一种新方式结合在一起，这一点在他绘制的地图中以一种极具吸引力的形式呈现了出来。这些含有寓意的地图是他配有大量插图的自传中的一部分，在这本自传中，他认真思考了自己的信仰与整个基督教世界的精神状态。从制图学的角度看，奥皮奇努斯的地图非常有趣，因为在这些地图上，可以看出地理信息精确的水手地图（亦被称作波特兰海图）对教会学者作品的影响。14 世纪那些服务于教会的抄写员们通常对航海图没什么兴趣，那么，像奥皮奇努斯这样的神职人员又是在哪里了解到航海图的呢?

奥皮奇努斯·德·卡尼斯特里斯来自意大利伦巴第地区的帕维亚，他在法国阿维尼翁的圣赦院做过抄写员，那段时间（1309—1377）罗马教皇也居住于此。阿维尼翁吸引着当时最知名的学者、商船水手与工匠。有可能同样是在这里，三个背景迥异的人相遇了：谦逊的神职人员奥皮奇努斯·德·卡尼斯特里斯，富有的威尼斯年代史编撰者马里诺·萨努托，历史上第一个为人所知的波特兰海图制图师皮耶特罗·维斯康提。虽然

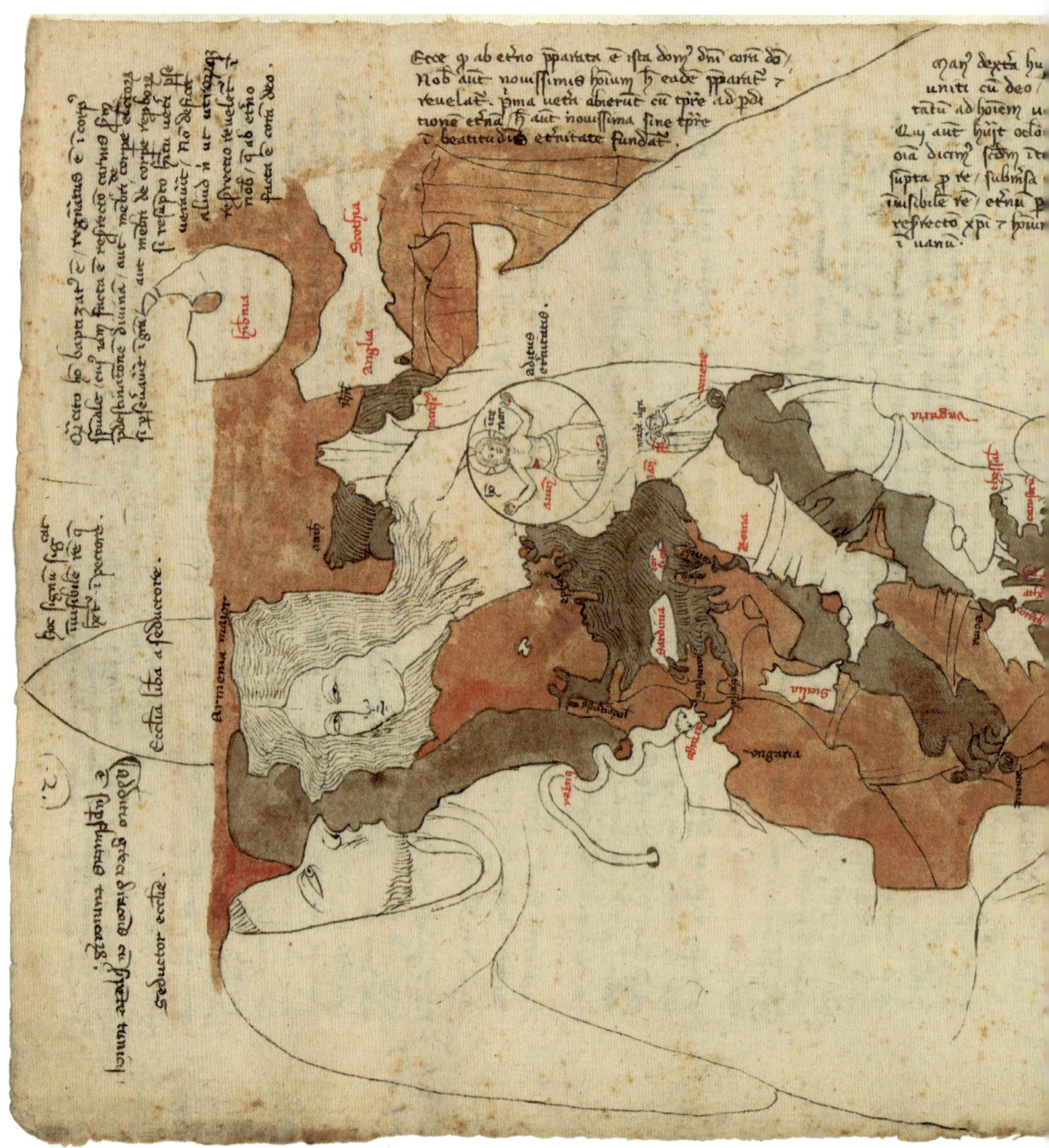

奥皮奇努斯·德·卡尼斯特里斯的世界▲

这些由奥皮奇努斯·德·卡尼斯特里斯绘制的地图寓意丰富，是其自传的一部分，这部自传内容涉及广泛并配有插图，作者在其中思考了自己的信仰与整个基督教世界的精神状态。他的地图具有历史意义，因为这些首次由教会抄写员制作的地图体现了由水手绘制的，地理信息准确的航海图所带来的影响。在这幅地图中，非洲被绘制成一个男人的形象，欧洲被画成了一个女人的形态。代表欧洲人的女性的阴部则被放在"邪恶的"威尼斯。

梵蒂冈教廷图书馆

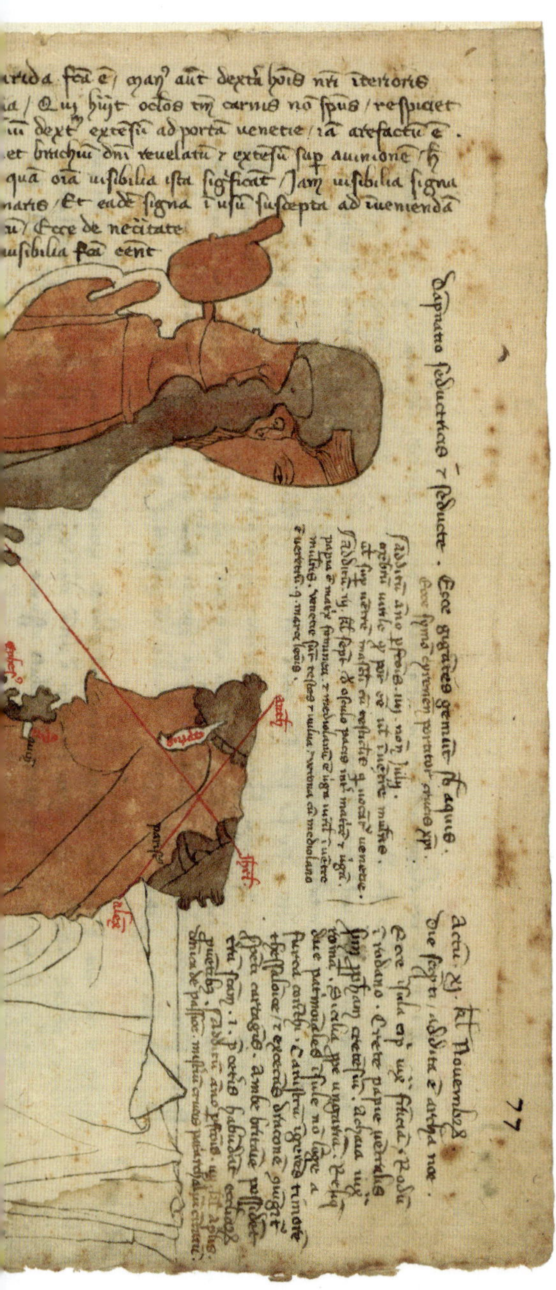

他们可能并未真正见过面，但有过思想交流，这点可以在奥皮奇努斯配有多幅地图的自叙中找到证据。

罗伯托·阿尔马基亚曾花费数年时间研究一个问题：教会学者是如何了解到中世纪水手的实践智慧的？最近，法国中世纪研究专家帕特里克·戈蒂埃·达尔什与加泰罗尼亚地图研究者雷蒙·J. 普加德斯解答了这个问题。这个问题很有意思，因为无论是在中世纪或其他时期，航海指南都并非教士教育内容的一部分。水手们的航海图的知识基础并非《圣经》或拉丁文宗教经典里的普通神学学问，而更多来自远洋航行的实践经验。航海图是专业航海工具，主要作用是航海时帮助导航。这就提出了一个很有意思的问题：教会学者为什么会对中世纪中期的水手地图感兴趣，在学者与水手这两个完全不同的世界之间，谁又充当了中间人？

根据中世纪研究专家维多利亚·莫斯的介绍：“奥皮奇努斯是一名教士，在其教士生涯早期曾接受过书稿彩饰师的训练，他的书中没有暗示他曾编辑过原始地图。实际上，可作为他对地图的认识的唯一参考，也不过是他在书中着重描写了其最初见到波特兰海图时的新奇与激动……一切似乎一目了然，但是，奥皮奇努斯对地理以及与空间有关的描述极其敏感，他认为各种各样的地图是与同时期其他人交流的有效方式。”

中世纪教会学者的学问与水手们的实践地理知识如何互相影响？这种富有成效的相互作用又如何催生出通过地图感知已知世界的新方式？奥皮奇努斯又是如何看到维斯康提的波特兰海图的呢？马里诺·萨努托这位富有的威尼斯商人又如何参与到地图的故事中？这些我们都会在本章中细细道来。我们将探究在中世纪中期，教会抄写员和世俗世界的司法书记员怎样成为教会学者与水手这两个不同世界之间的中间人。

我们还将看到12世纪和13世纪十字军东征时期，数万名从西欧来到圣地的士兵是如何让地中海地区的海上交通更加繁忙，以及由此产生的对文字版航行指南和形象生动的地图的需求。为了了解教会教义、古典学习、航海以及十字军东征是如何塑造中世纪的世界观，我们需要更细致地研究整个中世纪时期，尤其是让中世纪地图茁壮生长的文化与历史土壤。

中世纪早期修道院教育的繁荣 ▲

在中世纪，书籍制作需要高度熟练的工艺。
在这份中世纪手稿图的底部，教士抄写员们在抄写教皇格雷戈里口述的文字。本图出自一部可追溯至 11 世纪 50 年代的手稿。
法国国家图书馆

## 中世纪的学问：基督教教义与古典学习

基督教中世纪的开始时间并没有确切日期。西哥特人、东哥特人、赫卢利人等日耳曼部落从未向罗马帝国屈服，数十年来，他们一直与罗马中央政府对抗。最终在公元 476 年，赫卢利国王奥多亚塞（约 435—493）攻占永恒之城罗马，废黜西罗马帝国末代皇帝罗慕路斯·奥古斯都路斯（约 460—507），西罗马帝国就此灭亡。之后东哥特国王狄奥多里克大帝废掉奥多亚塞，并自封意大利国王。虽然西罗马帝国惨遭蹂躏，很多城市被夷为平地，但诸多古代文化遗产并未完全消失。狄奥多里克保留了罗马的法律与教育系统，并且让罗马学者们担任其顾问。他对古建筑颇感兴趣，建造了很多融合了古代建筑理念的宫殿，并整修了用于角斗表演的古罗马斗兽场。

当西罗马帝国分崩离析之时，天主教会和那些各自为政的修道院趁机填补随之而来的权力真空，它们早在 4 世纪罗马帝国时期就已巩固其地位。天主教会因此成为欧洲主要精神和政治领导力量。590 年，格里高利一世成为罗马天主教教皇，他努力维护教会地位，尤其是在意大利亚平宁半岛，随着罗马帝国灭亡，整个国家陷入大混乱，乡村被毁，瘟疫爆发。他主导的传教活动较为温和，对当地其他宗教传统的态度也相对宽容，这都促进了基督教中世纪早期在整个西欧的传播与扎根。然而，教皇格里高利一世的这种宽容并未成为天主教会奉行的准则，在之后的几个世纪，教会出于各种原因对所有被贴上敌人标签的人进行残酷镇压，以此强化自身地位。

如果没有当地王公贵族的支持，教会不会在欧洲获得强大地位。中世纪早期最伟大的统治者查理曼大帝（约 742—841）将教会的神职人员都置于自己的特别庇护之下；他颁布了许多法律用来保护教会神职人员和教会，并对抢劫或伤害神职人员的人施以残酷刑罚。在查理曼时期，有学问的教士与修女得以安心专注于研究早期教会神父们的著作，并保存了很多古代拉丁文文学文化。这一由教会受过教育的精英们执行并在皇帝的帮助下得以实施的文化工程，旨在复兴罗马文化和拉丁文；后来这次复兴被称为“卡洛林文艺复兴”。查理曼大帝死后，他的法兰克王国被其继承者们分割为现在的法国、德国和北意大利（历史上的西法兰克王国、东法兰克王国和中法兰克王国）这几个彼此敌对的地区。但是，天主教会的地位却更加巩固，拉丁文成为整个欧洲大陆文明的语言，尤其被用作学术语言，这种情况一直持续到 19 世纪。

读写能力在中世纪时期并未广泛普及。当时的教育主要以修道院为中心开展，在几个世纪的时间里，修道士和修女就在修道院学习、复制并阐释教会神父们的神圣著作，并用拉丁文创作他们自己的基督教作品。这些中世纪作品中有一部分就着重提到了宇宙结构学和地理学。

基督教徒寻找有关宇宙学问题答案的最重要的资料就是《圣经》，尤其是《创世记》对造物的描述，根据《创世记》的记载，上帝创造了地球、天空、星辰和其他天体，即整个宇宙，并将地球置于中心。上帝把水从大地上分离，并造出人类，这也是其创造力的巅峰。但《圣经》和教会神父的神圣著作并没有从根本上解释上帝所创世界的运作方式，也没有说明世界的大小或形状。很多中世纪学者都对把基督教学说和古代异教徒的智慧协调一致抱有强烈的兴趣。为了找到与《圣经》相一致的宇宙问题的答案，中世纪学者们开始研究古代先贤的作品。

在中世纪早期，古希腊原创科学作品还不为人知，诸如亚里士多德（公元前 384—前 322）和托勒密（约公元 90—168）的著作在 12 世纪之前还没有被翻译成拉丁文。但古罗马学者们的文字却被仔细研究了——例如马克罗比乌斯（395—423）、马尔提亚努斯·卡佩拉（公元 5 世纪）、索利努斯（公元 4 世纪）的作品及其对古代政权教义的解释。他们的书基于更古老的拉丁文源，也就是罗马学者老普林尼（23—79）以及与他同时期的罗马制图师庞波尼乌斯·梅拉（？—约 45）所使用的拉丁文。这些古代晚期拉丁学者的著作，对中世纪时期人们对地理学和宇宙学的理解产生了非常大的影响，其中包括对地球及其构造、形状与大小的认识。

天使的游戏——中世纪宇宙学◀

左图描绘了天使旋转"世界机器"的场景，他们使用曲柄转动天球。这幅图象征了天使作为神的意志工具的作用，即世界宇宙秩序的执行者和维护者。按照基督教宇宙学理论，整个宇宙的存在及其功能完全依靠上帝的意志。这份手稿名为《爱情精选》(拉丁文Le Breviari d'amor)，配图丰富，由来自法国南部朗格多克的学者诗人马特弗雷·埃芒高（卒于1322）创作于14世纪早期。



球形宇宙的结构▶

古希腊人所认为的宇宙是球形这一概念，在13世纪的中世纪手稿中得到普遍表现。根据这一观点，行星在固定的圆形轨道上围绕球形地球旋转。太阳、月亮和行星在各自轨道上旋转；在外圈是固定的星星，还有四个天使旋转着天环。这幅图同样出自法国南部诗人马特弗雷·埃芒高在14世纪早期创作的《爱情精选》。



在另一个基督教势力强大的帝国——拜占庭帝国（即东罗马帝国），有教养的阶层在交谈和书写时都用希腊语，这种情况在拜占庭持续了整整一千年，因此在中世纪的拜占庭，人们研究了很多被拉丁文系西欧国家漠视的古希腊科学著作。中世纪时期拉丁文系西欧国家与希腊语系东欧国家在政治、商业和文化方面的联系较弱，但也并非完全不存在。拜占庭帝国以意大利西部城市拉文纳及其周边为中心巩固其统治，一直到8世纪50年代，拜占庭文化都在这里繁荣发展。

基督教宇宙学的基础是《圣经》中对创世的解释，学者们在对托勒密的伟大天文学著作充分了解后——当时这本书的阿拉伯语书名《天文学大成》更为人熟知——在中世纪中期，就提出了有关宇宙学的新学说。

在13世纪早期的巴黎大学，为了让基督教受众更容易理解，出生于英国的修道士约翰尼斯·德·萨克罗博斯科（约1195—1256）把托勒密的宇宙学说编入了他所编辑的教科书《天球论》。该书大受欢迎并被广泛使用，直到17世纪还在重印。根据萨克罗博斯科的说法，宇宙是一台"世界机器"（拉丁文 machina mundi），是由上帝创造并维护的一个机械设备，其中宇宙的天文法则与基督教救赎的教义相互关联。"世界机器"的观点主要解释了为什么宇宙以它表现出来的形式运转，即所有的天体都在各自轨道上运动，而地球位于中间静止不动。最初，中世纪基督教的宇宙学都把亚里士多德所说的"不动而自动者"视为上帝。

在基督教宇宙学中还会看到一个重要角色——天使，他们负责宇宙的运转。早在中世纪中期的图书插图中，有时就能看到天使在用曲柄转动天上的天体。这种图片为现代研究者们提供了认识中世纪科技的颇有趣味的视角，同时它们也让观者明白：作者试图用类比来让中世纪的读者便于理解，这些插图则用来清楚展现对司空见惯而永恒不息的天体运动的复杂解释。

Taula dela disposicio delas esperas dels .iiii. elemens . e dels . vii . planetas e del cel estel

De la manieyra dels vens e en qual
manieyra sengenduran ni de que.

Per lor natura li vent van
Sus per layre volan bufan
Segon los auctors naturals
Sapiatz que vens m[...] es res als
Mas ayres empenh per vigor
De calen e secca vapor

Daygua e de terra mayre
Ques montada sus en layre
Quar laytres que es es cautz desse
Quezacom de freior rete
Et aquela sua freiors
Empenh las terrenals vapors
Caudas seccas naturalment
E da qui sengenderon li vent

## 神圣地理学——地图作为早期基督教书籍的附属物

很多最早的基督教世界地图作为插图出现在各种书籍当中。在这些传达基督教世界观的地图中，地理只是宗教文本信息的从属；通过地图所传达的对基督教的解释，要比地图的地理准确性更为重要。但教会学者们为什么要在神圣文本只提供有限地理信息的情况下，还想要在书中附上地图呢？

中世纪基督教的世界地图是当时哲学、宗教与历史的产物。这些地图旨在阐明“神圣地理”——以地图的形式来传达宗教信息——并帮助读者更加形象地认识《圣经》中提到的地名与事件。古代地理知识帮助作者在地图中呈现《圣经》中提到的地方。在这些地图中，宗教圣文、文中给出的对神圣秩序的解释以及基督教信仰的胜利，都在同一个地理参考体系中表现出来。地图——关于地理的图像，有助于人们理解那个被上帝创造、被《圣经》确认的已知世界，也有助于古典时期的教学。地图既被用于教会学校的教学，也被当作基督教宣传的工具，用来坚定教徒们的信仰。同时，这些地图也在激励基督教徒们到已知世界的最外边界去朝拜和传教，说服异教徒们改变宗教信仰。

所谓的T–O地图是最早的中世纪时期的“世界地图”（拉丁文mappae mundi，特指中世纪时期欧洲人制作的世界地图），轮廓也最为简单。尽管这些圆形地图可能最早构思于罗马时代，已知最古老的T–O地图《大地之圆》（拉丁文Orbis Terrarum），最早见于由塞维利亚大主教圣依西多禄在7世纪早期编写的《词源》（拉丁文Etymologiae）一书中。该图以古代知识为基础，结合了《圣经》中描述的大洪水时代之后的世界地理景象，展现了对世界的程式化描述。在T–O地图中，已知的世界包含亚洲、欧洲和非洲——它们被放在字母O当中，并被字母T分隔开来。

T–O地图几乎总是以东方为主方向，也就是将亚洲放在地图顶端，在下方，左边是欧洲，右边是非洲。最重要的水系将这些大陆分割，组成了字母T的形状，这些水系有顿河，它最终流入亚速海，并把欧洲与亚洲分离；尼罗河将亚洲与非洲分开；还有地中海，将欧洲与非洲分开。连接了所有已知世界的环流大洋围绕着字母O。世界被一分为三，这符合《圣经》中的描述：在大洪水时期结束后，上帝将世界分给了诺亚的三个儿子——闪、含和雅弗。闪得到了亚洲，雅弗获得欧洲，含则分到了非洲。

大约在圣依西多禄时代一百年后，另一位著名的教士学者贝亚图斯（约730—800）为基督教世界地图做了新解释。8世纪，一些基督教教士为躲避穆斯林入侵者，逃到了伊比利亚半岛北部的列瓦纳山区。由北非柏柏尔人组成的军队入侵了信奉基督教的西哥特王国，在大约几十年的时间里几乎征服了整个伊比利亚半岛。之后西班牙开始了由伊斯兰统治的安达卢斯王国时期，这一政权一直持续到了13世纪开始的基督教反攻活动以及西班牙王国的诞生。尽管摩尔人并没有强迫被征服地区的人民信奉伊斯兰教，很多基督教徒还是为了平时能生活得更好而改信伊斯兰教。而像贝亚图斯这样来自贵族家庭的骄子们，仍然笃信父辈的宗教，于是他逃到了西班牙北部的比利牛斯山，将自己的精力投入到文学创作中。不过，贝亚图斯并未归隐，而是积极地参与教会圈的活动。他甚至可能在公元794年还去法兰克福参加了由查理曼大帝组织的宗教会议。

贝亚图斯在自己的作品中特别评论了圣约翰所著的启示之书《启示录》。他的《评启示录》（拉丁文Commentaria in Apocalypsin）中配有大量插图，这本书以及书中的世界地图在此后四百多年间被多次复制，直到13世纪末其热度才消退。书中最原始的地图已经遗失，不过有14幅中世纪地图的复制品被保存到了今天。由于每一位复制者都给地图加入了自己所处时代的风格，因此现在并没有明确信息能够说明，究竟这些复制品中的哪一个与贝亚图斯的原始地图最为接近。这本书中的世界地图基本被放在对《启示录》第二章的长篇介绍里，贝亚图斯在此通过参考圣依西多禄的作品，描述了教会组织以及基督教使徒们的一些行为。

T-O 地图——对已知世界的图解◀

这里所绘的中世纪 T-O 地图，展现了塞维利亚大主教圣依西多禄在其 7 世纪早期的巨著《词源》中所描绘的已知世界。地图以一种简图的形式展现已知世界。球形的地球被分为三块大陆，东边是亚洲，被放置在地图的顶部，欧洲在左下，非洲在右下。大陆之间 T 形的线代表三个重要的水域：顿河、尼罗河以及地中海。围绕地球的字母 O 代表全球环流。此手稿的历史可以追溯到 13 世纪初。
© 大英图书馆董事会

塞维利亚圣依西多禄大主教肖像◀

塞维利亚的圣依西多禄大主教是中世纪早期最重要的学者与教会教师之一。圣依西多禄的伟大作品《词源》以古罗马资料和早期的教会教父作品为基础。它是一千多年来继《圣经》之后，在拉丁语西方国家里最重要也是被阅读最多的一本书。在与地理有关的章节中，圣依西多禄提供了现存最早的世界地图，它的形式是 T-O 地图。这幅大主教的肖像画源自西班牙圣依西多禄教堂一幅 15 世纪的壁画。
卡拉塔尤德教区博物馆

11 世纪 50 年代的法国贝亚图斯地图▲

跨页中展示的世界地图（28.6 x 36.7 厘米）出自列瓦纳的贝亚图斯的一本书。这部漂亮的手稿是在法国南部加斯科尼的圣瑟韦修道院里发现的。在这幅地图上能明显看到多种创作风格的影响：从卡洛林文艺复兴到科普特与阿拉伯文化等。地图中标记了大量真实的地理特征。地中海的主要岛屿用蓝绿色标记。有五个城堡控制着不列颠群岛，分别代表最重要的城市。在远古世界就已经为人所知的塔普拉班岛（之后的锡兰，今天的斯里兰卡）被标记为黄色，位于红海。根据贝亚图斯的描述，印度以盛产黄金、白银、珍珠和香料而闻名。这片土地是大象、鹦鹉和"各种肤色的人"的家园。最后，作者在图中发出警告：得到这片土地上的财富并不容易，因为有可怕的巨人和龙守卫着它。
法国国家图书馆

在贝亚图斯的地图里，已知世界——欧洲、亚洲和非洲——通常由一个单一的大陆块组成，其中还描绘了主要的水路：欧洲的顿河，亚洲的红海，非洲的尼罗河以及欧洲与非洲之间的地中海。人间乐土以及穿流其中的河流——幼发拉底河、底格里斯河、比逊河与基训河——都位于《创世记》里所描述的东方。世界地图总是以东方为主方向，亚洲位于顶端，因为这里是基督教的发源地，耶稣在人间的故乡。

其他一些地理位置也有选择性地出现在了贝亚图斯的地图中。西班牙与比利牛斯山很清楚地被标在了伊比利亚半岛，不列颠与苏格兰出现在西边的海域，还有在古代被腓尼基人造访过的“幸福群岛”（拉丁文 Fortunatae insulae），即加那利群岛。不过，有关这些岛屿准确位置的认识在11世纪的时候还很模糊。东方的古老文化——美索不达米亚、波斯、印度与阿拉伯——也被标在了地图上，这些信息是通过来自罗马的资料获知的。在贝亚图斯的地图中，耶路撒冷总是位于靠近地图中心的位置，被直接放在伊甸园的下方。巴比伦在图中也被显著标出，因为它代表着充满罪恶的世俗城市，它在圣城耶路撒冷的对立面。整个世界被大洋环绕，而海水中的鱼通常被作为装饰物。

越过南面的海洋，从“已知世界”大陆块中明显地分离出来一块“未知土地”，根据圣一瑟韦·贝亚图斯地图的文字介绍，这块未知地带十分炎热，不适于人类居住。根据地图，这些“对跖点地带”——也可从字面上翻译为“相反足迹”——的土地上居住着一群长相奇特的怪人，比如“独脚人”。这些“影步者”只有一只巨大

**来自西班牙北部的早期贝亚图斯地图▲**

这幅世界地图出现在一份有关来自列瓦纳的贝亚图斯的手稿当中，完成时间为 1086 年，人们在西班牙布尔戈德奥斯马大教堂的图书馆中发现了它。该地图被认为与贝亚图斯本人制作的世界地图非常相似，而后者已经遗失。在这幅近似椭圆形的地图中，东方在顶部，地中海在中间，在最右边，我们可以看到未知的第四大洲，整个世界被海洋包围。地图描绘了基督教在整个已知世界的传播，图中的十二使徒象征着基督教的发展。天堂被描绘成一个矩形区域，在其中我们看到《创世记》里所记叙的伊甸园中相互交叉的四条河。南部未知大陆的神秘事物也在制图师心中占有一席之地，他在非常突出的位置放置了一个“独脚人”或“影步者”，他巨大的独脚被当作一种伞使用，用于遮蔽南方炙热的太阳，太阳则用红色圆形来表示。

布尔戈德奥斯马大教堂 S.I. 档案馆

的后肢，这只大脚还可以当作伞，用来遮挡毒辣的阳光。

未知的南方大陆和那里的怪人也曾引发了古希腊哲学家的兴趣。古希腊伟大的科学权威——例如亚里士多德和之后的托勒密，后者的思想仅能从8世纪来自罗马的资料中了解到——都支持在南半球存在未发现大陆的理论，因为他们认为地球上的大陆块是被平均分割的。但直到罗马时期的历史学家老普林尼写出了著名的百科全书《博物志》（拉丁文 Naturalis historia），才提出了在地球边缘生存有奇怪生物的观点。而在圣依西多禄大主教自己所著的百科全书中，也重复提到了老普林尼有关南方未知大陆怪人的传说，这也让这些内容出现在了中世纪时期的地图中。

但圣奥古斯丁神父却激烈反对南方存在未知大陆以及原住民的观点，因为这些在《圣经》里并没有被提及。在其著作《上帝之城》中，奥古斯丁提出了这样的问题："我们是否要相信'对跖点地带'的存在？""根据对跖点地带这类无稽之谈，有人住在大地的反面，那边日出之时就是我们的日落时刻，那里的人们用与我们相反的脚走路，这些说法没有依据，毫不可信，尽管有人假设或者通过科学演示说明世界是圆的，是球形，这一理论也没有考虑到地球的另一边几乎没有水，甚至没有考虑到在这样光秃秃的土地上，怎么能有人居住。《圣经》已经通过预言的成功证明了其对历史陈述的真实性，没有错误；现在有说法称有人可能乘船穿越整个辽阔大洋，从世界的一头去到另一头，甚至因此在那么遥远的地区还有居民并且出自同一个祖先，这种说法太荒谬。"

尽管奥古斯丁神父这么说，但在几个世纪的时间里，在贝亚图斯地图的大量复制品上还是出现了对跖点地带的南方土地，后来"未知南方大陆"（拉丁文 Terra Australis Incognita）即未知南方国家——在被重新发现的托勒密的地理作品的影响下，固定出现在许多世界地图里，这一现象一直持续到18世纪。

## 马克罗比乌斯地图中的古代宇宙学与地理

5世纪早期，罗马新柏拉图派哲学家马克罗比乌斯写了一本《西庇阿之梦》（拉丁文 Expositio in Somnium Scipionis ex Cicerone），他在书中以古代学者的学说为参考，提出了宇宙学的基础理论，描述了地球的形状与大小，大陆块的划分以及水文。尽管作者本人资料不详，但这本书在中世纪中期被反复研究，并且有大量配有精美插图的手抄副本被保存下来。最早的副本要追溯到9世纪。很多中世纪的学者都在自己的作品中研究并评论过马克罗比乌斯的书，其中包括"可敬的比德"（673—735）和阿邦·弗勒里（约945—1004），远早于亚里士多德和其他古代权威的创作被翻译成拉丁文的时间——他们的作品要到12世纪才出现拉丁文版。

马克罗比乌斯将他的世界地图设计成一种图解，用来预知大陆块的分布和地球上的水文。马克罗比乌斯推崇亚里士多德的理论，即地球表面被均分成土地与水。所有的水都是稳定流动的状态，彼此相连。在地图上面的部分也就是北半球，我们看到的是已知世界，而在靠下的部分则是南半球，是未发现的大陆。人们相信这块南方大陆和已知世界的大陆一样大。南方大陆存在的理论基础是希腊人对平衡与对称的喜爱。为了宇宙的平衡，那么就有必要让北方的一切——土地，水和风——在南方也都存在。

马克罗比乌斯的地图中也对气候带做了描绘，气候带这一观点最早是由古希腊哲学家巴门尼德（约前540—前480）提出的。这种世界模型将地图划分为一个个呈横向平行分布并围绕地球的鼓状气候带（拉丁文 klimata）。之后，到了公元前4世纪，亚里士多德以天文学为基础，开始提出地球划分为五大气候带的说法。希腊天文学家能够通过太阳或北极星判定南北方向的纬度。他们可以很准确地定义赤道、南北回归线以及南北两极的纬度。按照古希腊哲学家所述，位于赤道的区域炎热干旱，不宜居住，在它的两边分别是位于北半球与南半球的温带，南北极地区因为极寒也被认为不适宜居住。在这一体系里，已知世界——即有人居住的普世——被置于北温带。在南半球，也就是已知世界的反面，是一片巨大的未知世界，并且也有与已知世界类似的气候带划分，那里居住着对跖点地带人群。

马克罗比乌斯对地球的周长也有自己的观点，他赞同古希腊学者埃拉托色尼（前 276—前 194）对地球周长的推断：25 万斯塔蒂亚（stadia，有“视距”之意）。在古代，斯塔蒂亚并不是一个固定的计量单位，但根据一种说明，这个数字应约等于 3.97 万公里，这和地球真实的周长只有 300 公里的差异。之后的斯特拉博（约前 63—前 24）与托勒密都算错了地球周长，他们的结果比埃拉托色尼推算的数字要小得多。人们直到经历了 16 世纪的大探险后，才逐渐意识到埃拉托色尼是正确的：世界确实要比人们之前所估计的大很多。

埃拉托色尼自己的著作没有一部保留下来。我们对他的所有了解都是通过二手资料，例如马克罗比乌斯及其同时期的马提亚努斯·卡佩拉的作品，后者对中世纪学者们的宇宙学构想产生过巨大影响。古希腊有关地球形状与大小的资料一直被保留到了中世纪，尤其多亏了马克罗比乌斯。他的作品被欧洲的修道院复制了数百年，正因如此，其作品到现在仍然有大约 150 份副本被保留下来。不过，这些手稿副本并不完全相同，有些手稿中的地图带有很明显的地理细节，另外一些就只比简图的内容稍微多一点点。教会学者经常会添加一些艺术创作，用他们自己的风格来绘制地图。在复制地图时就会经常出现一些不经意的错误，因此每个手稿和其中的地图都是独一无二的。

马克罗比乌斯世界地图▲

中世纪时期，马克罗比乌斯的世界地图在欧洲各地的修道院中被大量复制。在这部 11 世纪的手稿中，气候带以拉丁语书写在作为附录的世界地图上。
牛津大学博德利图书馆

中世纪有关地球形状与大小的知识▶

在这本公元 10 世纪的书中，学识渊博的法国教士阿邦·弗勒里绘制了一幅马克罗比乌斯的世界地图。穿插在其他材料中的地图周围的文字，讲述了如何按照埃拉托色尼的说明来测量地球的周长。以图解形式出现的马克罗比乌斯的世界地图主要描绘了地球的大小与形状，以及大陆块分割与气候带的概念。有关地球是球形的知识来自古希腊，并在整个中世纪一直被保留下来，这也多归功于马克罗比乌斯的努力。他所绘制的世界地图以北方为主方向，已知世界——欧洲、亚洲和非洲——被放在地图顶部。位于地图底部的南半球则描绘了一大片未知大陆块。这片南方大陆被认为与整个已知世界同样大小，并划分成数个气候带。已知世界与未知的南方大陆都被地图上的绿色海洋所包围。
柏林国家图书馆手稿部 – 普鲁士文化遗产

## 罗马对中世纪早期世界地图的影响

来自古罗马的原始世界地图或复制品并没能保存到现在，不过，有一些留存下来的中世纪时期的基督教地图却展现出了古罗马的制图传统。其中最著名的是 8 世纪的阿尔比世界地图（拉丁文 Albi mappa mundi），以及 11 世纪前期（约 1040 年）在英格兰绘制的盎格鲁—撒克逊世界地

SEPTEMTRIO
MERIDIES
AFRICA
MEROE

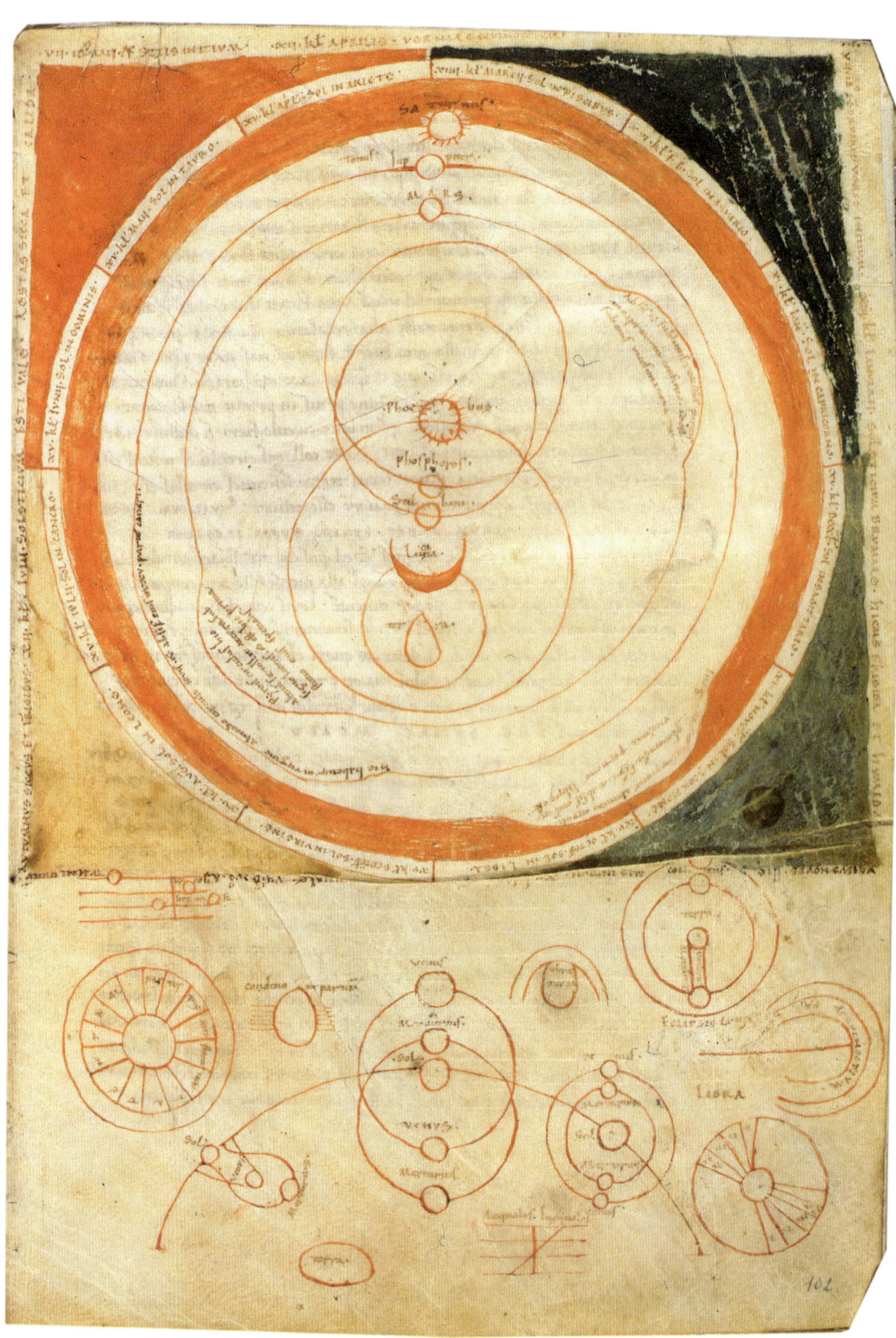
MARS
Phoe bus
LIBRA
102

**马尔提亚努斯·卡佩拉的宇宙模型◀**

这个宇宙模型出自5世纪罗马作家马尔提亚努斯·卡佩拉的作品《语言学和水星的结合》（原书名为拉丁文 De nuptiis Philologiae et Mercurii）。这本书以寓言形式探寻学术之趣。它在中世纪流传很广，并且被多次复制，还在作为中世纪的学习典范的“文科七艺”的发展中发挥了重要作用。这七门学科是语法、修辞、辩证法、算术、几何学、天文学和韵律学。这部精美手稿的创作时间可追溯至11世纪，其中包含一个有趣的宇宙模型，它与古希腊的地心说观点有所区别。与伟大古代先哲亚里士多德和托勒密所传授的理论不同的是，在卡佩拉的模型中，所有的天球都没有环绕地球运行，而是有两颗行星——水星和金星，围着太阳运行，然后太阳又围绕着地球转动。在这幅宇宙图中，地球呈现出泪珠的形状。

**马尔提亚努斯·卡佩拉的世界地图▶**

卡佩拉作品的第六部分讲述了地理方面的内容。这幅地图按照中世纪通常的习惯，以东方为主方向。这幅地图包含了已知世界：欧洲、亚洲和非洲。海神俄亥阿诺斯包围着已知世界。地图的注释说明了全世界各块大陆的大小，并标记了水域的边界。
佛罗伦萨老楞佐图书馆

**《花之书》——百科之书▼**

《花之书》的编写者卡农·兰伯特生活在12世纪的法国城市圣奥默。书中包含多种知识：天文学、地理学、自然史以及《圣经》故事。《花之书》这样的中世纪百科全书在许多方面与现代同类书有所不同。在中世纪，内容通常不按字母顺序呈现，而是以一个有机的，含有寓意的整体展现。从地图历史的角度来看，这本书也颇有趣味，因为它描绘了各种类型的中世纪中期地图：T－O地图；马克罗比乌斯气候带模型；一些本地地图，如其中有一幅欧洲地图；还有基督教世界地图。本图表现了马克罗比乌斯关于气候带和不同季节太阳高度的学说。
根特大学图书馆

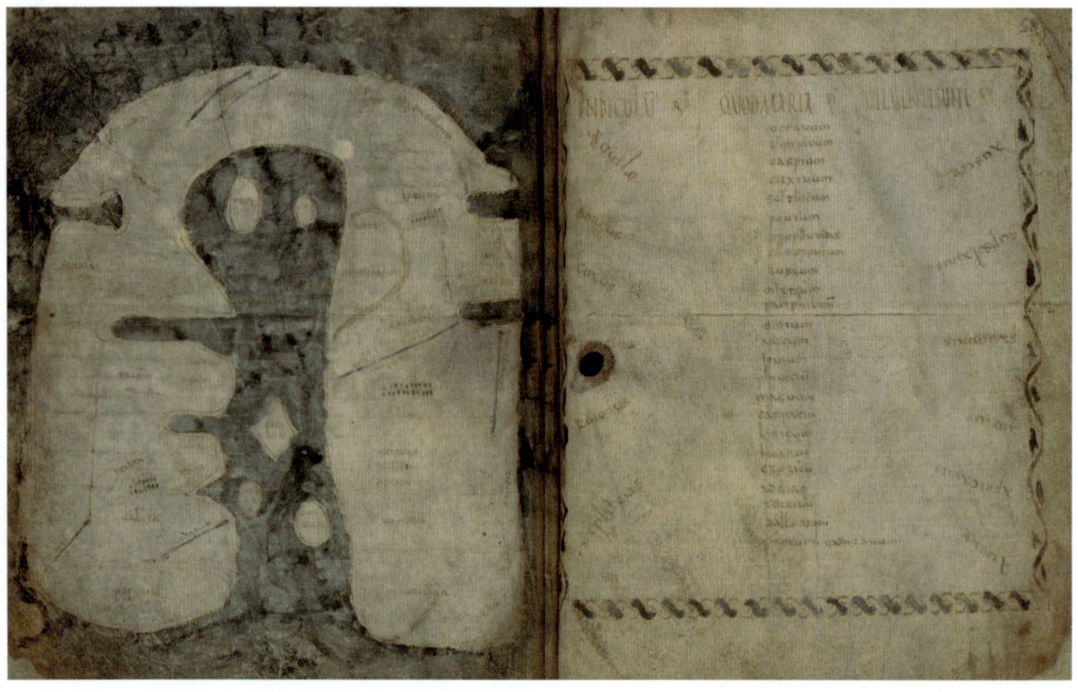

图，后者也被称为科顿地图，因其后来的所有者罗伯特·科顿爵士（1571—1631）而得名。在这两幅地图中，最引人注意的是它们的形状。与中世纪基督教世界地图不一样的是，它们并非圆形或椭圆形，而是方形，这一点与其他任何已知的中世纪世界地图都不一样。

阿尔比图书馆位于法国朗格多克省，馆中收藏了一份8世纪的手稿，名为《杂集亦即福音书术语大典》（拉丁文 Miscellanea Scilicet Dictionarium Glosae in Evangelia）。这本拉丁文著作汇编了中世纪早期两位皈依基督教的罗马学者的地理学作品，他们是保卢斯·奥罗修斯（？—约420）与圣依西多禄（约560—636），书中描述了世界上的国家、人类、动物与历史。此种类型的合集也经常包含T—O地图，但阿尔比世界地图对已知世界的描绘比T—O图多了很多细节。

这本羊皮纸书里就有已知最古老的中世纪时期世界地图，这张图被认为代表了罗马的制图传统。阿尔比世界地图并没有与盎格鲁—撒克逊世界地图同样的地理细节，但也不失为对罗马帝国与已知世界的简单描绘。罗马帝国的各个省，用于水路运输的最重要的河流，主要的古城——罗

**阿尔比世界地图——梅罗文加世界地图▲**

这副小型（约17×22厘米）阿尔比世界地图制于8世纪初，当时已是中世纪早期的尾声。它是最早描绘整个已知世界的地图。这幅图原本是一本书的插图，书中有早期教会学者地理方面的作品。这幅草图式的地图，以东方为主方向，形状近似矩形，两个上角为圆弧形，地中海在中间，经过宽阔到不成比例的直布罗陀海峡通向大洋，大洋围绕着整个世界。这幅地图在地理方面的贡献主要在于描绘了罗马帝国遗留的地中海地区。在地图的东方只标出了印度、波斯和位于现在伊朗地区的古米底王国，因为这些地方是古希腊人和罗马人所熟知的。
阿尔比市政图书馆

**11世纪一位博学的英格兰教士绘制的世界地图▶**

11世纪初，英格兰制作了号称《盎格鲁－撒克逊世界地图》的地图，它以东方为主方向，描绘了整个已知世界，这幅图绘制完成不久之后，便进入了诺曼征服时期。地图上描绘的不列颠群岛位于左下角——其细节令人惊讶。像大多数中世纪世界地图一样，这幅地图也以东方为主向，但与同时期其他地图不同的是，地图上只有部分地点——均是与《圣经》故事有关的地方——被描绘出来。沿着地图中心的地中海沿岸，可以看到当时最重要的城市，如罗马、迦太基、亚历山大港和君士坦丁堡。在东方，即地图的顶部，画着在贝亚图斯地图中众所周知的印度和塔普拉班大岛。
© 大英图书馆董事会

马、拉文纳、雅典、耶路撒冷、迦太基和亚历山大港——都被清楚地标注在图上。地中海（即罗马帝国的内海）最大的岛屿——科西嘉岛、撒丁岛、西西里岛、克里特岛与塞浦路斯——也能在地图上找到。尽管这张图制作于基督教时期，但宗教宣传意味却不明显。例如，阿尔比地图中没有人间乐土或是与使徒有关的典型基督教主题，而在之后的中世纪地图中这些主题都被重点强调。

盎格鲁—撒克逊世界地图是在一部手稿集中被找到的，这部手稿集编于11世纪，其中包含亚历山大的狄奥尼修斯在公元3世纪创作的诗歌《游览》（希腊文 Periegesis，《周游世界》或《描述世界》）和其他古代地理著作。地图本身与书中的文字看起来并无联系，有可能是后来添加进这部手稿集中的。至少这张图中的一部分被认为是从另一张最初制于6世纪的更古老的地图中复制过来的，并且它与阿尔比世界地图都被认为是继承了罗马地图传统。盎格鲁—撒克逊世界地图用纵横交错的线描绘了罗马帝国治下的省，最重要的古代河流河道与山脉都有明显体现。图中对不列颠群岛的描述格外准确，所以这张地图有可能是由一位本地教士学者绘制而成。这张地图并未描绘中世纪基督教地图中的重要主题——伊甸园，但包含了最重要的宗教主题，比如亚拉拉特山上的诺亚方舟和使徒保罗的出生地塔苏斯城，这些都证明了这张地图初创于基督教时期。

## 伊德里西
## ——来自阿拉伯的中世纪制图先驱

大约在欧洲修道院对基督教世界地图大量复制的同时，有一个人开始为西西里的诺曼国王效力，他带来了全新制图方法，将世界概念化并绘制成地图。伊德里西（约1100—1165或1166），出生于摩洛哥休达，他在科尔多巴接受了当时最好的教育，并用了几年时间环游地中海。大约在公元1138年，西西里统治者罗杰二世（1095—1154）对这位博学的柏柏尔人产生了兴趣，并邀请他到自己在巴勒莫的宫廷效力。

穆罕默德·伊德里西出生在马拉加一个传统学者家庭，他也被准许使用“阿尔谢里夫”（译者注：意为“高贵者”）这个称号。人们有理由相信，西西里国王希望能凭借这位摩尔人在外交和政治上的优势，推动自己向北非与伊比利亚半岛伊斯兰世界的扩张计划。阿尔谢里夫·伊德里西为这位基督教国王效力超过15年。在此期间，他创作了一部足以跻身中世纪时期最伟大地图书行列的作品，这就是《一个想周游世界者的愉快旅行》，它的阿拉伯书名《罗杰之书》（阿拉伯语 Kitab Ruyar）更为人熟知。本书是对古希腊与中世纪阿拉伯制图学以及该书创作时代的地理知识的一次有趣整理。

12世纪，在伊斯兰西班牙地区即安达卢斯，基督教国家的国王们与伊斯兰摩尔人统治者之间的战事升级。在11世纪，安达卢斯已分裂成一些互相敌对的穆斯林小王国，即泰法斯；为互相争夺权力，其中一些泰法斯与基督教国家的国王结盟。在西班牙各基督教王国的势力联合之后，伊比利亚半岛收复失地运动开始了，摩尔人逐渐被迫后撤到直布罗陀海峡以南。在西西里的穆斯林撒拉逊人也遭遇了摩尔人的命运，诺曼人让这群阿拉伯征服者被迫离开西西里岛。尽管战争造成了浩劫与破坏，幸运的是，在伊比利亚半岛，阿拉伯亲王们的图书馆并未被全部付之一炬，拉丁学者们仍然可以阅读到那些被阿拉伯人收藏的古希腊文学作品。

欧洲最开明的统治者们十分珍视阿拉伯的学术：西西里国王罗杰二世，卡斯蒂利亚的智者阿方索十世（1221—1284）以及西尔维斯特二世（946—1003）都对阿拉伯文化与西方拉丁文化的融合起到了积极作用。首位法兰西籍教皇西尔维斯特二世博学多才，在加泰罗尼亚时，他熟悉掌握了阿拉伯数字、数字“零”在算术中的用法、算盘的用法，并学会了使用阿拉伯人熟悉的精妙天文工具——星盘，他还撰写并出版过介绍这些事物的论著。而阿方索十世则将阿拉伯人之前保存的古代智慧翻译成卡斯蒂亚语（当代西班牙语的前身），此外，他还发明了阿方索星表，这是一份很准确的行星图，在17世纪前被广泛用于航海。

这两位君王将当时最博学的基督徒、犹太教徒和穆斯林吸引到自己的宫廷，这些人才把古希腊的智慧成果翻译成了拉丁文和本土语言，由此开启了12世纪科学复兴的欧洲中世纪盛期。在这段时期，人们表现出了对古代知识的浓厚兴趣，包括自然历史、医学以及由阿拉伯人传下来的天文学。

中世纪早期，阿拉伯人对古希腊人的智慧非常感兴趣，并积极将其翻译成自己的语言。公元9世纪，由亚历山大港的希腊人托勒密著于公元2世纪的地理书《地理注释》被译成阿拉伯语，五百多年后，这本书才首次有了拉丁文版本，名为《托勒密宇宙学》。在西欧，托勒密绘制地图的原理被遗忘了上千年，而在整个中世纪时期，

伊德里西圆形世界地图 ▲

伊德里西的地图集《一个想周游世界者的愉快旅行》，就从这幅被画成圆形的世界地图开始。阿拉伯半岛和麦加位于地图中心。地图以南方为主方向，所以南方就位于地图顶部。通常认为，出现这种结果是因为中世纪早期大多数穆斯林居住在麦加北边，所以当他们向麦加祈祷时，他们要转向南方。
牛津大学博德利图书馆

**伊德里西世界地图▲**

当把伊德里西地图集中的局部地图连接在一起时，就形成了一幅代表整个已知世界的矩形大地图，这是当时阿拉伯人对所了解的世界最为详细的呈现。这幅世界地图描绘了欧亚大陆、地中海、北非和印度洋北部。海洋用美丽的蓝色表现，图上标记了最重要的山脉、水源和城市。这幅地图的原作以南为主方向。本图为副本，为便于理解其中的地理信息，此图被上下颠倒放置。
法国国家图书馆

这些信息都在阿拉伯人和拜占庭的制图传统中得到了保存。

伊德里西对古代先贤的作品进行了研究，其中就包括托勒密的著作，但他并不仅仅是一位珍贵传统的仲裁者，还是一位伟大的制图领域的改革家。他创作了已知的第一部系统化的地图集，当中所有的分区地图比例都相同，如果整体阅览，它们可以组成一个更大的聚合地图。以各个小块的方式查看分区地图的方法已经成为今天的标准，但这一技术直到公元 16 世纪才被引入欧洲。伊德里西在古希腊的榜样托勒密为自己的世界地图绘制了 26 张分区地图作为补充，但却比例不同。而伊德里西自己制作的分区地图的数量是托勒密的 2 倍多，已知世界被分割制成 70 张分区图，这基本上是伊德里西自己的发明创造。

在《罗杰之书》的序言里，伊德里西解释了这部令人惊叹的地图集是如何制作的。光是收集所有口述与书面资料的工作就花费了数年，因为必须要验证其有效性，相互矛盾的资料便不被采用。本书收集的地理资料涵盖了从加那利群岛到朝鲜半岛的全部已知世界。在用多种工具确定了各地区的经纬度之后，地图被刻在了一张宽 3.5 米、高 1.5 米的银盘之上。这个巨大的银盘重量超过 130 公斤，却消失在了历史的迷雾之中，也

没有任何一张伊德里西的世界地图原作得以留存下来。

伊德里西还绘制过一张小型圆形世界地图，此图现存 9 份中世纪时期的复制品。以欧洲流行的角度来看，伊德里西的世界地图是颠倒的，南在上，北在下，阿拉伯半岛及麦加位于地图中央，气候带完全按照古代学说标记，比如最上方的红线用来描绘赤道。伊德里西认为，只有赤道以北的世界才适合人类居住。根据托勒密提供的信息，尼罗河的起源“月亮山”被认为位于赤道以南的非洲。另外，非洲的其余地区都是空白区域，按托勒密的解释，这是“一个只有荒漠和沙子的国度”。与古代权威认为印度洋周围被陆地环绕不同的是，伊德里西的地图将印度洋向东打通，使之与环绕世界的大洋相连。

《罗杰之书》及伊德里西分区地图在其诞生的时代就出现了一些复制品。赞助该书的罗杰二世出于政治和商业的原因，对地理颇有兴趣。这位国王通过麾下的学者，系统地对其所征服的疆域和其他遥远国度进行信息收集。他对这些不同地区的兴趣主要是在以下方面：气候，山脉与河流河道等地形，居民及其风俗，以及贸易情况。该书中有关北欧和巴尔干国家的信息量在当时看来十分惊人。遗憾的是，由于 13 世纪基督教与伊斯兰教之间的政治摩擦，这位学识渊博的阿拉伯人收集记录的所有地理信息都被欧洲人所忽视。尽管这个学识渊博的柏柏尔人为之效力了十多年的君主是位基督教国王，古希腊与中世纪时期阿拉伯的地理知识还是没有通过伊德里西这样的穆斯林学者向西传播。

**中世纪时期阿拉伯文化的繁荣▲**

这幅图出自一部精美的阿拉伯手稿，名为《哈利里玛卡梅集》。印度水手驾船，乘客是阿拉伯贵族。货舱里的水手正在用皮囊舀水。阿拉伯人主导了 11 世纪印度洋的贸易。商队从中国沿海地区穿过亚洲，经过里海一直通向欧洲。在与非洲的贸易中，跨越撒哈拉沙漠的“黄金路线”利润极高。阿拉伯人与居住在北非海岸的犹太商人以及适应沙漠条件的当地柏柏尔部落合作密切。阿拉伯人向地中海市场提供了来自东方的奢侈品，如中国的丝绸，印度洋的香料和奴隶。该手稿完成于 13 世纪初。

法国国家图书馆

安达卢斯——伊斯兰西班牙的全盛时期◀

这些博学的阿拉伯人正在使用星盘研究天文学，这是由古希腊人创造的一种工具。在中世纪，从公元 8 世纪到 1492 年，伊斯兰西班牙也因其阿拉伯语名称安达卢斯而闻名，这里的人特别研究了古希腊人的智慧。阿拉伯人与柏柏尔人以及摩尔人，在 8 世纪从北非来到安达卢西亚，并在 20 年的时间内征服这里乃至几乎整个伊比利亚半岛。安达卢斯的穆斯林、基督徒和犹太人之间的相互影响促成了一种独特而肥沃的文化的发展，并造就了科学、艺术、基于灌溉的农业以及贸易与工业的繁荣。
穆斯林遗产咨询公司

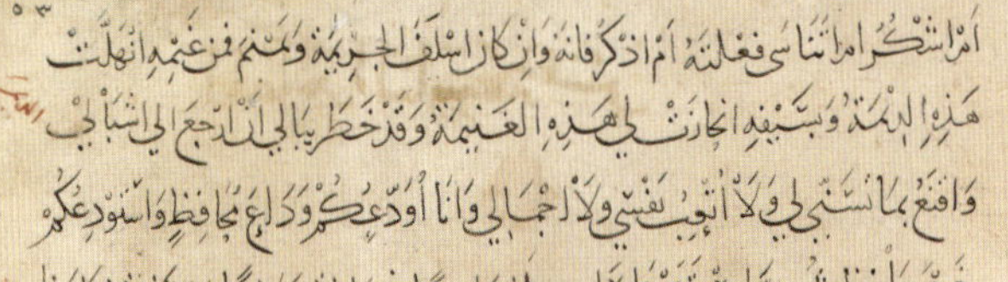

伊本 · 巴图塔的旅行◀

阿布·阿卜杜拉·穆罕默德·伊本·巴图塔（1304—约 1368）是中世纪伊斯兰世界颇为重要的探险家。在青年时期，伊本 · 巴图塔决定开始去圣麦加朝圣。然而，他的旅行时间比预计长了很多，差不多花了 30 年，因为他走过了长达 12 万公里的旅途，这相当于地球赤道周长的 3 倍。伊本 · 巴图塔从摩洛哥穿越北非、圣地和拜占庭到达阿拉伯半岛、波斯、印度、中国、东南亚和包括斯里兰卡和马尔代夫在内的印度洋岛屿。在 1354 年最终返回摩洛哥后，他口述了自己的旅行回忆录，也就是现在我们所知道的《旅行》（原文为阿拉伯文 Rihala）。然而，伊本 · 巴图塔的旅行记录并没有在阿拉伯世界广泛流传，而且直到 19 世纪 50 年代才为欧洲人所知。
法国国家图书馆

## 百科全书式的世界地图
## ——将世界地图挂在墙上

13 世纪，基督教世界地图有了新特色。与早期的世界地图不同，这一时期的世界地图以图书插图和附录的形式出现，因此设计与制作这些地图的主要目的是公开展示。赫里福德世界地图、埃布斯托夫地图和伦敦《圣咏集》地图这样的百科全书式的世界地图，都在尝试传播中世纪盛期基督教欧洲各方面的文化与古代智慧。这些地图也反映了基督教的宇宙学，人类所居住的地球位于宇宙的中心，耶路撒冷则处于已知世界的中心。东方位于地图的上方，因为在基督教教义中，东方象征着最重要的方位。

在百科全书式的世界地图中，有关基督教教义的文本和图像与全世界的古代智慧互为补充，其中所包含的信息经过了精心编排。百科全书式世界地图中包含了大量的地理、政治与自然历史信息，当然，这些信息不会与《圣经》故事相矛盾。制作这些地图是为了赞颂上帝，同时也作为对教徒的指导，因此图中象征性地呈现了基督教最重大的事件，包括创世、基督的救赎与最后的审判。

中世纪中期的百科全书式世界地图与现代计算机地理信息系统（GIS）的程序有些类似，即它们都可以在同一个平台上同时查看关于时间地点的不同数据。赫里福德世界地图中出现了基督教对世界时间维度的解释，以此作为人间与天界的时间对比。在人间，地图的圆形边际中出现了临时而有限的人类居留。而天长地久的生命——永恒——被画在地图的边缘，在这里，人类获得拯救，或被永久诅咒。

百科全书式世界地图几乎无一例外地总是将东方作为主方位。在这个球体中，天堂——或是上帝创造伊甸园，位于地图的顶端，在它的下边是奇迹之岛塔普拉班岛（译者注：即斯里兰卡）。随着太阳从东方升起，人们的目光移向地图的中央，即耶路撒冷所在的位置，这条沿线上有《圣经》旧约与新约中一些最重要的故事发生地点：亚拉拉特山的诺亚方舟，巴比伦的巴别塔，还有通往大马士革之路，即保罗皈依基督教之地；耶稣生

## 赫里福德大教堂世界地图 ◀

《赫里福德世界地图》是中世纪唯一的大幅壁画地图（165 x135 厘米），并一直保持着原始状态。该地图完成于 14 世纪早期，被放置在英格兰赫里福德大教堂内，并且至今仍在那里展示。这幅地图及其边界由许多不同的叙事层次组成。圆形边界形成了一个命运的大圆，这是一个熟悉的中世纪寓言，内容有关生命的不确定性与无常。在这个圆周内有字母 MORS，拼写出来就是"死亡"一词。地球上的生命不可避免地会走向死亡，但永生或永远的诅咒也在来世等待着人们。在地图上方边缘的图中有相应的提示，图中的人们被分成在最终审判中被救赎的和被诅咒的两组人。在右下角，一个人骑着马从角落来到现实世界。在这个小图下边写有"前进"（原文为法语 passe avant）。地图包含大约 1100 幅图片和铭文，创作来源从《圣经》故事和古代地理著作，直到更近期的十字军东征。这幅展示的地图来源于福利欧协会出版社根据原件拓制的限定还原复制品。

赫里福德世界地图信托与赫里福德大教堂牧师会及教长

命中重大事件的发生地：拿撒勒、各各他以及加利利海；还有当时最重要的朝圣地：罗马，西班牙的圣地亚哥—德孔波斯特拉，以及匈牙利的松博特海伊。

中世纪百科全书式世界地图的研究者们强调，这些地图应该被完全当作绘画与文字作品，而不是其他基督教文本的配图。在制作于 13 世纪 90 年代的埃布斯托夫世界地图中，图片与文字的对应常常让人惊讶：图中呈现的图片并不与旁边的文字完全对应。例如图片中画着天堂中一条长着人头的蛇，而文字中完全没提到这一点。按照《圣经》的说法，撒旦将自己伪装成伊甸园中的一条蛇，引诱夏娃吃了分辨善恶树上的禁果。因此，这些图并不仅仅是为了给地图中的文字配图，文字也不仅是为了解释图片，而是通过把文字与图片相结合，构成一个新的完整的多元诠释。

而另一幅源于大英图书馆收藏的一部 13 世纪 60 年代的《圣咏集》（一本包含了《圣经》旧约中诗篇的书）的地图，现在只能通过其微型复制品进行了解。这部附有微型世界地图的小开本

埃布斯托夫世界地图◀

这幅地图是1843年在德国埃斯托夫修道院中发现的，它是已知的在13世纪晚期制作的最大的中世纪世界地图（350x350厘米）。原作在1943年汉诺威轰炸中被损毁，也正是其被发现一百年后。但残留的图片仍可以让学者们制作出这幅原始尺寸的羊皮卷。在埃布斯托夫世界地图中，一个巨大的基督将整个已知世界揽入怀中，他的头位于图上方的东方，脚在图下方的西方，手臂伸展到地图北边及南边的边缘。地图以东为主方向，因此东方在上。地球被描绘成一个由海洋包围的圆，包括三大洲：欧洲、非洲和亚洲。

埃布斯托夫世界地图中的细节◀

人间乐土伊甸园，被描绘在耶稣头的旁边，耶路撒冷位于地图中心。在这幅小插图中，亚当和夏娃站在分辨善恶树旁边。长着人头的蛇缠绕在树干上。图中大约有1600个独立绘画：有代表城市的建筑、水文、山脉、人、神兽与动物，并配有很多说明，这些说明来自《圣经》、教会教义和古代资料。
吕纳堡大学

来自英格兰的《圣咏集》世界地图▶

这幅可爱的微型地图（直径9.5厘米）是由一位不知名的作者在13世纪60年代为一本《圣咏集》而绘制。在地图的中间，我们可以看到基督教世界的中心耶路撒冷，亚洲在其上方。按照《创世记》中所述，在天堂里，伊甸园中的亚当和夏娃与分辨善恶树被描绘在一起。伊甸园位于东方，也就是地图的最顶部的边缘。浅绿色区域描绘的是海洋，包围着已知世界。红海被涂成红色。在最南端，也就是地图右边，我们能够发现老普林尼和圣依西多禄在他们的作品中所描述的怪人。地图展示了《圣经》和古代提到的许多地方，包括此图的产地不列颠群岛。
© 大英图书馆董事会

《圣咏集》创作于英格兰。书中的地图被认为是一张更大的世界地图的复制品，由国王亨利三世（1212—1272）委托制作，这幅大地图被画在国王位于威斯敏斯特宫寝室的墙壁上，后来毁于火灾。在这幅地图中，上面的部分主要被基督与两个天使所占据，他们代表着耶稣带给世界的救赎。基督左手拿着一个绘有T—O地图的天球，这代表着耶稣对人类世界的权力。在圆形世界的外围，12个形象化风口从各个方向吹来风，绿色的海洋围绕着已知世界的大地，这些都遵循着从古代流传下来的说法。在紧挨着基督的下方，即地图所指示的东方，亚当与夏娃在人间乐园相遇，从那里发源出五条河流，而不是通常中世纪地图中的四条。

十字军东征的影响也能在百科全书式世界地图中看到，因为耶路撒冷是地图中心的主要元素。基督教与伊斯兰教为控制圣地而展开的争斗贯穿了整个13世纪。有一种解释是，在1244年耶路撒冷最终落入穆斯林之手后，这座城市才被放在地图的中央。虽然圣地处于穆斯林的控制之下，

**亚历山大大帝的巨墙与铁门 ▲**

根据古代传说，亚历山大大帝沿着里海海岸建造了一道带铁门的巨墙。建墙的目的是保护热爱和平的文明人免受野蛮人入侵。在朝向东方的伦敦《圣咏集》世界地图中，巨墙和亚历山大之门被画在左上（东北）角。在这幅巨墙细节图中，我们也可以看到诺亚方舟穿门而过，这一场景根据《圣经》描绘："在第 7 个月的第 17 日，在亚拉拉特山上休息。" 亚历山大巨墙的传说也在埃布斯托夫地图中再现。根据那幅地图所描绘，墙外的可怕之人是食人族歌革和玛各，他们是吃人肉喝人血的反基督徒的追随者。



**基督教地图中的怪人 ▲**

这幅来自伦敦《圣咏集》地图细节图描绘了世界最南端的角落，它位于地图右边的边缘处。根据这幅地图描述，由于太过炎热，此地不适合人类居住，但却居住了很多怪人。地图大致基于老普林尼和圣依西多禄提供的信息，描绘了 14 个这样的人。其中一人的身上长着狗的鼻口，另一人的脸画在胸上，因为它缺少头部。根据罗马学者老普林尼的说法，世界上有很多人有着奇怪的习惯和外貌，这也正是他所感到的自然多样性的体现。但直到后来出现了基督教对这些古代所描述的不同寻常的人的解释后，才开始出现"怪异"这样的形容词。



但在基督教地图中，还是体现了将耶路撒冷作为基督教世界永久的和谐中心的想法。与此对应的是，这幅地图无意展现十字军东征时期的那些罪恶。据估计，有约 6 万士兵参加了 1098 年的第一次十字军东征，想要维持这样一支大军行为得当几乎是不可能的，佣军常被允许抢劫当地居民来作为他们的报酬。在宗教狂热思想下，十字军大肆屠戮，不分教派，除穆斯林之外，犹太教徒受到的迫害最为严重。拜占庭公主安娜 · 科穆宁娜（1083—1153）在其所著的史书《阿历克塞传》中，对第一次十字军东征的背景、过程以及罪恶等做了生动的记录。

## 古代纪：世界地图中的怪人怪兽

世界地图中包含了古代世界的一些重要地点：奥林匹斯山、雅典以及亚历山大大帝的铁门。在中世纪中期，源自古代的传说混杂了基督徒、犹太人和阿拉伯人的叙事传统。一些流传很广的传说最终成了地图上的图形元素。其中有两个传说最为著名：北方人歌革和玛各的传说，以及亚历山大大帝铁门的故事。这些故事出现在许多不同的中世纪作品与地图中，内容大致相同。

从年代来看，歌革和玛各首次被提到是在《圣经》旧约中先知以西结的作品与新约启示录当中，讲述了末日前夕，撒旦带着耶和华的敌人与以色列人作战的故事。按照公元 1 世纪犹太历史学家约瑟夫斯（37—59）的说法，亚历山大大帝（公元前 356—前 323）建造了一道带铁门的墙，用以阻挡西塞亚人对文明世界的进攻。在里海之滨，亚美尼亚与波斯的北部边界处，确实矗立着一堵巨大的墙，但其建造年代要比亚历山大时期早得多。

阿拉伯人知道关于可怕民族歌革和玛各的故事，也了解亚历山大大帝巨墙和铁门的传说，他们明白这是要将野蛮人限制在北部的山区一带。《可兰经》中甚至也提到了这一点，伊德里西的世界地图中还突出标明了巨墙与歌革和玛各。在阿拉伯人的故事版本中，这些野蛮部落并不是西塞亚人，而是哈扎尔人——他们是生活在黑海与里海之间地区的突厥游牧民族。到 9 世纪末，一个流言开始在阿拉伯人的叙述里传播——亚历山大的巨墙其实可能在中国。

伦敦《圣咏集》地图对亚历山大的巨墙和铁门进行了详细描绘，在图中，它们被重新定位到了里海的东北海岸。埃布斯托夫地图里也有相同的区域，不过表现方式稍有不同。因为埃布斯托夫地图非常大，宽度接近 4 米，所以可以承载更多信息，其中就包括高加索地区的其他人群和城市。埃布斯托夫地图中，西塞亚人势力扩张：东到最东边的大洋，南至高加索山脉，西部边界直抵赫卡尼亚。

根据地图上的说明，在西塞亚居住着 44 个民族，几条大河从此流出。那里财富可观，有黄金，还有经过抛光的宝石。巨大的狮鹫格里芬折磨着那里的人们，“这种瘦长的生物是一种长着四条腿的鸟，是最好斗的捕食者。它们生长在世界北端的高山山坡上，那里的高度令人目眩。它们的身子如同狮子，并且长着翅膀以及鹰的脑袋。它们尤其喜欢攻击马匹。它们有一个习惯是将人撕成几块，还能用利爪将一群牛撕成碎片，公牛在它们面前如山羊般弱小”。在这张地图制作的时候，西塞亚的田园文化已经在俄罗斯南部草原上消失很久，但来自古代文学史料的西塞亚传说还是流传到了中世纪的欧洲。

在伦敦《圣咏集》地图、埃布斯托夫地图和赫里福德世界地图中，还有其他一些在古代就已被知晓的有关遥远国度与那里的怪兽怪人的传奇故事。希腊历史学家希罗多德（约公元前 485—前 420）首先记录了生活在世界相反一侧——即对跖点地带居民的情况。在罗马时期，老普林尼为完成他的百科全书《博物志》，收集了有关自然世界的全部知识，包括所有已知的与怪物有关的故事。生活在公元 4 世纪的加伊乌斯 · 朱利叶斯 · 索利努斯和圣依西多禄大主教在他们的著作中，重述了古代权威所讲的有关生活在世界边缘的怪人的传说，包括从最南的角落地带一直到对跖点地带人群生活的未知世界。

## 作为世俗与精神之旅指南的地图

中世纪中期世界地图中所展现的地理信息，对于今天的读者而言不太容易理解。这些地图包含了很多神秘元素，里面的怪人在现实世界并没有对应物，图中的古城早已沦为废墟，然而在对这些地图做过更深入调查后，人们发现，13 世纪那些受过教育的精英们对其所处的已知世界有着很广泛的了解，这点着实令人惊讶。

中世纪世界地图以一种简单、概括的方式描绘了真正的地理，包括重要的城市、高山和河流，很像现在那些只展现城市中最重要的名胜及其附近的公共中转站的旅游地图。通过研究世界地图，

亚历山大大帝的传说▶

欧洲人关于已知世界最东端地区——美索不达米亚、波斯、高加索和印度的信息，主要是基于马其顿国王和军事指挥官亚历山大大帝在公元前 4 世纪的各种活动的传说。在中世纪中期，有关亚历山大大帝生活与远征的故事已广泛流传。这些传说被编排进很多图文并茂的书稿中。图中这张 15 世纪中叶的法国书稿中就有大量插图。在第一幅图中，亚历山大梦到了古太阳神阿蒙（即希腊的宙斯），这也是他自己认定的精神之父。在第二幅图中，狮鹫将他抬在空中，而在第三幅图中，亚历山大坐在潜水钟里下潜并欣赏海底世界的生活。



一个生活在中世纪的人就能计划一次前往罗马、耶路撒冷的朝圣之旅，或是沿着圣雅各之路跨越西班牙或法国，从比利牛斯山的边境城市走到加利西亚的圣地亚哥—德孔波斯特拉古城。在地图中，世界呈现为一个在基督教义统治下的和谐整体，但现实却与此大相径庭。14 世纪，战争频繁、海盗出没，拦路抢劫的强盗使得前往耶路撒冷的旅程十分危险。圣地并没有什么神圣之物，只有老旧的坟墓和古代庙宇的残垣断壁。但在地图上，一切看起来都很和谐。

世界地图让欧洲人有机会开始思考自己在世界上的位置，并能够看到最重要的城市和当地的名胜都在什么地方。欧洲人沉浸在地图所传达的精神信息中，看到了自己在世俗世界里的局限，并且在伦敦《圣咏集》地图与埃布斯托夫地图中，体验到了基督的救赎，以及以基督的身体形式获得永生的可能性。赫里福德世界地图则提醒读者，这次地球之旅会以世界的终结——最后的审判而告终，耶稣会再度降世，被神佑之人升入天堂，有罪之人受到永恒诅咒。

## 波特兰海图——中世纪的航海图

与此同时，在欧洲内陆修道院的防护墙内诞生了新的美丽的世界地图与对世界的宇宙学解释，在意大利各城邦的繁忙港口，为了满足水手们的需要，另一种制图方法悄然兴起。

12 世纪，中世纪海上强国——威尼斯与热那亚的商人们开始越过地中海，向更远更广阔的地方扩张。从亚得里亚海海岸，再穿过希腊群岛，一直到黑海，威尼斯商人们已经完全控制了拜占庭帝国。很多商人娶了当地的女人，学习当地语言，也因此学到了这些地方的市场知识。几十年时间里，拜占庭为了筹措对外作战的资金——他们的敌人包括正在侵略扩张的土耳其塞尔柱王朝和其他国家，拜占庭皇帝被迫向威尼斯商人贷款，作为交换条件，他准许威尼斯商人在其境内经营生意。通过这种相互关系，威尼斯人的贸易在拜占庭及环地中海地区繁盛起来。曾有人估算，截至 13 世纪，在君士坦丁堡做生意的威尼斯商人约

约翰 · 曼德维尔爵士在世界边缘的奇遇 ◀

英国人约翰 · 曼德维尔爵士在圣地、叙利亚、印度和中国令人难以置信的奇遇故事，是14、15 世纪颇受欢迎的娱乐信息。曼德维尔书中最重要的信息并不是有关遥远土地上奇怪居民的描述，而在于他声称地球上到处都有人，并且可以环游世界：“说真的，只要有健康的身体，好伙伴和一条船，一个人就可以环游全世界，无论向上还是向下，并且会回到自己的国家。一路上他都能看到人类、陆地、岛屿、城市和乡镇。”这本关于约翰 · 曼德维尔旅行的书的真正作者无从知晓，但这本书在中世纪被多次复制。本图出自一份 14 世纪的书稿。



有一万之多。

中世纪时期，地中海的商船水手们开始使用一种叫作波特兰海图的航海图，这种图基于罗盘航向制作并按比例绘制。航海图属于商品，会消失不见，它们也会像中世纪的航船一样淹没在时间的长河中。我们对最古老中世纪航海图——波特兰海图——的了解，是基于几张保存良好的漂亮的地图样例，这些例图曾被作为礼物赠送给皇室或其他显贵；也就是说，这些地图，例如著名的《加泰罗尼亚地图集》(随后我们会有详细介绍)，从未被实际用于海上航行。所以，我们并不知道最早用在海上的航海图是什么样子，也不知道中世纪海岸线第一次被画在地图上是什么时候。不过，可以肯定的是，有了新的航海图，在开放水域拓展与实施新航线变得更容易，在 14 世纪早期，这种图得到广泛运用。

根据很多专家的研究，现存最早的意大利波特兰海图是在 13 世纪晚期制作的，不过在拉丁文资料中发现的有关航海图的文字记载，最早可追溯到 13 世纪初。其中最著名的手稿名为《我们的地中海海岸位置及形状之书》（拉丁文 Liber de Existencia Riveriarum et Forma Maris Nostri Mediterranei）。法国研究者帕特里克 · 高迪艾 · 达尔什在大英图书馆的档案里发现了这部极有吸引力的手稿，并在 1995 年出版了一部著作，对这一手稿进行了完整研究。本章末尾我们会介绍这部重要手稿。

在基于罗盘方位的地图的帮助下，中世纪的商人水手们可以提前规划路线，也能够更安全地在开放海域行驶，也因此减少了航行的频次。那些采用了新的更快的路线中世纪水手们显然比因循守旧的水手们更具竞争优势，这促使人们开始系统化制作航海图，并且在 14 世纪越来越多地开始使用这些新图。

地中海的水手们，从古腓尼基与古希腊的航海家们，到后来中世纪时期的阿拉伯人、加泰罗尼亚人、热那亚人和威尼斯人，非常了解那些彼此相关的小海域和可以预测的风。古代的水手没

有航海图，而是依靠经验与被称为航海记的海航指南（希腊语 periploi，拉丁文 periplous），航海记记载了关于港口间的安全路线的口述，港口之间的预计距离，即航行天数，沿岸地标，还有对礁石浅滩位置的提醒。根据沿海地标对船只定位非常容易，因此沿着海岸航行是最安全的。当然，航行过程中也不能总是离海岸很近，不过水手们通过经验知道在已知的开放海域航行所需要的时间，例如驾船从亚历山大港到西西里岛的锡拉库扎需要多长时间。

虽然波特兰海图的起源被蒙上了一层神秘面纱，最早的图还因为年代久远而遗失，但可以肯定的是，到 14 世纪，人们已经对航海图做过大量的细化工作。中世纪中期航海图的准确度令人惊讶。13 世纪的人是怎样将巨大的区域——从西班牙的大西洋海岸到遥远的黑海东北角与地中海——如此精确地绘制在地图上的？对中世纪的制图师而言，一个最大的挑战肯定是缺少等分标尺与测量值。为了将描绘更小区域的不同地方地图绘制成相同比例，最终形成整个地中海地区的大地图，人们又使用了怎样的方法让出处不同的资料协调一致？

制作于 13 世纪晚期的比萨图是现存最古老的波特兰海图之一，它是在比萨一个贵族家中发现的，图中亚得里亚海被画得过窄（相对于意大利半岛的宽度而言），而西班牙的大西洋海岸、法国和不列颠诸岛的情况仍不甚明确。在这幅早期海图上，地中海、黑海与大西洋沿岸出现了近千个地名。这表明早在 13 世纪，地中海商船水手们就对这些海域十分了解。为了相互区别，图中最重要的港口用红色标记，次要港口则以黑色标记。

中世纪中期意大利城邦的波特兰海图在发展过程中，受到了很多文化、社会经济与技术因素的影响，这些新地图使船员们能够将古人写的文

字版航海指南图形化。首先，要理解距离与方向，并在航海图上将其绘制出来，就需要清楚比例尺。在贸易、会计与航运方面，阿拉伯数字的使用越来越普及，这就让计算比例变得更容易。其次，指南针的引入对海图的绘制有非常关键的影响。此前人们把罗盘航向当作风向，而现在罗盘航向被画成纵横交错在整个地图表面的罗盘方位。第三，司法人员开始给商船注册合法证件，这就使得系统化收集空间数据变得更为容易。第四，在中世纪的几个大港口出现了一批专业制图人才，他们能够提供船长们所需要的航海图。制图师把通过司法人员收集的位置信息和其他资料转而呈现在地图中。还有很重要的一点，职业制图师之所以能够把公证注册信息利用起来，是因为司法人员使用当地语言而非拉丁文做记录，那时候几乎没有船员懂得拉丁文。

**比萨图——13 世纪早期的航海图◄**

研究人员认为，这幅现存最古老的波特兰海图的诞生时间是 13 世纪晚期。这种地图最初是在比萨城被发现的，因此得名"比萨图"。地图描绘了地中海地区，中世纪中期的水手们也都知道这幅图。与现代地图相比，图中的亚得里亚海被画得太窄，使得意大利半岛显得过宽。这幅早期航海图的沿岸地带标记了一千多个地名。
法国国家图书馆

**中世纪时期欧洲对阿拉伯数字的学习 ▲**

莱昂纳多 · 皮萨诺（1170—1250）——他还有一个更有名的昵称斐波纳契——所著的《计算书》（原文为拉丁文 Liber Abaci）帮助西方逐渐采用阿拉伯数字。他的作品《斐波纳契》展现了阿拉伯数字系统在会计和利息计算方面的巨大优势。本图出自一个 14 世纪威尼斯王朝卡纳利商人的笔记本。这个笔记本中就记载了对《计算书》中的数学原理的运用，例如用其来计算船只离开威尼斯和安科纳的时间以及他们何时在海上相遇的问题。
耶鲁大学拜内克古籍善本图书馆

★波特兰海图：地图中的方向、距离与比例

在中世纪，波特兰海图、罗盘与用来测量时间的沙漏对航海起到了革命性的作用。波特兰海图因意大利语中的“porto”一词而得名，意为海港，因为在当时的航海图中，只有海岸线上的港口有实际意义。

虽然根据之前所提到的内容，波特兰海图中包含港口之间的距离、海岸地标、盛行风和浅滩等信息，不过还有两个重要特性让波特兰海图区别于同时期其他地图。首先，波特兰海图的基础是罗盘方向。太阳总是东升西落。太阳在最高点时位于南边，而将影子投向北边。在夜晚水手们也能找到可靠的向导：北极星。罗盘的指针持续指向北方，锁定了北方方位。因此罗盘就成为人类对世界概念化、制作地图与航海的关键。其次，波特兰海图以可测量的距离为基础，并包含用来辅助测量地图中地点间距离的比例尺。大幅海图通常用一整张山羊皮绘制，例如这幅 1339 年由安吉利诺 · 杜尔塞特完成的已知世界地图。

波特兰海图被绘制在由罗盘航向与风玫瑰构成的网络中。制图师经常会从地图上选两个已知

点作为风的中心或罗盘玫瑰的中心，在点的四周画上玫瑰环。用测径器在选好的点的周围画上相同的圆圈。这些圆圈通过圆心被分割为平均的部分——分为基本方位、基点中间方位和半向风（基本方位为 4 个：东南西北，基点中间方位在此基础上扩展为：东北、东南、西南、西北，而半向风则将方向分割到更精细的 1/16）——这就构成了地图上的直线（罗盘方位）与圆圈网络。罗盘玫瑰上的点与线帮助船只通过罗盘来确定并保持

**安吉利诺 · 杜尔塞特地图，1339 ▲**

这幅 1339 年诞生于马略卡岛的地图，是现存最古老的波特兰海图之一。本图详细描绘了地中海海岸情况。
法国国家图书馆

**罗盘 ◀**

我们对中世纪罗盘的认识，来自口头描述和绘制在波特兰海图上的罗盘图片——因为没有任何最初的中世纪遗物被保存下来。这幅罗盘图片出自巴蒂斯塔 · 阿格尼斯于 1546 年制作的波特兰海图集。这幅图中的罗盘风玫瑰与嵌入式罗盘针被画在木盖子上。
俄罗斯国家图书馆，圣彼得堡

**绘图比例线 ▶**

安吉利诺 · 杜尔塞特的所有地图都采用相同比例绘制，再加上一些测量规则，使得掌握地图中海岸地点之间的真实距离更为容易。
法国国家图书馆

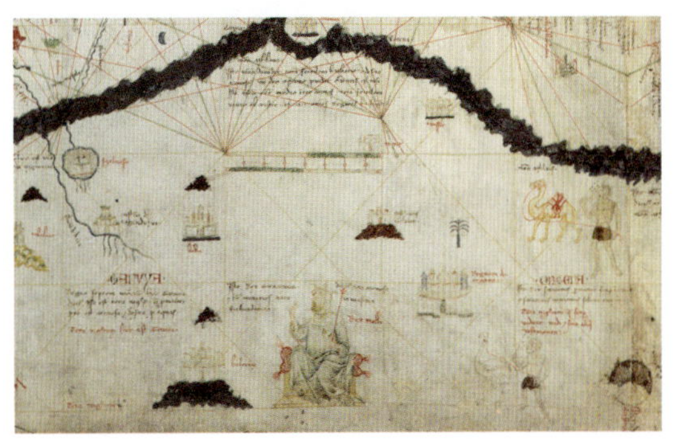

航线。当罗盘玫瑰被分成 32 个点后，每一部分就等于 11.25°，即表示全部的基本方位点。这样的精度可以保证使用地图、罗盘与沙漏就能顺利航行穿越地中海地区。

14—15 世纪，地中海地区的磁偏角向西偏 7—11°。也就是说，罗盘不能指向真正的北方，而是向西略有倾斜。水手们也清楚这一现象，为了表现这一点，当时的波特兰海图也向西倾斜相同的幅度。如果这些波特兰海图中有哪一幅被绘制成一条线指向真正的北方，那它在实际上并不会指向正北，而是会向东（也就是右边）略有倾斜。

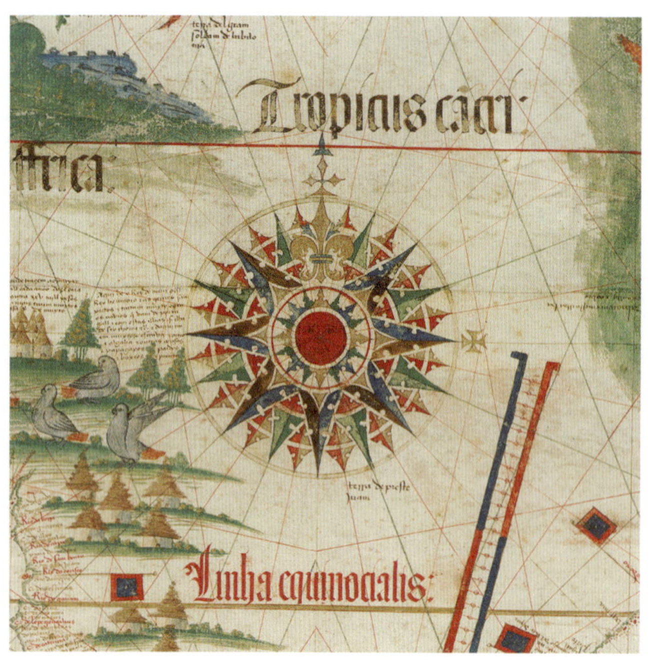

罗盘风玫瑰：基于罗盘的风◀

根据古代航海传统，波特兰海图上的罗盘方向都以风来命名。在古代，表示风向的风玫瑰图被分为十二个部分。表示磁罗盘风向的中世纪罗盘风玫瑰图被分为：主风，半风和四分之一风；起初有 8 个或 16 个方向，后来有 32 个，但只命名了 8 个主风。在中世纪，风逐渐通过各地的本地语言名称被熟知，而非通过希腊语或拉丁语。这幅漂亮的罗盘风玫瑰图出自 16 世纪早期的葡萄牙地图坎迪诺平面球形图。
摩德纳大学伊斯滕斯图书馆

## 皮耶特罗 · 维斯康提——职业制图师

在一幅色彩丰富的航海图边缘的空白处，有这样一句注释："热那亚的佩特鲁斯 · 维斯康提于公元 1318 年在威尼斯制作此图。"这是已知最早的提到航海图制作人的文字记载。佩特鲁斯 · 维斯康提如今被更多人熟悉的名字是皮耶特罗 · 维斯康提，他是已知第一个将自己名字签在作品上的制图师，他有时甚至会把自己肖像画在图上，这幅 1318 年绘制的地图中就出现了他的肖像。在地图上附上名字，说明作者对自己的技艺很自豪，这样做不无道理，维斯康提绘制的地中海海岸的准确度就十分令人惊叹。

我们对维斯康提仅有的了解都是通过他的作品——其他有关他生平的资料都已无迹可寻。但我们还是能对他有一点点了解。他在自己的第一幅地图上签了名，这幅图可能是 1311 年在热那亚制作的，而有关他最后活动的确切信息记载是在 1325 年。后来他去了威尼斯并一直留在那里，还有可能按照威尼斯对在当地工作的工匠的要求，加入了当地艺术家行会。地图制作史上还有另一位维斯康提——佩里诺 · 维斯康提，他显然是皮耶特罗的儿子，并继承了父亲的专业。

我们不知道是谁委托维斯康提绘制了这些航海图，也不知道是谁支付的制图费用。在任何档案资料里都找不到从维斯康提或者其他人那里订购航海图的买家名字，但人们却发现了其他一些有意思的东西，比如商船水手们的账本。有些早期波特兰海图的作者（其中有大约五十人的名字被记录下来）就是商人和水手们自己。他们在商船上工作时的身份是航海家与船长，甚至有最富有的船主。作为职业商船水手，他们在自己的旅途中收集地图信息，并与其他水手交换。一段时间之后，这些被记录在地图上的信息传播开来成为常识，帮助了所有的出海船只，并促进了贸易。

海上共和国威尼斯与热那亚的商人统治了 12—15 世纪的地中海贸易。威尼斯商人们航行到哪里，哪里就有装备精良的威尼斯共和国海军保护着他们的利益。海上贸易带来巨额利润，商人们斥资在自己的家乡城市大兴土木，他们的生活中充满艺术气息，宫殿与花园也被建造起来。而热那亚商人没有拿钱装点自己的家园，他们赚的钱基本都投入到了新的商业项目中。威尼斯人控制了对拜占庭的贸易，而热那亚人则被吸引到非

皮耶特罗·维斯康提的波特兰海图 ▲

皮耶特罗·维斯康提是历史上第一个在作品上签上自己名字的制图师——有时甚至会画上他自己的肖像，比如在这幅 1318 年制作的地图上，他把自己画在了左上角。现存的十张维斯康提波特兰海图中的大部分都见于地图集中，其中多幅仍然保存良好。这幅波多兰海图描绘的是黑海。图左侧还有比例尺。

威尼斯民间博物馆基金会，2015 © 图片档案

Stretto de gibiltera
Barbaria
Monte Athalante
Monte athalante
Carena de barbaria
Carena
tafiletta
masquarotta
Castiglia
Genova
Roma

**阿拉贡王国的黄金时代◀**

14 世纪，阿拉贡和卡斯蒂利亚王国（现为西班牙下属省份）在最强盛的时期统治了地中海一些最大的岛屿——马略卡岛、西西里岛、撒丁岛、科西嘉岛和马耳他——以及意大利南部与希腊的一部分。加泰罗尼亚人在这些地区，特别是在地中海西部和北非之间当起了贸易中介。马略卡岛优越的地理位置和阿拉贡国王对其他种族和文化相对宽容的态度，帮助阿拉贡成为地中海地区最重要的商业和政治活动者之一。这幅地中海西部地图出现在 1476 年的安德烈亚 · 贝宁卡萨图集中，展现了阿拉贡在地中海西部地区的影响范围。
日内瓦图书馆

洲北海岸与黎凡特地区（译者注：黎凡特是一个比较模糊的历史地理名称，泛指中东托罗斯山脉以南、地中海东岸、阿拉伯沙漠以北和上美索不达米亚以西的一大片地区）。到了公元 14 世纪，在远达印度洋的海域都有属于热那亚商人的船只，虽然这些船主本人可能从未到过那些地方。

在维斯康提的地图中并没有表现对东方的远程贸易，不过根据他在地图中对不列颠诸岛的描绘，人们可以推测出，有关大西洋的新地图信息很快会出现在维斯康提的地图中。早在公元前 11 世纪，腓尼基人就已经通过直布罗陀海峡航行到了大西洋与英格兰，对当时地中海的水手们来说，大西洋的环境是一种挑战。只有那些最勇敢、技能最熟练的水手敢于对抗那里变化无常的风与天气，还有西部海域的强劲洋流。不过，热那亚与加泰罗尼亚商人都曾航行至此，维斯康提肯定也从他们那儿得到过这方面的信息。

## 加泰罗尼亚制图大师的世界——地球尽头的贸易

1339 年，制图师安吉利诺 · 杜尔塞特完成了对整个已知世界的地图绘制，此时的马略卡岛是一个繁荣的独立王国。十年后，战争爆发，这座岛并入了阿拉贡王国的版图，仅仅几十年，阿拉贡王国就一跃成为地中海最伟大的海上强国。不过制图艺术并未就此在马略卡停止。与此相反，技艺娴熟的加泰罗尼亚制图师们收到的制图订单越来越多。

14 世纪时，马略卡是犹太裔制图大师的大本营，这里也成为与意大利竞争的制图中心。马略卡的制图师曾经读过犹太人、基督教徒和阿拉伯人的文字作品，拥有运用多种不同资源的能力。古代作品与更多的近代信息——从英格兰与弗兰德斯海岸，直到意大利商人提供的有关波罗的海的资料，都被他们所利用。同时，他们也没有忽略从基督教国家雇佣军、战争囚犯还有修道士那里得到的有关非洲、黎凡特与亚洲的信息。他们还从更多官方资料中收集到了有关东方的信息，因为到 13 世纪晚期，阿拉贡王国与统治波斯的可汗朝廷建立了外交关系，设立了永久大使馆。

马略卡公民安吉利诺 · 杜尔塞特也是一位官方的罗盘制造家（加泰罗尼亚语 bruixoler）。他在 1339 年制作的地图堪称一位博学者的杰作。这位制图师很明显在尝试创新，他将航海图的地理准确度与中世纪世界地图的艺术风格相结合。杜尔塞特的地图不仅以传统波特兰海图的方式绘制了海岸形状与沿海城市的位置，还在地图上加上了说明文字与旗帜标志，以提供各个地区统治者的信息。除海岸外，地图还描绘了内陆情况，最北扩展至波罗的海，最南到撒哈拉沙漠及红海，最西达大西洋岛屿。但这幅地图中并没有威尼斯商人与探险家马可 · 波罗（1254—1324）带回来的有关中国的信息。看上去，杜尔塞特地图的主要目的，是在尝试把这个世界所提供的无尽的商业机会介绍给欧洲的王公们。

14 世纪晚期至 15 世纪早期，在马略卡工作的众多犹太制图师们将杜尔塞特地图视为榜样，其中包括著名制图师亚伯拉罕 · 克列斯克（也被称为克列斯克 · 亚伯拉罕，约 1325—1387）以及他的学生马西亚 · 德 · 比拉德斯特斯（卒于 1423 年），后者以杜尔塞特地图为主要依据，于 1413 年绘制了一幅地图。在这七十年的时间里，地图上有关北非的信息增多，图形图案也越来越多样，但从波罗的海到撒哈拉沙漠直至红海的已知世界布局并未发生变化。

杜尔塞特与比拉德斯特斯地图延续了波特兰海图的传统，制图师们都将自己的内海——地中

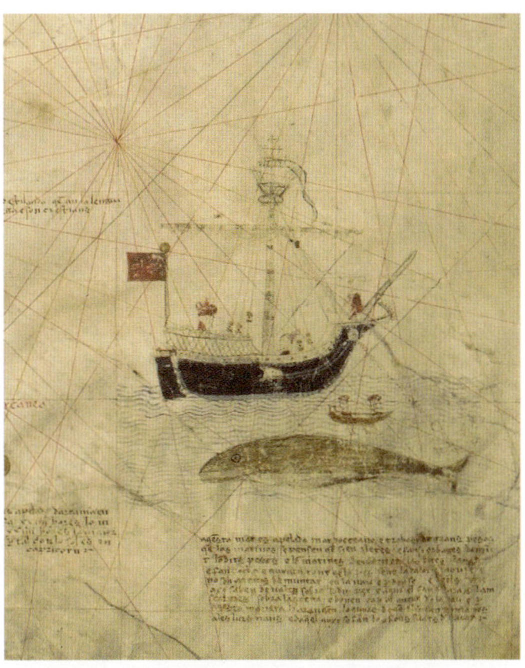

极北与极南地区的贸易◀

在这幅由马西亚·德·比拉德斯特斯于 1413 年绘制的地图（84.5 x 118 厘米）中，汉萨同盟的柯克船（一种帆船）和鲸鱼（地图左上边缘），代表了远至冰岛的北方繁荣贸易。在左下角，描绘了在重新发现的加那利群岛附近的一艘装有斜挂大三角帆的商船，这象征着地中海利润可观的贸易。这艘船属于马略卡水手和探险家豪梅·费雷尔，表现了加泰罗尼亚水手试图沿着西非海岸向南到达"黄金之河"或塞内加尔河的河口。费雷尔的船在这次危险的探险中消失了，直到 15 世纪 40 年代这幅地图出现几十年后，欧洲人才首次成功航行到现代几内亚所处的纬度，并实现了这样的壮举。
法国国家图书馆

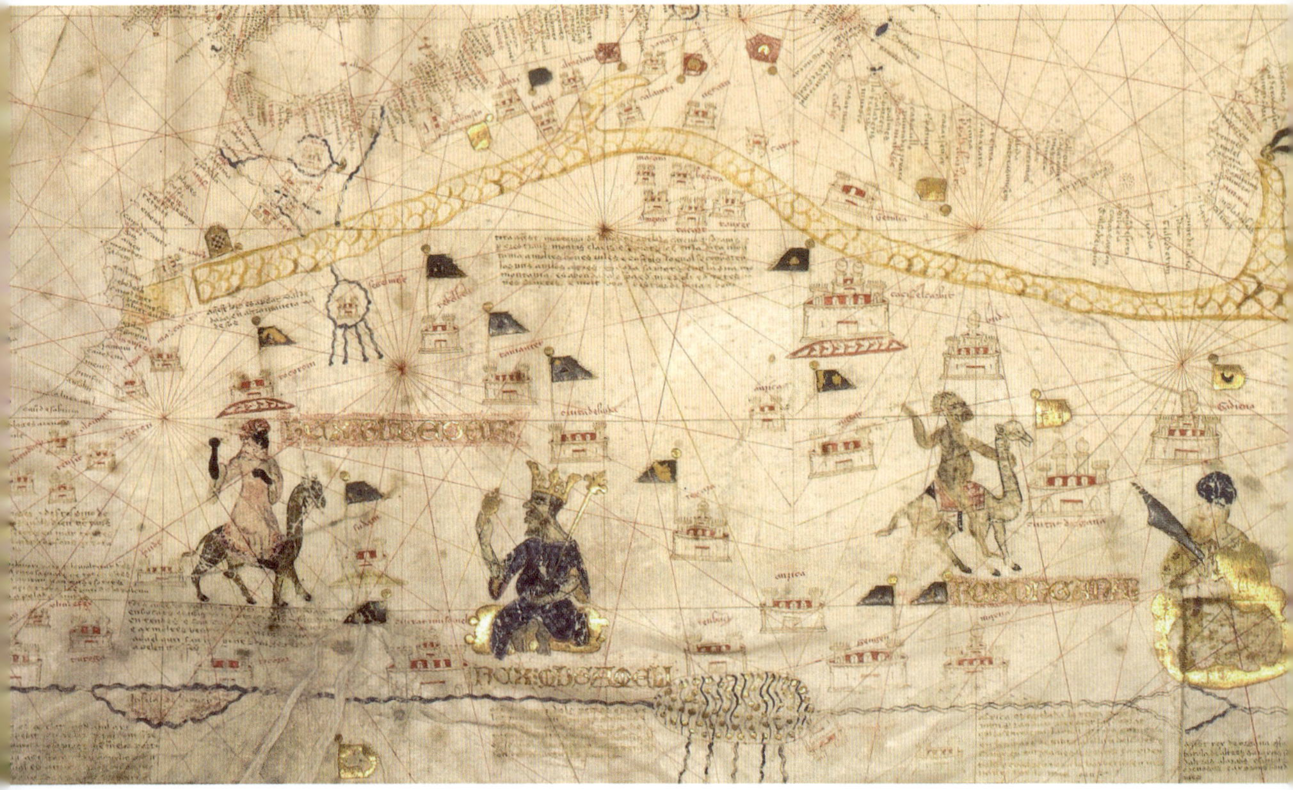

**马西亚·德·比拉德斯特斯地图中的波罗的海◀**

马西亚·德·比拉德斯特斯的地图（制于1413年）中有一个描绘波罗的海的细节，在15世纪早期，地中海水手与制图师就已经了解到这个细节。汉萨同盟统治了波罗的海贸易，同时沿英格兰东海岸的北海附近以及俄罗斯诺夫哥罗德也是其经营范围。起初，汉萨是由居住在德国城市的独立商人创办的财团，但在13世纪，它逐渐扩展到波罗的海沿岸所有已形成规模的贸易中心，特别是在波罗的海国家和瑞典南部。柯克船是一种适于在海上航行的大型货舱船，汉萨商人用这种船运送盐和腌制鲱鱼等在欧洲需求量很大的重要货物。由于宗教原因，鱼类在整个天主教世界很受欢迎，在大斋节期间是一种非常重要的食物。
法国国家图书馆

**伟大的非洲统治者曼萨·穆萨◀**

马里国王曼萨·穆萨（约1280—1337）在马西亚·德·比拉德斯特斯的地图中被描绘成非洲最伟大的统治者之一。国王身着蓝色长袍，手持金球。图下方有金色字母：Rex Musa Meli。穆萨在中世纪声名远扬，他从马里穿越数千公里到麦加朝圣的经历尤其著名，传说参加这次朝圣的有数万名自由人和奴隶，还有几百头骆驼驮着重达数百公斤的黄金。1324年，在去往麦加的路上，这位西非王者将自己很大一部分黄金捐赠给了开罗城，在返程途中他又在尼日尔河畔兴建了廷巴克图城与加奥城。这两座城是14世纪西非黄金贸易的新兴城镇。这位强大统治者的形象经常被放在地图中廷巴克图郊区附近，位于马里中央，尽管当时欧洲人实际上并不知道那座城的准确位置。非洲内陆对欧洲人来说仍是难以接近而又陌生的，这种情况一直持续到了18世纪的殖民地时期。
法国国家图书馆

海置于已知世界的中心。到14世纪，威尼斯与热那亚商人超过了所有竞争者——波斯人、阿马尔菲人，还有那不勒斯人——控制住了地中海与黑海的贸易线路。

威尼斯人占据了亚得里亚海前端的有利位置，他们所经营的由拜占庭到黑海的贸易线路获利巨大，取得了对在相同海域航行的热那亚人的战略优势。中国的丝绸、瓷器与稀有木材，波斯的地毯和挂毯等东方奢侈品都从亚历山大港和君士坦丁堡大批运来。最有价值的奢侈货物是从印度及香料群岛（摩鹿加群岛）运往亚历山大港的辣椒、丁香、肉豆蔻等香料。弗兰德斯的纺织品以及产自西欧的银、铜、铁等金属也被反向运至黎凡特。意大利人与俄罗斯商人在亚速海远端的塔纳城（今亚速海）进行贸易，他们从俄罗斯人手中购买谷物、毛皮和奴隶到地中海市场售卖。而在这里的顿河河口，也是中亚商队经过的路线，货物也有一些来自中国。所有这些都被绘制在了比拉德斯特斯的地图上。

马略卡的制图师们对北方的水域也很有兴趣：包括大西洋沿岸、北海以及波罗的海。杜尔塞特与比拉德斯特斯的地图记录了北方地区主要由德国汉萨同盟商人管控的一些最重要的港口，主要包括哥特兰岛的维斯比，这些商人在14世纪统治了波罗的海贸易。芬兰与瑞典之间的波的尼亚湾没有被标在地图上，因为瑞典国王马格努斯四世（1319—1364年在位）宣布了波的尼亚湾贸易禁令，所有外国船只不得驶向斯德哥尔摩与图尔库官方授权贸易区以北的海域。直到18世纪，瑞典王室才修改了贸易禁令，这也推迟了绘制波罗的海与波的尼亚湾的北部地区准确地图的时间。

杜尔塞特与比拉德斯特斯的地图还展现了当时地中海地区的人们所熟悉的部分波罗的海区域。地图上展现了从涅瓦河、维斯瓦河以及道加瓦河河口通向黑海与里海的古河道，这些河道最早是由维京人在9世纪开拓的。因为没有从波罗的海直接通向其他水域的河道，维京人被迫在陆地上搬运船只，直到他们能够沿着第聂伯河驶向黑海，或沿着伏尔加河驶向里海。后来，这些古河道与运输通道逐渐被人遗忘。

汉萨人沉重的柯克船不能在河流间航行，更别说带着他们穿越地峡了，不过他们却充当了中介角色，通过其在俄罗斯诺夫哥罗德的分支机构将贸易深入到了东方。地中海贸易商与汉萨商人会在伦敦和布鲁日等北海沿线城市“邂逅”，他们各自在这些地方都设有贸易办事处。还有一些地中海水手，尤其是热那亚人，偶尔也会前往俄罗斯进行贸易。马可·波罗就在他的书中提到过此事，在书中他描述了自己于1290年在里海见到热那亚商人时的极度惊讶之情。波罗的海地区的德国商人汉萨人将北方未加工过的材料，如盐、鲱鱼、毛皮和蜂蜜等运往中欧，地中海地区的意大利商人则将香料与丝绸等奢侈品送到正在崛起的欧洲上流阶级手中。

杜尔塞特与比拉德斯特斯的地图生动地展现了14世纪基督教国家商人所开拓的与伊斯兰北非

地区的新商业关系。从 12 世纪起，意大利商人就在北非主要的海港城市亚历山大港、的黎波里、突尼斯以及奥兰等设立贸易站。这些由基督教徒控制的贸易站被阿拉伯人称为梵杜克（funduq，有旅馆之意），它们逐渐扩张为由高墙围护着的永久殖民地。这些殖民地里的居民按照基督教文化生活，去教堂礼拜，到酒馆里喝酒，并按照他们自己的方式解决争端，而不是依靠伊斯兰法律。

马略卡海图是以航海图的形式将全部已知世界呈现出来的地图，它为 14 世纪欧洲的精英们打开了看非洲的新方式。当中世纪基督教的世界地图还在把南方描绘成居住着怪人的未知大陆之时，波特兰海图强调的却是南方所呈现出的商业潜力。比拉德斯特斯的地图中，北非被描绘成一块被强大而富有的国王们所统治的土地：埃及的苏丹（Lo Solda），卡涅姆（即现在的乍得）国王（Rex Organa），努比亚国王（Rex Onubia），还有在历史上确有其人的强大马里统治者（Rex Musa Meli）。（传说中北非有六位国王：Rex Bubeder；Rex Musameli；Rex Organa；Rex Dnubie；Lo Solda；Desgreliona。他们可能曾经分别统治过马里、贝宁、卡涅姆—博尔努、努比亚、埃及与埃塞俄比亚）14 世纪时，马里帝国国王曼萨 · 穆萨将伊斯兰教定为国教，在帝国全境出资并监督建造了数百座清真寺。

曼萨 · 穆萨拥有当时最大的单一金矿。虽然希腊人与罗马人都曾知道北非有黄金，但他们并不清楚源头在哪。根据古代资料，黄金是被巨型蚂蚁从尼罗河上游的某地刨出来的。比拉德斯特斯的地图没有像赫里福德世界地图那样展现巨蚁，而是把黄金资源放在了位于一个湖中间名叫帕拉鲁斯的岛上。这个湖在地图上与一条河道相连，那条河则穿越了从非洲西海岸到尼罗河上游直至地中海东部的整块大陆。有关西非大河（塞内加尔河与尼日尔河）的信息大概是从阿拉伯人传到了马略卡制图师那里。实际上穿越整个非洲大陆的河流从未存在过，但黄金还是通过驼队运输，经过一个又一个绿洲，穿越整片撒哈拉沙漠。

《加泰罗尼亚地图集》—— 一幅皇家世界地图 ▲

完成于 1375 年的《加泰罗尼亚地图集》，是一套内容丰富的已知世界地图合集，地图范围从大西洋海岛到中国，由犹太制图师亚伯拉罕·克列斯克在马略卡绘制完成。这幅地图由 4 张对折牛皮纸地图组成，现在被安置在一张大木板（65x50 厘米）上。该地图集综合了波特兰海图和中世纪基督教世界地图的形式。与波特兰海图相仿，《加泰罗尼亚地图集》也是矩形，并包含罗盘方位线，但鲜艳的绘图又让人将它与中世纪基督教世界地图传统联系起来。

法国国家图书馆

## 《加泰罗尼亚地图集》——对东方财富的观察

在法国国家图书馆的目录中，有一个 1378 年的条目，指向的是一张巨大的世界地图，它是国王查理五世赠与该图书馆的礼物。人们认为该条目所指的是著名的 1375 年《加泰罗尼亚地图集》（加泰罗尼亚语 Atles Català）。摩洛哥制图大师被称为“犹太人克列斯克”的亚伯拉罕·克列斯克奉命制作此地图，将它作为送给未来国王查理六世（1380—1422 年在位）的礼物。这幅中世纪中期最漂亮的珍贵地图之一出现在国王查理五世的图书馆里绝非巧合。查理五世以其对文学的兴趣以及对文化的渴望闻名于世，以至于人们称其为“智者”。这幅地图对已知世界有着引人入胜的说明，还绘有能激发冒险精神的丰富图像，对于法兰西智慧国王的儿子和未来的国王而言，没有什么礼物比这么一幅巨型地图更合适。与杜尔塞特与比拉德斯特斯的地图类似，克列斯克的地图是马略卡人综合了波特兰海图与中世纪世界地图的产物。除地图外，该图

蒙古帝国——中世纪的超级大国 ▲

在蒙古帝国时期，成吉思汗和他的孙子忽必烈统治了世界上最大的疆域，从黄海一直延伸到里海。13 世纪 70 年代，蒙古帝国的势力达到顶峰，扩张到了波兰、匈牙利与奥地利的边境一带。13 世纪所谓的“蒙古大同”或蒙古和平，保证了一大片辽阔区域几十年的稳定。同时这也促进了欧洲传教士与商人的活动，马可 · 波罗就沿着丝绸之路一直到达忽必烈的帝国首都汗八里，也就是今天的北京。这幅图出自一份 13 世纪的手稿，描绘了 1258 年成吉思汗的孙子旭烈兀征服巴格达城的情景。
法国国家博物馆

集里还包含有一幅大型月亮历，以及中世纪时期天文学与占星学的核心知识。

在 14 世纪，加泰罗尼亚尤其是马略卡的犹太制图师在有学问的王公们心中占据了重要地位。阿拉贡的国王们是当时地中海最大的势力，他们对这些技能熟练的制图师给予了特别的保护，克列斯克家族也享受了这一殊荣。反犹太主义在全欧洲盛行时期，国王佩德罗四世（1336—1387 年在位）成为了犹太工匠和学者的主要庇护者。1391 年，亚伯拉罕 · 克列斯克的儿子耶胡达被迫皈依基督教，并改名海梅 · 里瓦。几十年后，葡萄牙王子恩里克（1394—1460）的宫廷里出现了一位大师雅科梅 · 德 · 马略卡，之前很多人认为他就是亚伯拉罕 · 克列斯克的儿子耶胡达，但最近的研究显示事实可能并非如此，因为后者早在恩里克在葡萄牙取得权位前数年就已经去世。

《加泰罗尼亚地图集》里的世界地图展现了 14 世纪时早期加泰罗尼亚的制图传统，安吉利诺 · 杜尔塞特的影响尤为明显，然而他的地图最东只画到了红海，《加泰罗尼亚地图集》的范围则继续向东扩展，最远到达中国。与杜尔塞特和比拉德斯特斯等其他加泰罗尼亚大师的作品一样，克列斯克的地图可以从任意角度查看，也就是说东方并不是特别的方向。从海滨一直到较为内陆的地方，沿海地区的地名都得到显著标示，这与

《马可 · 波罗旅行记》▲

1271 年，年轻的威尼斯商人、探险家马可 · 波罗与父亲和叔叔一起，启程前往东方。这次旅行的目的是沿着古丝绸之路去中国，4 年后他们确实到了那里。根据马可 · 波罗自己的回忆，他很快受到了成吉思汗的孙子忽必烈的赏识，先后担任了几个行政官员职位，并走访了中国及周边邻国的许多地方。在离开故土 24 年后，马可 · 波罗回到家乡，并口述了著名的游记。马可 · 波罗的游记在中世纪被译为多种语言出版，并被赋予了很多不同名字：在法国的名字为《世界奇迹之书》，英国版名为《马可 · 波罗旅行记》，在意大利则被称为《百万》。这幅图出自马可 · 波罗旅行记的一个法语版本，于 15 世纪早期绘制，描绘了马可 · 波罗与团队从威尼斯出发前往中国的情景。
牛津大学博德利图书馆

波特兰海图的常见做法相同。为了能从正面方向看到地名，看图人必须将地图放在桌子上并围着它走。

马可 · 波罗所著的《百万》（意大利语 Il Milione，即《马可 · 波罗游记》的意大利语书名）是《加泰罗尼亚地图集》作者了解中亚、中国与印度洋最重要的资料来源。制图师也在插图与说明里将马可 · 波罗及其团队描绘成永恒的存在。在图中，戴着羽毛帽、衣着鲜艳的商人骑在马背上，跟随着驼队走在高加索地区通往东方的路上。克列斯克经常引用马可·波罗的作品，几乎一字不差，比如他对戈壁沙漠那些令人难忘的旅人精神的描写。地图里还展现了马可 · 波罗提到过的二十九座中国城市的名字。马可 · 波罗没有给出关于这些城市的确切位置，因此它们就被随意地散布在了这张地图上。

这张地图上的印度洋地区呈现出了迷人的样貌。阿拉伯人从 9 世纪开始就在这些水域中航行，东方的香料就是通过这里来到了欧洲人的餐桌上，但对于欧洲水手们来说，这片南方海域在 14 世纪时仍然是未知的。马可 · 波罗在自己的书中做了一个估计，称在印度洋上有超过 7500 个岛屿，那里到处是各种珍宝：辣椒及其他香料，还有黄金、白银和宝石。这些奇迹之岛被描述得非常富有，并用漂亮的绿色和红色加以修饰。其中最大的一

12-13 世纪比萨的黄金时代 ◄

在这幅图中，我们可以看到后来成为耶路撒冷第一任宗主教的比萨第一任大主教达戈贝特（也被称为戴姆波特，卒于 1105 年），还有后来成为安条克亲王的塔兰托王子博希蒙德一世（约 1058–1111），为参加第一次十字军东征，这两人正乘船驶向圣地。比萨共和国的宗教领袖在 12 世纪的圣地扮演着重要角色，因此，最古老的的地中海地区指南之一《我们的地中海海岸位置及形状之书》，是为比萨教会的教士而写，也就不足为奇。在 15 世纪佛罗伦萨崛起之前，比萨是 12–13 世纪托斯卡纳地区最重要的商业与海港城市。比萨与法国城市马赛联系紧密，通过后者，比萨人便能够将稻谷、皮毛和奶酪等货物沿着罗纳河从国内运往地中海市场。这幅图出自一份 13 世纪 50 年代的法国手稿。
法国国家图书馆

第三次十字军东征离开海港 ►

这幅中世纪图的主题是法国国王腓力二世·奥古斯都（1165–1223）率军出发开始第三次十字军东征。在这部手稿中，图片下方描绘的是埃及苏丹萨拉丁（1138–1193）的大船由于船身被刺穿而下沉。十字军主要是从法国马赛运往西西里的墨西拿，之后乘坐热那亚的船只从海上到达黎凡特的阿卡城。西方基督教世界从 1189 年开始征集最大规模的十字军军队，神圣罗马帝国皇帝腓特烈·巴巴罗萨（约 1125–1190）、英国国王狮心王理查（1157–1199）与法国国王腓力二世被选为军队首领。这次十字军东征的目标是要从萨拉丁手中夺回耶路撒冷，1187 年，埃及苏丹攻占了此城。后来狮心王理查被迫决定与萨拉丁停战，1192 年，双方同意耶路撒冷仍归穆斯林控制，不过基督教徒们可以在没有武装的情况下到耶路撒冷的圣墓自由朝圣。这幅图出自一份 15 世纪的精美手稿，作者是让·科隆布与塞巴斯蒂安·马梅洛特。
法国国家图书馆

个岛被称为塔普拉班岛，它早在古代就已为人所知，就是现在的斯里兰卡或苏门答腊岛。

在马可·波罗的旅行见闻出版近八年后，地图上才渐渐出现了威尼斯商人在中国和印度洋的商业活动。关于这种滞后的一种解释是，当时的人怀疑马可·波罗故事的真实性。中国的蒙古统治者成吉思汗（卒于 1227 年）与他的孙子忽必烈（1215—1294）统治下高度发达的文明、难以置信的财富，以及帝国强大的军队和官员，这些都令当时的人们满腹疑虑。

## “我们的地中海海岸位置及形状之书”

十字军东征使得圣地教会学者、有影响力的王公和商人们对探索经圣地通向东方的贸易路线兴趣日益增强。为了促进东西方间与日俱增的互动，人们也需要更好的指南与地图，与此相关的最早的书面参考可以追溯到 12 世纪末及 13 世纪初。前文提到过的拉丁文手稿《我们的地中海海岸位置及形状之书》可能是 13 世纪早期在比萨大教堂的教士委托下完成的。人们没有找到有关这部手稿的作者的任何资料。地图历史学家雷蒙·普哈德斯曾提出：“该书的作者很有可能是众多教士中的一个，当时这些教士在商船队中担任司法人员或牧师的角色。”

Quant le roy phle
cogneult le diffe
rement du roy
Richard et que le
temps dacomplir son voyage
estoit convenable il entra
lui et son armee en mer
et laissant le roy Richard a
meschines fit tant quil vint
arriver la veille de pasques
devant la cite dacre. Pres
de laquelle il trouva les
xpiens doultremer qui la
avoient longuemet attendus
et qui le receurent en sou
veraine joye et menerent
dedans leur ost et ou siege
par eulx ja grant temps
maintenu combien quilz
navoient gaires prouffite

这部《我们的地中海海岸位置及形状之书》的手稿十分令人关注，因为除了对历史与宗教地点进行了描述之外，它还包含了大量的航海实用信息，例如整个地中海地区的港口列表（包括港口间的距离与方位）。尽管这部手稿中没有地图，但作者提到，当时他曾制作了一张完整的已知世界地图，但并未让委托人满意，因此作者才用文字进行详细的地理描述，以此作为（已遗失）地图的补充。据作者所述，他的地理信息主要来自他的个人旅行，还有“其他水手和他们的旅行指南”。

手稿中称，这部作品是受比萨大教堂的教士委托所作，他对之前所做、后来却遗失的地图并不满意，因为那张地图“为了追求新奇而牺牲了真相”。据历史学家伊夫林·埃德森所说：“被制图者所牺牲的那些真相，指的是世界地图中丰富的神学与历史内容，新奇是指航海图对地理事实的呈现方式。”

这其中有两点很有意思。首先，航海地图对于13世纪的教会学者来说仍然是很新奇的。与创作于教会圈子内的基督教世界地图相比，它们展现出了完全不同的地理世界观与精神世界观，教士们有可能都没有看到过现成的航海图。一百多年后的14世纪早期，奥皮奇努斯·德·卡尼斯特里斯才非常兴奋地声称自己得到了几幅这种“新的”航海图。

另外，航海图的地理世界观似乎直到14世纪末才普遍为基督教学者们所熟知。但《我们的地中海海岸位置及形状之书》作者所描述的“很像水手们的航海图”的这幅地图，真正的样子又是怎样？它是否像早期的波特兰海图比萨图那样，是基于罗盘航向与距离绘制的？我们能否从这本书得出航海图到12世纪末就已经非常发达的结论？

这些问题的确切答案我们或许无从得知了，但《我们的地中海海岸位置及形状之书》的手稿说明，到13世纪，适合航海的、地理信息准确的地图已经开始生产，并至少从水手那里传到了参与过十字军东征的教会学者手上。据伊夫林·埃德森所说：“航海图中经过测量的地理信息及其实际使用效果一起，在14世纪早期开始对世界地图产生影响……一名海图制图师和一名希望重现十字军东征的威尼斯商人，共同完成了第一幅融合了航海图特性的世界地图。这两个人就是皮耶特罗·维斯康提与马里诺·萨努托。”

## 马里诺·萨努托——基督教世界必须得到拯救

1320年9月，一个人来到了阿维尼翁，他要给教皇办一件紧急的事。他带来了一部内容丰富的手稿——《神秘之书》（拉丁文Liber Secretorum），主要内容是重新夺回圣地并展开重建，这部手稿他已经写了近二十年。基督教世界此时已处于生死存亡的关头，因此他等不及尽快与教皇若望二十二世（1249−1334）谈谈。人们认为这个人就是博学的威尼斯商人、年代历史记录人——马里诺·萨努托（约1260—1338）。

四十年前，另一位威尼斯商人马可·波罗游历东方的时候，马里诺·萨努托正在熟悉家族在地中海东部地区的生意运作。13世纪80年代末，他曾在黎凡特的阿卡城（其阿拉伯语名字Akka也为人熟知）居住过几年。在此前几百年里，这座城市发展成了一个繁荣的威尼斯人的商业中心，也是圣殿骑士团在圣地最重要的基地之一。但在1291年，一切都变了。埃及马木留克王朝的苏丹阿尔·阿什拉夫·哈利勒（约1262—1293）包围了阿卡城，持续攻城一个多月。最终，在撞击下日渐脆弱的城墙被撞破，苏丹的军队占领了这座城市。

阿卡城的陷落对天主教会与威尼斯商人们来说是一次重大打击。当时很多人都认为，这座城市被攻陷是对十字军几个世纪的恶行的一次天谴。但马里诺·萨努托并不希望这种想法被穆斯林知道，他余生的全部精力都用来激发教皇和欧洲基督教国家君主们对穆斯林的反抗之心。但马里诺·萨努托的目标没能实现，基督教徒们失去了在黎凡特的基地，随着后来1453年奥斯曼帝国攻陷君士坦丁堡，拜占庭帝国也宣告灭亡。

凭借着一种近乎狂热的宗教热情，马里诺·萨

**马里诺·萨努托的世界地图 ▶**

附在老马里诺·萨努托的手稿《神秘之书》中的这幅世界地图（直径 35 厘米），是两种制图传统——中世纪世界地图与地理信息方面很准确的波特兰海图的精湛结合。萨努托的这幅地图于 1320 年完成，其中包含威尼斯航海图制图大师皮耶特罗·维斯康提绘制的几幅地图。与中世纪世界地图相似的是，这幅圆形的世界地图也是以东方为主方向，耶路撒冷位于中间，地中海在下方，一直向西通向直布罗陀海峡。从圆形地图边缘 16 个不同的点伸出的相互交叉的指南针方位直线是这幅地图的一大特色。与《圣经》中所提到的内容不同的是，在地图边缘——伊斯兰世界的东方，中国与印度——我们看到，统治着那片神秘土地的是基督教国王祭司王约翰。
梵蒂冈教廷图书馆

努托将理论与实践巧妙结合。在他的《神秘之书》中，这位博学的威尼斯人也展现了良好的教育背景。这部作品最重要的使命是让人们相信：圣地，最好是整个埃及，都必须被基督教徒征服。书的第一章讲述了伊斯兰教扩张的问题及其历史背景。圣地的历史从诺亚的几个儿子的时期开始讲起，接下来的故事描述了伊斯兰敌人及其支持者的扩张，最后以 1291 年阿卡城被穆斯林攻占结束。

这本书的第二章主要讲问题的解决，并提出了一个击败穆斯林的详细军事计划。针对如何装备十字军军队，如何运输士兵，如何选择战场，萨努托都提供了实际的建议。此外，萨努托称，击败马木留克统治的埃及能给所有基督教徒带来巨大的经济利益。在战争的初期，他们可以靠贸易禁令在数年之内让埃及的经济陷入瘫痪，这其中包括香料、奴隶以及经由亚历山大港的造船所需的木料贸易。萨努托认为，只要靠一支由 1.5 万名步兵与 300 名骑兵组成的军队，就能轻松征服这个衰弱的王国。

从制图史的角度看，马里诺·萨努托的《神秘之书》十分值得注意，因为其中的几幅地图极其华美。这些地图被鉴定为我们前文提到过的热那亚制图大师皮耶特罗·维斯康提的作品。萨努托或维斯康提的世界地图，将中世纪时期世界地图与地理信息准确的波特兰海图以原始的方式结合在了一起。虽然在图上已找不到人间乐土或其他《圣经》中的地名，但它仍然保持了圆形，并且以东方为主方向，这与中世纪世界地图是一样的。图中还提到一些《圣经》故事，例如远北的歌革和玛各族，但图中所标的地点主要是基于当时实际信息，而非取自《圣经》或古代资料。例如，欧洲北部的一些地名——如克拉科夫、爱沙尼亚、立陶宛与波美拉尼亚——都在萨努托的世界地图里被提及。

如果拿萨努托的世界地图与赫里福德大教堂世界地图相比较，虽然后者的制作只比前者早了二十年，但人们能感受到这两幅世界地图呈现出的两种完全不同的世界观。虽然都是圆形，它们却尽力给观者提供十分不同的角度。萨努托或维斯康提的世界地图里去掉了许多象征基督教宇宙学、古代时期以及《圣经》等比喻性的细节，但在赫里福德地图中就充斥着这些元素。

在萨努托的地图中，地中海地区的细节要丰富很多，亚洲的范围也比赫里福德世界地图向东延展了许多，过去已知世界的尽头在印度，那里也是古代资料和《圣经》里所说的人间乐土的所在。不同的是，在萨努托或维斯康提地图里，我们看到了关于远东的最新信息：那里有大汗的帝国——中国（契丹）。两份地图的最西边和非洲南边的部分都弯向阿拉伯半岛，东方的大海——印度洋——呈现出开放的形态。在赫里福德世界地图中，印度洋中只有塔普拉班岛，这符合古代资料的描述，但在萨努托地图中，我们发现了一些重要商业香料——辣椒、肉豆蔻和姜——的原产地，马可·波罗曾在自己的书中提到过这些植物。萨努托地图为何能有如此大的进步，有一种解读认为他可能读过一些阿拉伯人的资料，例如伊德里西地图。与欧洲人不同，阿拉伯人与东方人做了几百年的生意，比较了解那些地区。

阿维尼翁教廷指定后来成为意大利波佐利教区主教的威尼斯方济会修士学者弗拉·保利诺·米诺里塔（约 1270—1344）对萨努托的创作成果进行核实。萨努托与保利诺因此开始彼此的友谊，两人通信频繁。14 世纪 20 年代，弗拉·保利诺·米诺里塔还把萨努托或维斯康提世界地图做了自己的版本，这版地图在学术神职人员中得到广泛传播。

## 总结：三幅不同的世界图像

在本章开头我们曾说过，我们希望能够解释奥皮奇努斯·德·卡尼斯特里斯、马里诺·萨努托与皮耶特罗·维斯康提这三个人的道路是在何时、何地以及如何在中世纪中期的等级世界中交汇，毕竟在当时，不同职业与社会阶层间并无来往的意愿。他们的相遇对地图制作史和同时代人在地图中构思世界的方式又有怎样的影响？

他们三人中并没有哪位是自己社会地位与教育水平的典型代表，他们都跨过了设在自己阶级之上的传统边界。奥皮奇努斯·德·卡尼斯特里斯从一个谦逊低调的家庭中成长为教廷里的教士，并写出了一部志向高远的自传，在书中，他根据水手们绘制的航海图创作了前所未有的寓意丰富的地图。制图大师皮耶特罗·维斯康提在他一系列作品中也表现出相似的雄心，他制作了那个时代最好的航海图，并在图上签了名，这在当时绝无仅有。马里诺·萨努托则更大地突破了自己的阶级局限。他的想法是要拯救基督教世界并征服天下。这几位志存高远者的想法可能在 1320 年某个时间，在教廷中“相遇”了。当时的教廷不在罗马，而是在阿维尼翁。1309 年，法国国王强令将教廷迁移至此。这段被彼特拉克称为“巴比伦之囚”的时期，一直持续到 1377 年。

阿维尼翁的这段岁月也是让各种不同的人彼此认识、新思想萌发、新概念与旧概念融合的最好时期。世界正在发生不可逆转的变化，而这也反映在了由这个变化世界诞生的图像——世界地图当中。1320 年，富有的威尼斯商人与修士学者马里诺·萨努托将他的《神秘之书》带到了阿维尼翁教廷。书中包含六幅地图，制图人是皮耶特罗·维斯康提，他毕生的心血最终被带到了威尼斯。我们并不清楚制图师本人是否到过阿维尼翁，但他的地图给教会学者们留下了深刻印象，尤其是弗拉·保利诺·米诺里塔。教廷里的人认真研究了萨努托的手稿与维斯康提的地图，并将其交到了奥皮奇努斯以及众多其他教会抄写员的手中。

这几个人毕生的作品以他们各自的方式反映了中世纪中期的社会剧变，教会学者对地理知识的态度也逐渐改变，他们传播这类知识的垄断地位被弱化。中世纪晚期诞生了新的世界观，也出现了代表新世界观的地图，这些地图深受基督教世界地图与水手们的波特兰海图这两种中世纪地图传统的相互作用影响。

# II

第二章

# 过渡时期的世界地图

## 从遗忘中重新发现古代地理

### 一本被遗忘的混合之书——文艺复兴时期知识分子穿越时间访古

1896年，国际知名北极探险家、自然学家与制图史学家先驱阿道夫·埃里克·诺登斯科德（1832—1901）在罗马的拍卖会上发现了一份有趣的古老手稿。当时，毕业于赫尔辛基大学的诺登斯科德已长期定居瑞典，对去北极探险一事感觉身心俱疲。他转而全职研究地图历史，当时正在收集材料，目的是要完成自己关于航海图历史的论文，一年后，这部专著《佩里普拉斯：早期航海图与航海史论述》（瑞典语 Periplus: utkast till sjökortens och sjöböckernas äldsta historia）问世。

诺登斯科德在罗马发现的手稿，是佛罗伦萨商船水手格雷戈里奥·达蒂（1362—1435）著名的作品《球体》（意大利语 La Sfera）。但这份手稿有些特别，它包含二十六幅宏伟的地图，这在《球体》的原始版本中没有出现。诺登斯科德很快发现这些地图是一部古代地理学作品——即克劳狄乌斯·托勒密所著的教科书《地理学指南》的15世纪副本，在通行拉丁语的欧洲地区(Latin-speaking West),这本书最开始被称为《宇宙学》，之后，从1507年开始印刷的版本则改名为《地理学》。这本独特的《球体》和《宇宙学》的混合体在芬兰国家图书馆的A.E. 诺登斯科德收藏品中被遗忘了一百多年，直到最近才开始被进一步研究。

格雷戈里奥·达蒂的《球体》在15世纪非常受欢迎。这部作品主要从航海的角度讨论宇宙学，但也更广泛地涉及了地理和历史知识，内容来源主要是古代资料与和《圣经》。“秉持着文艺复兴的真正精神”，格雷戈里奥·达蒂试图把他作为商业航海者并通过个人经验获得的天文学和地理学的理论知识，以一种容易理解的抒情的表达方式结合起来。《球体》是第一本以地方语（佛罗伦萨共和国的方言）创作的大众作品，主要为意大利城邦越来越多的读者群体自学之用。

《球体—宇宙学》混合书诞生之际，包括涉及古代地理知识的书籍的许多古希腊作品已经遗失了几个世纪，这些作品当时正在被重新研究并翻译成拉丁文。15世纪，在文艺复兴时期贵族们精巧的庭院里，在有学问的海员中间，托勒密的《宇宙学》获得了真正的狂热崇拜。当时最有才华的制书匠和微型图画家为欧洲的宫廷和贵族图书馆做了许多该书的豪华版本，并配有精美地图。

15世纪中期的某个时期，有人希望将托勒密地图与达蒂的《球体》结合在一起。在多个世纪后被诺登斯科德发现的那份手稿，或许就是由某个富有的佛罗伦萨、威尼斯或热那亚水手商人委

Cir cius Sept etrio Bor eas
Zephi rus Aphri cus Aus ter No tus

托制作的，他们没有那种像在托勒密作品的华丽版本中所使用的昂贵金色颜料等材料，只能用这种较为简陋的版本来满足需求，但这个版本仍然很漂亮——手稿本身就是超乎寻常的奢侈品。

《球体—宇宙学》混合书让我们看到了文艺复兴时期耐人寻味的文学文化和时代精神，重新发现的古代地理在商人和上层阶级的文化圈中大为流行。然而，人们对古代地理文学的兴趣一开始并不是要立即利用从书中获得的信息，例如用于商业航行，这种兴趣更主要来自于这些书呈献给大众读者的象征价值。古代地理文学的重新发现使文艺复兴时期的文学与文化有机会与古代世界建立直接的精神联系，而无须借助基督教对中世纪的解读和教士们掌握的拉丁文。如今人们可以解释并理解托勒密地图在当时的流行度，这些地图可以让人们足不出户地在精神世界里去古代世界来一次令人兴奋的旅行。

在本书的第二章，我们将揭秘古代世界学者的作品——尤其是托勒密的作品——如何在 15 世纪重见天日，并影响地图的制作、使用与理解。在制图史上，这个时期通常被描述为过渡时期，在这段时期，受到启发的地图制作者们创造出了全新而富有创新性的混合地图。他们尝试在地图中将前辈的遗赠加以综合利用，这些遗赠包括中世纪基督教世界地图传统、水手波特兰海图传统、新近重新发现的古代地理文学，以及依靠商人、水手与传教士带回的持续更新的最新地理知识。

但是，在对这些漂亮的早期文艺复兴时期的混合地图、书籍以及之前提到的由诺登斯科德发现的《球体—宇宙学》手稿做更仔细的研究之前，我们将回到 13 世纪最后十年的拜占庭，并与某位博学的教士会面，这位教士的作品发现永远地改变了欧洲人使用、制作和理解地图的方式。

宇宙图◀

这幅独一无二的宇宙图展现了围绕地球轨道的十二星座，出自稀有的手稿《球体》，其源头可追溯至 15 世纪末。芬兰国家图书馆

作为拜占庭科学与艺术中心的修道院◀

在拜占庭建筑中，教堂的装饰，尤其是那些使用马赛克和壁画的装饰。科拉修道院教堂内部装饰就是一个耀眼的范例：教堂内前厅南面的圆顶就是基督耶稣的马赛克图案装饰。科拉修道院也是13、14世纪拜占庭的重要学术中心。

伊斯坦布尔科拉教堂

## 马克西姆斯·普拉努得斯的伟大发现——从尘埃中升起的托勒密地图制作理论

1295年，君士坦丁堡的一个下午，夕阳的余晖穿过科拉教堂圆顶的窗户，为这座建筑物的主厅神殿营造出了虔诚的氛围。一个沉思的教士正穿过教堂中殿，他没太多心思关注用马赛克精心装饰的教堂墙壁或与其他天象描绘在一起的圣徒画像。他所见到的阳光引起了他的兴趣，因为这是在天体力学的精确定律作用下呈现的景象。他想到了古代哲学家的宇宙观。宇宙的结构是什么？它的形状和大小如何？宇宙如何运行？

教士马克西姆斯·普拉努得斯（约1260—1310）勤奋而博学。比起《圣经》的经文，这位拜占庭教士更渴望了解古代智慧和古希腊语言这样的知识。刚开始在科拉教堂工作时，他被称为曼努埃尔（Manuel，源于希伯来语，意为“上帝与我们同在”，译者注），但在修道院他改名为马克西姆斯（Maximus，拉丁词语，意为“最伟大的”或“最大的”，译者注），这更能反映这位教士在古典语言、古代文学和科学方面的博学。在现存的一封写于1295年的信中，马克西姆斯·普拉努得斯称自己在热切地寻找克劳狄乌斯·托勒密的地理教科书《地理学指南》的手稿，并希望能在科拉教堂图书馆找到这部古代杰作。

普拉努得斯最终找到了一直在寻找的东西，托勒密的《地理学指南》的一个副本就被认为附有这位教士亲手记的笔记。但令其失望的是，他在手稿中没有发现地图，事实上，没有古代的地图在后世保存下来。因此，我们不知道——普拉努得斯也不知道——托勒密在公元1世纪制作的地图是什么样的。人们甚至都不知道托勒密的书中是否包含任何地图。

关于托勒密的创作情况，我们或许可以将之类比为烹饪大师创作世界上最伟大的菜谱。厨师会根据其菜谱实际制作菜肴吗？厨师会想知道他正在烹调的菜品的味道吗？如果有人在写世界上关于制作地图的最好的教科书，他会想要尝试根据已有的指南创作出不同地图吗？我们有很好的理由相信，克劳狄乌斯·托勒密确实是他的领域的“烹饪大师”。

托勒密著作《地理学指南》原书名的字面意义为“绘制地球的指南”。与现代一样，在古代，人们把“地图”设想为地理图形，而不仅仅是书面描述或地点坐标列表。托勒密的书为所有具备天文与几何基础知识的文明人提供了准备地图的实际指导。本书提供了各种信息、说明、方法以及数千个位置坐标，用于制作描绘较小地理区域的局部地图——十幅欧洲地图，四幅非洲地图和十二幅亚洲地图——以及涵盖整个已知世界的世

界地图。在他的时代，地中海人民所认知的有人居住的世界，即希腊语中的 oikoumene 和拉丁文的 terra orbis，总共只占到目前已知地球的四分之一面积。

普拉努得斯立即向拜占庭皇帝安德洛尼卡二世·帕里奥洛格斯（1259—1332）献上了他的伟大发现——托勒密的《地理学指南》，这部作品给这位皇帝留下了非常深刻的印象。在后者的帮助下，最好的制书匠被请来复制这份手稿并绘制地图，并且不惜成本。普拉努得斯制作了首批已知的为托勒密书籍绘制的地图，不仅仔细复制了文字，还增加了自己的说明注解。普拉努得斯不仅得到了制书匠们帮助，还得到了君士坦丁堡最有才华的数学家们的协助，后者能够理解地图投

**拜占庭的托勒密世界地图 ▲**

这幅世界地图是 14 世纪晚期在拜占庭所绘制的克劳狄乌斯·托勒密的《地理学指南》（《绘制世界指南》）的一个副本。托勒密本人所制作的原始地图并没有自古典时代晚期保留下来。然而，托勒密去世后一千多年后，在拜占庭制作的这幅地图，被认为忠实地描绘了古希腊人和古罗马人对已知世界的地理观念。

这幅地图只展现了北半球，即被希腊人称之为 oikoumene（古希腊语）的有人居住的世界。该图向西延伸到加那利群岛，向东到达今天中国的草原，越过塞西亚人的居住地，远达当时希腊人还没有明确概念的遥远地区。在地图上，海洋被描绘成漂亮的蓝色，最重要河流的地理位置用较粗的蓝线着重表示。十二个吹小号的人物围绕着地图，用来描绘风与风向。地图的右下角是一幅十二星座符号图，用于强调地理学与天文学和占星学的联系，托勒密在两部重要作品《天文学大成》和《占星四书》中也都描写了这种联系。

**托勒密指导制图师▲**

这幅画出自一份希腊手稿，表现了天文学与地理学的关系。图中，身穿红袍的托勒密在教授地图绘制以及如何用圆规和象限仪测量高度角。制图师在一个大地球模型上标记地点坐标。从绘制在球体上的非洲的形状，我们可以得出结论，这幅画绘制于在15世纪晚期地理大发现时期，当时欧洲人已经学会了在非洲南端附近航行。左边两个较小的人物描绘的是亚当和夏娃。
法国国家图书馆

影的学说，并且能将数字坐标转换成图像。普拉努得斯和他的助手把原书中复杂的古希腊数字替换成更易于阅读的阿拉伯数字，这对该书之后的几代读者而言无疑是帮了一个大忙。

在14世纪之交的拜占庭，曾制作过几份《地理学指南》手稿副本，但只有三份早期的副本被完整保存到今天。早期的托勒密地图集是制作成对开大小（57×41厘米），并包括托勒密书中提到的二十六幅地图，以及已知世界的地图。十二道用人头代表的风包围了世界地图，描绘出风的来向，意大利文艺复兴时期最令人印象深刻的装饰元素也由此诞生。地图下角绘有十二星座，展现出了地球在更大的宇宙系统中的位置。根据托勒密的理论，地图的基础坐标系——经度和纬度，只能根据天文信息进行定义和绘制。

马克西姆斯·普拉努得斯对托勒密的作品以及这位伟大的古代科学家的生活抱有强烈兴趣。公元2世纪，托勒密开始在亚历山大港汇编他的地理工具书《地理学指南》，当时亚历山大港还是罗马帝国的一部分。经过四个世纪，这座城市发展为希腊—罗马世界的科学与艺术中心。它地处三大洲——欧洲、亚洲和非洲十字路口的绝佳位置，这也让亚历山大港成了一个繁荣的商业中心。在这座托勒密从小长大的城市里，整个世界都呈现在眼前。通过繁忙的港口，来自世界各地的商品以及思想源源不断流入。罗马帝国的富豪精英们渴望印度的香料、中国的丝绸以及遥远的土地上的其他奢侈品——玻璃、珍珠、黄金和珠宝，随后，在中世纪和文艺复兴时期，垂涎这些商品的人换成了拜占庭与西欧的特权贵族。在这座城市的酒馆里，水手与商人们讲述着他们抵达地球尽头的旅行中所遇到的陌生之地与陌生人。亚历山大港是托勒密那个时代的大都会：一个色彩缤纷的聚集地，一座商业、文化、语言和人的大熔炉。

普拉努得斯对托勒密之前时代的一些罗马地理学家的作品也有所了解，比如庞波尼乌斯·梅拉（约卒于公元45年）、老普林尼（23—79）和斯特拉博（公元前63—前24），这几人的作品对自然描述更多。托勒密的地理教科书与此颇为不同，与他的前辈们不一样的是，托勒密对国家的历史与传说不感兴趣，虽然他肯定听到过水手和军事指挥官们所描述的遥远之地的故事，地中海地区的人们对这些故事感到奇怪又害怕，但托勒密的兴趣在于各种天文现象和普遍科学原理的可测量性上面，而不是故事。

拜占庭教士普拉努得斯还研究了托勒密的天文学教科书《天文学大成》（拉丁文 Mathematike Syntaxis），今天大多数人熟知的是其阿拉伯文书名“Almagest”。这部杰作也使托勒密成为有史以来最重要的天文学家之一。他在欧洲天文学首屈一指的权威地位一直保持了近一千五百年，直到 17 世纪。在《天文学大成》一书中，托勒密对希腊天文学知识进行了整体编辑，并做了评论。他的地理专著《地理学指南》被认为是《天文学大成》的姊妹篇，托勒密在该书中也致力于综合论述：在这本书中，他编辑了整个希腊—罗马地理与制图教学方面的内容。

托勒密认为天文和地理紧密相关，因为地理的科学测量方法基于天文学知识。地球上的精确地理位置以及地球的形状与大小只能根据其他天体的位置来定义。托勒密不仅是地理知识的采集者与中介人，更重要的是，他是一位制图改革家。他在论述中研究了如何用数学方法绘制地图，为制图学创造了科学依据——绘制地图的普遍原则一直使用至今，那就是经纬网格与地图投影。

拜占庭教士普拉努得斯的伟大发现——托勒密的地理手册《地理学指南》最终将改变欧洲人对世界的看法与绘制地图的方法。事实证明，在托勒密的影响下，欧洲的地理世界观（拉丁文 imago mundi）的变化可谓慢得惊人。传统的基督教世界地图的特征——圆形，地图主方向朝东，位于地图上方，包括《圣经》里的人间乐土，面积夸张的圣地，以及生活在地球边缘的怪人与怪兽——在托勒密的作品于 1409 或 1410 年被翻译成拉丁文后，仍然在此后一百多年的时间里，以某种形式保留在许多世界地图中。

15 世纪初，欧洲人还不能完全接受托勒密的科学制图法。他们仍然活在伟大的基督教叙事中，在这个神话与传说的时代，比起托勒密所代表的数学极简主义和天文的精确性，人们更愿意接受神力、怪人和地球边缘生物的故事。

克劳狄乌斯·托勒密——“科学之王”▲

公元 2 世纪，希腊数学家、天文学家和地理学家克劳狄乌斯·托勒密居住在罗马帝国繁荣的亚历山大港。在中世纪与文艺复兴时期，托勒密经常被描绘成戴着“科学之王”王冠的形象。没有任何托勒密生活年代时的画像、雕像或浮雕自古留存。这幅图出自《圣经史》，由法国教会学者吉亚尔·德穆兰约 1404 年绘制，托勒密（右下角）与其他学者被描绘在一起。
法国国家图书馆

## ★坐标与投影

本图中的世界地图制于 14 世纪早期，制作地点是希腊阿托斯圣山上的瓦托派季乌修道院。它是根据托勒密的第一投影法制作的，包括一个简略的坐标网格——纬线和经线。甚至在托勒密之前，希腊学者也意识到可以使用坐标精确定位地球上每个地点的地理位置。尼西亚的希帕克斯（约公元前 190—前 120）是希腊最主要的天文学家之一，被誉为三角学的创始人和球面几何学的先驱，他将地球表面分为 360 份的这种做法，直追现代几何学的发展程度。

古希腊以东西方向的纬度或平行线，以及南北方向的经度或子午线的方式来划分地球的方法，直到今天仍在为我们所用。某个地点的纬度仍然以朝向北极或南极的度数来描述，赤道标记为 0°，极点为 90°。

在西方古典时代晚期，世界最西的边界幸运群岛（加那利群岛）被选为 0° 地点，经线从此开始计量——这里即是地理上的本初子午线。在托勒密的世界地图中，有人居住的世界上的最东之地位于东经 180° 左右。

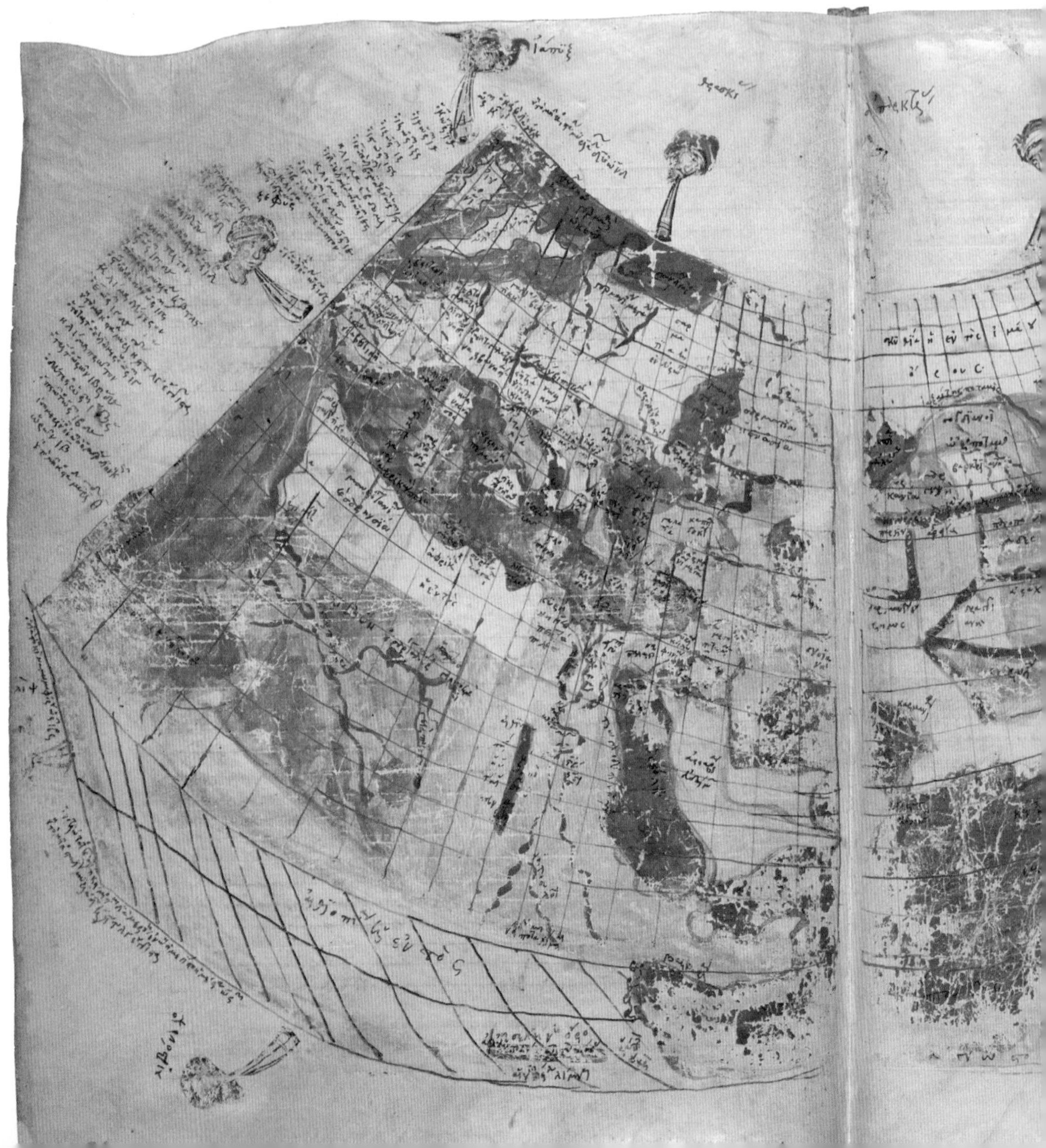

托勒密地图里有人居住的世界还未达到北极，这是因为古希腊人并不了解世界的这些地区。北部极北之地位于北纬 63°。古希腊人也不清楚地球南部地区的情况，而托勒密地图中，已知地区的南部边缘位于赤道以南 20°。

这些图（右图）描绘的是托勒密的投影法。地球的球面可以在二维平面上以不同方式实现，但在所有的投影法中，都会有一些测量失真：一些元素会以某种方式变形，包括地理区域的形状，地点间的距离，表面积的相对大小，或方向之间的角度等。托勒密建议，使用地图的目的是选择

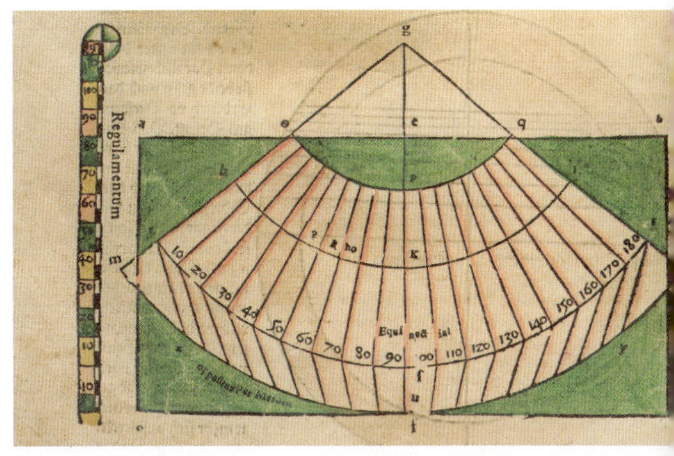

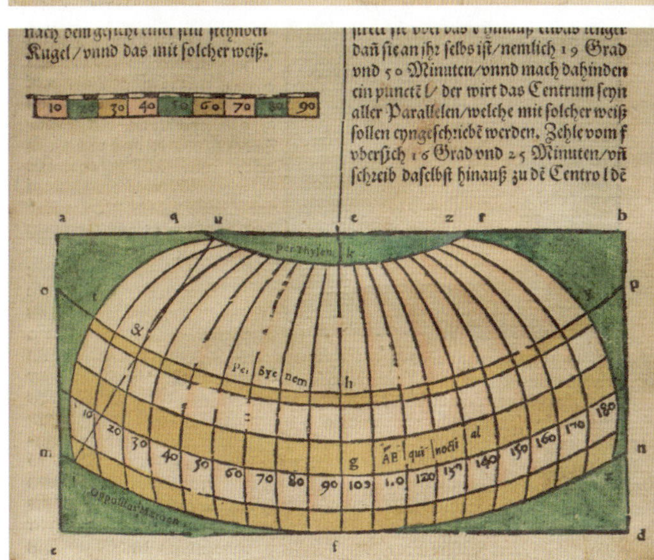


使用哪种投影法的最终决定因素。

在被称为托勒密“第一投影法”的图中(上图)，地球表面以锥形的形式投射到平面上，使得纬线朝向赤道弯曲，而经线是直的，并在两极交会。托勒密“第二投影法”（下图）通常被称为“兜帽”或“长袍”投影。其中，只有中央子午线是直的，其他所有纬线与经线都是弯曲的。（大英图书馆理事会，尤哈·努尔米宁世界地图收藏，赫尔辛基）

## 佛罗伦萨人文主义者对托勒密地理学的研究

1397年冬天，拜占庭学者曼努埃尔·赫里索洛拉斯（约1350—1415）第一次来到了意大利繁华的城市佛罗伦萨。此前，这位通晓多国语言之士已被拜占庭皇帝曼努埃尔二世帕里奥洛格斯（1350—1425）派往西方，皇帝非常相信赫里索洛拉斯的外交技巧，并相信他能够游说西欧那些富有的亲王去对抗奥斯曼帝国的扩张侵略。赫里索洛拉斯受到了热情接待，虽然这主要是因为他的学问，而非其外交使者的身份。他深受西方文学界的欢迎，但没能说服西方国家的亲王们来帮助拜占庭皇帝。15世纪初的时候，立国千年的拜占庭帝国已经被削弱到仅剩君士坦丁堡这座孤城，五十年后的1453年，奥斯曼人终于攻占了君士坦丁堡，摧毁了拜占庭帝国。

佛罗伦萨城邦执政官科卢乔·萨卢塔蒂（1331—1406）与这位来自希腊的同行赫里索洛拉斯有过多年的通信，并数次邀请他来佛罗伦萨教授古希腊语。赫里索洛拉斯最终同意萨卢塔蒂的请求，因为这位有名的佛罗伦萨人不仅是城邦最有影响力的行政和政治人物之一，同时也非常狂热地研究古代语言文学，是一位与赫里索洛拉斯本人极其相似的人文主义者。赫里索洛拉斯将许多古希腊著作从君士坦丁堡带到佛罗伦萨，这些作品尚未被翻译成拉丁文，西方国家对此并不

佛罗伦萨——托斯卡纳的珍珠◀

艺术家成功抓住了这座城市的视觉印象，在这方面，拜占庭学者曼努埃尔·赫里索洛拉斯在15世纪早期就深有体会。在这幅图的背景上，富有特色的托斯卡纳山丘从三面环绕城市，阿诺河从城市穿流而过。在中世纪晚期，这座城市成为欧洲贸易和银行业务活动的主要焦点，这里的原始资本主义氛围为15世纪的文艺复兴创造了基础。此图出自1493年所出版的《编年史之书》（原文为拉丁文Liber Chronicarum），即著名的《纽伦堡编年史》，作者是哈特曼·舍德尔。

慕尼黑巴伐利亚国立图书馆

了解。其中的一份文本便是托勒密的《地理学指南》手稿。

赫里索洛拉斯在佛罗伦萨待了三年，然后到意大利的博洛尼亚、威尼斯和罗马等其他城邦继续教学。在西方的这些年，他将荷马的作品与柏拉图的《理想国》从古希腊文译成拉丁文。他本已经开始着手翻译托勒密的地理学论著，但此时拜占庭皇帝派他前往阿尔卑斯山以北，到巴黎和德国的城市执行新的外交任务，这次翻译便没能完成。

赫里索洛拉斯在佛罗伦萨期间的旅行和住宿费用由一位富有的银行家帕拉·斯特罗齐（1372—1462）承担，后者也是一位艺术与科学领域的赞助人，酷爱收藏古书，托勒密书中的地理知识给他留下了深刻印象。斯特罗齐曾写道，托勒密的《地理学指南》是自己最宝贵的财富之一，足见其对托勒密作品的感情之深厚。在其遗嘱中，斯特罗齐将这份文学珍宝留给了他的儿孙，并规定："他们必须将其保留，不可因任何理由卖掉，因为这是君士坦丁堡的希腊人赫里索洛拉斯于1397年来到佛罗伦萨教授希腊语的时候带来的。这本书是我们这些地区的第一本，他把它留给了我，所以我将其保留下来。这份托勒密《地理学指南》中的地图是意大利最初制作其他类似地图的基础，也是在意大利之外制作的地图的基础。"

托勒密《地理学指南》的拉丁文翻译最终由赫里索洛拉斯的一位学生在1409年或1410年完成，他就是托斯卡纳人贾科莫·安杰洛·达·斯卡尔佩里亚（约1360—1411），他也以拉丁名雅各布斯·安杰卢斯而为人知晓。他把这部拉丁文翻译作品命名为《托勒密宇宙学》（原文为拉丁文Cosmographia Claudii Ptolemaei）。这一书名即后来文艺复兴时期的西方拉丁文国家学者所熟悉的名字，直到1507年，这部作品才被重新命名，开始以《地理》（原文为拉丁文Geographia）这一书名为人所知。

雅各布斯·安杰卢斯热衷于学习古希腊语。他非常钦佩赫里索洛拉斯，几年前，年轻的安杰卢斯游学的时候，在君士坦丁堡结识了赫里索洛拉斯。这是安杰卢斯一次大胆的冒险，因为在14世纪末期，去往君士坦丁堡需要冒生命危险。当时奥斯曼帝国军队四面包围君士坦丁堡，这座千年古城被攻破城墙并落入敌手仅是时间问题。无畏而充满渴望的安杰卢斯成为了完成老师赫里索洛拉斯未竟事业的不二人选，尽管这意味着要离开家乡佛罗伦萨令人安心的专一的学术圈。后来的科学家们比安杰卢斯更精通古希腊语、几何学和数学，他们批评后者的翻译包含了大量无法接受的错误，没能充分展现托勒密原作的价值。安杰卢斯在罗马完成了翻译，并将译作献给当时的教皇亚历山大五世（1409—1410 年在位），他希望托勒密的作品及其翻译能够得到有影响力的教会与学术界应有的关注。

起初，托勒密作品的安杰卢斯译文或其副本中并没有包含地图。尽管翻译中有错误，但古代语言与文学的人文主义学生们认为这些文本很有趣，因为它们阐释了罗马帝国的地理与古代地名。虽然早期意大利人文主义者彼特拉克和薄伽丘并不熟悉托勒密的地理，但他们对古代地理、拉丁文、古典时期世界的文化和历史很感兴趣。早在 1359 年，薄伽丘就编写并出版了拉丁文地理地名的工具书，名为《关于山脉、森林、泉、湖泊、河流、泻湖或沼泽，以及海洋的不同名称》（原文为拉丁文 De montibus，silvis，fontibus，lacubus，fluminibus，stagnis seu paludibus，et de diversis nominibus maris）。薄伽丘在这本书的介绍中写道，读者阅读古典文本时会遇到地名随着时间而变化或消失的情况，对他们而言，古代地名工具书非常有用。

托勒密的著作为文艺复兴时期的人文主义者提供了一个将古代和当代地名进行比较研究的机会。人文主义者对地名的兴趣显而易见，这一点从仍然保存在欧洲古老图书馆的几十本托勒密作品的拉丁文手稿版本当中就能看出，这些手稿里只有那些处理过地名的部分保存完整，但并未包括托勒密对制图、坐标或地图的科学介绍。对于托勒密提供的关于罗马帝国与古代地名的信息，佛罗伦萨的人文主义文学界兴趣浓厚，但他们对托勒密作品里的天文学及数学制图学既缺少兴趣也不太理解，且不能完全理解看懂该书所需要掌握的数学知识。

曼努埃尔·赫里索洛拉斯肖像▲

曼努埃尔·赫里索洛拉斯在佛罗伦萨度过的岁月尤为出名，他在那里向一些文艺复兴时期最重要的学者教授希腊语和文学。在中世纪的欧洲，有关希腊语的知识和研究已荒废了几个世纪，所以赫里索洛拉斯有机会将被遗忘的希腊文学成果介绍给佛罗伦萨的学者们。他的学生和学生的朋友们会继续组建起核心团体，后来的历史学给他们冠以文艺复兴人文主义者的称号。这幅赫里索洛拉斯的肖像出自 15 世纪。
巴黎卢浮宫

科卢乔·萨卢塔蒂肖像▲

科卢乔·萨卢塔蒂在14世纪90年代晚期邀请曼努埃尔·赫里索洛拉斯到佛罗伦萨教授希腊语，而在前世代学者（如彼得拉克和博卡奇奥）星光暗淡后，他逐渐成为这个城市人文主义运动的关键人物。萨卢塔蒂比他的前辈更加强调：古典文学和其他古代文章应当被看作时代的产物，即古代世界的知识产物，而且不能将文化现象和观念与其历史背景分割开来。通过这种方式，他挑战了所有基于《圣经》的中世纪时期对世界的解释，以及对历史和人类形象的解读。最重要的是他通过回顾古代来塑造全新的史学和人类形象。
本图绘于15世纪。
佛罗伦萨老楞佐图书馆

## 古代地理学研究在法国取得一席之地

渐渐地，人们对托勒密地图教学法的理解有所加深，这一情况出现在法国阿尔卑斯山北部。红衣主教纪尧姆·菲拉特（1348—1428）是一位充满热情的书籍收藏家，他对地图和地理特别感兴趣。“我，纪尧姆，圣马可的红衣主教。将此书送给兰斯教会图书馆，这本书我找了很多年，在佛罗伦萨得到一份副本后，我又保留了一本以此为基础复制的副本。我恳求保管此书，因为我认为这是法国的第一份副本。手书于康斯坦茨，教皇马丁五世教廷四年，耶稣纪年1418年1月。”这段赠言发现于托勒密《宇宙学》的一份副本书稿中，收藏于法国兰斯市图书馆，这表明托勒密的作品很快就传到阿尔卑斯山以北，从意大利传到了法国和德国。

著名的第16届康斯坦茨大公会议于1414年至1418年在德国南部的康斯坦茨举行，这里也成为这四年间全欧洲有学问的教会人士与人文主义者们的一个重要会议场所。会议旨在结束西方教会大分裂，后者曾导致罗马天主教会分崩离析。同时，它也成为一个非官方的“书展”，人们在此交易和委托制作有意思的书稿。红衣主教纪尧姆·菲拉特在康斯坦茨期间，让人制作过五十多份不同的书稿，其中有他最喜欢的主题：地理与地图。当中还包括托勒密的《宇宙学》和庞波尼乌斯·梅拉的《地理书》（原文为拉丁文 De Chorographia），后者也被称为《世界图本》（原文为拉丁文 De situ orbis）。

在康斯坦茨复制手稿非常方便，因为会议期间，为了协助成千上万名教会的知名人士参会，许多教会文职人员已经提前在此安营扎寨。最新翻译成拉丁文的古代手稿通过康斯坦茨传播到整个欧洲，各国亲王们的文学圈子、修道院的古老图书馆和大学的讲堂里，掀起一阵学习热潮。许多学者开始破译古代的经文和先贤们所写的关于地球大小、形状和居住情况的信息。对这些学者而言，这不仅仅是地理学实际问题，而且在很大程度上也是一个哲学问题。

红衣主教纪尧姆·菲拉特对托勒密的《宇宙

康斯坦茨▲

这幅木版画出自哈特曼·舍德尔 1493 年的《纽伦堡编年史》，也是现存最古老的描绘康斯坦茨的画作，他从博登湖的角度描绘了这座城市，用画作令其永生不息。在中世纪，位于瑞士边界的德国南部城市康斯坦茨，因为从 1414 年到 1418 年在这里举行康斯坦茨大公会议而声名鹊起。这是当时最重要的教会及政治事件之一，在四年时间里，吸引了估计五万名游客来到这座城市。本次天主教特别会议也发展成为一个书展，欧洲的学者们可以在这个书展上交易并复制手稿。此次会议最大的宗教政治成果是终结了西方天主教的大分裂。
慕尼黑巴伐利亚国立图书馆

博学的法国教士◀

15 世纪初，文学文化和书籍装饰在法国的手稿中发展到顶峰，这幅袖珍画就是个很好的例子。我们可以看到，一位教士学者坐在他房间的办公桌前，旁边的桌上放着最重要的技术工具之一——放大镜，书架上则陈列着一些精美的手稿。


斯堪的纳维亚出现在地图上▶

纪尧姆·菲拉特在 1427 年制作了这幅斯堪的纳维亚地图，是其托勒密地图集的一部分。该图以丹麦学者克劳迪乌斯·克拉乌斯所制作的史上第一张斯堪的纳维亚地图为基础，描绘了古希腊人所不知道的北部地区，中世纪晚期的学者对这一地区颇感兴趣。在地图的右下角出现了波罗的海；左边是大西洋海岸和丹麦海峡。地图使用托勒密坐标法绘制，是第一幅所谓的现代图版，是托勒密地图集中一种“新的局部地图”。
南锡市立图书馆

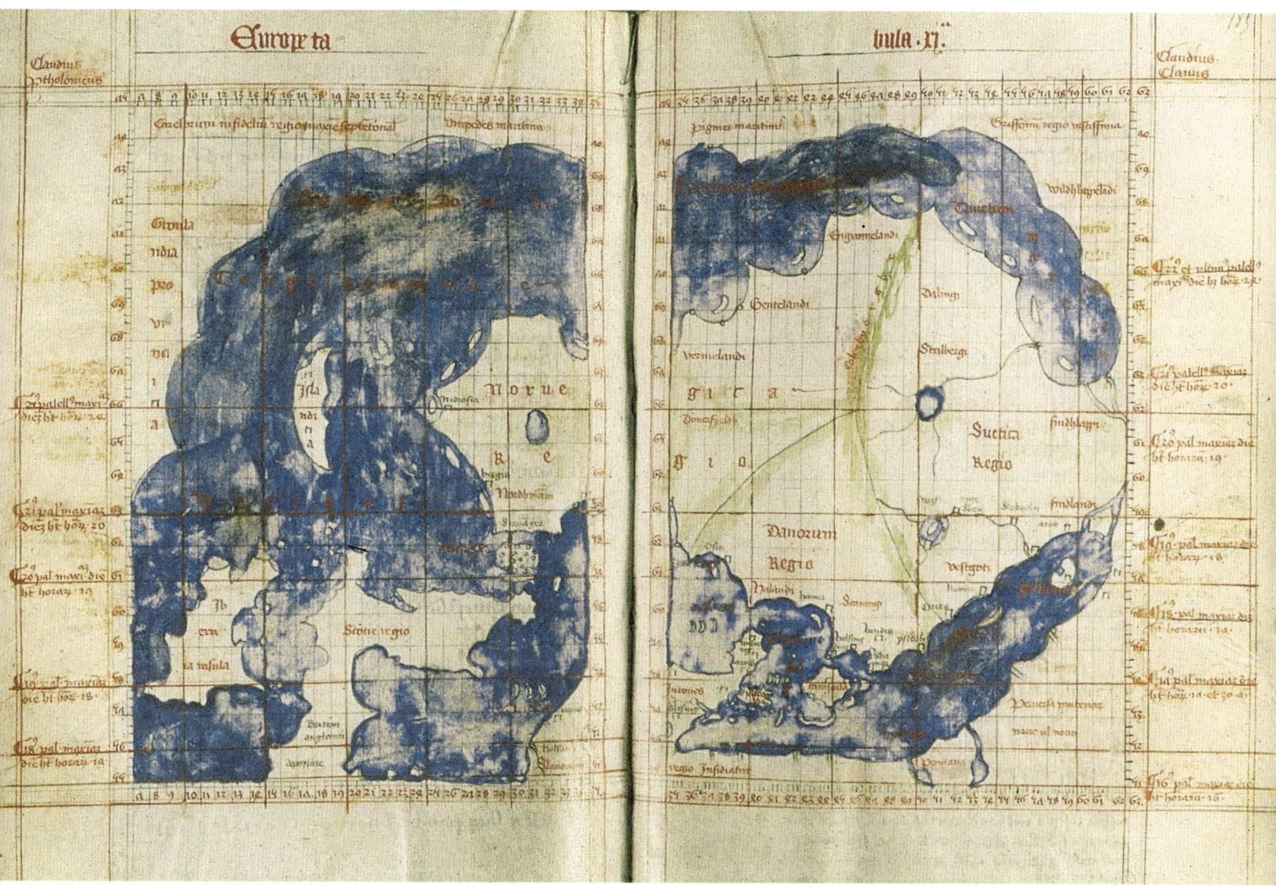


学》兴趣强烈，他委托制作了第二份副本用于自用，这本书现在可以在法国南锡市立图书馆找到。这位法国学者对古代地名的兴趣就如同一个世纪前的早期人文主义者，而且，他也对托勒密的研究如何能与他所处时代的地理知识相呼应感到好奇。他已经设法拿到了一份斯堪的纳维亚地图的副本，此副本由居住在罗马的丹麦学者克劳迪乌斯·克拉乌斯（生于 1388 年）于 1427 年制作。这幅地图基于托勒密的坐标系而制作，因此是托勒密地图集当中的第一个现代图版，一种新的局部地图。菲拉特认为这幅新斯堪的纳维亚地图非常重要，他也把它复制到自己的托勒密地图集手稿版本当中。

纪尧姆·菲拉特是率先充分掌握其所处时代迅速发展的地理知识的先锋之一，在许多方面掌握的知识比古人更准确，他曾写道：“除了托勒密所呈现的这些，还有挪威、瑞典、俄罗斯（等国家）和波罗的海……在这片相同的海域更北的地方，每年有三分之一时间处于冰冻状态。越过这片海是格陵兰岛和图勒岛，它们的位置更靠东。而这就填补了远达未知地域的所有北部地区。托勒密没有提及这些地方，相信他对此也不了解。一个名叫克劳迪乌斯·辛布里克斯（克劳迪乌斯·克拉乌斯）的人概述了北方地区，并绘制了一幅地图，与欧洲其他地图相辅相成。”

纪尧姆·菲拉特还研究了罗马人庞波尼乌斯·梅拉的地理学著作《世界图本》，并在 1417 年为其制作了一份漂亮的手稿。在这本书的开篇，制图师使用巧妙的微型绘画技术，将梅拉的世界地图画在书标题的字母“O”当中。在研究梅拉和托勒密的地理学著作时，菲拉特注意到，从许多细节上可以看出，这两位古代权威人士对世界的观点不一样。在他为这本书撰写的介绍中，菲拉特决定对许多梅拉的解释表示支持，例如非洲

**庞波尼乌斯·梅拉根据纪尧姆·菲拉特理论绘制的地图◄**

1417年，纪尧姆·菲拉特为庞波尼乌斯·梅拉的地理著作《世界图本》制作了华丽的手稿。这幅世界地图已经经过巧妙的微缩处理，将其放在书名中 Orbis 一词中的字母 O 里。地图按基督教世界地图的方式以东为主方向，但其中没有其他代表基督教的符号。世界上已知的地区——欧洲、亚洲和非洲——用红色描绘，其他中部地区用白色标记。图中还显示了主要的水路和山脉。世界的各个方向被醒目的蓝色环流海洋所包围，地图的边框装饰有吹着喇叭的天使。
兰斯图书馆

**中世纪机械装置工作坊►**

有关让·福索里斯的科学仪器和时钟工作坊的同时代图片没能留存至今。这幅袖珍图出自多米尼加教士亨利·苏瑟（Heinrich Seuse），即亨里克斯·苏索（Henricus Suso）（约 1295—1366）在科隆创作的著名手稿《智慧之钟》（原文为拉丁文 Horologium Sapientiae）。图中，象征着智慧的女性人物正在给一名教士授课。在他身后挂着一个星盘，右边的桌子上放着用于测量角度的各种仪器。这份手稿是苏瑟在 1450 年的一件复制品，描绘了让·福索里斯所处时代或稍晚时代的技术发展状况。
布鲁塞尔比利时皇家图书馆

没有与亚洲在东方相连接，因而印度洋也就不会像托勒密教授的那样，被非洲围成一个内陆海。因此，菲拉特认为从理论上绕过非洲航行是可行的，正如罗马学者梅拉与老普林尼所传授的那样。他还认为，水手们很快就可以从欧洲向西航行，到达亚洲与印度海岸。不同于梅拉或托勒密，菲拉特认为整个世界都有人居住，而不仅限于温带气候带。

菲拉特的这些主张在 15 世纪的欧洲学术界得到了广泛传播，这主要得益于庞波尼乌斯·梅拉作品的重新发现。这些理论后来对于扩展欧洲人的世界观起到了至关重要的作用。商业水手及其皇家赞助人逐渐被引导，他们开始将海洋看作开放高速公路，通向尚未发现土地上的财富，而不是像中世纪那样，像古罗马神学家圣奥古斯丁所教导的，认为海洋只是横亘在不适合人类居住地区前面的一道不可逾越的障碍。

另一位积极参与地理学讨论的是法国学者皮埃尔·德阿伊主教（1351—1420）。他出版了两本有关宇宙学与地理学的重要著作：1410 年的《世界图像》（原文为拉丁文 Ymago Mundi），以及 1414 年的对托勒密《宇宙学》的批判性论著，名为《宇宙学纲要》（原文为拉丁文 Compendium Cosmographiae）。德阿伊并不像他的同胞菲拉特那样对地图感兴趣，而是专注于地理的文学描述。对比古代权威人士和教会神父

de leurs bonnes euures de leur vie par
faitte ⁊ de leur saincte conuersacion.
Ceulx ci queroient dieu en grant
bonte ⁊ en parfaitte simplesse de cuer.
Car toute leur entente ⁊ leur estude
estoit les occupacions mondaines ou
blier. leurs pechiez gemir ⁊ plourer.
les choses diuines assauourer. Eulx
dedens eulx contenir. et garder le corps
et a seruitude ramener. Et seulement
a la diuine sapience acordre. et leur ētm
occuper. Mais las dolent au jourdui
le monde est enuielli en malice et lamo[ur]
diuine est es cuers de plusieurs tellement
refroidee quelle est peu sen fault estainte
Car on en treuue peu qui estudient
en deuocion ne qui aient diligence de
renouueller de la grace de dieu pour
eulx eschauffer ne qui par desplaisance
de leurs faultes aient souuent la ler
me a lueil ne qui desirent la presence
la visitacion la doulce allocucion
et plement de la grace diuine. Ains
se occupent ⁊ estudient en vanitez en
narracions entencalences et hystoires
vaines ⁊ temporelles et en delices cor
porelles esquelles ilz sont endormis
par vng grief ⁊ pesant sommeil.
Et pour tant la diuine sapience
qui tousiours est songneuse du sau
uement de toute humaine creature
en desirant damender la vie de ses
esleus et en voulant oster ⁊ anean[t]ir
tous vices de leurs consciences veult
et entent en ce liure principalment
allumer les estains ⁊ enflammer les
les refroidiez les pecheurs resmouuoir
les mal deuots a deuocion rappeller et
promouuoir Et les endormis par negligence
a lestude des euures vertueuses esueiller

作品，他写道，地球一定是球形的，西方大洋相对较小，非洲西部海岸和印度东海岸之间的海洋表面一定非常小，因为在这两个地方都发现了大象。德阿伊主教在他的书中多次提及这些来自亚里士多德等古代权威的观点，这也给五十多年后出生于热那亚的一个商业水手留下了深刻的印象，他就是克里斯托弗·哥伦布（1451—1506），后者最终设法说服西班牙皇室资助他越过大西洋前往中国考察。

纪尧姆·菲拉特、皮埃尔·德阿伊、克里斯托弗·哥伦布等许多学者都认为，通过向西航行，可以找到去中国与印度的最短航路，这一想法明智而又合乎逻辑。然而问题在于，他们不知道如此浩大的旅程需要花多长时间，以及那些此前未知的国家、大陆和海洋可能会对其行程造成什么样的阻碍。直到18世纪末，人们才对这个世界的辽阔有了充分认识。

阿尔卑斯山北部的法国和德国学者首先认识到托勒密《宇宙学》的科学贡献——即在固定位置使用坐标，以及平面上的球面投影。最初认识到这一成果的是法国仪器制造商让·福索里斯（约1365—1436）与纪尧姆·菲拉特。福索里斯是一个锡匠的儿子，之后成长为一位才能出众的学者，他能够将专业技艺与对科学的好奇以独特的方式结合起来。尽管出身低微的工匠家庭，但这个天赋优异的男孩还是得到了前往巴黎大学学习的机会。他与家乡兰斯的科学圈子建立了联系，还对前面提到过的红衣主教纪尧姆·菲拉特及其地理著作熟悉起来，后者比福索里斯年长一辈。在巴黎大学，除医学和神学外，福索里斯还学习了天文学，这也成为他最热爱的学科。在他的天文学论文中，福索里斯对比了浑天仪与星盘，并描述了这些天文仪器在制作地图时的效用。

15世纪10年代，福索里斯在巴黎创建了已知第一个制造科学仪器的工作室和售卖仪器的商店，制作星盘、地球仪和星象仪，以及其他各种测量时间的仪器。在工作中，他把从父亲那里继承的手艺与在大学学得的理论知识以一种当时非比寻常的方式结合起来。之前当然已经有人制作了科学仪器，但这些早期仪器制作者的名字却无人知晓。

让·福索里斯工作的时期，科学仪器市场正慢慢开始发展，他在欧洲各地找到了大量客户。由教会雇用的天文学家需要用星盘来制作日历，并准确测定日期具有流动性的宗教节日的时间。大学教授正越来越多地使用各种仪器教学，例如地球仪、星象仪和浑天仪。福索里斯为越来越多的天文与地理专业人士提供服务。在他的巴黎工作室里制作的许多仪器，现在仍有十三件样品保存在欧洲的博物馆中。虽然保存下来的仪器中没有地球仪，但是从前面引用的书面资料中可以看出，让·福索里斯曾在球面上绘制过地图。

《小托勒密》◀

15 世纪，工匠制作了大量关于托勒密《宇宙学》的手稿。这份手稿被称为《小托勒密》（原文为法文 Le Petit Ptolomeo），这个书名与这本书的超小尺寸（26.5 x14.5 厘米）相关。微型化技术的巧妙运用为这部作品带来了精美的的插图。它如今仍然是一本很受推崇的体现书籍制作艺术的书，并会定期复制新版。本书原稿是法国国家图书馆的珍宝之一。
法国国家图书馆

## 亲王们的地位标志

15 世纪 40 年代，伟大的佛罗伦萨国父科西莫·德·美第奇（1389—1464）为他陈设精良的豪华图书馆，委托制作了一本托勒密关于地理学的著作的拉丁文手稿。他的目的可能是为了超过其政敌帕拉·斯特罗齐，后者以崇拜托勒密而著称，并为自己订购了一本最精美的副本。托勒密的作品在文艺复兴时期的亲王中很受欢迎，成为颇受追捧的对象。在接下来的五十年里出现了数十种奢华手稿，在欧洲宫廷中传播开来。

《宇宙学》中有基于古代资料的丰富多彩的地图，足以满足文艺复兴时期追求时尚的欧洲亲王想要为自己的图书馆锦上添花的需求。虽然装饰精美的《宇宙学》首先是欧洲上等富裕阶层的地位象征，但也第一次对已知世界的地理做了系统性描述，其内容也极为引人入胜。

15 世纪意大利城邦富有的上等阶层对建筑、艺术和文学的重视也体现了文艺复兴精神。这个阶层掌控着当时的城市，他们对古代遗物的兴趣源于他们的商业活动。佛罗伦萨共和国最伟大的商业家族美第奇家族，通过高产的纺织业、采矿业，以及他们精通的银行业务所带来的利润积累了大量财富。其家族的商业活动几乎遍及整个已知世界。苏格兰荒野上放牧的绵羊的羊毛被运到佛罗伦萨，并在这座城市无数的小作坊里染色编织。纺织业获得蓬勃发展，成品布料在欧洲各地销售，赚取了大量利润。城市中最有钱的人穿着精美的丝织衣服，这些织物沿着丝绸之路，通过途中的很多中间商，再经由君士坦丁堡被带到这里。亲王们寒冷的石头城堡里装饰着用金线刺绣而成的佛兰德挂毯，大厅里冰冷的地板上覆盖着精心制作的东方地毯。美第奇家族还投资了西欧的矿业，包括银矿、铜矿、铁矿和其他用于制造金属武器和工具的重要矿产，这些都被运往黎凡特和叙利亚。

欧洲君主之间的战争成为美第奇银行业务蓬勃发展的保障。早在 1252 年，佛罗伦萨一种漂亮的小金币弗洛林已被欧洲大部分地区接受为支付货币。美第奇家族名下的银行分支遍布欧洲各地，还修建了连接各分公司的道路。这些道路中最有名的是比利时布鲁日与佛罗伦萨之间的“银行之

CIRCIVS
TRESTIAS
FAVONIVS VEL ZEPHIRVS
EVROPA
AFFRICA
LIBIA·INTERIOR
ETHIOPIA·INTERIOR
ARABIA·FELIX
MEDIA
ARIA
libia deserta
ethiopia sub egipto
Terra incognita secdm pholomeum
AFRICVS
VEL·LIBS
LIBO
NOTVS
AVSTER
VEL·NOTVS
Gradus longitudinis

路”。美第奇家族通过他们的银行资助了欧洲君主们的战争。这些战争不但夺走了很多人的生命，而且有这样的机会，敌人辛苦挣下的家产也在战争中悉数化为乌有。但是，美第奇家族中那些最老练的资本家无论在战争时期还是和平时期都能取得成功。

在浏览他的托勒密地图集时，科西莫·德·美第奇足以对自己的商业企业与几乎覆盖整个已知世界的影响力感到满意。事实上，文艺复兴时期意大利城邦的君主们都希望自己是罗马帝国的继承人。托勒密的《宇宙学》则正好体现了这种连续性：从其自身的影响力、生活方式、价值观和商业抱负方面，重新唤醒古代的精神和物质伟大性。

制图学历史学家约瑟夫·费舍尔（1858—1944）在1932年发表的研究成果中，将托勒密地理教科书——希腊语的《地理学指南》和拉丁文的《宇宙学》手稿放在一起比较。在研究中，费舍尔强调了文艺复兴时期的意大利

**精美图书中的新地理信息◀**

尼古劳斯·盖尔马努斯为意大利城邦的首领们创作了许多托勒密《宇宙学》手稿，配图巧妙，色彩丰富，这部1468年的手稿就是其中之一。在这幅图中，我们看到一幅按照托勒密所谓“长袍投影”方法绘制的世界地图，但其中的地理信息却与古代已知的地理信息不同，这种差异在对北部地区的描绘上尤其明显。尼古劳斯·盖尔马努斯率先将斯堪的纳维亚和格陵兰引入到世界地图中，1482年，在德国乌尔姆以此理论重新印制了一幅图，此后，盖尔马努斯有关北方地区的观点得到了广泛的传播（详见第三章）。梵蒂冈教廷图书馆

伟大的美第奇家族的寓言▲

1460年，由佛罗伦萨最有权势的人之一、科西莫·德·美第奇（1389—1464）委托建造的早期文艺复兴时期的美第奇－里卡迪宫完工，宫殿位于托斯卡纳市中心，临近大教堂。这座宫殿的一个特色是其私人礼拜堂，贤士小圣堂（原文为拉丁文 Cappella dei Magi），它有三面墙装饰着意大利文艺复兴时期的壁画，内容是东方三贤士之旅的故事。由于对《新约全书》的描绘仅仅是暗示性的，使得他有空间在壁画里描绘1439年美第奇家族成员、政要以及其他当地名士抵达佛罗伦萨议会的情景。在画中，他们被描绘成正在托斯卡纳一处绵延起伏的虚构景观中朝着伯利恒列队行进。

佛罗伦萨美第奇－里卡迪宫

城邦首领对托勒密作品在欧洲各地传播起到的作用。费舍尔的研究集中在所谓的豪华版手稿上。与几十年前的早期人文主义者不同，国王和亲王们感到，仅仅拥有作品的文字内容还不够。他们想要给自己的图书馆里增添奢华的文学艺术作品，搭配色彩鲜艳的地图与黄金装饰，图书的视觉呈现效果远远超过了其科学贡献。

这些昂贵而精美的地图书代表着声望，传达了其所有者的精致品味、政治影响力和财富。它们出自经验丰富的艺术家——他们了解客户的审美偏好，在这些艺术家当中，有一位是佛罗伦萨人皮耶特罗·德尔·马萨伊奥。他在自己的工作室里制作了许多出色的手稿，除托勒密地图外，还有其他有趣的地图，例如从鸟瞰角度绘制的城市图片。其中一些图片所呈现的城市，是以古人的视角所看到的效果。之所以将这些特别地图包含在内，是为了增加那些有钱的客户对托勒密作品的兴趣，并且让读者对已知世界的地理有整体了解，也是对古代历史的一种介绍。

除了佛罗伦萨的皮耶特罗·德尔·马萨伊奥外，德国制图师尼古劳斯·盖尔马努斯（约1420—约1490）也按照订单制作了一些豪华手稿。他不仅是一名技术熟练的工匠，也是一位伟大的数学家。多努斯·尼古劳斯·盖尔马努斯大部分时间在阿尔卑斯山以南的意大利城邦宫廷以及教皇那里工作。有关他的生平历史鲜为人知，甚至连他出生或死亡的确切日期都不清楚。与尼古劳斯·盖尔马努斯这个名字联系在一起的，是 1458 年至 1490 年所制作的托勒密《宇宙学》的手稿副本，现存有十二份。

作为一名有经验的数学家，盖尔马努斯不满足简单地复制别人的地图，而是按照托勒密的说明，制作了西班牙、意大利和法国的新地图——现代图版（原文为拉丁文 tabulae modernae）。他以前人的资料——包括克劳狄乌斯·克拉维于斯和马里诺·萨努托等人的地图为基础，绘制了颇有价值的斯堪的纳维亚和巴勒斯坦原始地图。盖尔马努斯也成为当时最著名、最有声望的制图师之一。通过当时的一些信件，我们可以了解到在文艺复兴时期技术熟练的制书匠和制图师能够得到的报酬。1466 年，颇具影响力的艺术领域赞助人费拉拉公爵博尔索·德·艾斯特（1413—1471）写了一封信感谢尼古劳斯·盖尔马努斯所奉献的精彩地图集，并提到了他将要支付的巨款——100 个金弗洛林。

文艺复兴时期的各国亲王对人文主义者们的古典文学研究给予了热情的资助，这些研究者力图在美丽的书页上重现罗马帝国的伟大。托勒密——古罗马世界最伟大的科学家之一——经常在这些书中被描绘成头戴皇冠的“科学之王”，这样做的目的是将托勒密和与之齐名的统治埃及的家族——希腊的托勒密家族进行对比。通过这种比较，人文主义者希望强调古代科学和文学研究所带来的在精神层面的高贵影响，即人文主义。而对古代文化和语言——希腊语和拉丁文——的爱好，是一种“国王的运动”，因此对于文艺复兴时期意大利城邦的君主来说，这是一种绝佳的消遣。

**尼古劳斯·盖尔马努斯其他版本的斯堪的纳维亚地图 ▼**

尼古劳斯·盖尔马努斯在他的托勒密《宇宙学》手稿中创造了两个不同版本的斯堪的纳维亚与格陵兰岛。在佛罗伦萨工作的亨利库斯·马特鲁斯所绘制的世界地图上，体现了盖尔马努斯对北方地理的观点（详见第三章），由此，16 世纪的其他许多印刷地图也表现了这一观点。以这幅制于 1467 年的地图为例，格陵兰被描绘成位于苏格兰上方一个细长的半岛，并与亚洲相连。

梵蒂冈教廷图书馆

采购羊皮纸▲

一位到羊皮纸制造工场采购的教士在检查羊皮纸。出自1255年的德国手稿插图。
哥本哈根丹麦皇家图书馆

混合颜料▲

一名艺术家在一个椭圆小杯里混制颜料。我们看到右边有很多种不同颜料。这幅微缩图出自一部14世纪百科全书。
© 大英图书馆董事会

## ★中世纪地图制作：羊皮纸、墨水和羽毛笔

在纸普及之前，中世纪地图通常绘制在羊皮纸上。羊皮纸用未经过鞣制加工的小牛、驴或者山羊的皮制成，实际上是处理后的皮制品，不过最好的羊皮纸是用未出生的夭折羊羔的皮制成的。作为一种材料，如能处理得当，羊皮纸会十分耐用，不怕水，并且柔韧性极佳，即便是大幅羊皮纸地图也可以被卷起来。

薄而均匀的羊皮纸表面光滑，很适合在上面书写和绘画。不过，制造这种纸的过程十分复杂且耗时，让人厌烦。首先要清洗兽皮，要把兽皮长时间浸泡在装着石灰溶液的桶中，皮毛在溶液中开始腐化，毛开始脱落。然后，要用一把被称为月牙的新月形刀刮皮毛，以去除残留的肌肉、毛发，还有外层皮肤。刮的过程持续得越久，羊皮纸就会越薄，品质越好。

下一个步骤是将羊皮纸放在一个框架上绷紧并晾干。羊皮纸晒干后，粗糙的表面要再次进行清理，两面都要用大力刮擦，然后用浮石打磨。到了这一过程的最后一步，羊皮纸达到其最终的耐用状态，两面都可以用来书写。

地图用羽毛笔绘制。最好的羽毛笔是用鹅、天鹅等大型鸟类大翅膀上的羽毛制成。最好的羽毛是左翅外侧的羽毛，毛的弧度恰好适合右手写字的人使用。

绘制地图要经过多个步骤，要使用墨水或其他颜料以满足客户的愿望。墨水或其他颜料必须要渗入到羊皮纸中，以便在严酷的航海环境中颜色不会脱落或褪色。波特兰海图通常都是船长和导航员的财产，他们会将海图装在随身行李中。

墨水与颜料可以用矿物或植物性原料制作。不过只有金属墨水（铁或铜成分）能够持久地附着在羊皮纸上。木炭很容易制出墨水，但拥有最佳性能的墨水——以中世纪使用的为代表——是用栎树球粉末或栎树瘿制作的，这种物质是一种被特殊的黄蜂影响了正常生长的栎树叶嫩芽。再向墨水混合液里加入硫酸铁，将墨水的颜色从浅棕色最终改变为黑色。最后一步是加入阿拉伯树胶，这种物质来自于金合欢树的汁液凝固后形成的粉末。雨水是制作墨水首选的液体成分，人们认为雨水最为纯净。不过，也可以用啤酒或白酒来代替雨水。少量的酒精可以降低墨水的表面张力，使其更快地被羊皮纸吸收。

制作其他颜料的原材料还有很多，大受欢迎的西班牙绿（铜绿）就是用乙酸铜制成的。最好

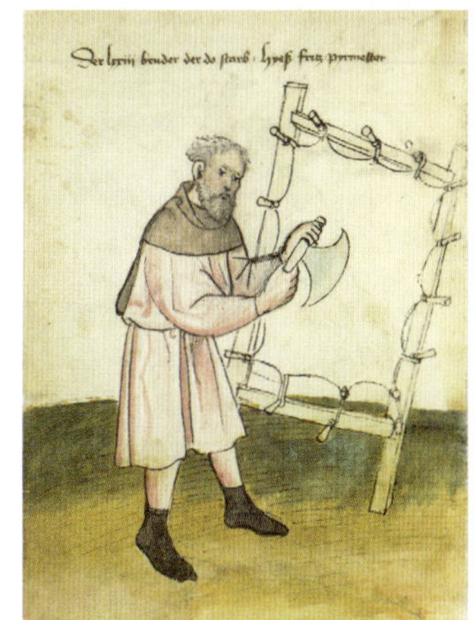

制革师在工作▲

（上图一）一位纽伦堡制革工人在他的工作坊里，将一张兽皮摊开放在刮皮板上去毛使用的工具是一把长长的一边开刃的去皮刀。远景中有一缸用来浸泡皮毛的石灰。此图完成于 1473 年，用羽毛笔绘制而成。
纽伦堡公共图书馆

羊皮纸制作完成▲

羊皮纸制作的最后阶段，要将湿皮放在架子上拉伸干燥。这幅图中（上图二），羊皮纸是用一把被称为月牙的新月形刀来完成干燥的。此图完成于 1473 年，用羽毛笔绘制而成。
纽伦堡公共图书馆

中世纪图书制作指南▲

这部包含有小型圆形纪念章的圣安布罗斯歌剧院手稿约制于 1150 年，展示说明了书籍制作的整个过程，从制作羊皮纸一直到最后的装订。
班贝格图书馆

的蓝色颜料出自稀有的天青石，帝国紫则出自从地中海及红海出产的染科骨螺中提取的一种液体。提取十分之一升的紫色颜料需要 2000 只螺。最昂贵的颜料是金色，是用真正的金粉制成的。不过，要得到最漂亮的效果还要用金箔。

在 16 世纪，当图书印刷变得普及时，羊皮纸就被纸这种更便宜的材料所代替。不过，仍然有人会为国王和其他地位尊贵的人制作手绘书卷，他们愿意为这种独一无二的艺术品付钱。

## 安德里亚·比安科
## ——一名威尼斯水手的三个世界

威尼斯商船水手兼制图师安德里亚·比安科思考着一个问题：如何在地图中描绘世界。他在自己1436年制作的地图集中以一种有趣的方式回答了这个问题。地图集首先详细介绍了航海理论：使用罗盘和三角函数表确定海上方向，以及维持正确航向时地磁偏角和船只速度的影响。虽然这个地图集制作的目的并不是为了在海上使用，而是放在图书馆里供人仰慕，但它所包含的导航理论证明了这位作者非常博学。即使对于有经验的水手，使用15世纪的导航技术航行也是极具挑战性的。通常，只有船长懂得天文学、数学知识以及所有其他确定船只方向所需的技术，以保持航向路线，并使船只安全驶达港口。

比安科的地图集中的航海图包含了作者所知道的最新地理信息。然而，他的地图集与传统航海图的不同之处在于，它包含了在其他类似地图集中所没有的波特兰海图。地图集包含三幅世界地图：一幅描绘已知世界的波特兰海图，从挪威延伸至尼罗河，再从加那利群岛延伸至黑海；还有一幅托勒密世界地图；以及一幅传统的基督教世界地图。三幅不同的世界地图出现在同一地图集里，这说明15世纪早期欧洲的世界观（原文为拉丁文imagomundi）正在革新。

在地图史上，安德里亚·比安科是其所处时期最有趣的人物之一。他出生于14世纪晚期的威尼斯，作为商船水手接受训练，并多年在威尼斯商船上担任船长。比安科的三个遗愿表明他不仅富有，而且是一位非常努力的文化人物。有关他的商业航行和地图方面工作的许多信息都得到了保留。比安科是一名经验丰富的水手，在威尼斯所有的商业航线上都航行过：从威尼斯到黑海的商业城镇；横跨地中海，南至亚历山大港，东到黎凡特；再到大西洋、弗兰德斯和英格兰的海岸。作为一名航海家，比安科很欣赏那些具备实用性并且信息精确的地图。不过，他的兴趣不仅限于实际情况。他还关注波特兰海图、托勒密地图和基督教世界地图——这几种不同地图是如何传达不同却有趣的世界观。

比安科1436年地图集当中的最后一幅地图是托勒密世界地图，这是根据托勒密的理论说明在意大利绘制的最早的世界地图之一。人们并不确定威尼斯人比安科是如何获得托勒密的《宇宙学》。有一种说法是，他获准在富有的银行家和赞助人帕拉·斯特罗齐流亡威尼斯附近的大学城帕多瓦时，研究其所拥有的手稿。

斯特罗齐非常欣赏托勒密的《宇宙学》，并且正如之前所言，他认为自己所持有的《宇宙学》希腊语副本是其最宝贵的文学财富之一。如果比安科认识斯特罗齐，那么这位有影响力的佛罗伦萨人毫无疑问会建议这位威尼斯制图大师仔细研究一下托勒密。在研究这一作品或者说是它的拉丁文译本的时候，比安科可能已经发现了古代大师对坐标的使用，以及以数学和天文学为基础的制图方法的精妙。当时地理知识已经得到扩展，而且越来越精细，特别是在对斯堪的纳维亚、北非和亚洲地区的描绘方面。但由于威尼斯制图大师没有关于这些遥远地区的精确地理信息，所以在绘制地图时，他会为不同来源的信息相互矛盾而纠结万分。

如何在地图上描绘世界，比安科对此问题并没有明确答案。他总结称，世界可以通过许多不同的方式来描述，这取决于观察世界的角度，使用何种资料，以及绘制地图的目的。比安科的地图集里三幅不同的世界地图是否意在相互补充，或者说它们是三种不同并且不能调和的审视世界的方式，这些问题并无确切答案。

在比安科的圆形世界地图中，呈现了基督教世界观中所有的核心装饰元素，如东方乐园里的亚当和夏娃，北方的歌革和玛各，以及阿拉拉特山上的诺亚方舟。但地图也包含了反映15世纪上半叶的最新地理信息的符号。例如，在比安科世界地图中的西方海洋（大西洋）要比在中世纪中期传统世界地图里所绘制的海洋要大得多。这是由于制图者希望将最近由葡萄牙和热那亚水手们所发现的加那利群岛和亚速尔群岛包含到地图中。为了使它们能够处于相对于欧洲和非洲的西海岸而言更合适位置，就必须扩展西方海洋。

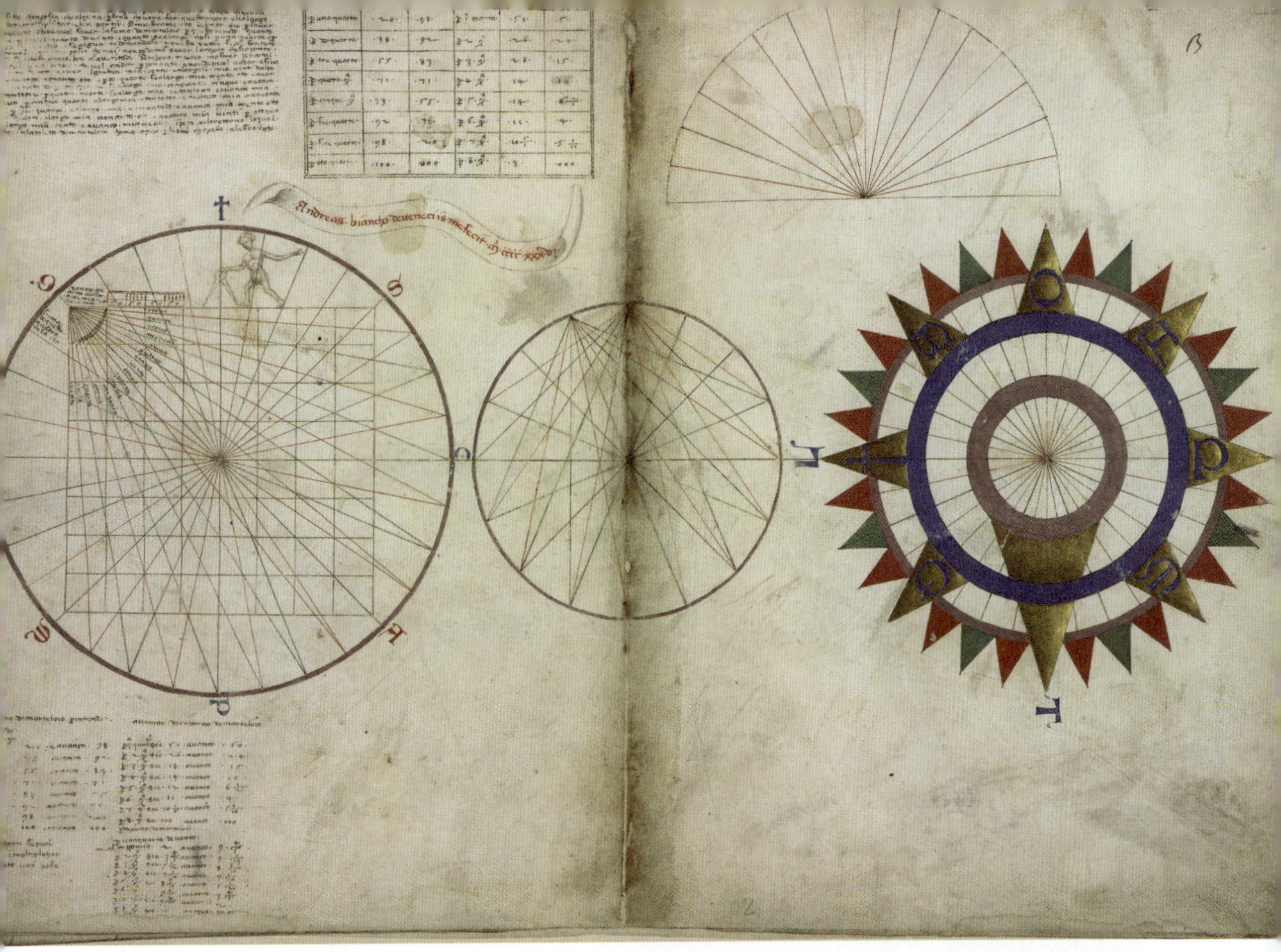

**安德里亚·比安科革新航海理论▲**

安德里亚·比安科自 1436 年创作的图集以这幅关于航海理论的地图（26x38 厘米）开始，其中绘有一个“圆形和正方形”图表（原文为拉丁文 tondo e quadro）以及一个罗盘玫瑰。这些图与名为马特洛伊奥表（原文为拉丁文 toleta de marteloio）的中世纪导航技术相关，该技术基于罗盘方位、距离和简单三角函数表计算。安德里亚·比安科发展了以马特洛伊奥表为基础的航海技术，并在这本地图集中首次呈现。该技术在 15 世纪地中海的水手当中得到广泛使用。
威尼斯圣马可图书馆

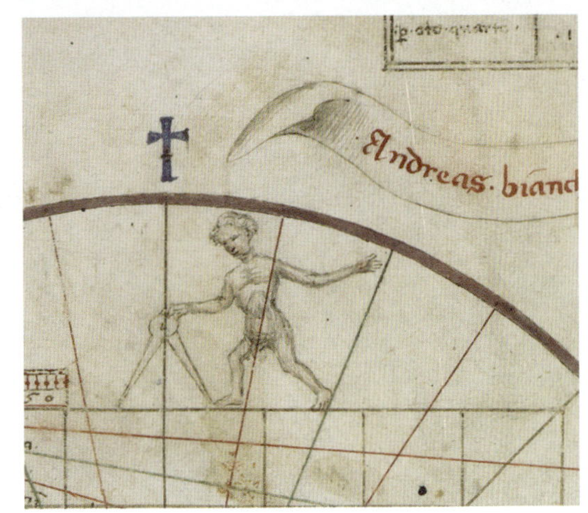

托勒密把古希腊人称为“幸运群岛”的加那利群岛放在了世界最西边。中世纪时期，欧洲的水手们不知道这些岛屿真实的地理位置，这种情况一直持续到 14 世纪 40 年代初，热那亚和葡萄牙水手冒险偏离已有的路线，进入这些偏远的水域。在 15 世纪，通向这些岛屿的迅捷航运开始带回三种重要而实用的大宗商品：石蕊（以及从地衣中提取的昂贵的染料与墨水）、海豹皮和奴隶。葡萄牙人想要控制加那利群岛以及他们在 15 世纪 60 年代后期发现的佛得角群岛，因为这些岛屿可作为未来到非洲西海岸乃至远到印度探险的船只提供水和食物。远离欧洲大陆去远航冒险的葡萄

**安德里亚·比安科的世界地图▲**

制图大师安德里亚·比安科为他的1436年海图集制作了这幅圆形地图。与其他基督教世界地图类似，地图以东为主方向，在东方我们能够看到天堂，有四条河流从那里流出。整幅地图都着色并配有小插图。北极与南极地区用半圆圈标记，两条龙守卫着南极圈。已知世界被绿色的环流世界的海洋所包围。为了与新发现的亚速尔群岛相匹配，绘制在地图下方边缘的大西洋被拉伸。
威尼斯圣马可图书馆

牙渔民被认为是欧洲首批发现遥远的亚速尔群岛的人。当比安科的地图在15世纪30年代完成时，葡萄牙的航海家恩里克王子（1394—1460）一直在为到达这些遥远的大西洋岛屿而准备船只，以便寻找葡萄牙的商业机会。

比安科的地图上呈现了东方的契丹（中国）以及印度洋上的众多岛屿——威尼斯商人马可·波罗和方济会传教士威廉·范·卢布鲁克都在自己的书中描述过这些地方。撒马尔罕城（位于今天的乌兹别克斯坦）的位置也被标记在比安科的地图上。这座位于丝绸之路的中亚贸易城市，如今

**地图中出现向大西洋岛屿航行的情景◀**

比安科世界地图（左图）中的这个细节展现了大西洋的岛屿。加纳利群岛在古代就已被人知晓，并且出现在 14 世纪最早的中世纪波特兰海图中。然而，马德拉群岛、亚速尔群岛和佛得角在 15 世纪之前并未出现在地图上，葡萄牙的航海家恩里克王子招募了当时最出色的水手，为葡萄牙在大西洋海域寻找商品，获取商业利益。王子对新发现的马德拉群岛特别感兴趣，而这将是葡萄牙糖与木材的来源地。恩里克雇用了许多熟练的威尼斯商船海员来为那些尚不为人知的大西洋水域绘制地图，其中就包括阿尔维塞·卡达莫斯托（约 1432—1488）。卡达莫斯托的工作深受王子认可，除其他一些地方以外，他还找到了佛得角群岛，尽管这些地方还未出现在比安科的探险地图上。不过，最新发现的亚速尔群岛确实在图上出现了。
威尼斯圣马可图书馆

**撒马尔罕——东西方千年丝绸之路的枢纽◀**

比安科世界地图中有很多细节与今天乌兹别克斯坦的撒马尔罕城有相似之处。撒马尔罕是东西方之间古老丝绸之路沿线一个繁荣的中心，丝绸之路是从中国经由中亚到近东与欧洲贸易路线网络的代名词。骆驼商队自东向西运送东方的丝绸、香料、象牙、宝石等奢侈品，但丝路沿线经商的中间商们没有谁能垄断沿途贸易。每件商品从中国运往欧洲要经过数千公里的旅程，生活在沿线各个商人部落仅分别经营其中的某一段。
威尼斯圣马可图书馆

是联合国教科文组织世界遗产地，而在中世纪时期，它是丝绸之路沿线最繁华的城市之一。

16 世纪，丝绸之路的重要性不复以往，因为由葡萄牙人引领的欧洲人实现了环绕非洲再抵达欧洲的海上航线，这使得他们能够通过商船将东方奢侈品运到欧洲。比安科仿佛预料到了这种发展，在他的世界地图中，有一艘商船沿着非洲西海岸向未知的南方航行。安德里亚·比安科把自己时代最新的地理信息放在传统的基督教世界地图里，从而创造出一个独特的综合体，在中世纪基督教世界观的框架内呈现最新的地理知识。

我们无法确定比安科制作的地图集的订购者和付款者是什么人。1813 年，该图集属于著名的威尼斯康达里尼家族，后来又被捐赠给威尼斯马尔恰那图书馆并保存至今。康达里尼家族的后代自 11 世纪起一直身居高位，担任威尼斯城邦总督（最高行政官）和天主教会主教。几个世纪以来，这个家族诞生了很多成功的商人和学者，并至少有一位著名的制图师——乔瓦尼·马特奥·康达里尼——15 世纪晚期，他在佛罗伦萨就已经非常出名，此时距安德里亚·比安科去世大约过去了五十年。

## ★全球陆地和海洋分布的古老观念

文艺复兴时期的宇宙学家和地图制图师热切地研究了最近重新发现的古代宇宙学和地理学理论，这些理论涉及地表的土地与水团、气候带以及地球上可居住的区域的分布。庞波尼乌斯·梅拉（约卒于公元45年）是第一位重要的罗马地理学家，像许多其他学者一样，他也赞成亚里士多德提出的理论，即在北半球和南半球，陆地与海洋被分为两个大陆块，四周被持续流动的水所包围。这个理论基于宇宙基本元素——土、水、火和空气之间对称与平衡的思想。按照亚里士多德的说法，北半球的一切在南半球也都能找到，这是最基本的情况。

全球分为五个气候带，位于赤道的是炎热干旱的无人区，北半球和南半球各有一个人口稠密的温带。极地地区由于寒冷而无人居住。

马鲁斯的克拉特斯（约活跃于公元前100年）是希腊斯多葛派哲学学院以及荷马作品的狂热研究者，他创造了世界上第一幅已知的全球地图，他同时支持另一种理论，即陆地被分为四块，平均分布在地球表面，而不是被分成两块。已知世界——欧洲、亚洲和非洲——被放置在北半球，第二个世界位于大西洋的另一边。如图所示，在南半球是位置对称的第三和第四世界。与亚里士多德一样，马鲁斯的克拉特斯将一个不适宜居住的干热区置于赤道，并认为在此地区有一片巨大的海洋环绕着整个地球：即中纬线大洋或热带赤道海。按照他的说法，地球两极都有水，因为水从四面八方包围着四块大陆。马鲁斯的克拉特斯辩称，未知的大陆在很大程度上与我们自己的大陆很相似：它们有山脉、河流和山谷，有许多不同的人在那里居住，如同我们住在已知世界。

已知世界之外是否存在着名为oikoumene（拉丁文，意为有人居住的世界）的未知土地，希腊历史学家和地理学家斯特拉博（约公元前62—21）不想对此表明自己的立场。 据他介绍，地理学家的主要任务是描述已知世界与人，在地图上定位已知的城市、村庄、山脉、河流、沙漠以及其他在地理上有趣的地区。不过，他确实认为整

个已知世界被开阔的海洋所围绕，这也是为什么环游世界航行既可以向东，也可以向西。

这些图出自弗里乔夫·南森1911年所著的《在北方迷雾中》一书，并以著名的康拉德·克雷奇默1892年摹本地图集为基础绘制。（尤哈·努尔米宁世界地图收藏，赫尔辛基）

博学的修道士 ▲

15世纪，除弗拉·毛罗以外，在意大利城市里还活跃着其他一些修道士学者。毛罗本人的图像资料并未能留存。这幅画描绘了一位专门研究数学的前代著名学者，弗拉·卢卡·帕西奥利（1445—1517）。画中的年轻人是这位教士的贵族学生。这幅画被认为是威尼斯文艺复兴时期画家与铜雕刻家雅各布·德巴尔巴里的作品。我们将在第四章研究这位艺术家笔下著名的威尼斯城市风光。
那不勒斯卡波迪蒙特国家博物馆和美术馆

## 弗拉·毛罗——威尼斯眼中的世界

威尼斯商船水手安德里亚·比安科与弗拉·毛罗合作密切，前者向这位15世纪博学的修道士转达了自己在旅行中获得的地理信息。比安科也可能协助绘制过在修道院制作的地图。弗拉·毛罗出生于15世纪早期，逝世于1459年10月。他在威尼斯城邦穆拉诺岛上的圣米切尔修道院工作多年。毛罗活跃的那段时间，该修道院属于卡玛尔迪斯修道会，以其13世纪所创建的藏书丰富的图书馆而闻名，并为教士学者提供了良好的工作条件。

大约在1448年，弗拉·毛罗在羊皮纸上完成了著名的大幅世界地图（239×229厘米）的绘制。该地图包含数千个地名，数百个图形元素，以及超过两百条短文字，均匀分布在整个地图中。毛罗在他的地图中试图构建一个前所未有的中世纪基督教世界地图传统和新地理知识的综合体。这一杰作保存在威尼斯马尔恰那图书馆里——安德里亚·比安科的波特兰海图图集也存于此。

之前的资料将弗拉·毛罗的世界地图完成时间追溯至 1459 年，直到最近才有资料证明，该图最初是为葡萄牙国王“非洲的”阿方索五世(1432—1481）委托制作的地图。

根据现在的研究，保存在威尼斯的地图并不是送给葡萄牙国王的那幅地图。这个故事应该是这样：威尼斯的地图是原始版本，而送给葡萄牙后来丢失的那份地图是复制品。今天，研究人员认为，被保存至今的弗拉·毛罗这幅地图由威尼斯城邦国参议院员委托制作，目的是为了庆祝这个海运国家在贸易和文化领域的伟大成就。因此，地图的完成时间可能比之前估计的要早十年，大概在 1448 年前后。这个推论也得到了事实支持，即所有写在地图上的符号都是意大利文，并且使用了威尼斯方言。而为葡萄牙国王制作的地图应该使用拉丁文而不是意大利语——一种国王几乎不了解的语言。

人们在欣赏弗拉·毛罗伟大的圆形世界地图时，首先被吸引的是它的朝向。与中世纪世界地图通常朝向东方、航海图朝向北方所不同的是，毛罗的地图朝向南方。地图的制作人并未说明为什么他要这样做。地图带给人们一个强烈印象：整个世界向东南方开放，也就是说，地图的顶部和左边是印度洋。地图的视角和观察地图的位置仿佛是从亚得里亚海的根基——威尼斯观察世界。世界从威尼斯开放到南方的海洋，并非常重视亚洲和非洲。因此，这里的非洲似乎比朝东的世界地图或朝北的波特兰海图更容易环游。

对于为什么毛罗将其地图以南为主方向的问题，制图历史学家的观点并不一致。我们可能会从地图传达的视觉信息这一点来寻找原因。也可能毛罗不仅想提供一系列综合地理信息，还想为观者带来强烈的视觉印象——就这幅地图具体而言，观者就是委托制作此地图的客户——威尼斯城邦参议院。为了强调想要得到的视觉效果和其中隐含的信息，毛罗将他的地图朝向南方；换句

**弗拉·毛罗的世界地图，约绘制于 1447 年▶**

修道士学者弗拉·毛罗的大幅世界地图（239 x 229 厘米）是中世纪晚期制图艺术的杰作。它将中世纪基督教世界地图传统、古代资料与最新的地理信息巧妙地结合在一起。最特别的是，这幅地图以南方为主方向，将观者的目光引向位于地图顶部的印度洋与亚洲。

在这幅地图中，弗拉·毛罗强调，由于有了来自威尼斯商船水手马可·波罗和尼科洛·达·康提以及波代诺内的方济会教士鄂多立克这些人提供的信息，有关亚洲的知识已经得到扩展，并且更加准确 。该地图包含数百个带插图的细节和数十个有意思的注释。

地图边缘是对宇宙学的阐释。左上角描绘了古代与中世纪时期传授的宇宙结构。右上角的图解展示的是主宰宇宙的四大要素：土地、水、火和空气。地图的左下角展现了伊甸园，有四条河从此流出。右下角的图解描述了最重要的纬线、赤道、北回归线及南回归线。

威尼斯圣马可图书馆

弗拉·毛罗世界地图的细节：船、城市和伊甸园▲

弗拉·毛罗的世界地图包含了数百幅精美小图。其中一幅细节图（左上）描绘了来往于印度洋的各类船只，其中包括中国船只。眼尖的人也会发现海里的鱼和浮游生物。地图上的城市用传统的城堡和宫殿图案来标记。在另一幅细节图中（右上），我们可以看到元朝时期的中国（契丹）的大城市。五颜六色的帐篷代表大汗的狩猎营地。这里的第三幅细节图（右下）展现的是人间乐土——伊甸园。弗拉·毛罗巧妙地将伊甸园置于地图的边缘，因为他没有关于其地理位置的确切证据。
威尼斯圣马可图书馆

话说，他把最重要的方向——就地图信息而言——放在了顶端。

当目光迅速向地图的上方移动，会被左边美丽的印度洋所吸引。整个地图似乎都在强调，航行绕过非洲南部，可以找到通往印度和远东的海上航线。根据历史学家安杰洛·卡坦尼奥的说法："弗拉·毛罗把从非洲到阿拉伯，甚至与中国连接起来环游的可能性概念化，并将其图像化，将在'印度海'里航行概念化成一条海上大航线：很显然，在自己位于穆拉诺岛圣米切尔修道院的小屋中，毛罗对宇宙学知识和文化的兴趣主要在南方与东南方。"

在地图上，许多大小不同、设计各异的帆船在柔和圆润的海蓝色波涛中航行，其中有许多简短的文字段落讲述东方的奇迹和财富——珍贵的香料、珠宝、芳香树、异国水果、动物、彩色鹦鹉和其他鸟类。弗拉·毛罗提到了植物和种子，包括后来成为在欧洲最令人垂涎的香料之一的肉豆蔻。仔细审视地图，还能看到海洋中的一些小细节，如鱼类和各种漂浮物，包括桶和梯子。世界海洋——特别是印度洋——为欧洲人获得前所未有的财富创造了机会，但同时也决定了无数船员的命运。

弗拉·毛罗与安德里亚·比安科一样，希望使用自己的地图将新元素注入基督教世界地图传统中去。他把地图朝向南方的想法，比起简单地将新地理信息添加到旧式基督教世界地图中的做法，无疑要更为大胆。

与百科全书式世界地图——伦敦诗篇地图、埃布斯托夫地图与赫里福德世界地图等做法一样，弗拉·毛罗重点突出了亚洲大陆。但与基督教世界地图形成对照的是，前者将圣地作为强调重点，而毛罗将重心向东移动了很远。毛罗一些关于东南亚的信息可能来自阿拉伯的资料。他掌握了有关亚洲的信息，并通过威尼斯共和国的商船水手——马可·波罗和尼科洛·达·康提（1385—1469），以及波代诺内的方济会教士鄂多立克（约1286—1331）等人探险所得，将信息扩展并使其更为准确。

这三个威尼斯人的旅行经历突出展现了亚洲的商业潜力，众多由亚洲人民创造的高水平的文明以及该区域沿海地区繁忙的航运。弗拉·毛罗的地图中也包含了齐潘戈，也就是日本。虽然早在13世纪，马可·波罗就在自己的游记中提到日本，但直到15世纪中期，它才第一次出现在欧洲绘制的地图上。在此之前，欧洲并没有有关这个遥远岛屿第一手的资料。直到一百年后的1543年，葡萄牙水手成为第一批远航日本的欧洲人。

古代地理学家对欧洲和亚洲的北部地区不甚了解，这一点也在毛罗的地图里有所体现。教士们对有关斯堪的纳维亚的描述是，这些地区的居民（维京人）在过去几个世纪一直都让欧洲感到恐惧，但是今天这些国家已经“变弱了”。在地图上，挪威仅作为一个伸向北海的巨大半岛，波罗的海看起来几乎和黑海一样大。最北端的地区，毛罗重复了北方乐土之民（Hyperboreans，希腊神话中居住在极北之地的神秘巨人一族）的古代传说，尽管他承认自己并不非常清楚他们到底住在哪里。格陵兰并没有出现在地图上，这就令人产生疑问：毛罗究竟是否知道由红衣主教纪尧姆·菲拉特收集的关于斯堪的纳维亚半岛和格陵兰的信息，或是克劳狄乌斯·克拉维于斯的欧洲北部地图。

无论如何，弗拉·毛罗是一位非常认真而勤奋的学者。他试图回顾所有可用的地理资料，包括古代权威人士的著作以及在自己所处时期商船水手与传教士的讲述。根据这些资料，他希望画出当时最好的地图：“我运用经验努力验证那些书面资料，做了多年的研究工作，并利用那些值得信赖的人亲眼看到的经历，我将这些全部忠实地发表出来。”

毛罗很了解古典权威最重要的地理学著作，如索利努斯、马克罗比乌斯、马提亚努斯·卡佩拉、老普林尼和庞波尼乌斯·梅拉等人的作品。和安德里亚·比安科一样，毛罗也深入研究了托勒密的地理学，并且非常尊重这位老科学家，但他不想按照托勒密的制图学说描绘世界。“所以有些人会抱怨，因为我没有按照克劳狄乌斯·托勒密说的那样去做，无论按照他的形式，还是他对经度和纬度的测量。我不想走极端去证明那些托勒密自己无法证明的东西，在第二卷第一章中，他说他可以正确地描述世界上那些经常并持续被踏足的地方，但对于那些并未经常造访之地，他并不认为能够对其做正确的描述。”

因此，这位威尼斯教士没有不加鉴别地全盘接受托勒密的地理学说。他强烈反对印度洋是一个封闭的、每个方向都被土地包围的海洋说法。虽然他非常熟悉葡萄牙人在非洲西海岸的航行情况，并在15世纪50年代初他们还没有成功地绕过非洲大陆南端的时候就制作了地图。毛罗坚信，围绕非洲航行并找到通往印度的海上航线是有可能的。

## ★混合地图——过渡时期的世界地图

所谓的混合地图是中世纪基督教世界地图的传统，水手们绘制的波特兰海图的传统，15 世纪重新发现的古代地理文学，以及商业旅客带回的最新地理数据综合的产物。除弗拉·毛罗、安德里亚·比安科和纪尧姆·菲拉特的混合地图之外，至少还有其他二十幅已知的 15 世纪混合地图，现在这些图被作为中世纪地图制作传统的一部分来研究。我们将对四幅混合地图展开探索。

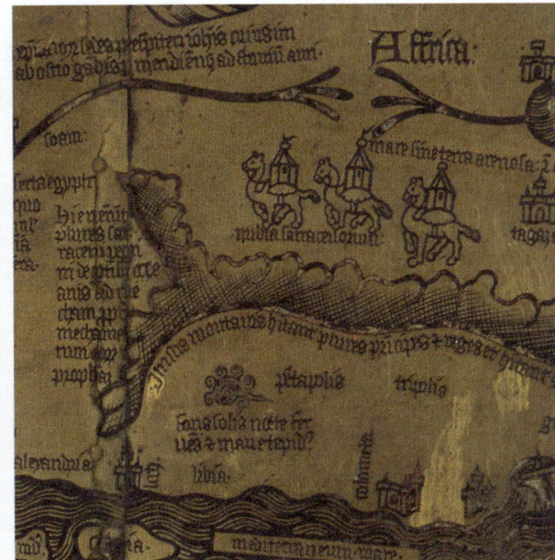

**博吉亚世界地图，绘制于 1430 年▲**

这幅大型圆形（直径 63 厘米）铜版雕刻世界地图出现于 18 世纪晚期的古董市场，最后被意大利主教斯蒂法诺·博吉亚收藏。这幅地图的作者和绘制时间都不清楚。现在它的诞生时间推算为 15 世纪 30 年代，并被认为最早出自德国。这幅地图有许多有趣的细节：朝向南方；地理图形呈现出明显的程式化，欧洲大到不成比例；还有许多类似卡通造型的人物，讲述着历史事件及传说，制作这张图的目的似乎是用来教授历史。1539 年在威尼斯印制的奥劳斯·马格努斯的斯堪的纳维亚地图包含精准的地理信息，但在其中也能找到类似的“卡通人物”，用来暗示历史及民族志主题。对于所谓的博吉亚地图里的一些特点，人们不太清楚其中的意义，其中就包括三十八个针孔。地图的外圈被二十四颗标记有罗马数字的钻石所包围，这被认为是对一天之内小时与方向的描绘；南方被标记为“十二点”。

梵蒂冈教廷图书馆

摩德纳世界地图，约绘制于 1450 年▲

这幅地图曾被费拉拉公爵埃尔科莱一世·德斯特（1431—1505）收藏，现存于摩德纳，图上的装饰元素和罗盘方位线让人想到亚伯拉罕·克列斯克 1375 年制作的加泰罗尼亚地图集。这两幅地图的文字和图形图案几乎相同，即便两幅地图本身不一样——一个是矩形，另一个是圆形。与克列斯克的世界地图相似，这幅地图（直径 113 厘米）也是设定为放在桌上，研究的时候要绕着它走。加泰罗尼亚语言文字和图案主题以这种方式始终保持面向观众。地图最突出的特点是在非洲西海岸的几内亚湾比例过大，几乎将整个大陆平分。在海湾的顶头是一条运河，可以方便地连接大西洋和印度洋，毫无疑问这一点让水手们很感兴趣。

摩德纳大学伊斯滕斯图书馆

乔瓦尼·利奥多地图，绘制于 1452 年▶

现在已知威尼斯制图师乔瓦尼·利奥多绘制了四幅世界地图。与同胞弗拉·毛罗不同的是，利奥多是旧派传统的代表。他所有的世界地图都是以东为主方向，并且包含人间乐土及很多其他传统基督教世界地图中的图案。他在图中对地中海地区的绘制以安德里亚·比安科世界地图（73 x 60厘米）这类波特兰海图为基础。这幅1452年的乔瓦尼·利奥多地图被醒目的日历所包围，该日历有助于确定 1443 年到 1547 年复活节的时间——跨度几乎包含了地图完成往后的一个世纪时间。这幅壮观的世界地图描绘了上帝创造的空间（地图）与时间（日历）。这幅地图曾属于颇有影响力的威尼斯特雷维萨诺家族，但后来被美国地理学会图书馆收藏。

美国地理学会图书馆，威斯康星大学密尔沃基分校图书馆

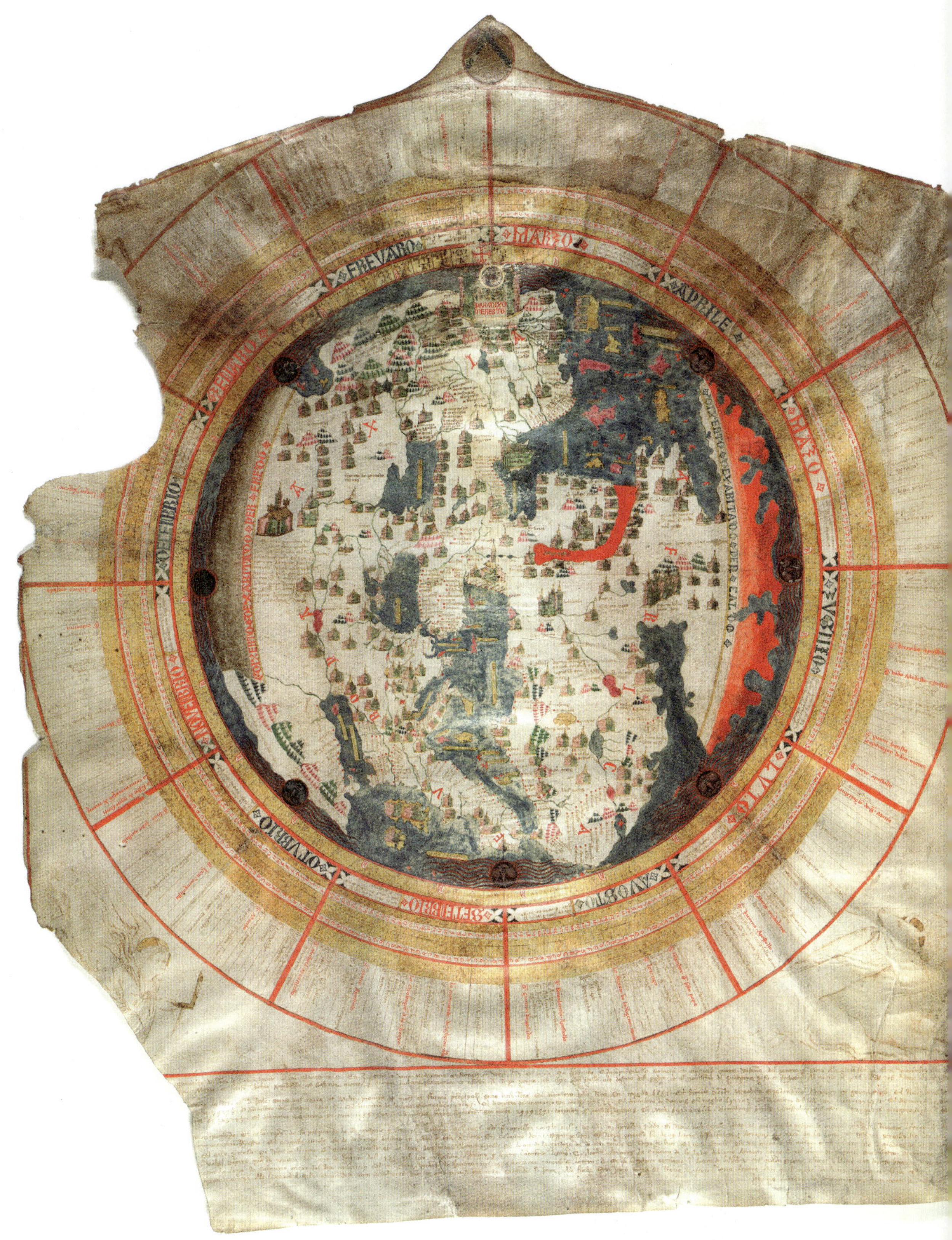
FREVARO
MARZO
APRILE

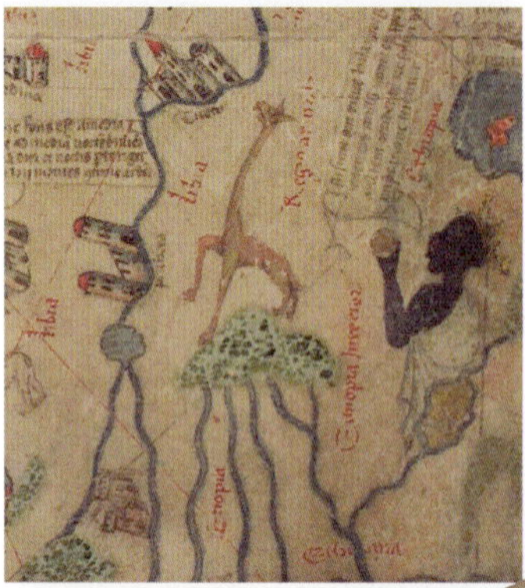

“热那亚地图”，绘制于 1457 年▲

这幅地图（41x82 厘米）现存于佛罗伦萨，人们推测其制于热那亚，因为这幅地图既包括热那亚城邦的旗帜，也有著名的热那亚斯皮诺拉商人家族的饰章。由于某些原因，热那亚城没有在地图上标出。相反，在地图上，威尼斯成了欧洲最大的城市。地图是对波特兰海图、世界地图、托勒密制图传统和最新的地理信息一次有趣的混合。地图特殊的椭圆形状引起了研究者的广泛讨论。与大型中世纪

波特兰海图相似，这幅地图同样画在一张动物皮上。它包括描绘罗盘点的罗盘方位和用于估算距离的刻度线。看着这幅地图，人们会得到这样的印象：一位不知名的制图师将世界挤压成椭圆形，使其适合于矩形地图模板。与弗拉·毛罗一样，制图师利用了最新的地理信息，例如尼科洛·达·康提旅程见闻里有关东南亚和中国的描述。地图上的彩色图案——戴着头巾的国王、坚固的城市以及真实动物或神话里的动物——讲述着新知识与旧神话。除了其他可见事物，地图上还画有一头豹子、一条鳄鱼、一只猴子和一条剑鱼，并且还出现了已知第一次的对长颈鹿的展示。地图上的神话生物包括一条美人鱼、一条龙和一条长着人头的蛇。

佛罗伦萨老楞佐图书馆

15 世纪晚期地中海商船◀

这幅美丽的商船图源于格雷戈里奥·达蒂的手稿《球体》的开篇，这表明作者有航海背景。当时《球体》很受欢迎，并被多次复制。全世界的图书馆里共有约 150 部独立的《球体》手稿。

纽约公共图书馆

## 《球体—宇宙学》——一位文艺复兴时期商人足不出户的旅行

佛罗伦萨丝绸商人格雷戈里奥·达蒂（1362—1435）在生活中获得的成功，超过了自己年轻时所敢于憧憬的梦想。佛罗伦萨吸引了来自欧洲各地的学者，在这个群体里，想在同行中出类拔萃并不容易。达蒂在六十岁高龄的时候，坐在豪华别墅里的丝绸衬垫上，品尝着葡萄酒，他可以发自内心地为自己的成功而高兴，这种成功不仅是作为一个商人，还是一位学者，一位成功的作家，并作为一个受人尊敬的佛罗伦萨城邦的公民的成功。在他整个一生中，佛罗伦萨像磁铁一样一直吸引着来自欧洲各地的学者，这里因为早期文艺复兴的萌芽而在整个大洲广为人知。然而，达蒂知道自己已经成功了，因为在他颇受欢迎的《球体》一书中，他已经将自己作为商船海员和旅行者的经验介绍给了更广泛的读者。

不过，格雷戈里奥·达蒂并不是一名典型的人文主义者，他更应该是一名典型的商业海员。如果说有什么不同，那就是可以把他看成这两种身份的有趣结合。他曾用本地语言写道，他的书的主要读者和他本人差不多，都是来自繁华的意大利城邦的商人阶级。《球体》用意大利韵文写作，在当时非常受欢迎。达蒂以清晰易懂的语言，不但描写商业海运，还介绍了天文、地理、天气、历史和神学。人文主义者和教会学者认为，对拉丁文掌握不熟练的普通人无法理解这些学科。但达蒂并不这么认为。

约翰尼斯·德·萨克罗博斯科（又名霍利伍德的约翰，约1195—1256）写的著名天文学概论《天球论》，以更加通俗易懂的语言表现了托勒密的天文学著作《天文学大成》，这本书可能是达蒂创作时的参考模板。从中世纪开始，萨克罗博斯科的作品就被用于欧洲大学的教学，如第一章所示，其中几个印刷版在17世纪末还曾出现过。

本着真正的文艺复兴精神，达蒂将他所处时代的天文与地理的理论知识和商船水手及游客的经历相结合，并全部以易于理解的抒情模式表达出来。最重要的是，他自己对书进行了设计，使其能够用于自学。显然，这本书为读者的服务十分周到，因为《球体》经常被复制，从其初版诞生的年代到16世纪，又推出了数个版本。在全世界的图书馆里共保存有150份《球体》手稿复制品与古版本。

格雷戈里奥·达蒂继承了父亲丝绸商的职业，成年后在西班牙居住多年，在此期间，他建立了遍及整个地中海地区的大规模国际商业网络。然而，运气并不总是在他这边，海盗夺走了他巨额的财富，但由于与富有女人的婚姻，从而让达蒂免于破产。他结过三次婚，并继承了几位妻子带过来的嫁妆。达蒂有二十个孩子（十个儿子和十个女儿），他在力所能及的时候把他们照顾得无微不至。老年以后，他的地位得到提升，在佛罗伦萨政府中很有影响力，在政府期间，他得以协助他的哥哥莱昂纳多·达蒂（1360—1425）获得掌管道明会的权力。格雷戈里奥·达蒂的日记《秘密之书》（原文为拉丁文Il libro segreto）一直被保留下来供学者研究，从中我们得以详细了解他与兄长的私人生活和商业冒险活动。达蒂兄弟关系相当密切，《球体》也有可能是他们合作完成的。

芬兰国家图书馆中的A.E. 诺登斯基奥尔德系列收藏中收录了三部《球体》手稿。其中有一部非常有趣，因为它是一个独一无二的《球体》和托勒密《宇宙学》的混搭。虽然它包含了《宇宙学》中所有的地图，但并没有那本书任何的文本部分或坐标列表。只有一部已知手稿能与其媲美，这部手稿包含了达蒂的《球体》和托勒密《宇宙学》里的地图。在巴黎的法国国家图书馆可以找到该手稿。根据地图历史学家切特·范·杜泽的说法，“制作风格证据表明，在诺登斯基奥尔德系列收藏里的手稿《球体》的书页与托勒密地图是由同一家工作坊制作。托勒密地图与达蒂的《球体》的这种结合，可以被视为在传达一种信息：当时的人们认为托勒密的地理数学系统需要某种形式的增补，而对世界的描绘就是这种增补形式。”

手稿的完成的确切日期是哪天，委托人是谁，制作人是谁，这些都是未知数。从文体上推测，整部手稿可追溯到15世纪中期。根据范·杜泽权威的比较研究，《球体—宇宙学》手稿里的地图是由前面提到的多努斯·尼古劳斯·盖尔马努斯手工制作完成，可追溯到15世纪60年代。因此，尽管这本手稿混合体可能在达蒂死后三十多年才完成，但也是达蒂文学精神的一种灵活体现——它试图将不同来源的材料融入到一个新的有趣的整体之中。

在研究托勒密地图的同时，范·杜泽还发现这些地图包含了中世纪游记中的文字。就这一点而言，这部手稿也是非常特别的。据范·杜泽介绍，“那些‘多余’的文字出自同一人之手，文中出现的地名与托勒密命名的地名相同，这些当然是手稿创作的一部分，这些传说主要涉及异国野兽、怪物、奇人以及黄金和珠宝。因此，制图者认为，补充了丰富的新奇事物的托勒密世界图像，会让顾客产生积极反应，抑或是某位顾客要求添加许多神奇之物，来使其订购的手稿里的托勒密地图更激动人心。虽然诺登斯基奥尔德的手稿在托勒

密地理手稿的类别中算是较为廉价的，但这些补充传说当然也是一种附加额外成本的选项，从而让手稿提升到其所属类别的更高层次。”

诺登斯基奥尔德藏品中的《球体—宇宙学》手稿完全没有扉页，这倒也不算特殊。在印刷品普及之前，展现书名、作者、发行人和出版年份的华丽扉页并不流行，经常会在手稿中缺失。《球体—宇宙学》书页大小为对开，是传统制作手稿尺寸的两倍大。这与许多其他已知的《球体》手稿不同。这本混合书的尺寸无疑是由托勒密地图所决定的，传统上托勒密地图以对开大小绘制，因此地图将更易于查看和研究。

《球体—宇宙学》的前两幅图——独特的宇宙模型和托勒密世界地图——形成了一个有趣的组合，我相信这两幅图是要相互关联在一起来研究的。第一幅图由绘有黄道十二宫的大圆环组成。黄道十二宫环以三维形态描绘，这与中世纪典型的二维风格不同。在黄道十二宫圆环内，是托勒密的第一地图投影。这个细节也不同于传统的中世纪插图，在中世纪插图中，黄道带内通常会画一个简单的环状地球，这仅仅是为了强调地球的球形属性。然而，在这幅《球体—宇宙学》图中，目的是要强调地球的地图投影。

黄道十二宫和托勒密的第一地图投影也出现

《球体－宇宙学》中的宇宙模型与世界地图 ▲

《球体－宇宙学》手稿的前两幅图（宇宙模型和世界地图）形成了一个组合，从视觉上介绍这本混合书的内容：宇宙与地理之间的联系。

《球体－宇宙学》以黄道十二宫图（最左边）作为开始。黄道是指，当从地球的角度观察时，太阳、月亮和行星自东向西运动，围绕地球轨道平面的一个区域。传统上，黄道分为十二个平级的部分或符号，每个都根据星座命名。在中世纪，黄道上通常只描绘有现代占星学所熟悉的十二个标志（例如白羊座、金牛座、双子座、巨蟹座等），但是这幅图也包括其他星座符号，创造了一幅扩展的星图。本图还有另一个与中世纪不同的创作手法，那就是以三维形式描绘黄道十二宫。在圆圈内是根据托勒密所谓“第一投影法”绘制的地图投影图。风头已经被画在边缘四周，用于描绘风向。

这幅地图投影图在手稿组合的第二幅图中再次出现（上图），它代表着托勒密所说的已知世界。横穿地图的曲线用粗红线描绘，这么做是为了引起读者的注意。这条线同时也代表黄道，但与第一幅图表现方法不同。

芬兰国家图书馆

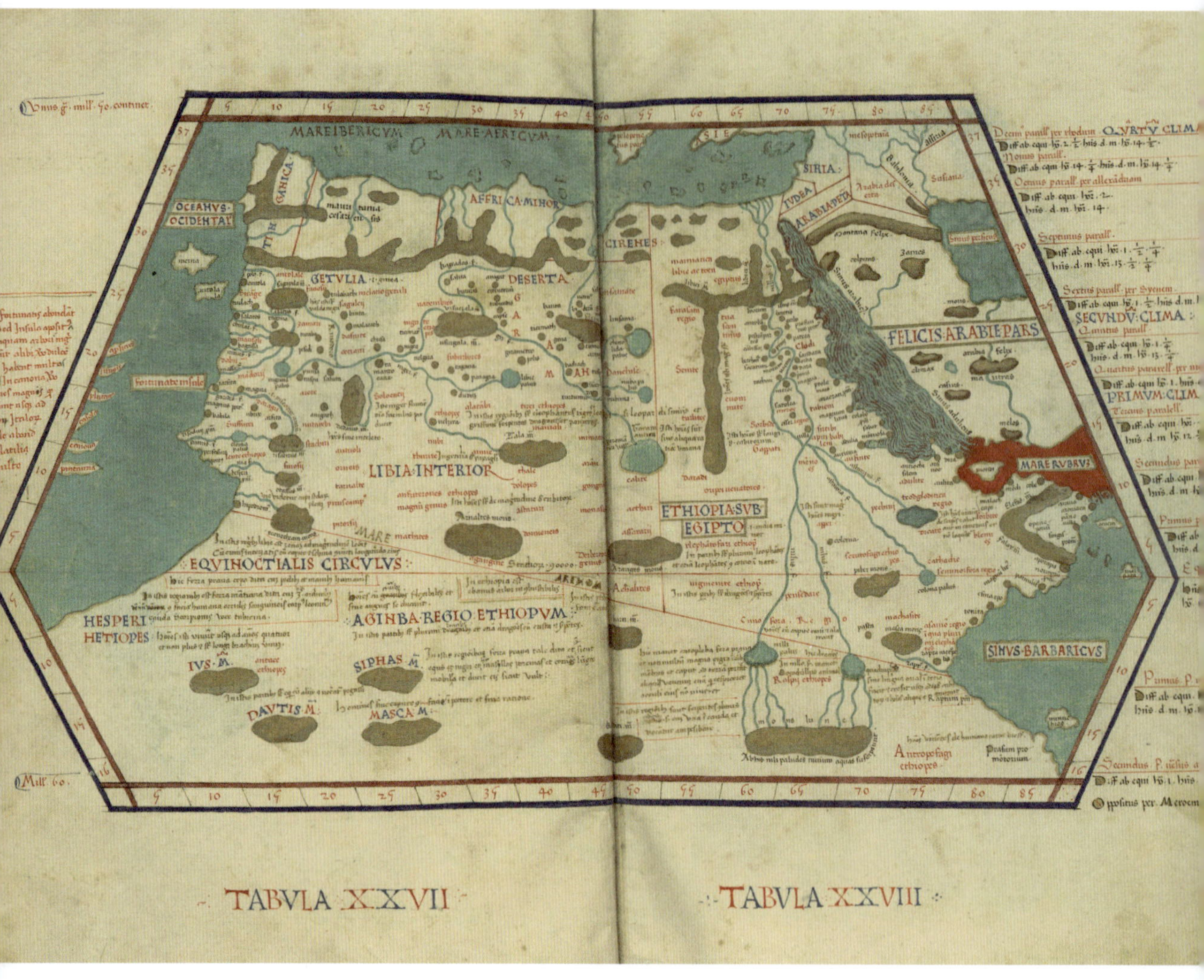


在这本书的第二幅图中，但角度发生了变化：在第一幅图中的地图投影被看作黄道内的一个小图，现在显示为全尺寸的世界地图；在第一幅图里呈现为三维环的黄道十二宫，在第二幅图中则显示为在世界地图上绘制的粗红线。因此，这前两幅图融合了宇宙学和地理知识，相辅相成，以便从两个不同的角度来观察“球体”（地球）。

这本混合书中包括世界地图在内的所有托勒密地图，均以极高的精度和高标准的样式绘制。传统的十二个风头围绕在地图的各个方向。在每一个头的头顶，都为每个风的名字留下了空间，但由于某些原因，这些名字已经缺失。精确的经纬线网络交叉在地图上。对山脉和河流的命名与绘制都十分精确，延续了早期拉丁文《宇宙学》手稿的传统，红海与分开地图的黄道带被着以同样醒目的红色。

《球体—宇宙学》手稿继续采用托勒密《宇宙学》的剖面图，但它们的编号具有自己的内在逻辑，与托勒密的原始系统并不相符。在这本书里，托勒密的地名坐标列表被缩略版的字母顺序地名词典所取代。书中的地图除了那些根据托勒密的指导方法绘制的之外，均是为这本手稿单独创作的，并作为这份完整手稿作品的组成部分进行检视。很显然，这本混合书省略了托勒密天文与地

《球体－宇宙学》中的插图◀

新颖的《球体－宇宙学》混合书从始至终配有精美插图。这本书以托勒密《宇宙学》中的地图开篇，我们看到的是其中的一部分，描述的是非洲（左图）。其中包括了源自古代资料中对远方大陆上陌生人的描述。

这里有对圆形地球上的气候带的描述（右上）。为了区分气候带与其他区域，两极地区被涂成蓝色。罗盘玫瑰标有方位基点和象限点，罗盘中心有一个浑天仪。在另一幅图中（右下），世界被描绘成一个T–O地图，下方描述了地球的土地与水域如何划分。红海被涂成红色。手稿中的所有图都以图解的形式绘制，以东为主方向。手稿中还包含许多天文现象的图片，例如对月相的描绘（左下）。

芬兰国家图书馆

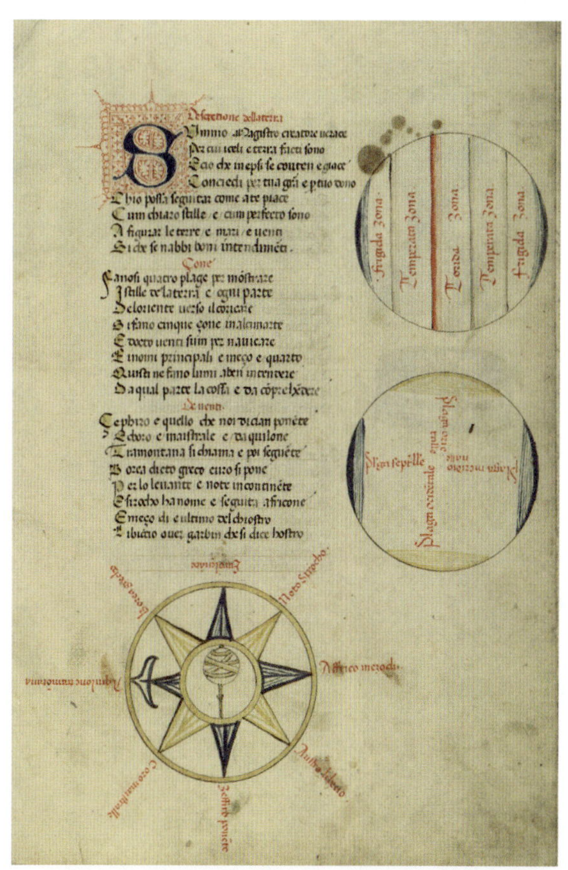


理内容的各个方面，理解那些内容需要较高水平的数学或天文知识；书中未展开讨论与地图投影有关的数学问题。这部定制作品意在为更广泛的大众读者，如商船水手和那些无须熟悉制图或数学知识的读者，提供一部精美、容易理解的地理与天文基础概论。

在地图部分之后，手稿在文字与可视内容上遵循了《球体》的典型结构。传统意义上，《球体》包括四本书，每本书由 36 节八行体组成，每个八行体有八个抑扬格五音步——一种便于记住韵律的形式。作品的开篇先赞美了上帝——世界和宇宙的创造者与统治者，其次是对宇宙的论述部分。

作者用文字和图片解释了亚里士多德的宇宙球形结构概念。地球位于宇宙中心，所有的天体——月球、水星、金星、太阳、火星、木星和土星——排列成从地球上看到的顺序，每个星球都在自己的轨道上。地球四大基本元素用传统的中世纪颜色描绘：土地为棕色，水为绿色，空气为蓝色，火为红色。行星和黄道十二星座对每个人的人格特征和健康的影响，以当时能被接受的学说来处理。黄道的旋转运动以传统方式呈现，也就是从外部看到的形态。日食与月食以图片和文字的形式给出了天文解释。书中还深入讨论了地球的气候带、赤道的位置和罗盘方位。

格雷戈里奥·达蒂是一名职业海员。《球体》提供的所有信息对于受过教育的水手来说既有趣又很有必要。这本书的最后部分介绍了 15 世纪最重要的三种航海仪器：罗盘、沙漏和航海图。达蒂对罗盘玫瑰的描述特别生动，因为它与传统的水手波特兰海图中绘制的罗盘玫瑰不同。在《球体》的罗盘玫瑰里，插画师画了一个浑天仪，一个用来确定天体坐标的老式天文仪器。有了它，就可以用与平面星盘相同的方式，测量围绕地球的星辰的视运动。浑天仪的形态是一个三维星盘，它的旋转金属环用于显示极轴、经线和纬线、赤道、回归线和黄道。达蒂把浑天仪放在罗盘玫瑰内，是为了强调航海与天文的联系——即在他作品一开始提到的宇宙学问题。

达蒂的《球体》还继续使用了沿海地图，这不仅是为了海员着想，也是想让普通读者在遨游历史长河与品读《圣经》故事时，更具娱乐性和启发性。

达蒂的沿海地图非常类似于前辈克里斯托福罗·布隆戴蒙提的著名作品《自由岛群岛》（原文为拉丁文 Liber Insularum Archipelago）中所包含的地图。而《球体》里的图片和地图以教育目的为首。它们旨在使科学与历史知识更平易近人并更容易被记住。这本书将《圣经》故事和历史事件放在了地理参考系——地图之中——使它们更生动，也更容易理解。

这份独特的《球体—宇宙学》手稿是 15 世纪欧洲教育文献中最引人注目的混合书之一。它试图呈现古老的中世纪宇宙学信息以及重新发现的古代地图学知识。手稿采用最新方法呈现最新的托勒密地理信息，让 15 世纪的读者触手可及，同时它也使普通读者足不出户就能通过地图框架内的故事，来了解地中海地理与《圣经》故事。谁委托制作了这份奇妙的手稿？谁首先开启奇妙的思想之旅，产生制作此手稿的想法？这些问题的答案仍然只能猜测。在诺登斯基奥尔德于 1896 年在罗马的一次拍卖会中发现这部手稿后，它被忽视了几个世纪的命运发生转变，开始被地图历史学家所重视。不过还好有现代科技创造的奇迹，我们中的任何人都可以在芬兰国家图书馆馆藏中通过电子版的形式欣赏与享受它。

15 世纪科学的普及引起了很多作者的兴趣。格雷戈里奥·达蒂活跃于佛罗伦萨的同时期，年轻的商船海员及人文主义者贝内代托·科特鲁格利（1416—1469）正在那不勒斯创作自己的作品。与达蒂相似的是，科特鲁格利利用了许多不同的资料，同样也出版了有关地理的作品。科特鲁格利出生在拉古萨共和国，即今天的克罗地亚杜布罗夫尼克市，他曾担任那不勒斯王国的外交官多年。这些职务为他提供了访问皇家图书馆珍贵藏品以及在地中海周边广泛旅行的机会。后来在 15 世纪 80 年代，拉古萨共和国开始受奥斯曼帝国的保护与影响，但这座城市通过朝贡得以保持独立。

贝内代托·科特鲁格利创作了几部重要的

《岛之书》中的世界地图▲

克里斯托福罗·布隆戴蒙提从水手的角度，在他的《岛之书》中着重描述了海岸线地区。这份罕见的副本制作于 1470 年，其中也包含一幅世界地图。
普鲁士文化遗产基金会下属柏林国家图书馆

克里斯托福罗·布隆戴蒙提《岛之书》中的君士坦丁堡▶

文艺复兴时期，人们对古代文化与文学的热情发展出了新的兴趣——寻找古代城市及其遗址。1420 年，佛罗伦萨教士和旅行作家克里斯托福罗·布隆戴蒙提出版了一本书，名为《自由岛群岛》，内容涉及曾位于爱琴海各个岛屿和海岸的古代城市。当时这本书很受欢迎，并很可能成为了年轻的格雷戈里奥·达蒂心中的典范之作，后者在他的《球体》中对河岸的描述与布隆戴蒙提的手法非常相似。出自布隆戴蒙提作品中的这幅画描绘的是君士坦丁堡。
法国国家图书馆

手稿，包括《贸易艺术之书》（原文为拉丁文 Libro de l'Arte de la Mercatura）和《航海》（原文为拉丁文 De Navigatione），这是留存至今最古老的航海教科书。后者完成于1460年，与达蒂的《球体》一样，《航海》提到了很多水手们关心的重要话题，诸如天气现象、风、罗盘的使用、世界海洋与港口特征、港口列表（环球航行）以及航海图。作者还非常熟悉托勒密的《宇宙学》。科特鲁格利的作品有一些复制品，但是《航海》只有两个版本的手稿被保留下来。

《航海》的一份留存副本里，有一幅以传统中世纪风格绘制的漂亮的宇宙图。在图中，圆形地球按照古人的理解，被放置在宇宙中心。以不同颜色区分的其他元素（水、空气和火）以环状包围着地球。在图的外圈，黄道的符号以中世纪常见的二维形式描绘。

航海教科书中的宇宙图和世界地图◀

15世纪60年代，贝内代托·科特鲁格利的航海教科书的一份手稿副本里绘有一幅宇宙图。里面是一幅世界地图的小草图。该图展现了宇宙基本元素——地球、水、空气和火——根据各自的特质被安置在各自的球体范围内。最重的元素——地球，则位于宇宙中心。下一个区域是水，然后是空气和火。球体最外面，以中世纪的二维风格描绘了天空中最重要的星座。
劳伦斯·J. 舍恩伯格收藏

达蒂的《球体—宇宙学》中的三维宇宙同样完成于约15世纪后期，但却与科特鲁格利的中世纪二维风格不同。这两部作品都讲述了关于15世纪作家运用多种方式，将不同来源的地理和宇宙学信息结合在一起，并以视觉形象呈现给读者的有趣故事。

## 总结

遗失几个世纪的古代地理文献被重新发现——特别是托勒密的《地理学指南》——导致了中世纪地图制作进入过渡阶段。它启发了15世纪的制图师们去开发全新的地图和图集种类——这些地图与地图集将过去基督教世界地图和波特兰海图的传统、重新发现的古代地理文献和最新地理信息有机结合起来。

虽然教会和修道院一直控制着信息传播，意在维护并加强天主教会和基督教世界观的地位，但在15世纪，文艺复兴时期君主的宫廷和富有的商行开始以全新的方式利用这些知识。意大利城邦的老权贵家族和崛起的资产阶级都希望通过华丽壮观的壁挂地图和地图集，展示他们的教育水平、人脉和影响力。

在王室贵族的宫廷里，文艺复兴时期的地图逐渐开始传达其主人的艺术品位、财富和政治愿望，这与绘画、雕塑和古典学问殊途同归。一个新的世界秩序发展起来，教会仍然保持着重要地位，但不再保有发挥主导作用的专有权。当欧洲造船技术、实践性的航海与地图制作技巧在15世纪得到充分发展，一支支船队被派遣到地球尽头探究未知水域。人们希望这些船只有一天能够回来，给他们带回来自大洋彼岸遥远土地的信息与财富。

# III

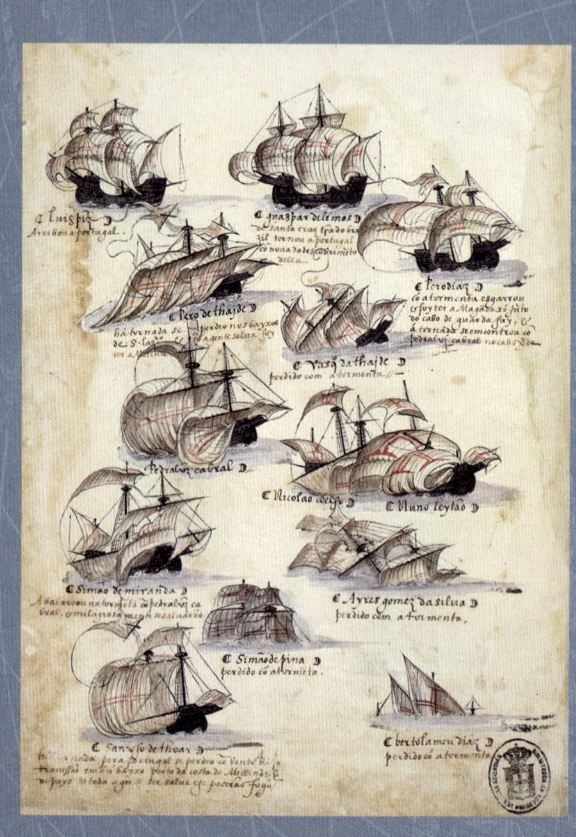

第三章

# 通向新世界

## 地图上的航行和印刷新世界

### 一场海难讲述的探险历史故事

位于西南非洲的纳米比亚，沙滩沿着海岸与远处的内陆绵延数十公里，它们仍讲述着始于500年前的航海探险历史故事。其中一段沙滩，属于当地一家钻石公司，并且受到严格保护，在这儿不时会出现引人注目的沉船，最近一次出现在2008年。考古学家一直希望找到葡萄牙贵族和航海家巴尔托洛梅乌·迪亚士（约1450—1500）的船，这艘1500年沉于好望角附近的卡拉维尔帆船，是由葡萄牙国王曼努埃尔一世装备的十三艘船之一。

这次探险的指挥是另一位葡萄牙传奇航海家、技术娴熟的领航员佩德罗·阿尔瓦雷斯·卡布拉尔（约1467—约1520），同样在此次航行中，他成为第一个航行到今天巴西海岸的欧洲人。这次航行的主要目的是增强葡萄牙位于印度卡利卡特市香料贸易中心的商业前哨站实力，并保持对非洲南端到印度洋这一航线的主导地位，几年前，瓦斯科·达伽马（约1460—1524）开拓了这条航线。

从沙漠中冒出的沉船残骸呈现出幽灵般的景象。沿岸的强风和海浪可能会把沉船推到内陆。随后更细致的考古研究表明，这艘沉船残骸并不属于巴尔托洛梅乌·迪亚士的舰队，而是另一艘在1533年沉没的船，当时距离迪亚斯去世已过去三十多年。这艘船曾经满载金币、银币、象牙、铜制品、大炮、枪支和珍贵的航海设备。

在这片荒凉的纳米比亚海滩上发现的残骸讲述了一个有趣的故事，故事关于葡萄牙人从非洲南端到印度洋的伟大征途，关于商业航海的历史，也关于迪亚士的追随者——达伽马和卡布拉尔。葡萄牙商人航海家于16世纪初期确立了在印度香料和珍宝贸易中的支配地位，并控制了从欧洲到东方的海上航线，沉船即是这些壮举的见证。

葡萄牙人之后，获得西班牙皇室资助的水手们启程去寻找通往印度的西航线，但反而发现了新大陆。几十年后，他们最终找到了通往东方之路和位于中国南海的岛屿，他们以西班牙国王腓力二世（1527—1598）的名字将那里命名为菲律宾。在16世纪，英国、法国和荷兰也热切地参与了“伟大探险”。

最重要的是，这些探险的目的是找到通往中国和印度的海上航线。奥斯曼帝国的兴起，加之

卡布拉尔的舰队 ◀

在这部被称为《舰队之书》（原文为葡萄牙语 Livro das Armadas）的16世纪手稿中，描写了卡布拉尔的航行：“1500年3月9日，佩德罗·阿尔瓦雷斯·卡布拉尔出发驶向印度。有十三艘帆船供他指挥，其中有卡拉卡尔与卡拉维尔帆船。在他从巴西到好望角的航程中，有四艘帆船在暴风中带着各自的船长一起沉于大海。”
里斯本皇家科学院

拜占庭在15世纪40年代最终衰落，已经关闭了由威尼斯人和热那亚商人所经营的交易香料、贵重物品和奴隶的传统陆路线路。葡萄牙人发起的航海大发现之旅开创了一系列的新发展，这种发展彻底改变了人们对整个世界的设想。在此期间，连接欧洲、亚洲、非洲和美洲的全球经济、文化和政治网络以前所未有的方式第一次拧成一股绳。起初，欧洲人与他们之前未知的土地（对于欧洲人而言）上的土著人相互和平共处，贸易互惠互利。然而，在几十年时间里，由于那些你能够想象得到的最贪婪、最无耻、最自私的一群人被派往海外，情况发生了变化。

在第三章，我们会展示16世纪早期欧洲人的地理世界观是如何取得突破的。所有地区对欧洲人而言都是新奇的——非洲南部、印度洋、加勒比海、南美洲和北美洲的海岸、东南亚，以及太平洋大部分海域——这些地区在16世纪以惊人的速度被添加到欧洲人的地图中。新的土地和大陆

**航行在大西洋上的葡萄牙船只▲**

这幅图出自著名的1519年葡萄牙米勒地图集，描绘的是北大西洋景象。地图右边展现了欧洲与北非的西海岸，左边是新发现的"新大陆"——美洲东海岸。地图中的插图由安东尼奥·德·霍兰达绘制，他是葡萄牙国王曼努埃尔的宫廷画家。

法国国家图书馆

被添加到世界地图中的速度比以往任何时候都快，并且由于印刷技术的发展，关于异国新土地的信息迅速传播到了更广泛的人群中。

古老的中世纪世界地图反映的是一个以地理、《圣经》和历史框架为参考的、由上帝创造的不可改变的世界。文艺复兴时期的地图则讲述了葡萄牙和西班牙的国王们发起的探险与贸易，这个世界不再是由上帝神圣不变的命令所定义的，而是不断变化的。这个新世界也在伊比利亚半岛的

**新世界的图像▲**

本图为上一页地图的一处细节，描绘了北美的动植物群。
法国国家图书馆

统治者与他们资助的商船海员们近乎无限的野心里找到了其驱动力——纯粹彻头彻尾的贪婪，这导致了一场控制新土地和自然资源的血腥竞赛。

在16世纪早期世界地图的插图中也能看到这种新的世界观：中世纪世界地图中的《圣经》故事让位于异域的土地和欧洲船只。新世界地图不再以圣地所在的东方为主方向，这曾是基督教世界地图的传统。基于精确地理信息的航海图（距离与方向可测量）与基于天文测量的托勒密地图（由经纬线构成的坐标系统）以各种方式为文艺复兴时期的地图提供了更好的基础。在这些地图中，新的边界与以欧洲亲王名义所征服的最新区域都做了准确的标记。葡萄牙与西班牙的天主教君主伴随着教皇的祝福，按照所谓的1494年的《托德西利亚斯条约》，将世界与大洋无情地分为两大势力范围，葡萄牙占有东部贸易区，西班牙控制西部。

当时，欧洲的水手们每年都会带回来有关迷人的新大陆和那里陌生居住者的新鲜故事。随着印刷机的发明与印刷书籍的传播，这些令人难以置信的故事也以惊人的速度在欧洲传播。如果没有航海领域的大发展和印刷机的发明，也就不会发生地理与精神领域的世界观革命：这个新世界先是被航行所发现，之后被绘制在地图里，又被印刷到纸张上。

但是，最早的印刷版世界地图并不是产生于暴风雨肆虐的海上，它的出现时间比欧洲人对世界另一边的许多这样的未知土地和海洋的认识尚处于模糊状态的时候要早二十年，也要早于第一批欧洲船只进行穿越大西洋的危险航行并意外在“新大陆”登陆的时间。为了回答如下问题：谁制作了最早的印刷地图？在哪里制作？为谁制作的？由谁资助？我们必须要回顾一下1474年9月在博洛尼亚的某个下午。

## 世界上最早的印刷地图

一名书商、一名插画师、两名印刷工和博洛尼亚城邦的独裁统治者乔瓦尼二世·本蒂沃利奥（1443—1508）的秘书菲利波·巴尔杜伊诺，这五个人聚集在一起讨论一个新书项目。天色已晚，他们终于在这座红砖色城市里的狭窄小巷中，就合同的各项细节达成协议。他们决定使用最近刚刚在意大利阿尔卑斯山南部学到的德国新型印刷技术来印刷托勒密的《宇宙学》。快速完成这个项目很有必要，因为这几个人清楚，在罗马，另一个类似项目也正在著名的德国印刷高手康拉德·施魏因海姆（约1415—1477）的指导下进行。

博洛尼亚的这些人意识到，这本书必须尽快完成并投放市场，并且有必要用上任何手段，这样它才能成为世界上第一部印刷的地图集，这一名头能为这本书创造最好的名声效果。竞争非常激烈，使用欺骗手段的诱惑如此之大，据传闻，施魏因海姆的一名员工收受了贿赂，将雕版与印刷的秘密技术泄露给了博洛尼亚人。

三年后的1477年，托勒密《宇宙学》的首个印刷版本终于完成，结果让所有参与者都非常失望。匆忙的赶制造成了可怕的后果：雕版并无美感，书中出现的印刷错误多到让人无法接受。与一年后在罗马出版的时尚简约版相比，博洛尼亚的印刷地图里的文字看起来非常差。博洛尼亚版本总共印刷了五百份，其中的大部分在书贩的仓库中尘封多年。虽然这个项目对其创作者来说，在经济方面相当失望，但从历史的角度看却非常引人注目。

后来又有人尝试改进这个未能取得商业成功的博洛尼亚版本，在地图上添加了更多的装饰元素，认为这会吸引到买家。博洛尼亚版本是托勒密数十种印刷版中最为华丽的，国家被城市风光所装饰，海洋上的圆形波浪上漂浮着一排漂亮的船只。

当书籍生产从手稿逐渐转为印刷书籍时，第一批印刷的地图集就出现了。印刷艺术和有木雕与铜刻协助的制图能力为书籍开创了前所未有的新市场，产生了一种新的文学文化，其核心角色

**博洛尼亚—— 意大利北部贸易与学术中心▲**

这部手稿（《商人注册法规》，原文为意大利文 Codex Marticola dei Mercanti）的卷首插图描绘了位于博洛尼亚的一个市集广场与那里的卖家，该市场靠近这座城市的12个中世纪入口之一——拉文纳门。博洛尼亚是中世纪意大利北部最重要的贸易和文化中心之一。建于1088年的博洛尼亚大学仍然是欧洲最古老、最著名的大学之一。这个著名的高等学府的象征"大学之母"后来传遍学术界。包含有这幅卷首插图的手稿制作时间可追溯到15世纪70年代。

博洛尼亚城市博物馆

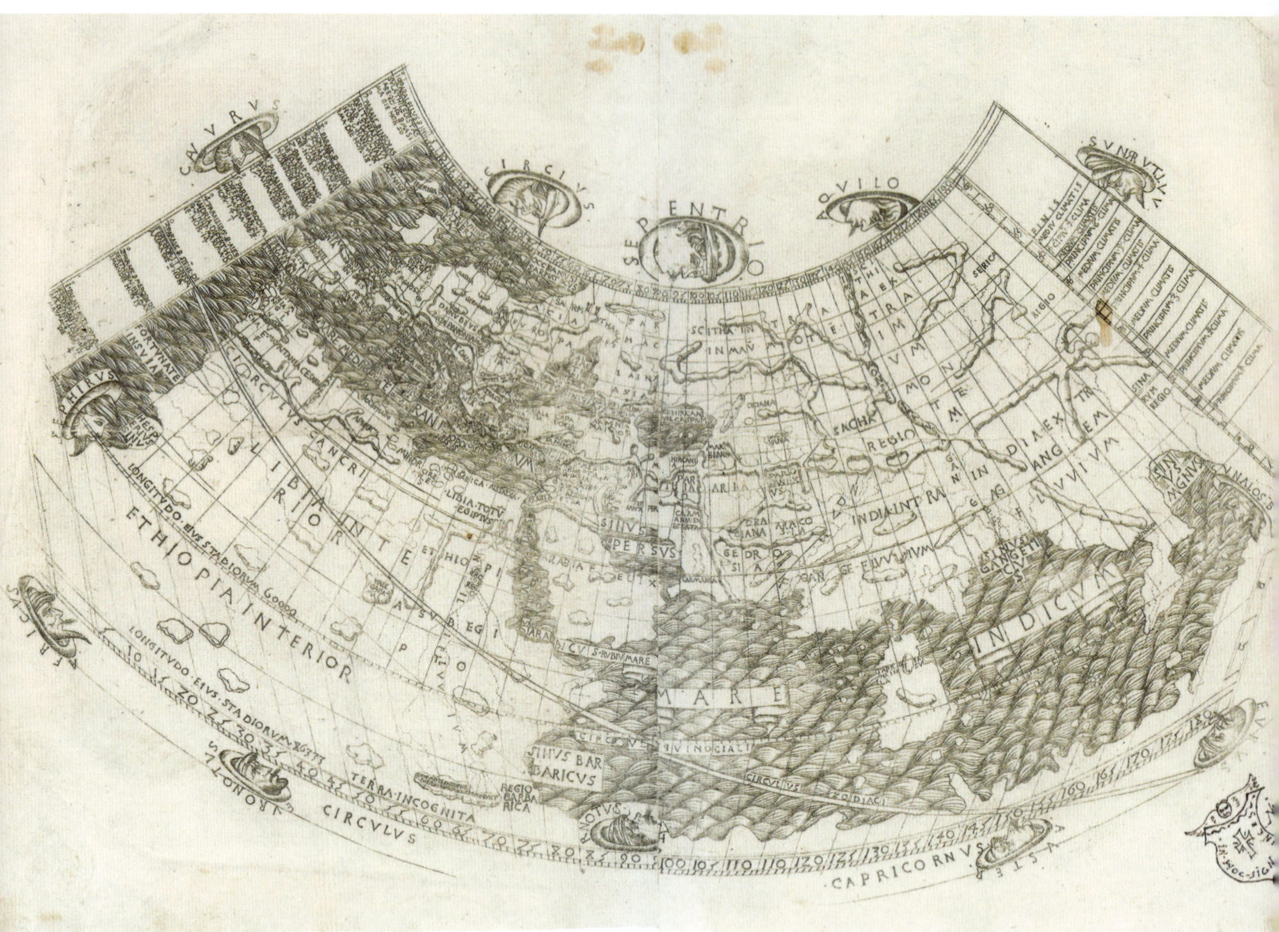


1477 年博洛尼亚版——第一幅印刷版世界地图 ▲

印制于 1477 年的博洛尼亚版托勒密《宇宙学》是世界上最古老的印刷版图集。它受到了众多不同版本《宇宙学》手稿的影响。博洛尼亚版本非常注重装饰元素，如海浪和描绘风向的头像，以及穿过世界地图的代表黄道十二星座的线条。在印刷版托勒密世界地图中，代表轨道平面的线十分罕见，博洛尼亚版是少数有这种线条的范例之一。
尤哈·努尔米宁世界地图收藏，赫尔辛基

不再是从前那样的修道院工匠。印刷的发展，还催生出了需要掌握雕刻等新技术的新型手工业行业，如排版、出版、书籍销售和插图绘制。

对比手写稿，印刷版的书籍、图片和地图的上市速度要快得多，成本也低得多。印刷也让生产出比以前更多版本的书籍或插图成为可能。由于印刷版书籍和图片比手稿便宜得多，所以它们也更迅速地传播给更广泛的公众。在 16 世纪早期，宗教改革的支持者们尤为勤于利用这项新技术来促进他们的事业。在宗教改革时期，受教育的人数有所增加，特别是在德国，随着需求的增加，非专业人群应该有渠道以自己的语言而不是拉丁文来阅读理解《圣经》。

印刷商店还经常设有出版社和书店，它们逐渐取代了修道院，成为重要的文学文化中心。在 15 世纪，修道院在书籍、书籍制作和分销等领域不再处于垄断地位；市场现在逐渐被从事新兴印刷业的有学问的当地中产阶级工匠所主导。

在中世纪，漂亮并技艺高超的插图手稿书仍属于奢侈品，可以与华丽的珠宝相媲美，只有富裕的上层阶级和教会领袖能够买得起。印刷使得书籍几乎能被所有读者阅读。印刷新技术的创新令知识的获取变得民主化。以前只有一小部分讲拉丁文的学者才能获得的各种信息，如今被迅速

1478 年罗马版——清晰图像▲

托勒密地图集的第二个印刷版使用了雕版印刷，图像印刷质量简约美观。罗马版本中所有不必要的视觉元素在此版本中都被删除，甚至还删掉了代表经纬度的坐标，以便使地图上的文字更容易阅读。山脉与河流描绘准确，并且很多都注上了名字。许多在博洛尼亚版本中未出现的地名都添加在了这幅地图上。罗马版地图中的所有文字与数字都做了标准格式化，便于阅读。整个地图集的印刷质量超乎寻常得好，即使读者要检阅那些最微小的细节都毫无问题。

尤哈 · 努尔米宁世界地图收藏，赫尔辛基

地传播给新读者。

在印刷地图集和单个的零散地图出现之前，大部分欧洲人从未见过地图。他们从个人经验中了解自己家乡的地形及地标：河流、山脉、山谷和森林以及彼此之间的距离。农村和城市之间只存在几条能用的货车车道与河道，所以从一个村庄或城市去往另一个地方并不需要地图。一些地区绘制了一些出于税收和军事目的所需的地形图，这对王国的官员和一些受过教育的人士来说还是有用的，但与没上过学的普通人没什么关系。从 15 世纪晚期开始，印刷术以惊人的速度改变了书籍的读者群。到 17 世纪时，已有数百万份地图在社会上流通，在欧洲地区，地图已经多到平均每四个居民就有一份印刷地图。

然而，印刷术并没有立刻让地图集成为大众能负担得起的商品，因为印刷图片所需的铜和木雕技术仍然需要耗费大量的时间和金钱。附有精美地图的手绘图书——装饰性地图集，仍是价值不菲的奢侈品，印刷成品更是珍贵：它们被视为艺术品，是收藏家的珍宝，也是当时绝佳的外交礼物。

粗纸制作▲

这台造纸机的类型是冲压机造纸，即用水车齿轮抬起重锤，锤落下时将槽里的废旧布片捣碎成一团灰色的纸浆，之后再倒入大桶里。

铸字▲

一名铸字工坐在炉台旁边，用一把长柄勺将金属溶液灌入他左手拿着的模子里。金属凝固后，将模子打开，取出铸好的字模。

## ★印刷术：铁、纸与墨水的结合

约斯特·安曼（1539—1591）在1568年出版的《贸易之书》（原文为德语St ndebuch）中描述了一百多种职业。这里的精选图描绘的是书籍制作情况，包括粗纸制作、铸版、排版、印刷和装订等几个步骤。

粗纸是在小型造纸坊里用纺织废料制造而成，要将废料切碎浸泡在水中，最后用特制冲压槽的水力锤将其捣碎溶解。这些混合物被收集在大桶中，一名抄纸工用一个定纸框——一个放在框架内的类似筛子的模具——提取足够的稀纸浆来制成一张纸。水通过定纸框金属滤网排出，所有剩下的东西都是纤维。这些纤维形成纸张，放置在毡片之间。然后将一叠纸和毛毡运载到挤压水分的螺旋压榨机中。

欧洲印刷先驱约翰内斯·古腾堡的发明中最具革命性的方面，是为每一个字母创建的单独模具，或叫“矩阵模型”。古腾堡还开发了一种可以牢牢黏附在用于活字印刷金属材料上的油墨。这些活字是用铅、锑和锡的合金浇铸而成。由于有了活字，页面不再需要雕刻在木材或金属板上，

印刷工▲

这幅图中，一位印刷工将一个填充着毛发的皮制着墨球（或"棉塞"）蘸上墨水，然后在书版表面均匀涂抹。几个世纪以来，着墨球都是印刷贸易的标志之一。

装订工▲

装订工在工作中：远景中的一位装订熟练工在缝制一本书，前景中的老工人正在刨平另一本书的书脊。
德累斯顿萨克森州立－大学图书馆

这显著提高了印刷速度。

古腾堡之后的几个世纪，排版和印刷一直是书籍制作的核心。排字工人站在铅字盘旁，从一个开放的分隔区中一次选好所需要的字母。排字工根据已提供的稿件，通过手工排版或组织，将字模整理成单词和句子。

古腾堡的凸版印刷机是一种简易印刷机，其发明可能是受到了葡萄酒榨酒机的启发，将纸张放置在油墨印的表面上，然后用力压。印刷完成后，整组字模就被拆卸下来，放回分隔区中以备再次使用。

完成一本可以出售的书的最后一步，是将书页装订在一起。在中世纪末期，承担装订工作的人通常都是当地的工匠，而不是来自修道院的人。促成这种发展的，是由粗纸制造的传播和印刷技术的发展带来的对书籍需求的提升。当时买家可以直接从出版商那里购买以纸页形式存放的书，只需将书页钉上简单的纸封面，或者是将其装订在皮革包覆的纸板书封中。皮革封面上也可以印上或贴上装饰图案。15世纪从中东传到欧洲的镀金术，被认为是装订历史上最重要的发明之一。

VRVS·CHORVS·VEL·IAPIX·SIVE·ARGESTES
CIRCTVS VEL·TRESIIAS
SEPTENTRIO
ZEPHIRVS
mare glaciale
Occeanus
EVROPA
Pontus euxinus
Sinus hesperus
LIBIA INTERIOR
AFFRICA
Circulus equinoctialis
ARABIA FELIX
ETHIOPIA INTERIOR
Terra incognita secundum ptholomeum
Sinus Barbaricus
Tropicus
AFRICVS·VEL·LIBS
LIBONOTVS·EVROAV·STER
AVSTER

1493 年《纽伦堡编年史》中的托勒密世界地图◀

1493 年，哈特曼·舍德尔为其著名作品《纽伦堡编年史》制作了私人版本的托勒密世界地图。地图并不十分追求地理信息的准确，它更像是一幅融合了古代故事、中世纪旅行记和《圣经》中的视觉元素的地图素描。地图边界用诺亚的儿子们——闪、含和雅弗的图作为装饰。按《圣经》所说，地球上的所有人类都是他们的后代。地图旁边（左侧）描述了生活在地球边缘地带的奇人，他们存在的依据是古代及中世纪的游记，尽管这明显是对《圣经》故事里人与动物的血统提出了质疑。
尤哈·努尔米宁世界地图收藏，赫尔辛基

1482 年乌尔姆版——在木材上雕刻世界▲

1482 年，在德国的乌尔姆市出现了托勒密《宇宙学》的第三个印刷版本。该图集基于著名的多努斯·尼古劳斯 ·盖尔马努斯手稿制作，盖尔马努斯的手稿中所出现的斯堪的纳维亚半岛，要比首次出现在托勒密地图上的时间早十年（见第二章）。乌尔姆版是第一部用木雕技术制作的图集，并且通过上色让地图更为精美。1486 年，这部流行的地图集进行第二次印刷。图中显示的这个细节部分便是出自第二次印刷版本。
尤哈·努尔米宁世界地图收藏，赫尔辛基

## 成为印刷先驱的意大利与德国制书匠

到 15 世纪末，意大利和德国的书籍印刷工以及铜木雕刻师已经开始在书市占主要地位。在阿尔卑斯山两侧，产生了国际竞争的气氛：城邦与公国的工匠们竞相生产最为豪华的地图和图集。德国艺术家主要使用木雕；1482 年，在德国南部的乌尔姆诞生了一部使用这种技术的杰作——新版托勒密《宇宙学》。乌尔姆版是第一个使用木雕印刷的托勒密地图集，以费拉拉·博尔索·埃斯特公爵（1413—1471）订购的地图集为基础。这部由尼克劳斯·盖尔马努斯制作的地图集，对希腊—罗马世界已知的地理信息做了许多改进，比如对格陵兰和斯堪的纳维亚的描述就与以往有所不同。

在木材或铜板上雕刻是制作地图和所有其他图最费力也是成本最高的步骤。为了做到印刷正

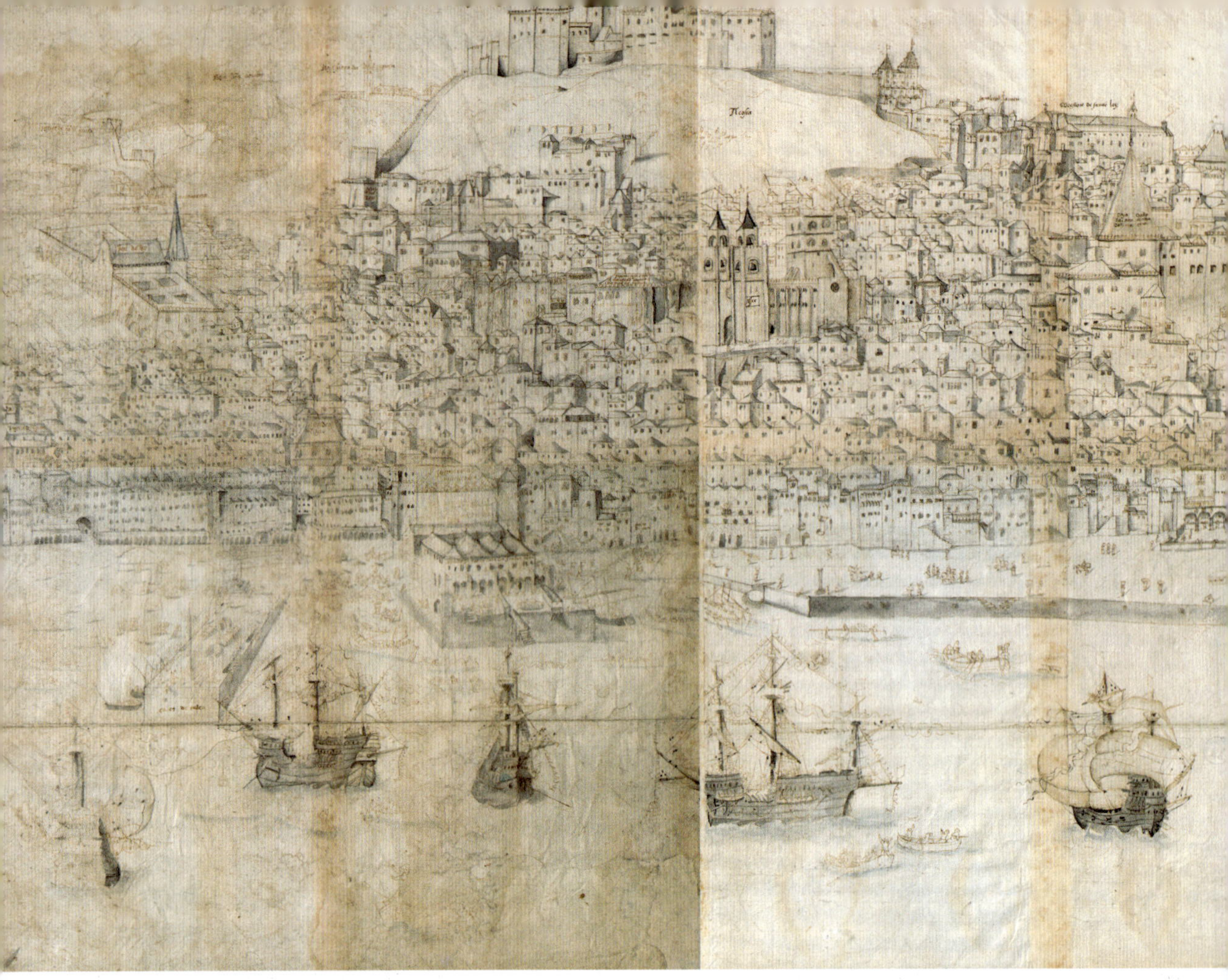

确，必须在印版上刻上镜像。一旦这个成本颇高的操作最终完成，就可以反复使用相同的印版来生产多份拷贝。

铜版雕刻与地图印刷技术要求非常苛刻，需要多年的实践才能达到一定的技术水平。从 16 世纪中叶开始，德国、意大利和荷兰的一些早期书稿彩饰师开始练习铜版雕刻技术。对于许多彩饰师而言，为了能跟上开始占主流的新书和图像印刷技术，这种改变是很有必要的。随着印刷新技术的发展，对手稿插图的需求量也在下降。

最早的印刷版地图集的创作者们必须要确定使用什么样的雕刻方法来做地图，以达到之前手绘地图那般精美和准确。第一部印刷版地图集是博洛尼亚版本的托勒密《宇宙学》，它的外观要比后来任何一种印刷版托勒密地图集都更像是手稿版本。这种相似并不奇怪，因为早期印刷版书籍和小册子的生产者们都有意识地试图模仿手写书籍的风格。

后来，随着 16 世纪的结束与各式各样的印刷地图的出现，在完成以前印刷的书籍和地图后，制图师开始精心创造自己的典范之作。由于制图师不再试图模仿手稿，印刷品里的独特图案样式开始得到发展。手工复制的中世纪书籍精美而昂贵，它们与其中的地图一起被尘封于教会、宫廷的档案馆和图书馆中，渐渐被冷落，直到 19 世纪初，才再度有人对它们产生兴趣。

## 地图上的 15 世纪葡萄牙人外洋航行

就在意大利、德国和荷兰的工匠研究新的书籍和图片印刷方法的同时，在欧洲的另一边，葡萄牙人正专注于航海。15 世纪初；葡萄牙的水手们开始沿非洲西海岸进入大西洋——前往亚速尔群岛、马德拉群岛和加那利群岛。葡萄牙国王、“非洲”阿方索五世（1432—1481）和他的叔叔恩里克王子（1394—1460）努力保护葡萄牙在摩洛哥

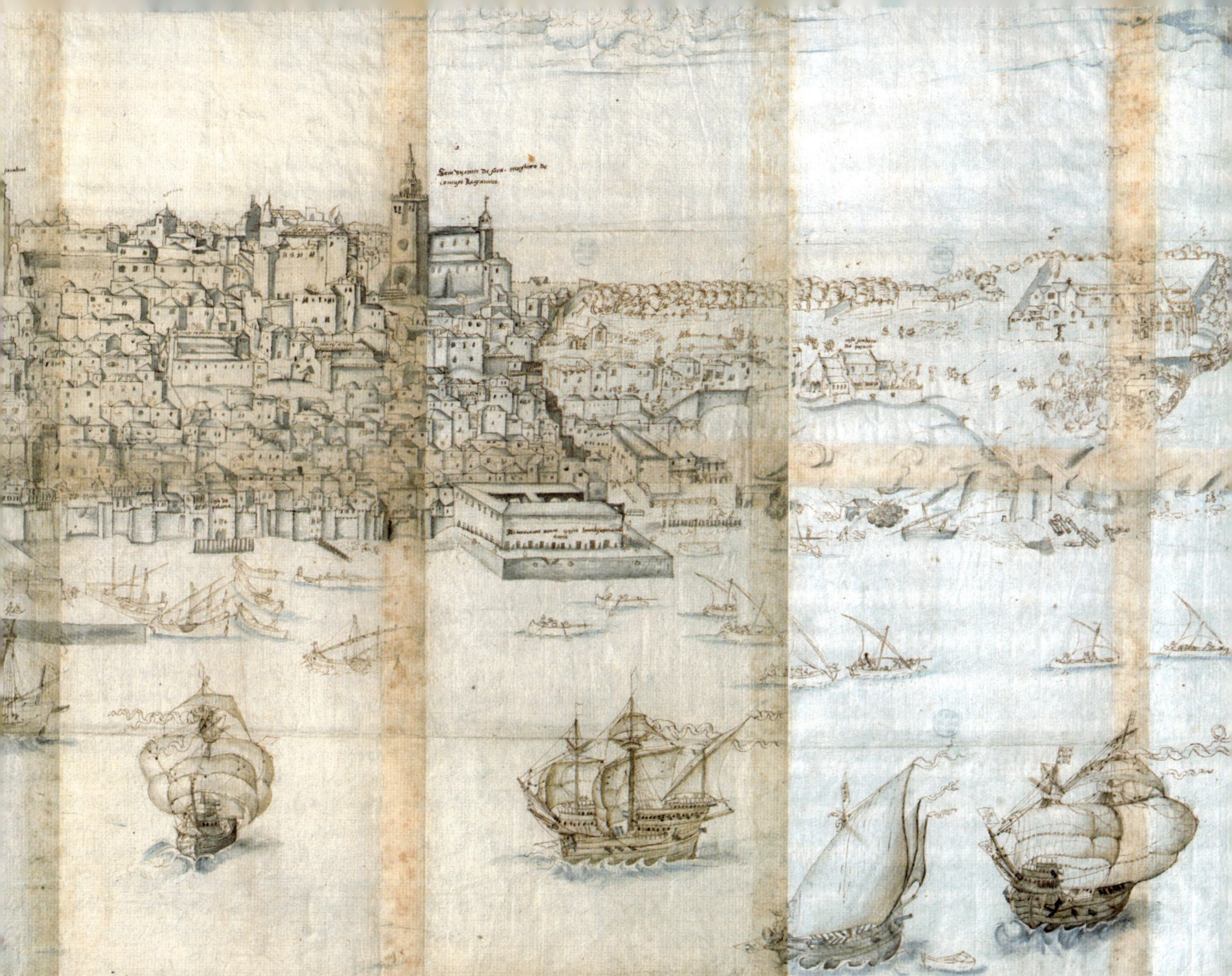

**里斯本——葡萄牙通向海洋的窗口▲**

莱顿图书馆保存了一幅罕见的16世纪绘画，描绘的是从塔霍河上所看到的里斯本城市风景。这幅画对城市的描绘细化到了单体建筑。船在河上航行，其中的大部分顺流驶向里斯本港，船上载有来自葡萄牙西非殖民地的黄金、奴隶和象牙，以及印度洋地区的香料和丝绸。1755年重创里斯本的大地震几乎毁掉了图上所呈现的一切。
莱顿大学图书馆

及非洲西海岸沿岸（当时称为几内亚）的黄金、象牙和奴隶贸易，使葡萄牙这个小王国成为欧洲最富有的国家之一。他们两人后来都相信葡萄牙人最终会通过绕行非洲南端，找到通往印度的海上航线。这个长达数十年的系统项目在葡萄牙皇家宫廷被称为“印度计划”（原文为葡萄牙语 Plano da ndia），从15世纪晚期到16世纪早期，阿方索五世的儿子若昂二世（1455—1495）及其继任者曼努埃尔一世（1469—1521）统治时期，该计划取得了重大进展。

恩里克王子极大地促进了葡萄牙航海的发展，为自己赢得了“航海家恩里克”的称号。恩里克被认为曾在阿尔加维（葡萄牙南部）的萨格里什地区的圣文森特角（原文为葡萄牙语 Cabo de São Vicente）开设了一所航海学校（葡萄牙语：escola náutica），他从那里派出探险家去绘制大西洋和西非海岸的地图。但如今的学者们质疑这所学校的存在，并认为这是16世纪末期人

们捏造的一个事实，以夸大葡萄牙在大航海时代探险早期历史中的作用，并突出恩里克王子与伊斯兰世界在海上战争中对抗的基督教战士形象。1420 年，恩里克被商业上非常活跃并颇具影响力的基督教骑士团任命为团长，他一直担任该职务至 1460 年去世。

历史学家杰里·布罗顿曾表示："毫无疑问，在支持葡萄牙探索大西洋、开拓非洲沿岸的航行这件事上，恩里克站在最前线。然而，他支持这种探险的动机比之前人们认为的要更实际。他不是为了与穆斯林'异教徒'作战，并将'异教徒'转化基督教信徒，有关那个时期的史实表明，恩里克实际上对于建立自己对商业的控制更感兴趣。"

已知最古老的葡萄牙海图只能追溯到 15 世纪 70 年代。为什么我们如今没有航海家恩里克王子那个时代的葡萄牙航海图呢？一种说法是，葡萄牙人就像后来的西班牙人一样，把他们的航海图设为机密，因为他们不想把有利可图的海上航线暴露给竞争对手。近年来，人们开始相信，在 15 世纪初，葡萄牙人还没有发展出任何成体系的制图传统或学校来绘制海图。地图制作只是偶尔有针对性的行为，这些早期航海图早已遗失。在国王若昂二世统治期间，葡萄牙才开始系统地绘制海上航线图。1755 年，一场大地震及随后的海啸与火灾摧毁了几乎整个里斯本城，大量中世纪和近代的资料永远消失。因此，最早的葡萄牙航海图制图资料可能毁于这次巨大的天灾。

葡萄牙长达数十年的印度计划是要绘制西非海岸的地图，并找到绕过非洲最南端通往印度洋的东方航线，该计划终于在 1488 年取得突破，巴尔托洛梅乌·迪亚士成功绕行好望角。但他的船的装备并不能支撑长途航行，船员们也对好望角一带的海上寒风与暴风雨缺少准备。船上发生了

16 世纪旅行书籍中的葡萄牙航行◀

葡萄牙人绕行非洲南端航行的相关知识通过印刷版的旅行书籍传播给了更广大的公众。这幅图出自 1508 年出版的《葡萄牙人旅行指南》，作者是弗拉坎扎诺·达·蒙塔尔波多，它描绘了葡萄牙人从里斯本到印度卡利卡特（现在的科泽科德）的航海路线。该地图被有目的地进行了裁剪，并将主方向做了调整，以使这次长达数月并且非常艰巨的海上航程看起来很容易。蒙塔尔波多书中的地图是第一幅有关非洲大陆的印刷地图。
法国国家图书馆

1489 年亨里克斯·马尔特鲁斯作品——非洲最南端出现在地图上▲

亨里克斯·马尔特鲁斯 1489 年创作的对开尺寸（47x30 厘米）世界地图，呈现了关于非洲最南端的位置及形状的最新信息，这些信息是由葡萄牙大师级航海家迪亚士带回来的。这幅地图是为名为《群岛图》的地图集所制。图中的这幅世界地图以托勒密地理学和文艺复兴时期的最新发现为基础。非洲的南端从周围带装饰元素的边界上伸了出去，延伸到了南纬 45°。正确纬度应为 35°，地图上的这一错误多出了 10°，折合距离约等于 600 海里或 1000 公里。
© 大英图书馆董事会

哗变，船长迪亚士没能再进一步航行到印度洋，他被迫过早地返回家乡的港口。十年后，在技术娴熟的阿拉伯水手的帮助下，瓦斯科·达伽马终于成功地找到了一条绕过非洲到达印度的海上航线。

现存最古老的关于大西洋和非洲南端地理情况的地图，是根据葡萄牙航海家带回来的新信息而制作，制作地点是在远离大西洋波涛的佛罗伦萨——一座蓬勃发展的文艺复兴时期城市。德国制图师亨里克斯·马尔特鲁斯·盖尔马努斯（原名海因里希·汉默尔）也是一位制书匠和海员，早在 1489 年，他就知道葡萄牙人已经在一年前成功地绕行了非洲最南端。

从 1480 年到 1496 年，亨里克斯·马尔特鲁斯在佛罗伦萨工作了十六年。他在意大利生产的地图代表着迈向现代世界地图的第一步，这些地图旨在以最新的资料，传达清晰而准确的地理信息。马尔特鲁斯的对开尺寸世界地图（为地图集《群岛图》准备的插图）标注的年份为 1489 年。这幅世界地图是这本保存极完好的地图集中的代表作，亨里克斯·马尔特鲁斯借鉴了克里斯托福罗·布隆戴蒙提（之前在第二章提到过）1420 年创作的有关地中海岛屿的手稿《自由岛群岛》和托勒密的《宇宙学》。亨里克斯·马尔特鲁斯将前者的地理视野与托勒密学说完美融合，创造了自己的世界地图，而这位制图师还根据自己掌握的更新更准确的地理信息，阐明和修正了一些地区的地理情况。

马尔特鲁斯的世界地图包含了许多有趣细节，这些都是首次出现在世界地图中，例如非洲南端呈现出向南突出的形态，超出了地图的边界，达到约南纬 45°。“这是非洲的真正形态。”马尔特鲁斯在地图上写道，并表示绘制的基础是 1488—1489 年迪亚士在非洲南端的航行。马尔特鲁斯的这一描述误差 10°，整整 600 海里，折合近 1000 公里。

研究者们并不十分确定这一错误的根源，但其中一个解释是，这实际上并不是一个意外，而是一个故意制造的阴谋。错误的信息可能被热那亚的兄弟俩从葡萄牙带到了意大利，他们是巴尔

托洛梅奥·哥伦布（约1461—1515）和克里斯托弗·哥伦布（1451—1506），这对兄弟在葡萄牙国王的核心集团中很有影响力。巴尔托洛梅奥在国王若昂二世的宫廷里取得了重要职位，担任其制图师。大约在同一时间，他的兄长、航海船长克里斯托弗·哥伦布，正狂热地为自己的项目寻求资助者，他的目标是航行穿过大西洋，向西到达香料群岛和中国。哥伦布兄弟带回意大利的关于非洲南端位置的错误信息，可能已经传到了马尔特鲁斯的耳中，他把这一信息放入了1489年的地图中。

根据这一理论，克里斯托弗·哥伦布使用马尔特鲁斯地图，是试图向意大利银行家和其他潜在的资助者表明：走西边的航线到达东方财富，要远远比东边航线近。但是，哥伦布兄弟没能以此筹到资金，而且他们这一可能的阴谋，确实对理解非洲大陆的真实大小产生了深远影响。这个10°错误在欧洲人制作的地图中持续出现了几十年，并且在16世纪印刷的许多已知世界地图中都曾出现。

地图中另一个有趣的细节是向西南延伸出很远的马来半岛。印度洋向东南方向开放，完全不再像托勒密地图显示的那样受到地峡的限制。在地图史上，马来半岛的这种形态被称为“虎腿”或“龙尾”。

15世纪末，欧洲人对东南亚的地理知识了解很少，而通过想象得出的马来半岛形状——“虎腿”，在16世纪初的许多世界地图中被持续多次复制。亨里克斯·马尔特鲁斯的世界地图中所提供的关于非洲、亚洲和印度洋的信息，以几乎相同的形式出现在了两年后由德国制图师马丁·贝海姆制作的地球仪，以及佛罗伦萨人弗朗西斯科·罗塞利印刷的世界地图上（一如既往）。而包括马尔特鲁斯壁挂地图的拉伸投影在内的细节部分，也复制出现在1507年问世的著名的马丁·瓦尔德泽米勒世界地图上。

亨里克斯·马尔特鲁斯令人惊叹的地图是独特的手绘作品，但据推测未能广泛流传。另有一幅自1409年流传下来的由他制作的壁挂地图，但保存状态比较糟糕。但是，由马尔特鲁斯收集的新地图信息并没有被遗忘，佛罗伦萨铜版雕刻师与印刷工弗朗西斯科·罗塞利将其传承下来。

之前提到过的所有15世纪早期制图师——马尔特鲁斯、贝海姆和罗塞利——都挑战了最伟大的古代权威托勒密的观点——即大内海（印度洋）从各个方向被陆地包围，还有不能够绕过非洲航行去获得东方的财富。他们的观点则相反，认为只要能绕行通过非洲南端，就可以进入印度洋。不过他们却认同前代提出的另一个与托勒密内海说相反的观点，根据这一理论，水围绕着所有的大陆，因此理论上能够从任何方向环游全世界：想要到达亚洲，可以从欧洲走西边的航线航行（穿越大西洋），也可以通过非洲东部的海上航线。

## 弗朗西斯科·罗塞利——在佛罗伦萨的小作坊里将世界印刷在纸上

弗兰西斯科·罗塞利的世界地图，绘制于约 1508 年▲

颇具创造力的佛罗伦萨人弗兰西斯科·罗塞利制作的这幅印刷版世界地图加入了很多有趣的细节，以椭圆形投影形式描绘地图的新做法只是其中之一。这幅 1508 年地图（18x33.5 厘米）的颜色非常漂亮，展现了在东方与西方的最新发现。亨里克斯·马尔特鲁斯将马来半岛描绘成“龙尾”，罗塞利则借鉴了这一理念。
伦敦格林尼治国家航海博物馆

佛罗伦萨人弗朗西斯科·罗塞利（约 1445—1527 前）是世界上第一位已知的地图销售商，专注于生产和销售印刷地图。1489 年，这位技艺娴熟的微缩图画家、铜版雕刻师和制图大师从匈牙利回到了他的故乡佛罗伦萨，在匈牙利，他为国王匈雅提·马加什一世（1443—1490）效力了四年。这位文雅的统治者很青睐意大利的艺术家、建筑师和工匠，并创建了欧洲最大的图书馆之一，该馆的藏品仅有梵蒂冈图书馆能与之相提并论。

弗朗西斯科·罗塞利创办了地图书店与地图

**一幅皇家微缩地图上的最新地理世界观▲**

尽管印刷技术得到普及，但仍然有人继续用纯手工的方式为国王和其他富人制作精美而昂贵的书籍。这部要寄给未来国王亨利八世的占星日历约完成于 1502 年。本图展现了一幅星座图，说明了星星对生活各个方面的影响。眼尖的观察者可能会注意到用于装饰星座标志的金色油漆。位于中心的世界地图显然受到当时最新地理信息的影响。这幅地图（19x13 厘米）模仿了亨里克斯·马尔特鲁斯和弗朗西斯科·罗塞利的地图，但在这幅图中，它以西方为主方向——将西方置于地图顶端，这一做法非常特别。

工作坊，与此相关的大量信息被保留下来，包括从 1527 年开始的存货清单。除印刷地图外，弗朗西斯科 · 罗塞利还以使用了微缩绘画技术的手稿而出名，其中最精美也是最有名的当属现存于梵蒂冈图书馆的托勒密《宇宙学》。作为插画师，罗塞利是与上一代的塔迪奥 · 克里韦利比肩的大师，当时的图书工匠面临巨大挑战，他们要不断提高自己的技能并学习新技术，而罗塞利的职业生涯就在这方面树立了榜样。

1492 年，在回到佛罗伦萨仅仅几年后，弗朗西斯科·罗塞利发表了一幅自己刻制的世界地图，此图外观几乎与亨里克斯 · 马尔特鲁斯的对开版世界地图一样。罗塞利和马尔特鲁斯都在佛罗伦萨生活工作了很多年，有可能会合作制作地图。罗塞利是一位受过训练的艺术家，一位优秀的微缩画画家，同时也是一位铜版雕刻家。亨里克斯·马尔特鲁斯 · 盖尔马努斯做过水手，有丰富的旅行经历，也是熟练的制图师和书籍工匠。毫无疑问，这两人的技能相辅相成，但他们在图书生意上也是竞争对手。

弗朗西斯科 · 罗塞利多年来与许多制图师合作，不断努力改进他的世界地图。在他的意大利工作坊里，他出版、雕刻并印刷了 15 世纪晚期至 16 世纪初许多使用了最新地理信息的具有首创性的地图。弗朗西斯科的儿子亚历山德罗继承了他的工作，在佛罗伦萨的科斯圣乔治的一个小型地图工作坊（原文为意大利语 bottega cartografica）里售卖地图，直到 1527 年去世。在他去世后，有人制作了一份有关工作坊和书店的剩余留存物的存货清单，并将其出售。然而，弗朗西斯科 · 罗塞利的制图作品并没有被遗忘。他给印刷版世界地图添加了椭圆形地图投影等许多新元素，并且在他去世后几十年里，其地图仍被复制使用。

## 马丁 · 贝海姆——德国商人的地球仪

葡萄牙和西班牙水手新近发现的那些地方，被德国和意大利的工匠带到了 15 世纪晚期的地图中。通过印刷术，书籍、地图和地球仪成为了时尚商品，被欧洲富有和有文化的上层阶级所追捧。德国和意大利的工匠与商人掌握了这些新地理知识，也掌握了在 15 世纪后期支配国际学术圈与商行的印刷工艺。他们中像自由城邦纽伦堡的马丁 · 贝海姆这样最有能力和最幸运的人，赢得了皇室和欧洲公民领袖的青睐，获得了利润可观的订单。

在地图制作史上与马丁 · 贝海姆（1459—1507）的名字首先联系在一起的，是现存世界上最古老的地球仪，即制于 1492 年的“地球苹果”（原文为德语 Erdapfel）。贝海姆是一位老练的德国商人，他通过其葡萄牙妻子的家庭，在葡萄牙国王若昂二世的宫廷取得了一定地位，他在商业上的成就要比在科技方面更大。他在宫廷里的地位究竟如何，这点仍不明确。不过可以肯定的是，他在国外多年，主要是在安特卫普、里斯本和亚速尔群岛，并且还可能随一艘葡萄牙商船去过西非的几内亚。他于 1490 年回到了家乡纽伦堡，并大约在同一时间收到了城市地方官制作一个地球仪的委托，即“地球苹果”。如果对贝海姆完成项目的能力有疑问，就不会有这个订单。贝海姆或许不是当时最重要的地理学家之一，但他家乡的精英们确实相信他能够制作地球仪。

贝海姆地球仪的地理细节与亨里克斯 · 马尔特鲁斯大幅壁挂地图非常相似。两者都反映了欧洲人在发现美洲大陆之前的地理世界观。贝海姆可能知道马尔特鲁斯世界地图，也有可能是他知晓一个更早的原型作品，这个原型作品为这两位地图制作者提供了模板。贝海姆并没有提到任何关于他对马尔特鲁斯地图的了解，而是声称其资料来源是托勒密和普利尼登古代地理作家的作品，以及马可 · 波罗和约翰 · 曼德维尔爵士的游记。

最重要的是，贝海姆的地球仪让人们认识到，他们有可能更容易接触到亚洲无限的商业价值——异国的香料、黄金和珠宝，欧洲的水手们可以通过向西跨越大西洋这一最方便的方法触摸亚洲。根据地球仪显示，日本（原文为 Cipango，日本古称）比里斯本偏西最多 85°，这就可以经由传奇岛安提利亚轻松抵达，而安提利亚的位置实际上并不为人所知。

马丁·贝海姆的地球仪在1492年完成，同年热那亚水手克里斯托弗·哥伦布开启其旅程，他带着卡斯提尔王国伊莎贝拉女王和阿拉贡国王费迪南德的祝福，要向西穿过大西洋到达中国。贝海姆向德意志皇帝马克西米利安一世（1459—1519）提出了类似的计划，并向德国和葡萄牙皇室申请了资金以便付诸实施。马克西米利安皇帝就贝海姆的计划写信给葡萄牙国王，但是葡萄牙国王若昂二世已经决定投资东方海上航线，这条航线已经在迪亚士的航行之后证明了葡萄牙人的巨大成功。葡萄牙国王拒绝就贝海姆与哥伦布的提议进行资助。贝海姆从来没有成功地实现其远征寻找通向中国的西方航线的梦想，而他的热那亚同行哥伦布经过多年游说，终于设法为其跨越大西洋的大胆航行筹到了资金。

马丁·贝海姆的“地球苹果”，1492年▼

马丁·贝海姆的地球仪（直径50.7厘米）被称为Erdapfel，意为“地球苹果”，于1492年在纽伦堡完成。地球上的地理细节与1490年的亨里克斯·马尔特鲁斯的大幅壁挂地图非常相似。贝海姆的“地球苹果”是世界上已知最古老的并保留下来的地球仪，它以一种有趣的方式描绘了在伟大探险之前欧洲人所认识的世界。“地球苹果”的多层构造十分巧妙。球的核心由黏土塑造，外层用麻织物粘合。地图绘制在纸上，再粘在织物层上。地球仪包括数百个装饰性细节：遥远的土地上充满异国情调的住宅和戴着头巾与冠冕的国王，欧洲亲王用来宣示各个皇族征服的盾形徽章。凭借着背后的大风，船只在西方海洋上气势汹汹地向日本进发，我们在左边看到的那个地方就是日本，当时关于这里的信息相当缺乏，几乎完全是从200年前就已去世的威尼斯商人马可·波罗的游记中获得的。本图中的地球仪为复制品。
约翰·努尔米宁基金会，赫尔辛基

## 克里斯托弗·哥伦布——发现“东印度群岛”，世界被划分为利益范围

克里斯托弗·哥伦布的父亲是一名热那亚羊毛商人，也是位熟练的商船水手。1479 年，克里斯托弗与他博学的弟弟巴尔托洛梅乌来到里斯本。同年，他与葡萄牙女子菲利妮亚·莫尼斯·佩雷斯特雷洛（约 1455—约 1485）结婚，他的妻子是马德拉群岛下属的小岛波多黎各的总督女儿。据称总督一家祖上也是热那亚人，显然这桩婚事让各方都很满意。

葡萄牙妻子，商业上非常成功的岳父，还有制图师弟弟，这些都为热那亚海员哥伦布带来了绝佳机会，他得以在葡萄牙的旗帜下训练自己并进行贸易实践。雄心勃勃的哥伦布有更大的计划。他不满足于只在已知水域航行，将目光瞄准了更远的目标：穿过大西洋，到中国和印度去。费迪南德·哥伦布（1488—1539）——克里斯托弗的儿子，也是一位学者和著名的书籍收藏家，他后来撰写了父亲的详细传记，但在作者死后多年才出版。然而，哥伦布奇迹般的人生，从出身卑微到成为“海军上将”和新大陆的总督，在其在世时就已为人熟知。

作为一名熟练的水手和自学成才的宇宙学者，哥伦布对申请为葡萄牙国王若昂二世效力一事颇

**克里斯托弗·哥伦布肖像画◀**

热那亚海员与探险家克里斯托弗·哥伦布没有真正绘于其在世时的肖像画存世。这幅在哥伦布去世后发表的肖像画由文艺复兴时期的艺术家里多尔福·基尔兰达约绘制，是热那亚大航海博物馆藏品，也是最古老的哥伦布画像之一，画作完成时间可能是在 16 世纪初。
加拉塔海洋博物馆，热那亚

**哥伦布发自西印度群岛的信函▲**

1493 年，哥伦布亲笔写给他的西班牙皇室赞助人的旅行记以西班牙文在巴塞罗那发表，随即，他于 1492 年跨越大西洋到西印度群岛的航行经历像野火一样迅猛传播开来。在不到一个月时间里，这本旅行记也在罗马出版了拉丁文版本，后来又在巴塞尔和巴黎等其他大城市出版。这封信函被印刷并装订成一本小册子，按照当时的习惯，用木刻画配图。此图描绘了哥伦布的船只和由他发现并命名的六座岛屿，其中两个被他命名为费尔南达和伊莎贝拉，这是为了向西班牙的两位君主致敬。本图出自 1494 年巴塞尔的印刷卷。
约翰·卡特·布朗图书馆

有信心。1485 年，他首次向国王介绍了他向西航行到达中国的大胆计划。哥伦布的雄心和大胆的想法基础是中世纪旅行记和宇宙学概念。哥伦布读过的书都被保留了下来，包括马可·波罗的《旅行记》和皮埃尔·德阿伊主教的《地理世界观》，他们作品的页边空白处写满了哥伦布手写的小而精确的注释。佛罗伦萨数学家和天文学家保罗·达尔·波佐·托斯卡内利（1397—1482）也相信可以通过西方航线航行到达马可·波罗所说的香料群岛。

基于这些资料，哥伦布有理由相信，地球的周长相对较小，如果有一条好船和一群好水手，就能跨过将欧洲与亚洲东海岸分开的西方海洋。然而，根据天文和航海顾问的建议，葡萄牙国王和许多其他欧洲统治者一样，拒绝了哥伦布的计划，因为他不相信穿越大西洋这件事将会像哥伦布向其描述的那样短暂而又不费力。

终于，在 1492 年，卡斯提尔王国的伊莎贝拉女王（1451—1504）和阿拉贡国王费迪南德（1452—1516）出乎意料地决定支持哥伦布的项目。国王和女王负担不起庞大的舰队成本，但他们命令小城帕洛斯的居民装备好三艘小型的帆船供哥伦布使用。由哥伦布率队的这支小型舰队，是西班牙的国王与女王对葡萄牙国王在公海上所取得的巨大成功的一次非常温和的挑战。为与哥伦布的要求相匹配，国王和女王任命其为海军上将（西班

1502 年“坎迪诺世界地图”——将世界划分为西班牙和葡萄牙势力的两个半球▲

这幅世界地图（105x220 厘米）名为“坎迪诺世界地图”，被誉为葡萄牙制图史上的珍珠。地图的名字来自于意大利外交家阿尔伯托・坎迪诺，1502 年，他在里斯本为自己的雇主费拉拉公爵埃尔科莱・埃斯特购得此图。这幅配图精美的地图根据葡萄牙水手带回来的最新的地理信息绘制而成。

该地图首次描绘了由《托德西利亚斯条约》所确立的分界线，将世界分为葡萄牙和西班牙的势力范围。根据协议，葡萄牙得到东边的大洋，而西班牙则获得西边的部分，包括那些作为殖民地的相应土地，当时那些地区还未被不知名的基督教国王所统治。这条分界线（在地图上呈南北走向，贯穿今天的巴西）确定了巴西将成为葡萄牙语地区，拉丁美洲其他地区将说西班牙语。

这幅地图遵循波多兰海图传统，包括罗盘玫瑰、罗盘方位线和用于确定距离的比例尺。在开放海域航行所需的星体导航通过主要纬线得到了证明——赤道、北回归线和南回归线——首次在航海地图上被标记。

摩德纳大学伊斯滕斯图书馆

坎迪诺世界地图的细节：欧洲和北大西洋◀

威尼斯城被突出放大显示，波罗的海在地图上被描绘为蓝色。克尔特·雷阿尔兄弟带回来的关于北方地区的信息也能在地图上看到。格陵兰被涂成绿色。纽芬兰海岸上描绘有巨大的树木，因为克尔特·雷阿尔兄弟称那里的树木太大，高大到甚至不能用来做最大船只的桅杆。

坎迪诺世界地图的细节：加勒比海群岛◀

在下方的图中我们看到哥伦布带回来的有关加勒比海的信息。文字注释上声称这一地区是由哥伦布发现的，并属于西班牙卡斯提尔国王。西班牙皇室的旗帜在岛的旁边飘扬。
摩德纳大学伊斯滕斯图书馆

牙语为 Almirante de la MarOcéana），并授予他作为其未来所发现的任何新土地的总督和统治者的权力。此外，哥伦布将从其所征服的地区的任何贸易中获取丰厚利润。

1492 年 8 月的第三天，天主教君主伊莎贝拉和费迪南德从小城帕洛斯送走了哥伦布。这位热那亚水手通过游说获得了前所未有的权力，而另一方面，国王与女王也毫无损失；如果有的话，他们也只是有充分的理由怀疑还能否再见到他们的海军上将。一个又一个狂热的水手曾在遥远的未知海域葬身鱼腹，而这次旅程也不能保证成功，但是他们当然可以心怀希望。

哥伦布并没有让他的皇家保护者的期待落空。1493 年冬，他在从西印度群岛到欧洲的返程途中，写了一篇非常成功的关于他此次旅程的报告，他希望尽快将报告送到他的皇家赞助人手中。哥伦布相信自己已经到达远东的岛屿，并在报告中称这个地区为“西印度群岛”。但是，由于亚速尔群岛突发剧烈风暴，哥伦布无法直接前往西班牙塞维利亚，反而在 1493 年 3 月 4 日被迫在葡萄牙的塔霍河口避难，在那里，他致信葡萄牙国王，后者邀请他前往里斯本。当葡萄牙国王若昂二世从哥伦布那里得知他已经到达西印度群岛时，国王立即宣布他所发现的新土地已经是葡萄牙王国的财产；而哥伦布错误地向西方航行而不是向东到达新大陆这点却无关紧要。

哥伦布立即向巴塞罗那的西班牙皇室送去了他的西印度群岛航行报告。这份报告宣称，西班牙皇室的君主是“新发现的印度诸岛的君主”，而非葡萄牙国王。这导致了葡萄牙和西班牙皇室之间的激烈争论。为了解决分歧，两国皇室在教皇的帮助下与教皇外交官的调停下立即开始谈判。协商的结果是：1494 年，在西班牙小镇托德西利亚斯，在教皇的祈福下，葡萄牙和西班牙皇室之间诞生了第一个划分世界海洋和遥远土地的条约，当时那些地方还没有处于其他基督教国家的权威控制之下。然而，两个皇室之间的分界线冲突持续了几十年。哥伦布关于“西印度群岛”的报道掀起了横渡大西洋的疯狂竞争；这位“海军上将”本人于 1493 年至 1504 年间又进行了三次探险。

哥伦布直到去世都相信他已经找到了通向远东的海上航线，尽管他无法找到马可·波罗所描述的大汗统治下的帝国或是东方的财富。然而，他实际上只到达了加勒比海群岛，即现在的古巴和海地。在这些遥远的大西洋岛屿上，哥伦布没有找到他向赞助人所承诺的黄金或珍贵的香料，如胡椒、姜或丁香，但他向他们保证，这些岛屿将成为西班牙舰船的绝佳基地，可以在未来直接与中国人进行利润可观的贸易。哥伦布第一次航行没有空手而归。除其他一些东西之外，他还带回了烟叶、菠萝和辣椒。他还诱惑并带回了其中一个岛屿的一些本地居民，这些人在西班牙宫廷里引起了极大的钦慕和好奇。哥伦布“西印度群岛”的航程故事像野火一样迅速蔓延，到 1493 年年底，描述他旅程的作品已经在佛罗伦萨、罗马、巴黎、巴塞尔和安特卫普出版。

## 胡安·德·拉·科萨——一位船长地图里的西印度群岛

在哥伦布航行中随行的胡安·德·拉·科萨（约 1450—1510）是将早期欧洲水手带回来的西印度群岛的新信息描绘在地图上的第一人。据称拉·科萨曾设计了几幅地图，但只有一幅保存下来。这幅描绘了整个已知世界的精美世界地图完成于 1500 年，却一度不知所踪长达近 350 年，直到 1832 年，德国自然学家和探险家亚历山大·冯·洪堡（1769—1859）从一位法国昆虫学家和制图师的文学收藏中发现了它。洪堡仔细研究了这幅“第

**胡安·德·拉·科萨世界地图，绘制于 1500 年▲**

西班牙航海家与制图师胡安·德·拉·科萨 1500 年制作的世界地图（96x183 厘米）是第一张地球投影图，这幅世界地图以航海图的方式绘制，其中包括最近在大西洋远端发现的地区的信息，那里被人们认为是印度。地图故意被分成两部分，以便采用不同比例尺展现西印度群岛（即美洲西海岸）和旧世界（欧洲、亚洲与非洲）。

不过，地图让人误以为新发现的地区位于亚洲。地图上有

很多装饰，并且对罗盘玫瑰的描绘非常细致。这幅地图同样强调了基督教信息，绘有圣克里斯托弗的肖像，罗盘玫瑰上也描绘了圣母玛利亚、婴儿时期的耶稣以及两位天使。
航海博物馆，马德里

一张美洲地图”，并出版了一份非常精细的复制品。地图分为两部分，并故意按不同比例绘制。右侧的地图描绘了旧世界——欧洲、亚洲和非洲，左侧是新发现的位于大西洋另一边的土地。

今天的古巴在胡安·德·拉·科萨的地图中被绘制为一个岛屿，虽然哥伦布在第二次航行之后，在报告里将其描述为附属于亚洲大陆。强调这个与大陆的联系对哥伦布来说很重要，这是为了要向西班牙皇室保证他已找到通往中国的海上航线。

圣克里斯托弗背着耶稣基督横跨大海的形象被嵌入到新大陆之中，还加上了边框。这个形象象征着哥伦布把基督教的福音带给了西印度群岛的异教徒。

地图还包括北美洲海岸线的相关信息，即今天的纽芬兰地区，这些信息由出生在威尼斯的约翰·卡博特（约 1450—1499）在为英国国王亨利七世效力时所收集，也包括了出自亚美利哥·韦斯普奇（1454—1512）航行记录中关于今天的圭亚那、巴西海岸线的信息。

胡安·德·拉·科萨可能并不知道这些新发现的土地不属于亚洲，而是从前所不知道的大陆。这个信息在十年后（1513 年）被修正，西班牙征服者巴斯克·努涅斯·德·巴尔波亚（约 1475—1519）徒步穿越了巴拿马地峡，成为第一个从美洲大陆看到太平洋的欧洲人，并且意识到美洲和亚洲之间隔着一个大洋。人们当时尚无法了解这个大洋的宽度；巴尔波亚只能说，在他面前的海洋之宽广已超过目之所及。

## 约翰内斯·鲁伊希重绘印刷版世界地图

1507 年，“新世界”这个名字（原文为拉丁文 Mundus Novus）首次被印制在一幅地图上，该地图作者是乌得勒支技术纯熟的制图师约翰内斯·鲁伊希（约 1460—1533）。这幅同时呈现旧世界与新世界的精美印刷地图在罗马出版了几个版本，并成为 1508 年托勒密地图集的一部分。这是该地图集第一次被称为《地理学》，而不是按照像之前 15 世纪的习惯称为《宇宙学》。意

大利教会学者马库斯·贝内文塔努斯（Marcus Beneventanus）为这本地图集撰写了简介。

约翰内斯·鲁伊希掌握了关于北方地区的最新信息，因为他很有可能曾亲身体验航海，可能曾跟随前文提到过的约翰·卡伯特到北大西洋航行，最远到达今天的纽芬兰地区。卡伯特到北部海域航行的证据，就在地图上如今的纽芬兰附近有关科德角（原文为拉丁文 In[sulas] Baccalauras，又称 Cod Islands，鳕鱼群岛）的注释，这一注释说明了巴斯克渔民在这片水域辛勤劳作的最重要生计来源就是：鳕鱼。

约翰内斯·鲁伊希世界地图画面非常简洁清晰。上面没有装饰元素或装饰图案，没有风头、海怪或船只来装饰地图。带有纬线和经线的坐标系使得观察者能理解所描绘区域的地理距离。而

1508 年的约翰内斯·鲁伊希世界地图◀

1507 年，来自乌得勒支的制图师约翰内斯·鲁伊希制作了这幅雅致的对开大小（40.5x53.5 厘米）世界地图。一年后，地图被加入到一本托勒密图集中，并在学术圈广为传播。鲁伊希在他的这幅地图中描绘了许多有趣的地理特征。中世纪旅行记中颇为熟悉的"极地群岛"被放在了北极。制图师根据来自葡萄牙人的最新信息做了这样的安排。古人宣称早已存在的大岛塔普拉班岛没有在鲁伊希的地图上出现——不过对真实存在的岛屿的描绘与实际情况非常接近——包括马达加斯加和锡兰（斯里兰卡）的大小与位置。

芬兰国家图书馆

由于有了地图的"扇形"投影平面图，即使是最北的地区也被清晰呈现。除了"鳕鱼群岛"，还有其他有趣的细节，包括位于北极的神秘"极地群岛"和被认为会影响罗盘的磁山。人们从 13 世纪开始相信"极地群岛"的存在，但磁山的故事由来已久，即使在古代也为人所知。

制图师似乎特别关心日本的位置。按马可·波罗所述，日本岛所在的地区，应该是西班牙人在哥伦布的探索下已经航行了二十年的地区。鲁伊希对此提出了质疑，他在地图上一座名为西班牙人的岛屿旁边加了拉丁文注释："马可·波罗说，距离刺桐港（即中国泉州港）以东 1500 英里，有一个非常大的岛屿，叫作日本，岛上的居民崇拜偶像，拥有自己的国王。他们拥有丰富的金子和各种宝石。但是，由于西班牙人发现并占据了此地，我们不敢把这座岛放在这个位置……我们想说的是，西班牙人称之为西班牙人岛的地方，实际上是日本。"鲁伊希将现在的古巴放在了西班牙人岛的西边，并且提到这个岛屿的真实尺寸尚不知晓。哥伦布认为古巴与亚洲相连，但由于缺少更多详细信息，鲁伊希将这座岛西边的部分设为空白。

"新世界"的标签被直接放在了西班牙人岛南边的大陆块上，也就是我们现在所知道的南美大陆。根据注释，葡萄牙人沿着这个大洲的沿岸航行，最南到达南纬 50°，即今天的马尔维纳斯群岛，但他们还未发现这一巨大的大陆块的尽头。鲁伊希地图结束于南纬 38°，并清楚地说明，除此以外的地区尚未被查探。

与以前的印刷世界地图相比，非洲南部、印度洋和亚洲的地理信息的表现也更加正确。地图中的新名字包括伏尔加河（原文为拉丁文 Wolha）以及中国的主要河流，这表明鲁伊希掌握的资料不止来自马可·波罗。古代著作里所描述的印度洋上的大岛塔普拉班岛，在地图上已经缩成了一个小岛，鲁伊希将它称为"普利兰"。该岛意为锡兰（今斯里兰卡），并且首次以相对于印度次大陆的适当大小和位置出现在地图上。

随着鲁伊希地图在学术界的传播，这幅杰出的地图对 16 世纪欧洲人的世界地理观产生了重大影响。然而，几乎没有任何关于制图者本人的信息。他作为一个个体，消失在了历史的迷雾之中，只留下这幅美丽而令人印象深刻的世界地图，讲述着快速成长中的地理世界观。按照著名地质学家 A.E. 诺登斯科德所言："鲁伊希应该被列入

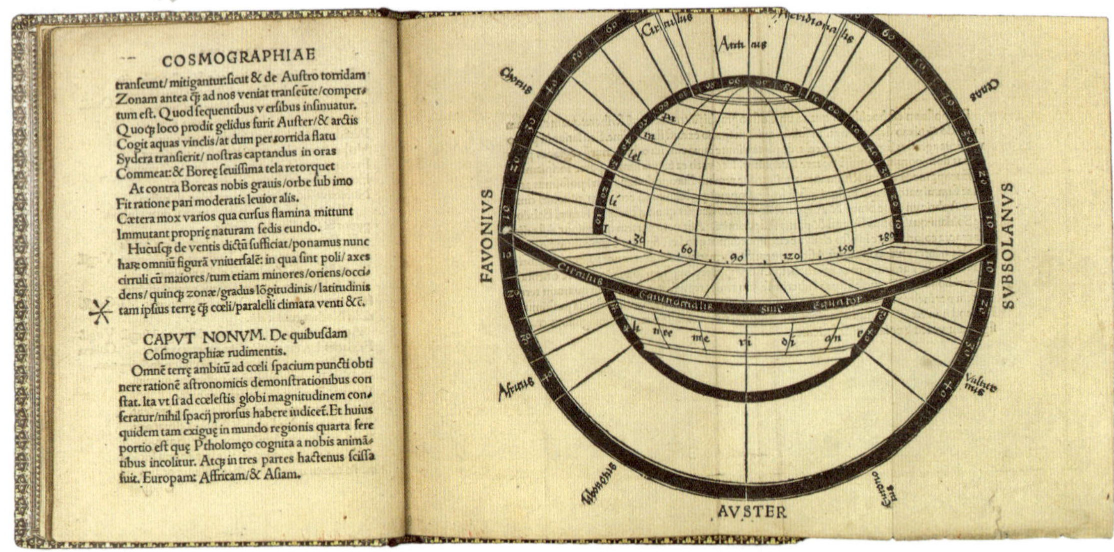

COSMOGRAPHIAE

tranſeunt/ mitigantur:ſicut & de Auſtro torridam
Zonam antea q̄ȝ ad nos veniat tranſeūte/comper-
tum eſt. Quod ſequentibus verſibus inſinuatur.
Quoq̄ȝ loco prodit gelidus furit Auſter/& arctis
Cogit aquas vinclis/at dum per torrida flatu
Sydera tranſierit/ noſtras captandus in oras
Commeat:& Boreę ſeuiſſima tela retorquet
At contra Boreas nobis grauis/orbe ſub imo
Fit ratione pari moderatis leuior alis.
Cætera mox varios qua curſus flamina mittunt
Immutant proprię naturam ſedis eundo.
Hucuſq̄ȝ de ventis dictū ſufficiat/ponamus nunc
harē omniū figurā vniuerſalē: in qua ſint poli/ axes
cirruli cū maiores/tum etiam minores/oriens/occi-
dens/ quinq̄ȝ zonæ/gradus lōgitudinis/ latitudinis
tam ipſius terrę q̄ȝ cœli/paralelli climata venti &c.

CAPVT NONVM. De quibuſdam
Coſmographiæ rudimentis.

Omnē terrę ambitū ad cœli ſpacium puncti obti
nere rationē aſtronomicis demonſtrationibus con
ſtat. Ita vt ſi ad cœleſtis globi magnitudinem con-
feratur/nihil ſpacij prorſus habere iudicet̄. Et huius
quidem tam exiguę in mundo regionis quarta fere
portio eſt quę Ptholomęo cognita a nobis animā-
tibus incolitur. Atq̄ȝ in tres partes hactenus ſciſſa
fuit. Europam: Affricam/& Aſiam.



1507 年的《宇宙学入门》▲
马蒂亚斯·林曼与马丁·瓦尔德泽米勒所著的著名小册子《宇宙学入门》可以说是极其罕见。书里没有作者的名字，不过在 19 世纪 30 年代，亚历山大·冯·洪堡发现了这两位作者。这幅图是书中众多图中的一幅，这是一幅三维地球图。该图包含"大圈"和坐标网格。这本书以手册的方式制作，配有瓦尔德泽米勒 1507 年制作的地图。地图本身曾遗失多年，直到 1901 年才再度被发现，现收藏于美国国会图书馆。
丹尼尔·克劳奇珍本书店

一流制图改革家之列。他的地图不是托勒密世界地图的复制品，而是在托勒密的基础上，即科学的基础上，对已知世界旧地图进行了修改，这当中起到帮助作用的，一方面是伟大的个人经验和地理知识，另一方面，是他的博学与对来自不同国家水手传统经验知识的批判性使用。"

## 马丁·瓦尔德泽米勒与亚美利哥·韦斯普奇——新大陆如何得名

几乎同时在 1507 年，当约翰内斯·鲁伊希在罗马出版自己的世界地图时，在如今属于法国的小镇圣迪耶，悄然出现了一本关于宇宙学的小册子，这本书在世界地图史中永远铭刻下了一个名字——亚美利哥·韦斯普奇。本书作者的名字没有被提及，但书名很长："带有几何和天文学一些必要原则的宇宙学入门，其中增加了亚美利哥·韦斯普奇的四次航行：在立体与平面投影上对整个世界的呈现，包括托勒密未知但最近发现的土地。"现在这本书被简称为《宇宙学入门》（原书名为拉丁文 Cosmographiae Introductio）。

《宇宙学入门》一书的结尾部分提到了亚洲、非洲和欧洲三大已知大陆，并提出最近发现的"世界的第四部分"是以发现它的人命名的，即亚美利哥·韦斯普奇："既然亚洲和非洲的名字都是来自于女性，我看不出为什么会有人反对将这个（新的部分）正确地称为亚美利哥——按照它原本的名字，称为亚美利哥的土地，或者根据它的发现者亚美利库斯（Americus）这个有着敏锐个性的男子命名，叫作亚美利加（America）。"1512 年，韦斯普奇在西班牙塞维利亚去世，当时距离这本书出版已经过去了五年，他对德国学者们为他命名了一整块大陆这件事从不知晓。

亚美利哥·韦斯普奇是土生土长的佛罗伦萨人，是第一个公开怀疑新发现地区与亚洲联系的欧洲探险家，因此，他还建议这一地区应叫作"新大陆"。他在寄给洛伦佐·迪·皮尔弗朗西斯科·德·美第奇（1463—1503）的旅行信件中曾提到过这一点，后者是他的赞助人和恩主，也是一位博学的银行家，同样来自佛罗伦萨。韦斯普奇的信后来以"新大陆"（原文为拉丁文 Mundus Novus）和"亚美利哥·韦斯普奇关于新岛屿的信件"（原文为拉丁文 Lettera di

Amerigo Vespucci）等标题发表，大受欢迎，16世纪早期的德国读者对其尤为感兴趣。

在信中，韦斯普奇绘声绘色地描述了生活在今天巴西的土著居民：他们的同类相食；他们宽松的性道德和原始性；而且身体条件很好，寿命长，体格健硕。据韦斯普奇介绍，新世界的“野蛮”居民更像是敏捷的动物，而不似人类一般具有道德理性。他这种傲慢的态度没有什么特别的新意。一百年前，在同样的优越感驱动下，葡萄牙人几乎完全摧毁并奴役了加那利群岛和马德拉岛上的土著居民。

然而，不是所有受过教育的欧洲人都能分享韦斯普奇对新大陆土著人的原始观点。1520年，著名的德国艺术家阿尔布雷希特·丢勒（1471—1528）在布鲁塞尔见到了送给皇帝查理五世（1500—1558）的来自新大陆的东西，他被这些制作精巧的金饰、工具、武器、珠宝和服装所征服：“这些东西都非常珍贵，能值十万弗洛林。我生命中从没有见过什么东西能让我如此欣喜，因为我从它们身上看到了美妙的艺术作品，我惊叹于异域土地上的人们刻画精妙的雌驼龙。事实上我无法表达出我的全部所思所想。”

丢勒在布鲁塞尔皇帝的宫殿内所见到的手工制品，来自于墨西哥阿兹特克帝国最后一位伟大的国王蒙特祖玛二世（约1466—1520）。西班牙征服者埃尔南·科尔特斯已经把这些物品寄给了他的君主，以表明“新西班牙”确实可以提供难以置信的财富。哥伦布没能在新大陆找到黄金，但科尔特斯成功了。

西班牙在接下来几个世纪取得的成功和财富都来自对中美洲及南美洲土著居民金银的残忍窃取。但是，让丢勒着迷的那些复杂精巧的东西却没有一件能保留下来。在16世纪和17世纪，由于西班牙人对南美洲人民的奴役，强硬地迫使其改信基督教，土著人大部分的物质文化被毁，他们那些用贵重金属制成的物品被熔化，充当制作新物品的原材料。令人惊奇的土著建筑被毁坏，其材料成了西班牙人建造教堂的基础。

新大陆如何获得“亚美利加”这个名字？这一问题被遗忘了几个世纪，直到19世纪早期，人

**亚美利哥·韦斯普奇与美洲▲**

出生在佛罗伦萨的学者与探险家亚美利哥·韦斯普奇认为新发现的“新大陆”是一个独立的大洲，并未与亚洲相连。马丁·瓦尔德泽米勒在其绘制的著名的世界地图（完成于1507年）中，用亚美利哥·韦斯普奇的名字，将这块新发现的第四个大洲命名为“亚美利加”。瓦尔德泽米勒地图中的这部分细节显示了探险者亚美利哥·韦斯普奇和以他名字命名的大洲。

美国国会图书馆，地理与地图部

们才重新对这个问题产生了兴趣。德国自然学家亚历山大·冯·洪堡在1832年已经发现了由胡安·德·拉·科萨制作的第一幅新大陆地图，这幅图我们在前文提到过，他也对美洲名字的由来很感兴趣。1839年，经过多年的调查研究，他发表了一篇研究报告，声称发现了《宇宙学入门》的作者，而且也是同一个人要对“世界第四部分”的命名负责。这次调查引导洪堡去关注位于孚日山脉的洛林公国的圣迪耶城，这里在16世纪早期属于神圣罗马帝国。

当时，一个由德国学者和制图师组成的团体，称为孚日科文会（原文为德文Gymnasium Vosagense），该组织在洛林公爵勒内二世（1455—1508）的主持下，在圣迪耶城活动。该组织的主要驱动力量是人文主义者马蒂亚斯·林曼（1482—1511）以及一名技术熟练的制图师马丁·瓦尔德泽米勒（约1470—1520）。像许多文艺复兴时期的亲王一样，勒内二世希望对学者们的文学追求进行资助，并帮助团队创办出版社。他们出版的

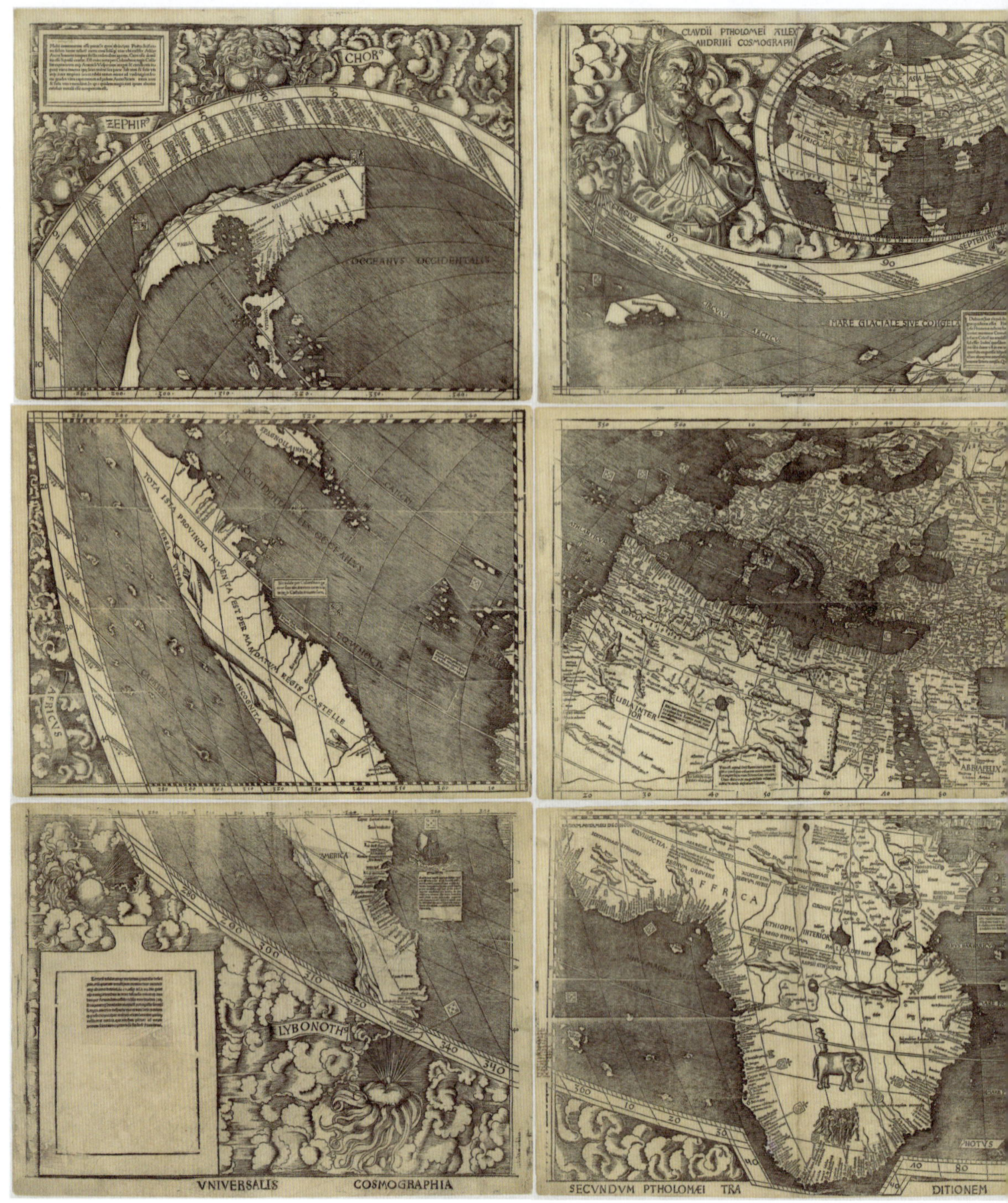


第一部作品是《宇宙学入门》。亚美利哥·韦斯普奇大受欢迎的旅行记录被置于一个更广阔的理论背景下，即宇宙学理论框架内来作为参考。根据洪堡的记叙，马蒂亚斯·林曼为这本书撰写了充满雄心的理论介绍，马丁·瓦尔德泽米勒绘制了书中的世界地图。

虽然冯·洪堡曾经成功地确认了这本书的作者，但他并没有成功地找到《宇宙学入门》扉页上提到的世界地图："在立体与平面投影上对整个世界的呈现，包括托勒密未知的以及最近发现的土地。"结果，在19世纪30年代，学术界开始热切地搜寻这幅地图。经过六十五年的搜寻之后，很多人都准备宣布马丁·瓦尔德泽米勒的地图已经不复存在了。

但并非所有历史学家都放弃了调查。德国制图研究学者约瑟夫·费舍尔神父（1858—1944）结束了在耶稣会寄宿学校的历史教学后，开始了他的假期，他选择到德国一些古老的贵族图书馆

游览。1901 年的夏天，他来到了沃尔夫埃格城堡，如今这座城堡依然雄伟地矗立在德国西南部巴登符腾堡州同名小镇边上。在得到城堡主人——瓦尔德布尔德—沃尔夫埃格和瓦德西的亲王弗兰茨的许可后，费舍尔开始系统地对城堡古老图书馆里的书籍宝藏进行通读。在研究的第三天，他在城堡南塔一个不起眼的阁楼里发现了一本用皮革包装的对开大小的书，这本书的内容最终让费舍尔的名字与瓦尔德泽米勒一起被永远铭记。

**马丁 · 瓦尔德泽米勒 1507 年世界地图▲**

马丁 · 瓦尔德泽米勒 1507 年的壁挂地图（132x236 厘米）实际上包含了两幅世界地图。在大世界地图中间的上部，还有另一幅较小的世界地图，两边还画了两个人物：左边的是克劳迪乌斯 · 托勒密，右边是亚美利哥 · 韦斯普奇。托勒密手中拿着一个四分仪，韦斯普奇则拿着一对罗盘。该图的目的是要根据（托勒密所代表的）古代知识和（韦斯普奇所代表的）最新的地理信息描绘整个已知世界。地图所包含的几段文字注释说明了对这两类信息的利用。瓦尔德泽米勒世界地图首次暗示，在大西洋远端发现的土地与亚洲相分离，并构成了第四个大洲。
美国国会图书馆，地理与地图部

**想象新大陆▲**

古代资料里曾提到有怪人居住在世界边缘地带，这一信息也在中世纪世界地图中被重复呈现，在欧洲人跨过海洋、遇见了此前未知的人类之后，这种先入为主的观念也发生了改变。尽管“影步者”和“狗头人”逐渐彻底消失在16世纪的地图里，但在旅行文学中，遥远大地上的人类仍然被描述成奇怪而野蛮的食人族。韦斯普奇在写给他的赞助人洛伦佐·迪·皮尔弗朗西斯科·德·美第奇的信中，对居住在今天巴西的当地居民做了绘声绘色的描述。受到这些食人族传说的启发，佛兰德铜雕刻师特奥多雷·德·布里在他有关早期大探险的著名作品《美洲航行》（原名为法语 Voyages en Amérique）中使用了这幅图。
柏林国家博物馆艺术图书馆

**国王鞠躬▲**

虽然欧洲人认为新大陆的土著居民还很原始，但他们丰富多彩的物质文化也让渴望各种异域风情的欧洲上层阶级着迷。在这个罕见的葡萄牙祭坛饰品中，《圣经》里的东方三贤士或东方三王之一，为婴儿耶稣带来礼物，他被描绘为中美洲印第安人的形象。跪在圣母玛利亚和婴儿耶稣面前的人，被认为代表的是葡萄牙大师级航海家佩德罗·阿尔瓦雷斯·卡布拉尔。
里斯本古代艺术国家博物馆

在隐藏于世人目光下近四百年后，瓦尔德泽米勒世界地图——包括1507年制作的壁挂图和一幅1516年完成的航海图被公之于众，后者基于葡萄牙水手的报告《葡萄牙航海家马里纳海图》制作。它们能幸存下来是因为被装订成一本书，永远不会被挂起来展示，从而没有遭到破坏。这两幅地图都是由十二块相同大小的散片精心拼制成一本皮革装订的书籍。

近一百年后的2003年，1507年的瓦尔德泽米勒壁挂图再次引起了人们的高度关注，时任瓦尔德布尔德—沃尔夫埃格的亲王约翰内斯将这件地图宝藏卖给了美国国会图书馆，价格达到了惊人的1000万美元。为什么一家图书馆准备为这幅地图支付比购买世界上任何其他印刷品更多的钱？在某种程度上，瓦尔德泽米勒地图是“美洲的出生证明”。新大陆首次以印刷地图的形式，作为独立于亚洲的独立地理实体被呈现出来，并打上了美洲标签。该地图是1507年版本一千份印刷品当中仅存的一份。

然而，瓦尔德泽米勒的“美洲”并不涉及北美，在当时绘制的地图上甚至不知道有北美，而指的是“世界的未知南部”，即当今的南美洲。他和其他欧洲人都不清楚瓦尔德泽米勒所命名的大洲亚美利加是否单独存在，是否与亚洲并不相连。美洲是一块独立大陆块，这还仅是一个假设，在1519—1522年由费迪南德·麦哲伦（1480—1521）带领完成的地球上第一次周游世界航行也没能证明这一假设的真实性。因此，作为美洲大陆存在证据的瓦尔德泽米勒地图的重要性，其实

是建立在地图制作者一个幸运的猜想基础上。

尽管瓦尔德泽米勒并没有在后来的地图中使用“亚美利加”这个名称，因为这对哥伦布发现新大陆的首次航行显得并不公平，但在 16 世纪，“亚美利加”很快就在欧洲人绘制的地图中固定地出现。西班牙皇室虽然已经资助过穿越大西洋的首航，也拒绝使用该名称。最重要的是，对这个名称的使用其实涉及一个权力问题——统治、占有和在新土地上定居，以及利用其自然资源的权力。西班牙控制下的北美、南美和中美洲的部分继续沿用新西班牙（原文为西班牙文 Nueva España）这个名称，一直持续到 19 世纪早期。

1511 年伯纳德 · 西尔瓦努斯的世界地图 ▲

1511 年，一幅对开大小（27x56.5 厘米）地图出现在威尼斯，这幅为一本托勒密地图集而制作的已知世界地图的作者是一位名叫伯纳德 · 西尔瓦努斯的学者。与马丁 · 瓦尔德泽米勒相似，西尔瓦努斯在他的地图中结合了古代地理学（如印度洋的塔布拉班大岛）和来自水手们的更近一些的信息。与瓦尔德泽米勒的做法一样，新大陆被描绘为一块自成大洲的大陆，与亚洲相分离。许多后来的制图师复制了西尔瓦努斯所创作的漂亮的心形投影图，其经纬线被绘制成弧形。该地图是图书工艺的杰作，它用木刻制作，并首次在世界地图上使用双色印刷技术。
尤哈 · 努尔米宁世界地图收藏，赫尔辛基

**皮里·雷斯世界地图片段，绘制于 1513 年 ◄**

奥斯曼帝国海军上将皮里·雷斯是当时最有才华的制图师之一。他在 1513 年所完成的伟大的已知世界地图仅剩下描绘大西洋海岸的这一小块被保留下来。北方位于地图顶部。该地图有许多有趣的图和用土耳其语与阿拉伯字母写成的文字注释。注释称该地图的制作基于 20 种不同资料，包括古代资料、阿拉伯资料和最新的由葡萄牙人绘制的地图。在地图的所保存的这部分里，皮里·雷斯描绘了一个奥斯曼帝国无人涉足的地区。地图的制作材料是由瞪羚皮制成的羊皮纸。
伊斯坦布尔托普卡帕宫博物馆

**控制地中海之战 ▲**

在 1453 年征服君士坦丁堡之后，奥斯曼帝国苏丹穆罕默德二世转战去攻占更多的领土。苏丹自认为是罗马帝国的继承人，并将自己的目标定为成为整个地中海的君主，范围延伸到意大利和法国。在 16 世纪，基督徒与穆斯林之间为争夺地中海的控制权展开了激烈的斗争，并一直持续到 1571 年的勒班陀战役，奥斯曼帝国在欧洲海域停止了前进。在本图中可以看到，1454 年，装有斜挂大三角帆的奥斯曼大帆船在骚扰从马赛出发的其他船只。本图出自一部可追溯至 16 世纪的手稿。
伊斯坦布尔托普卡帕宫博物馆

## 皮里·雷斯——奥斯曼土耳其海军上将在地图上添加了新大陆

历史地图偶尔会在发展国家认同方面发挥重要作用。1929 年，伊斯坦布尔开始大兴土木，将托普卡帕宫（曾作为奥斯曼帝国行政中心）改建成新的土耳其共和国的国家博物馆。然后，在图书馆海量的档案中，人们找到了一幅有趣的旧地图。地图被发现后，现代土耳其共和国的缔造者穆斯塔法·凯末尔·阿塔图尔克（1881—1938）对其产生极大兴趣。这幅地图是在 1513 年由奥斯曼帝国经验丰富的制图师与海军上将皮里·雷斯（约 1470—1554）制作的。

皮里·雷斯制作的这幅地图华丽并且名气很大，描绘了大西洋东西两岸情况，但现存仅有其中一小部分。阿塔图尔克宣称一定要出版此图的精确复制品，并且用土耳其语和其他四种欧洲语言对其做了彻底的分析。阿塔图尔克希望以此激励土耳其人的爱国主义精神，维护土耳其作为一个现代国家的权利，与欧洲建立开放友好的关系。皮里·雷斯的地图对阿塔图尔克所想要达到的意识形态目的起到了很好的服务作用，因为阿塔图尔克认为这幅地图就是土耳其文明和该国几个世纪以来与西方接触的绝佳证明。

皮里·雷斯是地图历史上最有意思的人物之一。据说他出生在加利波利城，该城位于今天土耳其的达达尼尔海峡海岸。在雷斯出生的 15 世纪 70 年代，加利波利是奥斯曼帝国最繁忙和最重要的航海中心之一。在土耳其语中，雷斯（Reis）的意思是船长，他在跟随他的叔叔凯马尔·雷斯（约 1451—1511）为奥斯曼帝国海军服役时，获得了这个头衔。他所服役的一艘私掠船获得了土耳其苏丹授权，得以在地中海巡游，皮里·雷斯与其叔叔的技能相当，因此成为了船长。这两人带着他们各自的船共同参与了 16 世纪初信仰基督教的欧洲人和穆斯林奥斯曼土耳其人之间为控制地中海发生的多次冲突。他们两人都晋升为奥斯曼帝国海军上将。

1511 年，皮里·雷斯在叔叔去世后回到出生地加里波利，开始了作家与制图师生涯。他是一位受过教育并掌握熟练技能的海员，除了自己的母语土耳其语之外，他还通晓希腊语、意大利语、西班牙语、葡萄牙语和阿拉伯语。1513 年，他完成了著名的世界地图，其中只有描绘大西洋一小部分留存下来。该地图展现了欧洲和非洲的西海岸部分地区以及哥伦布在加勒比海发现的岛屿。

他在其著名的航海指南《航海之书》（原文为土耳其语 Kitab—ı Bahriye）讲述了自己返回海军效力，并在 1517 年得到了将其世界地图呈现给奥斯曼帝国的统治者塞利姆一世苏丹（约 1470—1520）的机会。皮里·雷斯这样描写自己："这位可怜人之前已经打造了一张地图，展现出与现存地图更多不同的细节，甚至包括最近绘制的中国与印度的海洋地图，当时奥斯曼帝国尚无人知晓这些海域；他把这幅地图呈给了开罗的苏丹塞利姆可汗，后者仁慈地接受了它。"

在一次奥斯曼帝国从马穆鲁克手中夺取埃及的战争中，皮里·雷斯打了胜仗，他也荣幸地在开罗受到了苏丹的接见。苏丹那时还不知道皮里·雷斯这幅引以为豪的世界地图，这幅图后来被埋藏在伊斯坦布尔的托普卡帕皇宫里长达几百年。虽然皮里·雷斯的杰作《航海之书》是当时最准确的地中海导航指南，但它没有得到苏丹宫廷应有的关注。80 岁时，皮里·雷斯仍然担任苏丹在埃及与印度舰队的海军元帅。1554 年，在将近 90 岁时，这位技艺最娴熟的制图师，也是奥斯曼帝国最伟大的海员之一，由于拒绝参加另一场针对葡萄牙人的战役，在开罗被苏丹斩首。

1513 年的皮里·雷斯世界地图因为其中的罗盘玫瑰和罗盘方位，看上去和 16 世纪早期的欧洲波特兰世界地图很相似。奥斯曼水手们并未掌握地图上所描绘地区的第一手知识。据皮里·雷斯所说，他研究了欧洲与阿拉伯的资料，从大约二十幅不同地图中汲取信息。

在实际动手前，绘制一幅世界地图的热情或许早已在有天赋的制图师与海员的头脑中发酵多年。1501 年，凯马尔·雷斯在地中海西部缴获了一艘西班牙船，抓住一名男子，后者自称参加过哥伦布率领的西印度群岛探险。皮里·雷斯称他为西班牙奴隶，这名男子拥有一幅地图，声称是从哥伦布那里复制的。十多年后，这幅地图上的信息出现在皮里·雷斯自己的地图上。

皮里·雷斯在自己的地图中同样利用了葡萄牙海员搜集的最新信息，南方大陆远远地向南延伸，海岸线沿着地图底部边缘蜿蜒曲折。地图上充满代表船只的细节，以及不同地方的统治者和动物，这些都是中世纪欧洲波特兰海图中的习惯做法。地图左上角描述的是 6 世纪爱尔兰修道院院长圣布伦丹航行期间的一次事件。据说，这位航海教士相信自己已经在遥远的大西洋的某处找到了传说中的神佑之岛，但结果证明这只是一头巨大的鲸鱼的背部。

## 葡萄牙的地图宣传和制图师的日常生活

正如我们在《坎迪诺平面球形图》中所见到的那样，16 世纪初，葡萄牙水手们在全球的海洋上取得的成就越来越多地出现在葡萄牙人所绘制的地图上。1519 年，另一部被称为《米勒图集》的葡萄牙海图集，在里斯本完成，这是当时葡萄牙最好的地图集之一。然而，研究人员认为，这部配图精巧的地图集在地图的地理精确度上不如十七年前制作的《坎迪诺平面球形图》。地图历史学家阿尔弗雷多·皮涅罗·马克斯曾表示，这

《米勒图集》中的北欧和印度洋 ▶

《米勒图集》是当时最精美的艺术品之一。这部宏伟并配有大量插图的地图集还包括许多引人注目的地理信息。地图上最重要的地名是用拉丁文书写，较小地方的地名用葡萄牙文标注。地图集中的所有区域地图仅描绘沿海地区，这与海图地图集的传统一致。海洋中画满了船只，其中最大的一艘船属于葡萄牙。城堡用于描绘最重要的城市，我们也可以看到外来动物、罗盘玫瑰和方位线。这两幅区域地图的右侧是经纬度网格。这些区域地图描绘了北欧和斯堪的纳维亚（左）以及印度洋（右）。从地图上我们可以看出，1520 年葡萄牙人对遥远的印度洋的信息的掌握程度要超过对波罗的海的了解。
法国国家图书馆

MARE CONGELATV
O DEVCALI DONIA
MARE IPERBOREV
CLIMA SEPTIMVM
CLIMA SEXTVM
OCCEANVS GERMANICVS
LACVS
SCANIA
GOTTICVM MARE
SABVLOSVS PONTVS
ALPES

DESSERTO
MAREINDICVM
SINVS ARABICVS
SINVS GANGETICVS
PEALEGVS INDICVS
CIRCVLVS
CIR CVL VS EQVINOCTIALIS

**《米勒图集》中的圆形世界地图，绘制于 1519 年▲**

《米勒图集》中的圆形世界地图（直径 33 厘米）首先是一幅政治地图。这部葡萄牙图集创作于 1519 年，全书配有精美插图，当时作为礼物送给了对葡萄牙国王非常重要的一位上层人物。这里所呈现的已知世界的图像是属于曼努埃尔一世国王官方宣传的一部分，目的是要强调国王作为世界上最强大统治者的地位。这幅世界地图通过综合视觉的形式，将源于古代资料的信息与当时的地理信息相结合。在这幅地图上，古老的南方未知大陆（拉丁文 TERRA INCOGNITA）被命名为新大陆（MUNDUS NOVUS）。在地图上，南方大陆一直延伸到南极地区，并将印度洋描绘成为一个巨大的内陆海，正如托勒密曾教授的那样。
法国国家图书馆

可能是因为，《米勒图集》首先是作为葡萄牙国王曼努埃尔一世送给某位身份尊贵人士的外交礼物；地图集的艺术品质比其在海上的可用性更为重要。不过，这件精美的礼物到底是送给谁的，仍然是一个谜。

《米勒图集》呈现的世界图像，是以葡萄牙人杜阿尔特·帕谢科·佩雷拉（约 1460—1533）的著作《艾斯梅拉尔多的世界图本》（原文为葡萄牙文 Esmeraldo de Situ Orbis，Esmeraldo，是将当时葡萄牙国王曼努埃尔一世的名字与作者杜阿尔特相结合创造的词）为基础绘制，强调了托勒密地理学和宇宙学的相关思想，其中一个表现就是图上的地球相对较小。这些宇宙学观念支持了曼努埃尔一世的官方宣传，在此基础上，葡萄牙已经通过从东到西的航行跨越地球上的所有海洋，从而成功地将其影响力扩展到全部已知世界。

佩雷拉是国王曼努埃尔一世帝国伟业的坚定支持者，他支持国王成为“征服、航海和贸易之主”。根据现存信件的描述，国王自己也喜欢使用这个头衔。《米勒图集》通过最受尊敬的古代宇宙学权威的呼声，传达了国王的官方意志，将其塑造为世界上最有权威的统治者。

1855 年，葡萄牙地图历史学家先驱圣塔伦子爵（1791—1856）在巴黎一家二手书店发现了这本精美的地图集。到 1841 年的时候，这位子爵已经出版了一本著名的地图集副本，第一次将罕见的中世纪世界地图与波特兰海图通过使用新的平版印刷技术制作成册提供给普通大众。

在认真研究了这部新发现的葡萄牙人绘制的海图集后，圣塔伦子爵出版了首部对其进行阐释的作品。在子爵去世后，这部地图集的作者是谁仍然是个谜，最后被法国收藏家贝尼涅·埃曼努埃尔·克莱门特·米勒（1812—1886）收藏。1897 年，他的继承人将图集捐赠给了法国国家图书馆，也因此将米勒的名字铭刻在制图史上。这幅文艺复兴时期葡萄牙制图杰作从圣塔伦子爵时代就受到人们热情研究，但与之相关的一些问题一直没有解释清楚。

曾经有一段时间，《米勒图集》里的世界地图被从书中移除，直到 1930 年在伦敦才重新被发现。今天，这幅珍贵的世界地图作为《米勒图集》的一部分重新回到了它最开始的位置。地图的背面包含一段拉丁文字，对地图制作者进行了介绍：“这是现在已知的宇宙中所有星球的地图，我，制图师洛波·奥梅姆受杰出的葡萄牙国王曼努埃尔委托，在对比了很多其他古代和现代的地图后，于公元 1519 年在辉煌的里斯本城用巨大努力和勤奋的工作进行绘制。”

现在，研究者们都认同葡萄牙制图师洛波·奥梅姆（卒于 1565）并非该图唯一作者的说法。其他更有可能是作者的人包括佩德罗·赖内尔（卒于 1542 年）及其儿子豪尔赫·赖内尔（约 1502—约 1572），这是因为在图集问世的时候，洛波·奥梅姆还是一个非常年轻、缺乏经验的制图师。图集中的精美插图最有可能是皇家书稿彩饰师安东尼奥·德·霍兰达所绘。

奥梅姆和赖内尔都将自己的儿子训练成制图师；奥梅姆之子迪奥戈和安德雷，以及赖内尔的儿子豪尔赫，一生中大部分时间都在为西班牙的国王服务。欧洲宫廷对熟练制图师的要求很高，这些熟练的工匠中只有少数人可以通过工作变得富有。地图制作者和科学仪器制造商不能争得贵族身份，他们不能像最成功的商业水手和探险家们那样，通过为其所效力的国王发现新大陆来获得很高的社会地位。即使像洛波·奥梅姆在 1517 年被任命为葡萄牙国王曼努埃尔一世的官方制图师，但他去世时也只是一介贫民。只有几位制图师在职业生涯中只为某一位国王或亲王服务；为了从他们这份既耗费时间又需要高度熟练的工作中养家糊口，他们必须向愿意为其服务买单的任何客户提供服务。

在制图史上，《米勒图集》所包含的世界地图被认为有些古怪。首先，人们注意的是地图的形状。自从 15 世纪 50 年代由弗拉·毛罗制作的世界地图之后，就一直没有出现过圆形世界地图。这是近七十年后再次以圆形地图的方式呈现世界，看起来有些过时，因为它在视觉上将这幅地图与中世纪的世界地图传统联系在了一起。

其次，《米勒图集》的世界地图的地理信息与葡萄牙人所掌握的地理知识并不一致，当时葡萄牙人的地理水平要远高于前者。尽管在地图制作时期，葡萄牙水手和制图师已经对非洲的形状和大小非常了解，地图上的非洲却被描绘得异常窄和短。另一方面，地图上印度次大陆与斯里兰卡彼此间的位置关系却被描绘得很准确，形状大小也都适宜。同时，马来半岛和如今的印度尼西亚群岛也大致准确，只是加里曼达这座大岛并未出现在地图上。

《米勒图集》里的世界地图本意并非要展现整个世界，而仅仅是展现已知世界。写在地图背面的题字是“这是现在所知道的整个世界”。根据《托德西利亚斯条约》，地图上的这个“已知世界”看上去几乎完全处于葡萄牙国王的统治下。最显著的特征是沿着地图的底部边缘描绘的南方大陆，一直延伸到印度洋的底部，形成一个巨大的单一大陆，使大西洋和印度洋成为一个开阔的内陆海，这也正如托勒密所教导的那样。按照托勒密的想法，南方大陆还要再向西移动一些，将南美洲南部的南端与南极洲相连，也就形成了一个连续的大陆块，在南半球包围着整个印度洋。

《米勒图集》里的世界地图与整部地图集似乎传递了一个信息，即只有通过向东航行才能找到东方的宝藏，就像葡萄牙人所做的一样。在任何其他方向，水手最终都会撞到陆地，因此，西班牙寻求到印度的西方航线的计划注定要失败。葡萄牙国王在探索航行能够到达的每一块遥远的土地方面已经取得成功。如果人们相信托勒密和斯特拉博这些古代权威对地球大小的概念，那就可以说已经找到了所有大陆，再无遗漏。

在地图史上，《米勒图集》的“世界地图”被描述为一幅精美但“简单的地图速写”。这幅地图为了地理宣传和装饰性，确实牺牲了一些真实地理信息，但这幅图也有另一个维度。如果你目光锐利，可以在地图的圆形边界中检测到小而淡的方形点。这些点不仅仅是装饰，因为它们将圆圈划分为托勒密所教授的精细的360个部分。在地图集上的每个局部地图上都以直线的方式绘制了纬度。这些点表明地图所呈现的世界观被有意设定在一个特定的科学参考框架体系中。

圆圈中描绘的纬度强调由地图呈现的世界图像也是基于天文测量的“正确”图片，换句话说，根据精确的天文测量，葡萄牙国王刚好统治了整个已知世界。这一信息在圆形世界地图中显得特别明确。地图上美丽的太阳（右）和月亮（左）插图也强调并象征着地图的宇宙参考框架。地图的“风头”象征着水手所需要的盛行风和力量，以满足世界各地船只航行的需要。在图集的内页中，也经常描绘有带着类似葡萄牙标记的船只。

与其把《米勒图集》世界地图理解为过时的东西，不如将它当作一个利用视觉传达所有中心元素的视觉宣传的范例：简单的形状，精心挑选的颜色，以及用“客观的”科学参考框架所设置的政治信息。因此，《米勒图集》的“世界地图”不仅仅是一幅关于已知世界的“包含葡萄牙政治宣传的速写”，而是一幅精心构建的政治地图。

葡萄牙尝试使用制图方面的异化来限制西班牙通过西方航线航行到东方的野心，但并没有成功。1519年，《米勒图集》的世界地图完成，同年，葡萄牙航海大师费迪南德·麦哲伦从西班牙出发，开始他的环球之旅，后来成为神圣罗马帝国统治者的查理五世皇帝，当时的身份还是年轻的西班牙国王查理一世，他配备给麦哲伦一支舰队，后者的目的是要找到一条到达印度的西方航线。

三年后，也就是1522年9月，在完成第一次环球航行后，参加麦哲伦探险的全部5艘船和270名船员，只剩下1艘漏着水的船和18名萎靡不振的幸存者返回塞维利亚。麦哲伦环绕世界的航行成为了历史上最富冒险意义的考察，改变了

**神圣戏剧中的世界◀**

艺术家安东尼奥·德·霍兰达在为曼努埃尔一世国王效力期间，曾为著名的《米勒图集》画过插图，他还把自己的儿子弗朗西斯科·德·霍兰达培养成一名艺术家。后者成为文艺复兴时期葡萄牙艺术的领军人物。和自己的父亲一样，弗朗西斯科也为一位葡萄牙国王服务，这就是曼努埃尔一世的继任者约翰三世。本图出自一部由弗朗西斯科·德·霍兰达配图的作品《世界史图像》(发表于1573年)，它用精美的寓言图画描绘了《圣经》中的造物故事。图中的世界根据葡萄牙的官方宣传以东半球为观察视角绘制而成，《米勒图集》中也有同样描绘。
马德里西班牙国家图书馆

**费迪南德·麦哲伦的环球航行▶**

1520年，葡萄牙士兵与探险家费迪南德·麦哲伦成为了航行绕过南美洲并找到通往亚洲的西方航线的第一人，他通过巴塔哥尼亚与火地岛之间的海峡，从大西洋进入太平洋。如今这一迷宫般曲折的海峡以麦哲伦的名字命名，当时探险队经过这里花了一个多月的时间。经过多次努力，环球探险之旅得以继续，但出发时的5艘船当中，最终只有1艘破漏的"维多利亚"号在1522年9月回到了塞维利亚。这幅地图的作者亚伯拉罕·奥特柳斯将维多利亚号画在了大海上，并配有注释："我在汹涌波涛中航行，首先完成了对世界的环游，在麦哲伦的领导下首次通过海峡。我环行了世界，因此我被称为维多利亚（Victoria，意为胜利女神，译者注），我的航行如同插翅飞翔，我获得荣誉奖赏，我与大海搏斗。"
尤哈·努尔米宁世界地图收藏，赫尔辛基

欧洲人对地球的地理观念。但麦哲伦自己却没能活着看到这一壮举的完成，他在菲律宾沿线航行途中去世。在美洲大陆之外，还有一个巨大的未知的海域，几乎与当时整个已知世界一样大。穿越这片海域向西航海，可以到达东方的香料群岛与印度洋。

## 《皇家登记册》——伊比利亚半岛国王们的官方秘密地图

在一幅文艺复兴时期精美地图的边缘，有这样一串文字："一幅通用图，包含迄今为止在世界上发现的一切。1529年，迪奥戈·里贝罗在塞维利亚造出了这样一幅图。根据1494年西班牙天主教国王与葡萄牙国王若昂在托德西利亚斯达成的条约，这幅图被分为两部分。"虽然迪奥戈·里贝罗（约1480—1533）的地图是对当时已知世界地理位置描述最精确的，但它也是一幅政治地图，旨在表明目前统治西班牙的哈布斯堡王朝对有争议的印度洋上的香料岛的权利。

由费迪南德·麦哲伦所实现的全世界第一次环球旅行探索出了太平洋的真实大小，这一信息首次出现在地图上。北美洲东海岸，即从今天纽芬兰延伸到巴拿马的全部海岸线，也以惊人的精度被绘制在地图上。关于拉布拉多之地——现在被称为拉布拉多半岛，地图上称它为是"……由来自布里斯托尔镇的英国人（约翰·卡伯特）发现的，这儿没什么值得占有"。

迪奥戈·里贝罗的地图显示，对于英国人在北大西洋的探险，以及葡萄牙人统治的印度洋和香料群岛等地区，西班牙人都掌握了非常详细的资料。除了精确的地理信息之外，地图中还有许多关于非洲和美洲大陆各地历史、植物群和动物群的有意思的描述，这些信息都在引诱着人们更深入探索。实际上制图者没有关于非洲内陆植物和动物的信息，这些图主要是装饰元素，而不是基于任何真实知识的描绘。向东航行的船只飘扬着葡萄牙国王的旗帜，而西班牙旗帜下的船则向西航行。

葡萄牙人迪奥戈·里贝罗所制作的地图中仅有四幅世界地图流传至今，分别被保存在世界不同博物馆中。在里贝罗作为制图师和仪器制造商开始为西班牙国王效力之前，他在海上度过了很多年。年轻时，他于1502年参加了瓦斯科·达伽马的印度旅程，之后担任过许多艘船的船长。1523年，他收到了西班牙皇家贸易公司和海事管理机构——贸易部的邀请，接受了一个新职位，负责天文学研究。后来他在同一个机构担任首席航海家（主领航员）助理。

在哥伦布第一次西印度群岛航行仅仅几年后，1503年，西班牙的天主教君主伊莎贝拉和费迪南德就在塞维利亚设立了贸易部。这个行政管理局的规模与重要性逐渐膨胀，其目的是要实现在印度群岛委员会所规划的西班牙统治下的各殖民地的殖民政策，范围包括西边的美洲大陆，以及后来的菲律宾和其他东方岛屿。行政管理部门从属于西班牙国王，监督通向上述地区的船舶交通以及不断增长的长途贸易、定居点和天主教会的宗教活动，最重要的是收集由西班牙控制的所有海外地区的地理信息。贸易部的参考对象是葡萄牙的印度部，后者建立的时间稍早，目的是为了监督葡萄牙国王在世界海洋领域的商业及政治利益。这些机构制作的海图帮助这几位国王在争夺世界霸主地位的时候，在各自的领地推进其政治和贸易活动。

殖民政策在16世纪的西班牙发挥了核心作用，其目的在于利用殖民地自然资源并改造土著人的同时，牢牢控制住海外殖民地。如果没有宇宙学者制作的精确地图展现出殖民地的地理位置、边界以及通向新大陆的安全航海路线，印度群岛委员会所制定的殖民政策便难以执行。西班牙塞维利亚的贸易部成为宇宙学信息的重要中心，宇宙学家和制图师与海事专家们在这里展开了密切合作。

迪奥戈·里贝罗1529年制作的地图是由西班牙贸易部保留的官方世界地图的一个副本，该地图被称为《皇家登记册》或《通用登记册》。皇家贸易部的两名主要官员——首席宇宙学者和首席航海家保留了这幅官方地图。迪奥戈·里贝罗担任贸易部的首席宇宙学者一职五年，他在这个极其重要并且薪酬丰厚的岗位上负责保持《皇家登记册》的更新。历史学家艾莉森·桑德曼研究表示：“在贸易部工作的宇宙学者会例行参与修改样板图表，给领航员上课，参加领航员的许可考试，检查图表和仪器。”相比之下，首席航海家的任务是根据水手带回的最新信息，帮助首席宇宙学者制作《皇家登记册》。

西班牙和葡萄牙的《皇家登记册》包含了整个16世纪遥远地区最准确的地理信息。各国的皇家贸易部向海员颁发许可证，令其远航至新的土地。这些举措使得船长和领航员总是能在航行中使用最新版本的海图，并将海图中包含的任何可能的错误直接报告给该机构，使《皇家登记册》可以持续保持更新。

所有过时的海图都被下令销毁，16世纪以来，海上所使用的原始海图没能留存下来供研究人员研究。因此，我们不知道西班牙和葡萄牙在16世纪使用的海图究竟有多详细。不过，这些图毫无疑问相当详细，因为西班牙到中美与南美的海运贸易，以及葡萄牙经过非洲南端到印度和东南亚的贸易，早在16世纪30年代就已非常活跃。

在西班牙和葡萄牙，与海图或《皇家登记册》有关的水手和制图师都被下令严格保密。虽然两国的法律都规定若向外国竞争对手泄露这些海图的详细资料将受重罚，不过这些精美的世界地图有时候会作为贵族家庭的外交礼物和婚礼礼物，委托迪奥戈·里贝罗这样技艺娴熟的工匠制作。完全禁止地图制作不符合任何国家的最佳利益，国家的统治者都需要通过在地图上显示他们征服的土地来宣示其占有。然而，这些地图不能太详细，因此竞争对手不能利用新的海上航线来攻击西班牙船只，而这种事后来经常发生。

基于官方登记册的所有已知地图，包括漂亮的里贝罗地图，都是作为礼物而制作的《皇家登

记册》的副本。《皇家登记册》的原始版本没能留存到今天。因此，我们不知道西班牙和葡萄牙在16世纪使用的海图的详细程度。这些作为礼物的“纪念版本”无疑是非常详细的，但它们的地理尺度太小，在战略、军事或商业上并没有任何真正价值。当然也不可能依靠这些图去航行。

虽然，在西班牙和葡萄牙君主权威下工作的海事管理机构，掌握了16世纪有关世界海洋最详细的地理信息，但同时，在这两个国家没有印刷出一幅带有新地理信息的世界地图或带注释的图集。这样做的主要原因是，西班牙人和葡萄牙人收集的地理信息必须由海事管理局严格监督，正如我们所指出的那样，因此，它不像在欧洲其他地方一样自由传播。学者玛利亚·波图翁多研究发现：“新大陆的宇宙学，及其地图、地理描述和对区域自然资源的描述颇具价值，不仅是因为财富和贸易路线必须得到保护，还因为印度理事会被明确授权代表皇室管理和利用资源。理事会的运作基于的理念是，那些敌人——英国人、法国人还有后来的荷兰人——如果他们不能找到战

**塞维利亚——西班牙的外贸中心▲**

这幅油画描绘了16世纪晚期塞维利亚港的繁忙景象。在发现美洲后，塞维利亚成为西班牙唯一允许与殖民地进行贸易的港口。在图中，美洲舰队正准备沿瓜达尔基维尔河向开阔的大西洋进发。贸易带回来的白银和黄金对于殖民地母国经济的意义可想而知，因此舰队经常用来维护并保护美洲与欧洲间的海路不受海盗侵扰。塞维利亚距离大西洋海岸八十公里，如今它是西班牙唯一的内河港。
马德里美洲博物馆

略港口或了解西班牙舰队所采取的路线，那他们就无法发动进攻……自1510年起，西班牙贸易部受此指示，对通往西印度群岛的地图和航海图严格保密。”

1544年，第一幅根据西班牙贸易部所控制的信息制作的新大陆地图在安特卫普印刷。出生于威尼斯的海员、探险家和制图师塞巴斯蒂安·卡伯特创造了这幅罕见的地图，其中两份副本被保留下来。1518年，卡伯特被任命为贸易部的主领航员，这一职位非常抢手且报酬丰厚，他在这个位子上度过了令人震惊的三十年。他的职责包括培训船长，开发导航设备，最重要的是把航海家

**迪奥戈·里贝罗世界地图，绘制于 1529 年 ▲**

生于葡萄牙的迪奥戈·里贝罗 1529 年完成的大幅（85 x 205 厘米）世界地图，是当时对已知世界的地理描述最为精确的地图。该地图配图精美，有很多装饰元素。图中用于天文导航的科学设备表现了 16 世纪早期在公开海域航行取得的巨大进步。在地图左下角画着一个四分仪，右下角有一个水手用的星盘。左边的大圆圈描绘的是索拉里斯环，当中包含太阳赤纬刻度。地图中央有测量维度的刻度。地图还在两个位置上画上了具有争议的香料群岛，也被称为摩鹿加群岛——位于右侧（东方）和左侧（西方）边缘，但我们只能在西边的那个岛上看到西班牙国王的旗帜。这可以理解为，这幅地图原本是要强调科学的精准，但也要包含政治信息：根据地图的描绘，摩鹿加群岛属于世界的西半部分，也就是西班牙所统治的那一边。根据《托德西利亚斯条约》划定的边界，用画在地图中下方的两面旗帜来表示——葡萄牙国王旗朝向东方，西班牙国王旗向西。

梵蒂冈教廷图书馆

们带回来的新信息记录在官方登记册——《皇家登记册》中。塞巴斯蒂安·卡伯特凭借自己的职位，获得了当时有关西班牙皇室在世界各地统治地区的最佳信息。

塞巴斯蒂安·卡伯特是探险和制图史上最富传奇色彩的人物之一。在漫长而不平凡的一生中，他成功地赢得了国王的青睐，但是他和他最亲密的同事关系却很差。他在西班牙贸易部担任公职期间，与下属在海上和陆地上都发生过严重冲突。人们描述他的性格时，常形容他易怒且阴险，但他也是一位非常有活力和勇敢的探险家。塞巴斯蒂安·卡伯特的父亲是西北航道（西北航道是自大西洋通过加拿大北极岛至太平洋的航路，译者注）著名的探险家，他可能跟随他的父亲约翰·卡伯特参加了 1497 年从布里斯托尔出发到纽芬兰的著名探险。在为西班牙国王效力之前，塞巴斯蒂安·卡伯特子随父业，作为宇宙学家为英国国王亨利七世服务。1547 年，年老的卡伯特回到英国，并继续为亨利七世的儿子亨利八世效力。

在贸易部任职期间，塞巴斯蒂安·卡伯特主导了几次探险活动，但只有一份确凿的文献证据得以保留。始于 1526 年的这次探险，共有四艘船

**塞巴斯蒂安·卡伯特肖像▲**

与克里斯托弗·哥伦布一样，探险家塞巴斯蒂安·卡伯特没有同时代的肖像留给后代。这幅在他去世后完成的画像由詹姆斯·赫林创作而成。卡伯特被描绘成一位威严的老人，他身旁有一个地球仪，手中拿着一把圆规。画家希望向卡伯特作为探险家和制图师所取得的成就——特别是其1544年制作的世界地图——表达敬意。
布里斯托市博物馆与美术馆

和二百人参加，其目的是航行绕过南美洲，跨越太平洋，到达香料群岛。在到达南美洲南部边缘通往太平洋的海峡前，卡伯特考察了位于今天阿根廷和乌拉圭边界处的拉普拉塔河（又称白银之河）。他相信会在这一巨大河流水系的支流中找到黄金以及通向太平洋的航线。三年后，一脸憔悴的卡伯特回到了塞维利亚，他没有带回金子，陪他回来的只有二十四名身体虚弱的水手和一条破船。塞巴斯蒂安·卡伯特的行为在贸易部遭到了攻击，他被判流放摩洛哥四年。但是查理五世赦免了卡伯特，并邀请他回到了贸易部继续他的老本行。卡伯特没有按原计划到达香料群岛，但是对拉普拉塔河的探索，使得西班牙开始了对南美洲内陆的统治。

1544年，卡伯特向国王申请，准许印刷他所创造的世界地图，他还在德国和西属尼德兰寻找熟练的铜雕刻师。同年，在获得许可后，卡伯特著名的超大尺寸壁挂地图在安特卫普出版。地图的地理信息来源于西班牙《皇家登记册》，因此它提供了关于南美洲大陆和东南亚地区相当详细的最新地理信息，但是对地中海、不列颠群岛和斯堪的纳维亚只有肤浅的表现。

在西班牙人看来，香料群岛位于地图的左侧，因此从欧洲的角度来看，香料群岛位于西边。南美洲的大河——亚马孙河和拉普拉塔河都被重点描绘，这也是在强调卡伯特作为这些地区首位探险家的成就。浩大的亚马孙河从西向东横跨整个大陆。各色岛屿分布河中，河的岸边则用城堡和不可思议的丛林城市的插图作为装饰。拉普拉塔河被画得与亚马孙河几乎一样大，卡伯特正确地表现了它从北到南的走势。大陆的内部被巨大的山脉隔开，西班牙人逐渐发现了这些山脉，他们也开始从中获得更多信息。

位于地图边缘的注释也描述了由塞巴斯蒂安的父亲约翰·卡伯特所率领的著名考察，他于1497年从布里斯托尔航行到纽芬兰。塞巴斯蒂安将他父亲发现的这些地区放在了很远的南方，比迪奥戈·里贝罗在其地图上放置的位置更靠南。这并不是错误，而是故意为之，这是要向英国国王表明，这些地区属于英国而不是法国，因为在其父发现这些地区二十多年后的16世纪20年代和30年代，法国人派出自己的探险家乔瓦尼·达维拉扎诺（1485—1528）和雅克·卡地亚（1491—1557）到达了同一水域。

他父亲发现新土地过程中遇到的某些问题，对于塞巴斯蒂安·卡伯特非常关键，因为他继承了英国国王颁发的许可证，相应授予他这些土地上一定比例的财富，因为他的父亲约翰·卡伯特早已在其探险中为英国国王“征服”了这里。而同时，哥伦布和许多其他探险家也被授予过类似的许可证，他们也都出发为自己的君主寻找财富和新的土地。

并非所有在西班牙和葡萄牙有影响力的制图师和宇宙学者——例如迪奥戈·里贝罗与塞巴斯

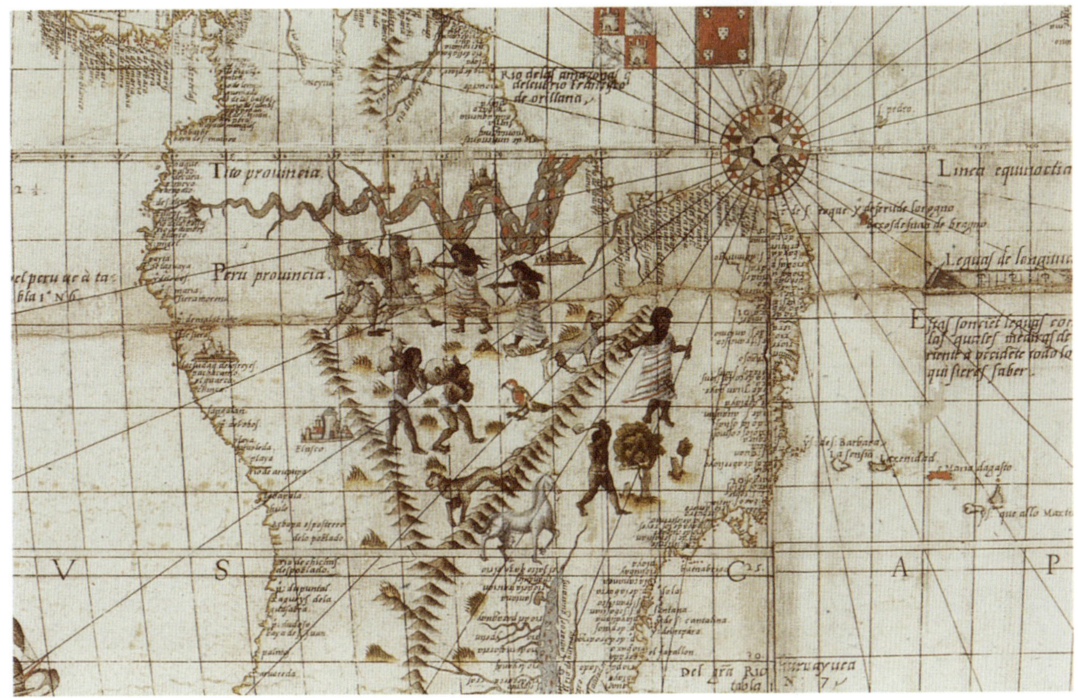


蒂安·卡伯特——都直接效力于皇家办事处，相反，他们只是从办事处获得一份有偿支付合同。在塞维利亚生活和工作的独立学者中，最著名的是佩德罗·德·梅迪纳（1493—1567），他在16世纪30年代作为制图师和天文学者仅在西班牙贸易部工作了几年。他最著名的一本书《航海艺术》（原文为西班牙文 Arte de navegar）于1545年独立出版。这本书为16世纪的航海理论奠定了基础。它迅速成为非常受欢迎的航海教科书，并被翻译成多种欧洲语言。

从16世纪50年代起，里斯本至少有六家工作坊制作航海图。虽然大多数航海图资料已经消失数个世纪，但一些由独立制图师制作的海图甚至完整的地图集，却得以保存在世界各地的博物馆和图书馆里。独立制图师有义务确定其地图的准确性，方法就是与官方的《皇家登记册》进行对比，后者一直保持更新并做必要修改。

在里斯本有影响力的独立制图师中，最受尊敬、名气最大的是巴尔托洛梅乌·拉索，还有路易斯·特谢拉和他的儿子若奥·特谢拉。还有很多其他的西班牙和葡萄牙的制图师都被遗忘了，

**塞巴斯蒂安·卡伯特1544年世界地图（细节）：南美洲的大河 ▲**

塞巴斯蒂安·卡伯特的世界地图的这个细节展现的是构成今天巴西的南美地区。卡伯特亲自探索了南美洲的大河——亚马孙河和位置更靠南的拉普拉塔河——这些主要河流得以出现在16世纪的世界地图上，正是归功于他。法国国家国书馆

**塞巴斯蒂安·卡伯特1544年世界地图（后页跨页）▼**

随着1544年塞巴斯蒂安·卡伯特的世界地图（124 x 216厘米）在安特卫普出版，印刷地图上首次出现了来自西班牙和葡萄牙水手们的关于东印度和西印度群岛的更精确的信息。该图仿照西班牙地图，香料群岛或摩鹿加群岛被描绘在地图的西边，即左侧边缘。制图师本人较为熟悉的南美地区被描述得非常详细。卡伯特在地理信息及插图方面受到了伊比利亚半岛制图师创作的《皇家登记册》的影响。该地图有许多有趣的装饰元素，描绘了各个地区的动物、人类与船只。地图的雕刻工艺代表了当时技艺的巅峰。法国国家国书馆

MAXIMVS HIC DIES
MARE CONGEL
CIRCVLVS
Terra Incognita
OCEANVS
TROPICVS
MAR DEL SVR
Peru prouincia
TROPICVS
Terra vel mare incognitum
CIRCVLVS
MARE CONGEL
MAXIMVS HIC DIES

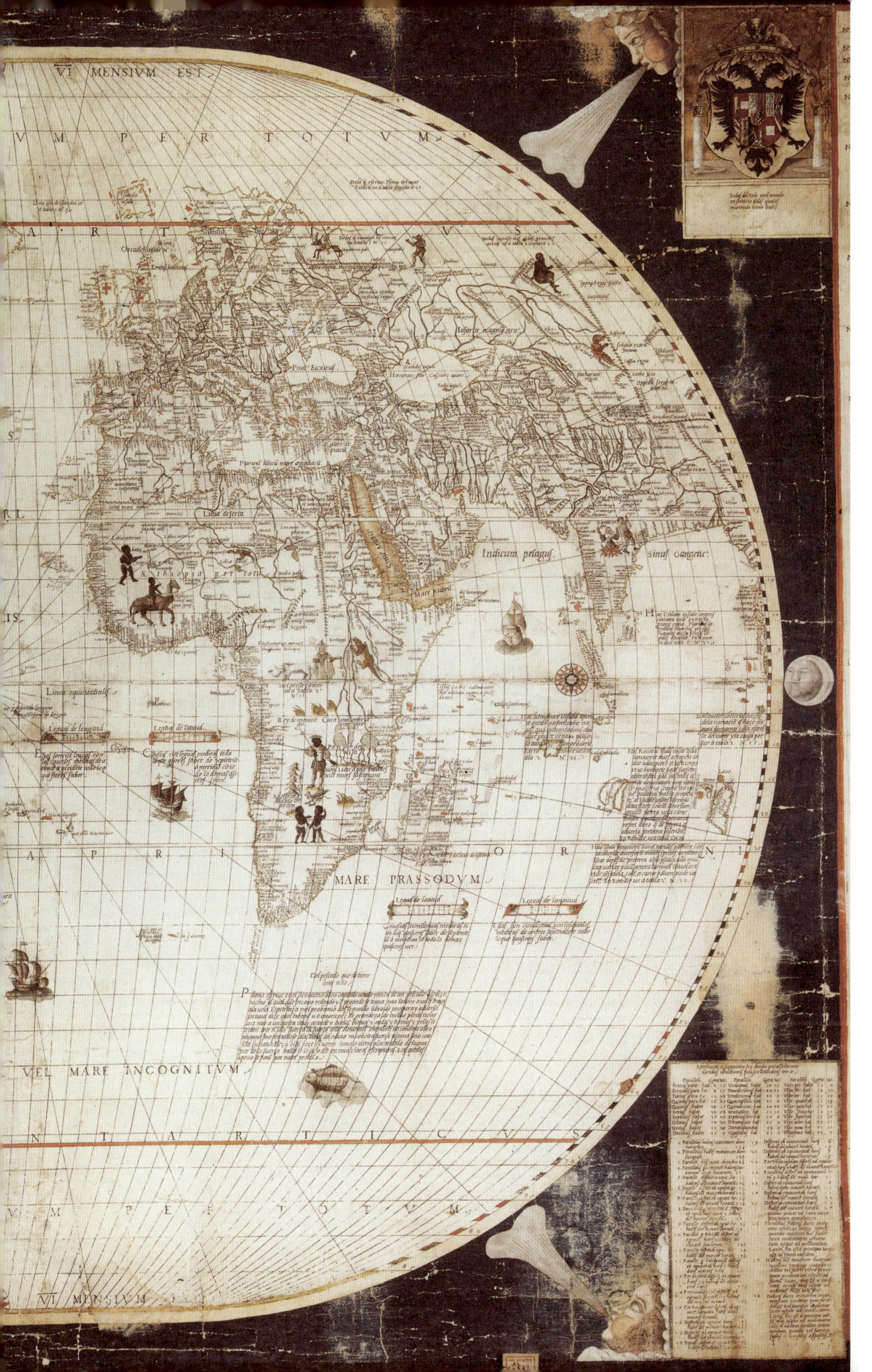
VI MENSIVM EST
VM PER TOTVM
A R T I C V S
Pont Euxinus
Libia deserta
Indicum pelagus
Sinus Gangetic
Mare Rubru
Linea equinoctialis
A P R I C O R N I
MARE PRASSODVM
VEL MARE INCOGNITVM
N T A R T I C V S
V M P E R T O T V M
VI MINSIVM

因为他们的手绘地图从未被印刷，未能接触到广大读者。然而，来自拉索和特谢拉地图中的地理信息并没有消失，因为它在亚伯拉罕·奥特柳斯、杰拉德·墨卡托和佩特鲁斯·普兰休斯等荷兰制图师制作的印刷地图中被采纳和改进。

西班牙和葡萄牙企图对竞争对手隐藏东印度群岛和西印度群岛利润丰厚的贸易路线的秘密，但在16世纪50年代以后，这在实际上已经不可能，法国人、英国人和荷兰人通过不断加大远洋航行和长途贸易的力度，开始挑战来自伊比利亚半岛的海员。

佩德罗·德·梅迪纳的世界地图 ▲

佩德罗·德·梅迪纳为他的羊皮纸手绘作品《宇宙学汇编》(1561)制作了这幅精美的小幅(35 x 28厘米)世界地图。该地图几乎像是伟大的《皇家登记册》的一个微型版本。地图上标出了天文导航所用到的最重要的平行线，还有一些比例尺与罗盘玫瑰。我们在今天的加利福尼亚下方可以看到代表南方海洋的大写字母MAR DEL SUR。这是西班牙语中对太平洋的称呼，该名称在16世纪其他欧洲人绘制的世界地图中频繁出现。
西班牙国家图书馆，马德里

佩德罗·德·梅迪纳：作为导航工具的直角器与星盘▲

这些图片出自佩德罗·德·梅迪纳著名的航海教科书《航海艺术》，描绘了可用于确定海上纬度的各种技术。在上图中，通过使用直角器测量北极星的高度，这使得在夜间测量纬度成为可能，但此技术只能在北半球能见到北极星的情况下使用。在南方海洋，海员必须转而使用星盘，这样可以通过正午太阳高度来测量纬度。
© 大英图书馆理事会
耶鲁大学拜内克古籍善本图书馆

Mar del Sur － 南方海洋◀

16 世纪初，通过西班牙资助的探险活动，欧洲人首次对太平洋进行了探索。虽然在现实中，他们在探险时通常航行在赤道以北，并最终找到了从阿卡普尔科到马尼拉的贸易路线，但西班牙人仍称这个巨大的海洋为 Mar del Sur，即“南方海洋”。这条路线沿着西班牙南部的纬线，在这个意义上，叫“南方海洋”这个名字也算合适。这一名称在欧洲人制作的世界地图上逐渐变得普遍，并一直沿用到 18 世纪。本图显示的是佩德罗 · 德 · 梅迪纳世界地图南部的细节

西班牙国家图书馆，马德里

## 总结

伟大的探险将地理与欧洲的权力和商业政治、外交及宣传牢牢地联系起来。在 16 世纪，新的地理信息创造了越来越多的行政官员职位——先是在西班牙和葡萄牙，后来在其他一些崛起的欧洲海洋势力，如英国、法国和荷兰——这些官员的任务是保存世界各地海洋的水文测量信息，并监督海洋贸易的许可。一个世纪内，地图被多次修改，呈现最为详细的最新地理信息，这对于西班牙和葡萄牙的君主而言尤为重要。他们持续维护着《托德西利亚斯条约》的有效性，该条约将全世界的陆地和海洋粗暴地划分为归西班牙和葡萄牙所有的区域。越来越详细的地图随之产生，目的是继续向竞争对手强化其对新土地的占领。

在西班牙和葡萄牙国王的赞助下，于 15 世纪最后几十年开始了大探险，但由这些旅程产生的地理信息也通过意大利、德国和荷兰的熟练制图师印刷的地图传播给更广泛的受众。印刷技术的创新，为制图师和熟练的印刷、木雕和铜版雕刻工匠们打开了前所未有的新市场。除国王之外，政府官员、商船海员、学者们以及很多其他人士开始对新地理信息产生兴趣。殖民者、雇佣军和传教士都希望在某种程度上能从欧洲人通向世界各地新领土的海上贸易扩张中受益。

当数以千计的欧洲船只——卡拉维尔帆船、克拉克大帆船和西班牙帆船——航行越过海洋，寻找海外之地的财富以及尚未发现的地方的信息时，欧洲最熟练的制图师则争相将这些新的土地和大陆放在他们绘制的漂亮世界地图中。其中许多船只从未回到故国的港口，而是沉于海底。几百年后，部分沉船被人发现，它们为我们了解疯狂的大发现世纪的概貌做出了贡献。虽然 16 世纪大部分的远洋船只都已永远消失，但他们带回来的有关新的土地的信息并未完全遗失。许多航程的信息被记录下来，这使得制图师能够在精美的文艺复兴时期的世界地图中比以往更准确地描绘那些遥远未知土地上的海岸线。

IV

第四章

# 世界地图进入专注时代

## 科学工匠测量世界

### 神秘信使和文艺复兴时期的世界观

1533年，备受好评的德国艺术家小汉斯·荷尔拜因绘制了著名作品《大使们》，当时他正在为英国国王亨利八世效力。在这幅画中，两位法国外交官把手臂搭在一个架子上，而在这个架子上小心地陈列着各种科学仪器。在上方的架子上有一个天球仪和各种测量角度的设备。下面的架子上除了一个作者不详的地球仪，还有一把长笛，一把鲁特琴，还有一本作为算术教科书的赞美诗集，该书作者彼得鲁斯·阿皮亚努斯是当时最有名的数学家与天文学家。在华丽而繁复的大理石地板上面有一个大的头骨，在绘制时故意对其做了扭曲透视处理。这个头骨只有从特殊的方向看过去才会呈现出正常的形状。

根据艺术历史学家的研究，荷尔拜因的这幅画充满了文艺复兴时期绘画的象征，可以按多种不同方式理解。当中提到了各种主题，从世俗权力与教会权力，到欧洲统治者之间复杂的外交关系，再到商业及政治统治领域的竞争，以及死亡象征和虚空派这些象征世间万物终将毁灭的性质的主题。《大使们》同时也成为研究"科学工匠"这一角色的起点——这些制造商专门制作科学设备、地图及球形仪。在第四章，我们会研究——科学工匠在他们的地图中传达的新地理信息，对16世纪欧洲人的生活及世界观起到了日益重要的作用。

球形仪是政治权力与宇宙知识的象征。它们是教学、展示与理解新地理信息的重要工具。地球仪也在争夺政治和商业主导权的外交竞争中发挥了重要作用。整个世界与任意的边界都可以画在地球仪上，而不会像把弯曲表面投影到平面印刷地图上那样，经常扭曲大陆及海洋的形状和彼此之间的距离与大小。荷尔拜因所处的时代这类球形仪没有获得认同或保存到今天。不过能够肯定的是，在16世纪已经有这种设备被生产出来。

在划定世界边界的过程中，欧洲有权势的国王们为世界的统治权展开血战，而天文学与航海理论则在此时紧密结合。荷尔拜因画中的地球仪包括按照颇受争议的《托德西利亚斯条约》所划定的边界，该条约将整个已知世界分为两大半球，分属西班牙及葡萄牙皇室所有。在荷尔拜因画作的地球仪上，我们只能看到大西洋的一小部分。在麦哲伦通过探险（1519—1522）成功完成首次环球航行后，如何划定世界另一边即今天的印度尼西亚地区的边界线走势，就成为当务之急。

《托德西利亚斯条约》中最重要的争议地区是马鲁古群岛，又称摩鹿加群岛，通常被称为香料群岛。在这些热带小岛上生长着肉豆蔻、姜和丁香等令西方人垂涎的香料，从16世纪开始，葡

萄牙人、西班牙人、英国人与荷兰人为此轮流展开谈判，甚至流血冲突不断。

荷尔拜因的《大使们》解答了一些问题，但它也带来了更多疑问，包括法国的代表们从哪里来与英国国王会谈等。欧洲每一位有影响力的统治者的宫廷里都有来自已知世界的大使们。他们的使命是要照顾其君主的经济与政治利益，这就要求他们能够看懂地图及图中呈现的世界。最新的地理信息通过外交官在各个宫廷间传播，其中经常涉及机密泄露与间谍活动。

在荷尔拜因的画中，彼得鲁斯 · 阿皮亚努斯编著的算术教科书与他制作的科学仪器传达出这样的讯息——图中的法国外交官博学多才，世界由那些能够最精准测量地球的人所决定。另一方面，扭曲的头骨提醒观者：我们周围的现实图景取决于在特定的时间里我们观察它时的视角，并且最终，我们全部的地球生命和我们的抱负都注定要消亡。

在第四章，我们要对文艺复兴时期的世界以及当时最著名的世界地图做更深入的探究，这些地图结合了科学、艺术以及当时的强权政治。地图体现了丰富多彩的可衡量或不可衡量的知识，可见或不可的势力，世俗与教会的权力，宗教战争，外交及政治阴谋。从这些图中人们可以一窥这个纷乱的时代，这一时期还有像小汉斯·荷尔拜因（约1497—1543）这样的众多文艺复兴科学与艺术大师热情地投入到创作当中。

《大使们》的世界◀

按照画名所示，小汉斯·荷尔拜因于1533年所作的油画《大使们》描绘了两位外交官形象。法国国王弗朗西斯一世的这两位大使可能属于当时受教育水平最高、最有影响力的那一类人。这幅油画有许多有意思的细节，例如两个人之间架子上的仪器与地球仪。在16世纪，世界地图与地球仪已成为重要的教学与展示工具，并帮助人们理解最新的地理信息。在当时统治者对世界主导权的争夺中，地图与地球仪也起到了核心作用。图中地球仪的模型可能是出自德国著名学者约翰内斯 · 舍恩那之手。"
英国国家美术馆，伦敦

科学工匠测量世界▲

油画《测量者》完成于16世纪末，作者是一位不知名的佛兰芒艺术家，该画作描绘了测量仪器如何运用于生活中的多个领域。图中的人物在给一袋袋面粉称重，测量布料的长度和建筑的高度，教授音乐，画出完美的圆形。在前景中有各种各样用来测量角度的装置，还有其他一些科学设备，例如地球仪，它可以将地理距离可视化，并用于教学。只有受过教育的工匠能制作出用于教学的地球仪与其他科学仪器，这类人被称为"科学工匠"。
牛津大学科学史博物馆

## 彼得鲁斯·阿皮亚努斯与赫马·弗里修斯的数学宇宙学

德国数学家与天文学家彼得·比内维茨（1495—1552）的拉丁名字彼得鲁斯·阿皮亚努斯在学术圈更为出名，1526年，他与卡塔琳娜·蒙斯纳在多瑙河畔充满活力的大学城英戈尔施塔特结为连理。他在那里开办了一家印刷厂，并成功运营了近三十年。两年后在兰茨胡特他出版了一本书，名为《宇宙学之书》（原文为德文Cosmographicus liber），该书在之后近一个世纪内，成为宇宙学领域最受欢迎的教科书之一。该书以数种欧洲语言出版，共计有三十三个版本，同时也让其作者成为当时最著名的学者。

全欧洲的大学都向阿皮亚努斯发出邀请，希望他担任教授，但后者决定留在英戈尔斯塔特并继续自己的独立工作。阿皮亚努斯在他五十七年的人生中保持了高产。他出版了数本著作，内容涉及宇宙学、天文学、数学以及如何制造并使用科学仪器，同时他还在自己的印刷厂生产了一批精美的地图。神圣罗马帝国皇帝查理五世任命他为宫廷数学家，这保证了他在财务方面的独立，并让他的大家庭生活无忧，当时正值宗教改革的多事之秋，新教徒与天主教徒在英戈尔斯塔特的

各个城门打得头破血流。

阿皮亚努斯的《宇宙学之书》主要以古代科学权威的学说为基础，通过文字和插图表现地球及宇宙的结构理论，并解释日食与月食等天文现象。文艺复兴时期，地图制作理论也是宇宙学学科的一部分。在这本书中，阿皮亚努斯尝试为宇宙学及地理学提供准确定义，这两个词在当时被用在多种不同语义中。这些不同概念带来的问题有些是显而易见的，例如，出自希腊—罗马时期的托勒密著名的地理教科书《地理学指南》字面意义是“描述性地理指南”，而最初翻译成拉丁文就成了“宇宙学”，后来又翻译成“地理学”。

阿皮亚努斯将宇宙学定义为：以传统教学为基础，从数学和天文学角度对地球与已知宇宙（环绕地球的天体）的研究。宇宙学与地理学在一些范围也有关联：学者尝试去定义地球如何根据基于天文观测的经线、纬线和气候带而被划分，地

**彼得鲁斯·阿皮亚努斯肖像◄**

查理五世皇帝的宫廷数学家彼得·比内维茨的拉丁名字——彼得鲁斯·阿皮亚努斯更为出名，这位学者在天文学、制图及印刷等方面都很有天赋。这幅铜雕由西奥多鲁斯·狄贝利于1628年完成，阿皮亚努斯肖像中出现了蜜蜂这样的装饰元素，这可以理解为是因为他的姓与蜜蜂这种昆虫有关系。拉丁语中的apis与德语中的biene都有“蜜蜂”的意思。在文艺复兴艺术领域，蜜蜂还具有象征意义，在此背景下，可以肯定是要强调的主人公在学问研究方面的勤奋。

维尔康姆图书馆

**赫马·弗里修斯肖像▲**

赫马·弗里修斯是荷兰当时最重要的宇宙学家、数学家和科学仪器制造家，他是一位真正的“科学工匠”。16世纪晚期，从意大利北部到尼德兰兴起了一场革命，推动地图与地球仪制作持续发展，弗里修斯是这一运动背后的重要力量。从他的名字中可以看出，赫马·弗里修斯是土生土长的弗里斯兰省人（位于今天的荷兰），他以鲁汶大学教授的身份毕生致力于科学工作，当时鲁汶大学位于荷属尼德兰，但如今属于比利时。这幅油画由马尔滕·梵·海姆斯凯尔克在16世纪40年代完成。

博伊曼斯·范伯宁恩美术馆，鹿特丹

Dat eerste boeck der Cosmo-

Wat dat Geographie es.

Geographie (als Wernerus seyt) es eenderley forme gelijck oft een bewerp van schilderien ware/ vandē principalen eñ bekenden deelen der werelt/ waer wte dat gemaect wordt eenē gheheelen bekendē omganck der werelt/ eñ vermaerdē plaetsen den deelen der werelt aenhanghende. Eñ si verschilt van Cosmographien/ want si deylt die aerde by diuersche deelen als bergē/ zee/ riuieren/ eñ anderē vermaerden plaetsen/ sonder eenige bewysinge van den circulen des hemels. Eñ es sonderlinge den genē profytelijck die de rechte kennisse vā diuerschen gesten/ histori̇en/ eñ poetrien begeeren te hebbene/ want dat bewerp der schilderien der seluer aerden brengt lich-

graphien van Pe. Apiano. Fo.iiii.

telijck ter memorien de ordinantie eñ gelegenthz van verscheydē plaetsen. Daer om es dat gebruyck/ eñ dat eynde der Geographiē des gheheelen omganck des werelts gelegentheyts aenschouwinge/ als een ghe heele ghelijckenisse des hoofts van eenen mensche met bequamer schilderyen beworpen ende ghemaeckt.

Geographie　Huer ghelijckenisse.

Wat dat Chorographie es.

Chorographie (als de selue Wernerus seyt) die oock Topographie gheheetē wordt/ aenmerckt alleene sommige wtgenomē plaetsen in hun seluen/ eñ sonder comparatie der seluer onderlinghe/ oft totten gheheelen omganck der aerden/ want si bewijst alle dingen ende bycans de minste die in haer begrepen zijn/ als hauenen/ steden/ volck/ loopen van riuieren/ eñ vele andere omtrent ligghende plaetsen/ als timmeragien/ huysen/ torrens/ vesten. etce. Eñ dat eynde oft gebruyck der seluer sal veruult worden int makē der ghelijckenissen van eenigher plaetsen/ ghelijck oft een schildere een oore alleene/ oft een ooghe alleene/ teeckende ende schilderde.

Chorographie　Huer ghelijckenisse.

★彼得鲁斯·阿皮亚努斯的宇宙书

彼得鲁斯·阿皮亚努斯的《宇宙学之书》是当时最重要的一本宇宙学教科书。本书于1524年首次出版，全书配有精巧图片，帮助读者弄清宇宙学与地理学之间的关系。

书的开篇用人的头部及其详细的特征做类比，对地理学与地方志（地形）的区别做了解释。对世界的地理研究被看成是整体（即人的整颗头），而地方志（地形）则主要关注细节（如耳朵或眼睛），是主要针对较小地区的地理学。

经纬线构成的坐标系统用一幅图（对页左上）来说明，用手抻展的线放在了布拉格城的坐标上。

作为天空模型的浑天仪（对页左中）是当时最重要的天文仪器之一。地球在仪器的中心。围绕着地球的圆环描绘的是两极、极轴和最重要的经线及其平行线。

另一幅插图（对页左下）展示了如何使用十字测天仪来测量月球和选定星星间的角度，并以此确定经线。

这几张图片均出自1545年印刷的《宇宙学之书》。（尤哈·努尔米宁世界地图收藏，赫尔辛基）

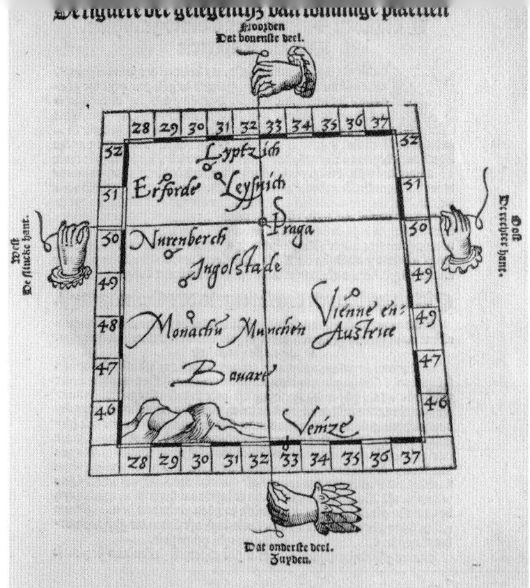


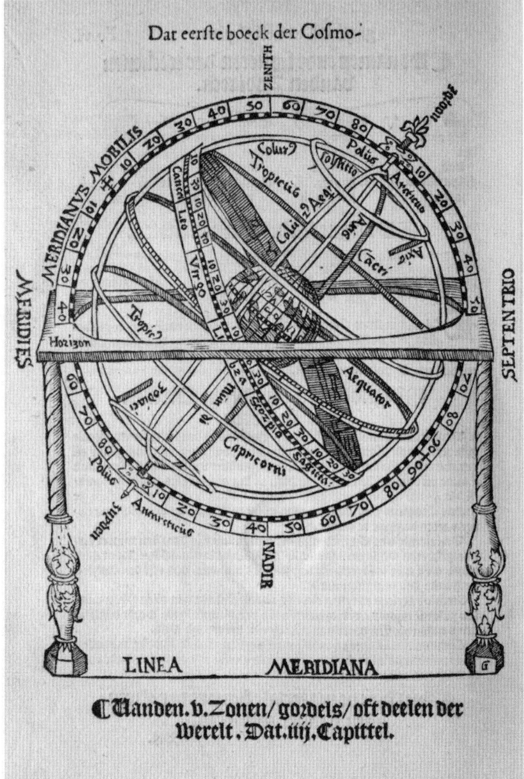


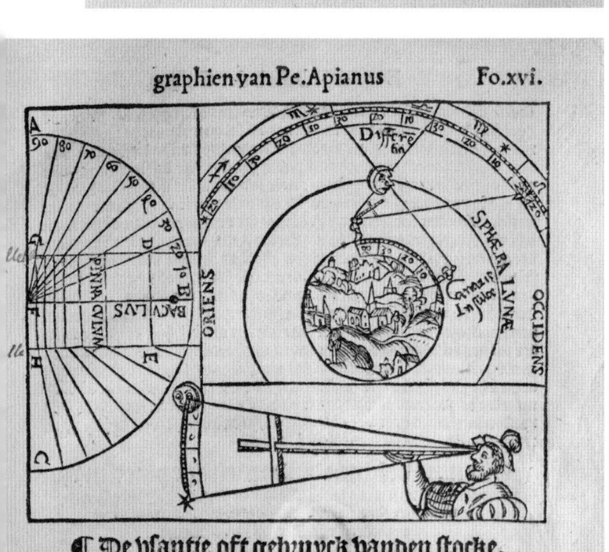


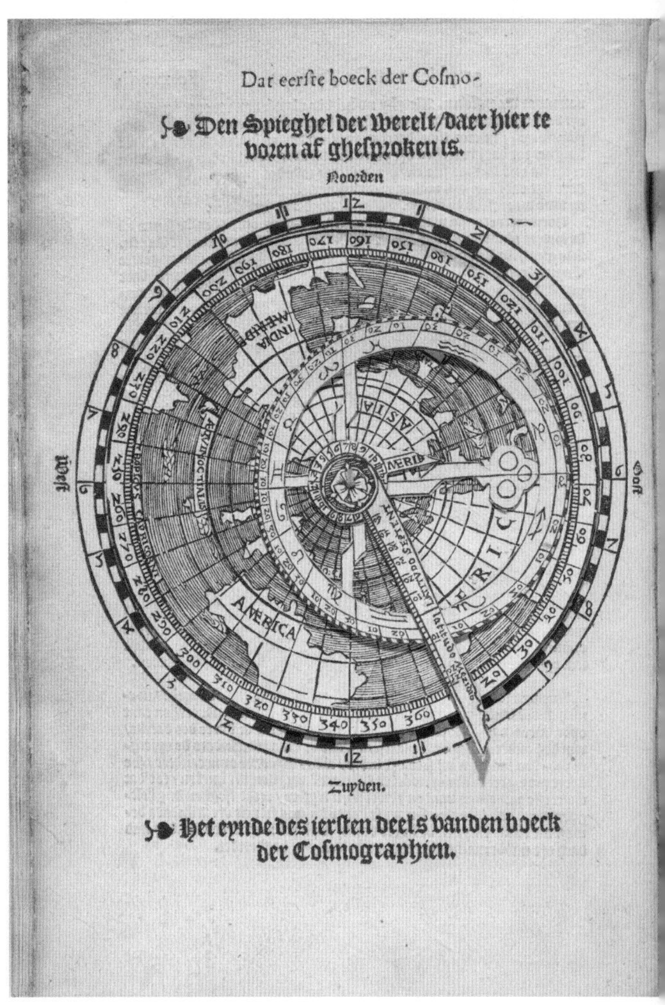


仪器中的世界地图▲

彼得鲁斯·阿皮亚努斯的《宇宙学之书》包含很多仪器插图，说明了宇宙学与地理学之间的关系。其中一个仪器的内部印有一张世界地图，以极地投影的方式描绘了世界。

尤哈·努尔米宁世界地图收藏，赫尔辛基

**彼得鲁斯·阿皮亚努斯世界地图，绘制于 1520 年▲**

彼得鲁斯·阿皮亚努斯制作的这幅木雕世界地图（约为 28x41 厘米）于 1520 年首次面世。地图参考的范例是著名的 1507 年的马丁·瓦尔德泽米勒世界地图。可以发现两者有一些相似之处——心形投影，新发现的美洲的形状，还有将马来半岛描绘成细长的"虎腿"的处理方式。该地图被重印多次，并出现在 16 世纪 20—30 年代出版的很多地理书籍中。

尤哈·努尔米宁世界地图收藏，赫尔辛基

球的曲面如何可以投影到平面，也就是说，制作世界地图要如何做到数学上的精确。对阿皮亚努斯而言，地理学是利用宇宙学原理对国家、海洋、山脉、河流等地理区域的位置与边界进行精准定位。所以，宇宙学与地理学不可避免地联系在一起，因为地球与天空的坐标都是根据相同数学与天文原理计算的，也就是托勒密所教授的原理。

在《宇宙学之书》中，阿皮亚努斯指出定义子午线——经线是非常困难的。这是文艺复兴时期天文学及航海领域最具挑战性和话题性的问题之一。很多学者都像阿皮亚努斯一样尝试找到解决此问题的实际办法，以便能较为容易地在实际航海中应用。赫马·弗里修斯（1508—1555）是西班牙属尼德兰勒芬大学的一名颇为重要的学者，他在自己的著作《天文学及宇宙学原理》（原文为拉丁文 De Principia astronomiae & cosmographaiae）中思考了这一问题，他在该书的第二部分《关于地球仪的使用》（原文为拉丁文 De Usu Globi）中发表了自己卓越的理论。

赫马·弗里修斯认为机械钟表对在未知水域中确定经线最有帮助。该理论的依据是，确定经线的问题必定涉及时间测量的相关知识。水手如果能同时准确地知道母港与当前所处位置的时间，就可以确定一个未知地点的经度。有经验的水手无论在哪里都可以很容易地通过太阳的位置确定当地时间。当太阳到达天空最高点时，水手

**彼得鲁斯·阿皮亚努斯和赫马·弗里修斯的世界地图，绘制于1544年▲**

从1544年开始，彼得鲁斯·阿皮亚努斯的《宇宙学之书》的印刷版会配有一张小幅（约19x27厘米）世界地图。这幅图是赫马·弗里修斯制作的大地图的复制品，原图已经遗失。这幅世界地图被献给了查理五世皇帝，他的肖像在地图的上方边缘熠熠生辉。这位统治者的胸甲上凸显了他的双头鹰标志。这幅图表明了地理知识在20年内的传播程度。南美洲的形状更为准确，马来半岛也收缩到了合适的大小。

尤哈·努尔米宁世界地图收藏，赫尔辛基

就会知道这是当地时间的正午。测量经度的问题源于航海员不能准确地知道他出发港口的即时时间。16世纪时，钟表还不能长时间地保持时刻准确；在海上困难的条件下，钟表时慢时快，或是彻底停摆。原则上，由于地球每24小时围绕地轴360°旋转，利用离岸港口与当前位置之间的时差就可以轻松地转换为两地间的地理距离。因此每一小时就相当于一个圆周的1/24，或等于15°。

尽管在16世纪以地球为中心的世界观仍然是主流——人们相信地球固定不动，太阳与行星都围绕着地球旋转——时差与地理位置之间的联系在当时与今天没什么区别：一小时等于15°。实际上，到18世纪，在海上精准定位经度都是几乎不可能做到的，这种情况一直延续到英国人约翰·哈里森（1693—1776）最终开发出一种钟表机械装置——精密计时器的时候，该装置可以在困难条件下依然保持时间准确。

彼得鲁斯·阿皮亚努斯提供了另一种在未知地区确定经度的办法，可以不依赖机械钟表，但需要“天体钟”——即月亮、星辰及其距离。在阿皮亚努斯之前，天文学家已经发现月亮按照自有轨道运行，与星星相比，移动速度可谓相当快，大约每小时能够移动一个月亮自身宽度的距离。因此，理论上水手们可以观察月亮的运动，并将其作为一个“钟表”，借助名为“雅各布十字测天仪”的设备来测量月亮与其他天体间的角度和距离。之后可以通过使用航海天文历这种特殊表格，将这些测量数据转换为距离，而航海天文历是根据航海家对天体在特定经线上的方向及高度进行计算后编纂而成。

虽然使用了阿皮亚努斯具有独创性的新方法，还是有不少问题，想要在摇晃的船只甲板上获得大量足够准确的测量数据几乎不可能。这一方法从未在水手中间普及，但这一系统也并非毫无优点，德国的制图师们就利用对月亮距离的测量数据，得出了相当准确的城市与乡村区域地图的经度。

彼得鲁斯·阿皮亚努斯穷其一生试图创作通俗易懂的宇宙学与地理学原理指南读物，事实证明其作品大受欢迎。《宇宙学之书》准确的语言及配图启发了几代学生研究该书的主题。文艺复兴时期的宇宙学家谨遵托勒密的训导，着重强调了地理学与天文学以及地理位置与当地时间的联系。对此，阿皮亚努斯用自己独创开发的“纸仪器”辅助绘图说明了这一点，该“仪器”包括模拟计算器，又称诺模图，可以简化天文学和地理学涉及的计算。

《宇宙学之书》中有关于这种仪器的范例体现于一幅印刷版世界地图，它被设计成了圆形仪器的形式，共有四个活动部件连在轴上，这样各部件能够各自独立移动。在其外围有一个直接印在书页上的静止圆环，将一天分为 24 小时。包含世界地图的圆盘能够昼夜不停地旋转。这幅地图使用的是极地投影的方式，即以观者从北极的角度对世界进行描绘。在世界地图的顶部有一个可动环，展现了一天中北极星周围的天空做旋转运动的景象。该仪器还有指示纬度与经度的指针。

阿皮亚努斯为这个纸质仪器所开发的世界地图中有两点引人注目：它是第一批极地投影世界地图之一，也是最早展现太平洋巨大面积的地图，麦哲伦环游世界的探险早已证实了太平洋的浩瀚。地图清晰地展现了南美洲西海岸与中国之间的距离，要远远超过 16 世纪早期人们所认为的长度。这幅地图也很自然地没有对北美洲西部进行描绘，后者当时还不为人知。绘制这幅地图不是为了要呈现准确的地理信息，而是首先要帮读者理解地理学与天文学之间的关系，并且让那些必要的计算变得更容易。因此，这幅地图也缺少欧洲皇室之间根据《托德西利亚斯条约》所划分的主权政治分界线。

1529 年，赫马·弗里修斯对阿皮亚努斯的《宇宙学之书》进行了一些修订，然后在安特卫普出版了该书的拉丁文版本。新版本在学术圈传播更广，取得了比之前版本更大的成功，还迅速出版了法文及荷兰文版本。十六年后的 1544 年，这本书依然畅销，赫马·弗里修斯又给书中增添了一幅精美的小幅世界地图，该图基于他在 1540 年编辑的大幅世界地图绘制。遗憾的是大图已经遗失。

赫马·弗里修斯世界地图的上半部分包含有查理五世皇帝的肖像，在他的护胸甲上有双头鹰标志。这幅简洁的地图只包含了最基本的地理信息，周围有 12 个表示风向的风头，这是文艺复兴时期的常见形式。地图的最右边绘有黄道十二宫与其他主要星座。摩鹿加群岛（香料群岛）的位置在地图的西半部分，这并非巧合，而是一种政策声明，即该群岛属于西班牙国王及神圣罗马帝国皇帝查理五世的势力范围。在本图中，皇帝拔出长剑，目光聚焦在这些有争议的群岛上。在现实中，作为 1529 年《萨拉戈萨投降协定》的结果，查理五世官方放弃了对摩鹿加群岛的权力，葡萄牙国王约翰三世控制了该群岛，而西班牙国王则获得了对今天菲律宾地区的控制权。

尽管在文艺复兴“最伟大的制图师”的行列中通常没有彼得鲁斯·阿皮亚努斯，但在后来的历史研究中，他紧随赫马·弗里修斯之后，毫无疑问地被列为当时最重要的制图师与数学家，对制图的发展产生了重要影响。阿皮亚努斯与弗里修斯所著的数学天文学著作与教科书，帮助后来的制图师创作出了更优质、更准确的地图。阿皮亚努斯的书与地图在呈现事实方面，要比在他之前那些制作上很成功的地图要更为清晰准确。毋庸置疑，他是一位最为重要的教育家、一位在多个领域都有所建树的大师，同时也是天文、数学及制图信息的传播者。在此知识基础上，诞生了制图史在文艺复兴时期最重要的一位人物——杰拉德·墨卡托（1512—1594），有关他的生平与作品，我们会在本章末尾详细介绍。

**奥文斯·菲内的心形投影，绘制于 1534 年▲**

1534 年，奥文斯·菲内制作了这幅著名的世界地图，在其所处的时代，菲内是法国数学与制图领域的领军人物，这幅图是当时描绘已知世界最重要的一幅作品。这幅对开尺寸地图（51x57 厘米）使用了所谓的心形投影法，这种投影法可以将北极纳入地图。菲内这幅令人印象深刻的地图被献给了法国国王弗朗西斯一世。
法国国家图书馆

## 奥文斯·菲内——国王之“心”

著名的法国数学家、天文学家与制图大师奥文斯·菲内（1494—1555）在 1534 年制作的世界地图，是当时在地理方面最精美并且对已知世界描绘最准确的地图之一。文艺复兴时期以数学为基础的制图师们创造了很多新式地图投影法，其中就包括所谓的心形投影法。菲内出版的这幅心形世界地图上印有拉丁文解释：“十五年前，为了向弗朗西斯一世国王致敬，我设计了这幅人类心脏形状的地图……现在它终于出版了。”地图底部有一行字：Regis[s]mathematic[us] facebiut，意思是“由一位数学家制作”。

根据菲内所述，心形投影法并非他个人的发明，而很可能是他根据纽伦堡数学家、牧师约翰尼·维尔纳在1514年印刷出版的一本数学说明书草拟而成，在维尔纳之后，这种类型的地图投影才有了现在的名字。

维尔纳投影引起了文艺复兴时期制图师的兴趣，因为它使得以二维方式描绘地图上的一些地区成为可能，例如极地，而使用托勒密投影法就无法在地图上展现这类地方。

这些漂亮的心形世界地图经常被敬献给统治者，这种地图与纹章有一定联系，因此颇受当时的统治者喜爱。马克西米利安一世皇帝（1459—1519)就是其中之一,他对心形纹章标志很感兴趣。德国学者约翰内斯·斯托伯勒，又名斯达比斯（卒于1522年），是一位数学家与诗人，他在皇帝宫廷服务时,为心形投影开发了一个数学模型。此外，一些制图师也对心形的象征意义颇有兴趣。奥文斯·菲内践行了神秘主义，另外，作为古代哲学家们的狂热读者，他将心形与斯多葛派所倡导的个人与宇宙和谐共处的思想联系在一起。

奥文斯·菲内的地图完成时，宇宙学的学术圈正在对地球上究竟有几个大洲展开激烈争论。菲内在地图上展现的南方大洲占据了整个南极地区。这幅地图包含一段拉丁文题词：Terra Australis. Nuper inventa，sed nondum plene examinata，翻译过来就是：“南方大洲。最近被发现，但尚未被完全探索。”许多其他的著名制图师都在自己的地图里采用了南方大洲这一做法，其中包括意大利人制图师兼天文学家贾科莫·加斯塔迪和荷兰人亚伯拉罕·奥特柳斯，这种做法一直延续到17世纪末。

当时另一个被激烈辩论的主题是美洲与亚洲是否在陆地上接壤。菲内在他的地图里所描绘的美洲与亚洲相连，两大洲之间并没有海峡阻隔，这与墨卡托在1538年所画的世界地图中将两大洲分离处理的做法不太一样。不过，墨卡托的这种理解仅仅是一种大胆猜测，因为直到18世纪，人类才真正探索了白令海峡。

## 塞巴斯蒂安·明斯特
## ——世界向普通民众敞开

塞巴斯蒂安·明斯特(1488—1552)十分勤奋。他出生在美茵茨附近的小镇英格尔海姆，他的祖先世代在此当牧师和医生。年少时的塞巴斯蒂安在方济会教士经营的学校里接受了良好的基础教育。之后,这位天赋异禀的小伙子到比利时的勒芬，德国的蒂宾根、海德堡以及瑞士的巴塞尔等当时最好的教育中心继续学习。明斯特刻苦学习了数学、地理、天文学和闪米特语——他一生中写了近八十本书，主要关于希伯来语研究和神学。

1524年，明斯特被任命为海德堡大学的希伯来语教授。在此期间，他对地理学和天文学的兴趣日渐浓厚，并开始系统地收集地理、民族和历史方面的资料以编著一本新的百科全书。四年后，他发表了一封公开信，向帝国周边的学者同行及艺术家们呼吁，请求他们协助收集资料：“让大家都来帮忙完成一本著作，它将呈现……德意志全部的土地及其领土、城市、城镇、乡村、著名的城堡与修道院、高山、森林、河流、湖泊和物产，也包括人的特征与习俗，发生过的重大事件，还有现在在许多地方仍能发现的古物。”

二十年后，明斯特的代表作《宇宙志》终于出版，而在此之前，这位学者的生活发生了巨变。1529年他接受了巴塞尔大学邀请，出任该校的希伯来语教授一职，他与天主教会从此一刀两断，并公开支持宗教改革。一年后，他与好友、出版人亚当·佩特里的遗孀安娜·塞尔贝结婚。在巴塞尔，他最初专注于研究古代地理，并将重新编辑过的索利努斯的《博学者》与庞波尼乌斯·梅拉的《世界图本》以拉丁文出版。

1532年，明斯特为西蒙·格里诺伊斯与约翰·胡蒂希颇受欢迎的游记《新世界地区》（原文为拉丁文Novus Orbis Regionum）画了一幅著名的世界地图,并为书中的地图写了一篇介绍。

**塞巴斯蒂安·明斯特肖像▲**

塞巴斯蒂安·明斯特在其生活的年代里，是最为重要的德国学者与宗教改革支持者之一。他的代表作被认为是他在1544年出版的德语版《宇宙志》，该书描绘了欧洲人当时已经了解到的全部世界。明斯特的《宇宙志》后来被翻译成多种其他语言，并成为16世纪被阅读最多的作品之一。这幅肖像于1522年绘制，作者是克里斯托弗·安伯格。画廊博物馆，柏林

**巴塞尔——新教的文化中心▲**

巴塞尔位于瑞士的德语区，坐落在莱茵河畔。1529年，巴塞尔城宣布信奉新教，同样皈依新教的商人和富有的手工艺人很快到此定居。在宗教改革时期，城里活跃着很多重要人物，这当中就包括学者塞巴斯蒂安·明斯特、新教领袖约翰·加尔文（1509–1564）、鹿特丹的人文主义学者伊拉斯谟（1466–1536）和文艺复兴艺术家小汉斯·荷尔拜因。这幅巴塞尔地图出自《寰宇城市》（原文为拉丁文 Civitates Orbis Terrarum）。
尤哈·努尔米宁世界地图收藏，赫尔辛基

该书记叙了几位著名探险家到地球最远端的传奇旅行，这些探险家包括马可·波罗、阿尔维塞·卡达莫斯托、亚美利哥·韦斯普奇、克里斯托弗·哥伦布和卢多维科·迪·瓦尔泰马。书中的世界地图并未呈现当时最新的地理世界观，与二十多年前的1507年瓦尔德泽米勒地图相比，也没有太多新信息。在明斯特地图的第一版中，南美被打上了亚洲的标签，直到1555年的版本，我们才发现加上了一行小字“美洲，新发现的土地”（原文为拉丁文 America，Terra Nova）。明斯特的目的不是要在自己的地图里汇编所有的最新信息，而是要以出现在书中的旅行作家们在其旅途中开始了解到的情况来描绘世界。

因此，明斯特1532年地图最有趣的方面并不是它所呈现的地理信息，而是书中位于页边处用来说明世界各地财富与奇观的图片。地图的右下角描绘了意大利贵族与旅行家卢多维科·迪·瓦尔泰马（约1470—1517）在亚洲的探险活动，图中他正在与一头公羊较量。根据迪·瓦尔泰马对其旅行的记述，德林达依（位于今天的缅甸）当地的羊比欧洲羊个头更大，也更难驯服。左下角则描绘了南美洲在当时典型的场景。哥伦布与韦斯普奇都报告称当地人与欧洲人不同，他们身上不穿衣服，还有吃人的行为。地图左上角的图展

现了由意大利奴隶贩子与探险家阿尔维斯·卡达莫斯托所描述的非洲景观，如用圆木块将下嘴唇撑开的土著人，还有高大到足以踩踏人类的大象，右上角是东南亚出产的令人垂涎的香料，包括辣椒、丁香和肉豆蔻。

明斯特为世界地图配插图的目的，是要强调书中所展现的信息是基于对异国土地的第一手记录，而非制图师的想象。欧洲人此前所不知道的这些异族蛮人也给当时的哲学与神学带来了棘手问题，因为新大陆上的这些怪人对《圣经》故事和教会教义在人类历史上的唯一真理地位构成了挑战。神学家们在思考，为什么《圣经》里完全

**塞巴斯蒂安·明斯特与小汉斯·荷尔拜因的世界地图，绘制于 1532 年◀**

这幅对开尺寸（约 35x54 厘米）世界地图发表于一本书中，书的作者是两位德国人：约翰·胡蒂希和西蒙·格里诺斯，该书描绘了中世纪至 16 世纪早期的几次著名旅行与探险。地图本身是塞巴斯蒂安·明斯特的作品，而地图边缘的图案的作者据推测是小汉斯·荷尔拜因。从地理信息方面看，这幅地图更像一份草稿，观者的注意力都被华丽的插图所吸引，包括出现在极地的用曲柄转动地球的天使插图等。尤哈·努尔米宁世界地图收藏，赫尔辛基

没有提到第四个大洲，大洪水过后，诺亚的儿子们或是他们的子孙又如何能航行越过宽广的大洋。

究竟是谁设计并雕刻了明斯特 1532 年世界地图四周的这些图片？研究者们曾就此问题探寻多年。传统观点认为，此人应该是小汉斯·荷尔拜因，他经常与明斯特合作。他们曾将木刻技术用在一大张纸上，一起印刷出版了 1534 年的阴阳历。然而荷尔拜因似乎并未参与这个地图项目，因为当时他已经去了英格兰，工作比较稳定，直至去世。而在该地图问世两年后，荷尔拜因在英格兰参与了阴阳历的雕刻与插图工作，这又说明地理上的距离并没有成为这两人继续合作的障碍。

关于此图四周的插图还有一些神秘故事。在两极地区出现了两个天使，正用曲柄转动地球。尼古拉·哥白尼（1473—1543）在其著名作品《天体运行论》（原文为拉丁文 De revolutionibus orbium coelestium）中提出了革命性的日心说，不过在这幅地图出版时哥白尼的这本书尚未出现。但在哥白尼的手稿《短论》（原文为拉丁文 Commentariolus）中，作者所提出的地球围绕地轴旋转的理论却已在学术圈传播。明斯特并未公开支持过哥白尼的理论，但可能是在了解过哥白尼这部手稿之后才设计了这幅地图的框架结构。根据中世纪宇宙学理论，天使负责天上的球体——太阳、月亮和其他天体——围绕地球运行，这一点我们在本书的第一章已经提到。哥白尼则认为天使与天体运转毫无关系。构成这幅地图的那些插图将哥白尼地球自转的新观点与古老的天使旋转天球的中世纪形象结合在了一起。但这些图到底是谁画的呢？

曾有人推测，在明斯特制作地图的那段时间，在巴塞尔城外工作的铜版雕刻师康拉德·施尼特可能是这些图的作者。施尼特并未接受过宇宙学（数学与天文学）方面的训练，但学过艺术与铜版雕刻。如果是他画了地图中的这些图，他可能并未完全理解天使旋转地球从宇宙学角度的含义。

**塞巴斯蒂安·明斯特大洲地图，绘制于 1540 年▲**

1540 年，塞巴斯蒂安制作了托勒密《地理学》新补充版本，在该版本中，作者提出了以独立地图描绘各大洲的新方法。欧洲地图是唯一以东为主方向的，这就意味着南方位于地图的顶端。后来明斯特还将其为内容广博的百科全书《宇宙志》绘制的许多地图加入了《地理学》之中。这些精美的手工着色的大洲地图出自该作品的 1567 年印刷版本。

弗赖堡大学

无论是谁画了地图里的天使，都有可能仅仅是将其作为装饰元素，而没有更深的宇宙学方面的启示。另一种理解是，天使并非对哥白尼理论的陈述或反驳，而仅仅是一次以三维立体的方式描绘一个球体的尝试，一个物体在现实中能够围绕其轴进行旋转。

这两种解释都有其道理。作为观察宇宙的新结果，古代权威的宇宙与地理观点逐渐开始受到挑战，第一种解释便是基于这一时期新信息的传播与展现。后一种解释涉及文艺复兴时期写作与艺术新的立体表现方法，这一主题让许多文艺复兴艺术家对科学产生兴趣，阿尔布雷特·丢勒与小汉斯·荷尔拜因就都以极大的热情对科学进行了研究。这些天使的含义并没有任何结论性的答案，但这两种解释都揭示了这幅文艺复兴时期地图有趣的一面，这也是科学与艺术之间富有成效的互动产生的结果。

1540 年，明斯特完成了自制版本的克劳迪乌斯·托勒密《地理学》，取名为《古今地理通识》（原文为拉丁文 Geographia universalis, vetus et nova）。明斯特通过这部作品创造了一种观察各大洲的新方法——以各自独立的地图呈现欧洲、亚洲、非洲与美洲。大洲地图成为 16 世纪地图集的标准，到今天依然被沿用。明斯特的《地理学》共包含四十六幅由他本人绘制的地图，四年后在他自己的著作《宇宙志》中，《地理学》中出现过的一些地图又被重新出版。

在《古今地理通识》中，明斯特还发表了一幅新的世界地图，与他八年前刚出版的地图在许多方面都有所不同。在新世界地图中，明斯特对西北航道提出了有趣的说法。在代表格陵兰的大陆块下方有这样的文字："经过此海峡有一条开阔路线可通向摩鹿加群岛"（原文为拉丁文 Per hoc fretum iter patet ad Mollucas）。这一信息来源于一些法国资料。1524 年，法国国王弗朗西斯一世与里昂和鲁昂的商人合作，派遣老练的佛罗伦萨水手乔瓦尼·达·韦拉扎诺为法国商人去寻找并开拓一条通向东方财富的西北海路。

韦拉扎诺在旅途中绘制了从哈德逊湾到北边的纽芬兰的北美海岸地图，但他并没有找到通往中国的走廊。十年后的 1534 年，另一位经验丰富的法国航海家雅克·卡蒂埃（1491—1557）被派往寻找相同的路线，他沿着拉布拉多半岛海岸经过的很多水域，都是约翰·卡伯特在近三十年前就代表英格兰航行过的地方。1535 年，卡蒂埃第

二次到北美沿岸航行，他穿过圣劳伦斯湾，沿圣劳伦斯河而上，到达了休伦湖附近的印第安村庄霍赫拉加，此地位于今天的蒙特利尔附近。卡蒂埃是第一位深入到北美洲如此遥远地方的探险家。他相信并盼望自己能够发现与太平洋的枢纽，并沿着这条大河继续向前到达摩鹿加群岛。法国人努力找寻通往香料群岛西北航线的信息，通过明斯特的 1540 年世界地图传递给了全欧洲的制图界。

塞巴斯蒂安·明斯特的代表作《宇宙志》最终在 1544 年完成。欧洲各地的一百多位学者响应了明斯特的公开信，他们为百科全书的出版向明斯特提供了地图以及各种主题的文字作品。到 1628 年，该书已经更新了三十五个版本，并以六种文字印刷：德文、拉丁文、法文、意大利文、英文以及捷克文。

与阿皮亚努斯一样，明斯特也以宇宙学为自己的书命名，尽管他使用这一词汇的意思与前者不同。明斯特的《宇宙志》是按照地理学组织的百科全书，包含已知世界的各种信息：国家、人民、历史、植物和动物。尽管该书主要专注于描述国家与人，也就是“人文地理”，但仍然体现了托勒密的制图原理。从大洪水到该书出版的 16 世纪 40 年代的最新历史事件都出现在书中。明斯特创作的古典参考对象是古希腊地理学家、历史学家、哲学家斯特拉博的作品，后者在自己内容丰富的《地理学》一书中以地理参考系为坐标考察了人与历史。文艺复兴时期，斯特拉博的《地理学》被认为是人文地理的经典权威著作，在该书诞生的时代，其在学术圈受欢迎程度与托勒密的《地理学》在数学制图领域受欢迎程度相当。

明斯特经常对《宇宙志》进行更新，并努力在自己去世前发表了几个版本。截至 1550 年版本，该书已经增加到 1200 多页，包含近 1000 幅木版图、地形图以及城市地图，还有许多历史事件、植物与动物的插图。书中还包括手工艺、耕种与狩猎等实用技能。明斯特特意将自己的代表作以德语出版。作为宗教改革的支持者，他认为有一点很重要，那就是要把信息带给任何具备阅读能力的人，而不仅是掌握拉丁文的学者。《宇宙志》是宗教改革时期最重要的书之一，在当时受到了学者与受过教育的普通人的欢迎。

著名历史学家马修·麦克林对明斯特的成就总结得非常到位：“在《宇宙志》一书中，塞巴斯蒂安·明斯特创造了一种通用地理，并将其融入历史，将人类所有文明放入一个简单而有意义的进程当中。为此他加入了民族志方面的信息，以及地上地下各种创造物的描述。他因此创造了一本百科全书原型，这是一本满足各个行业读者兴趣的年鉴；它是一本既现代同时又非常受欢迎的宇宙志。毫不夸张地说，在 16—17 世纪的转折时期，欧洲受过教育的平民新教徒的世界观——包括地理、国家、人类与历史方面——在很大程度上以明斯特的《宇宙志》为基础而建立。”

TYPVS VNIVER
Septentrio
Circius
Chorus 80 Latitudo Septent.
Oceanus
Terra noua site de Bacalhos
Islandia
Thyle
Per hoc fretū iter patet ad Molucas
Francisca
Corterati
Europa
Mare Caf.
ASIA
Terra florida
Medera
Mare mediterraneū
Hispaniola
Insulæ fortunatæ
Mauritania
Tropicus Cancri
Libya
Arabia
Cuba
AFRICA
Calicut
OCEANVS Occidentalis
Aethiopia
Zephyrus
Troglo dite
Aequinoctialis Circulus
Fauo nius
AMERICA seu insula Brasilij
Madigascar
Tropicus Capr
Cap. bonæ spei
Zanzibar
Fretū Magaliani
OCEANVS Australis
Insulæ Grifo
Lips Africus
Latitudo merid.
Libonotus
Austroafricus
Auster

**塞巴斯蒂安·明斯特世界地图，绘制于 1540 年◄**

塞巴斯蒂安·明斯特 1540 年的这幅粗线条的世界地图包含很多有趣的细节，如对可能存在的西北航道的暗示。早在 16 世纪，探险家们就开始寻找通过北部水域向西或向东航行到达东方财富的更快捷的路线。在地图的左下角我们可以看到一行拉丁文题字："经过此海峡有一条开阔路线可通向摩鹿加群岛。"事实上，还没有人找到任何类似海上路线，尽管早在 16 世纪 20 年代，法国国王弗朗西斯一世就已派出探险队前往这些远离海岸的遥远北部海域，即今天的加拿大地区。

尤哈·努尔米宁世界地图收藏，赫尔辛基

## 威尼斯插曲：巴蒂斯塔·阿格尼斯、贾科莫·盖斯塔尔迪和吉罗拉莫·鲁谢利

闪耀着夺目光彩的白色威尼斯总督府（原文为意大利文 Palazzo Ducale）雄伟地矗立在威尼斯中心圣马可广场旁。自中世纪起这座宫殿就作为市政厅与法庭运行。今天它是威尼斯最受欢迎的博物馆之一，讲述着有关这座古城漫长而丰富的迷人历史故事。这座宫殿的特色是其宏伟的地图大厅（原文为意大利文 Salla delle Mappe），从地板到天花板的墙上全画满了装饰地图，根据传统，被选为城邦首领的总督会将此宫殿作为官邸。该大厅特别为总督举办正式招待会而设计，装饰大幅壁画地图的目的是要宣扬威尼斯共和国遍及整个已知世界的政治及商业影响力。

从 16 世纪 30 年代开始，威尼斯城邦成为欧洲毫无争议的地图制作与销售中心。在这个以航海为主业的共和国，活跃着一批专门从事地图刻制与绘制的工匠、印刷并分销这些地图的出版商以及一些博学的宇宙学家，他们努力制作数学与地理方面最为精准的地图。其中有几位专业制图师特别引人注目：巴蒂斯塔·阿格尼斯（约 1500—1564）、贾科莫·盖斯塔尔迪（卒于 1566 年）和吉罗拉莫·鲁谢利（约 1518—1566）。通过这三人，人们能够欣赏到 16 世纪威尼斯生产的三种不同的世界地图：航海图、印刷世界地图以及包含对托勒密传统进行全新阐释的地图。虽然这些地图在形式、尺寸、制作方法以及使用目的方面不尽相同，但有一个统一的主题：那就是要突出

威尼斯城邦在世界国家中的永恒荣耀。这座城市强大的精英们非常乐于看到他们的城市被当成宇宙中心的象征。

自中世纪起，威尼斯城邦就成为欧洲长途贸易的重要枢纽。这座位于亚得里亚海的河湾地带的城市，以商船航海业为生，跟随着整个已知世界的海上贸易节奏发展。尽管威尼斯共和国并未以官方名义配备考察探险的船只，但所有来自海洋世界最新和最具商业价值的信息都会迅速传到这里。这个城邦的众多官方大使是信息得以快速传递的保证，他们在世界各地履行职责的同时，预先保障了威尼斯共和国的利益。

威尼斯航海图及其早期代表人物——14 世纪的佩特鲁斯·维斯康提和 15 世纪的安德里亚·比安科等，在地图制作领域仍然深受尊重。一个完全依赖于商业航运而存在的国家，如果没有出色的航海图，根本就不能发展如此之迅速。但同时也有人希望得到图饰精美的航海地图集。在 16 世

纪，这些海图集不仅成为商船的实用辅助工具，还为欧洲富豪们足不出户的私人沙发椅上的旅行提供了便利。这些手绘在羊皮纸上的海图集昂贵而独特，博学的贵族们和富商们对此趋之若鹜。

巴蒂斯塔·阿格尼斯出生在热那亚，在其位于威尼斯的新家中，他为富有的客户制作了当时最著名和最受欢迎的海图集。阿格尼斯首先是一位技术娴熟的工匠，而不是像盖斯塔尔迪和鲁谢利那样熟练掌握数学和天文学的宇宙学家。在阿

16 世纪初的威尼斯——印刷业与海运业的超级大国▲

1500 年，威尼斯艺术家及雕刻师雅各布·德巴尔巴里出版了这幅威尼斯鸟瞰地图。这幅城市景观图是最大的木刻画（约 131x282 厘米）。德巴尔巴里在这块木头上刻制了大量有趣的细节，精细程度具体到了每一栋房屋。他的地图不仅体现了威尼斯无与伦比的雕刻技术，还展现了这座城市在商船海运的伟大成就。这幅地图非常详细，以至于今天的游客仍然可凭借这幅地图找到通向古迹的道路。不过，这幅壮观的地图并没有于 16 世纪在威尼斯展示过，而只是作为珍贵的外交礼物赠送他人。用来印制地图的木刻板以梨木制作而成，如今陈列在威尼斯的科雷尔美术馆。
约翰·R. 范德利普基金，明尼阿波利斯艺术博物馆

**巴蒂斯塔·阿格尼斯的三条长途贸易路线，绘制于1536年▶**

在巴蒂斯塔·阿格尼斯的工作坊制作的椭圆世界地图，通常会包含著名的由麦哲伦率领的首次环游世界的路线。在这幅地图中，这条路线以深蓝色划出。另一条重要的贸易路线是西班牙到南美的黄金路线，在地图上被标为金色。地图中包含的第三条路线是可能存在的西北航道，从法国的沿海到加拿大东海岸，并从那里越过大陆到达太平洋。这样一条路线并未真实存在过，图上的虚线用来表示该航道在到达中国沿海之前已经逐渐消失。
亨廷顿图书馆

格尼斯大量作品中，至少有七十份海图集仍然保存完好。所有注有巴蒂斯塔·阿格尼斯名字的海图集不可能都是同一个人的作品。通过商业上的成功和新订单，阿格尼斯得以创建出一个高效的工作坊，并雇用了一些助手，大部分的复制工作可能就是由后者完成，这种做法与许多成功的艺术家的运作方式一样。由阿格尼斯亲自领导或至少以他名义领导的工作坊在为威尼斯至少活跃运转了三十年，时间跨度从16世纪30年代一直到60年代。

巴蒂斯塔·阿格尼斯地图集的基本结构在几十年间基本保持不变，但其中的地理信息在随后的几年中得到了修订。注有阿格尼斯名字的地图集与传统的威尼斯航海图集不同，因为它们在一开始并未率先描绘熟悉的地中海地区。相反，在地图集最开始的局部地图中，描绘了从遥远土地和新大陆带来的最新信息，特别是墨西哥周边地区以及巴拿马地峡两侧的大西洋和太平洋。

描绘整个已知世界的地图毫无例外地被放在图集的最后。阿格尼斯总是把他的世界地图画成椭圆形，标出纬线与经线。赤道、北回归线、南回归线以及北极与南极通常涂成金色或红色以示强调。南北极地区之间的已知世界被完全涂成绿色，海岸颜色被处理得比较暗。每个大洲的所有主要山脉和水体也在地图上标出，包括非洲的尼罗河及其源头“月亮山”，这一观念源自古代。世界上最大和最重要的城市也按当时的习惯以城堡图像来表示。

在阿格尼斯的地图中，人们能感受到制图师了解遥远地区的最新地理信息的速度有多快。阿格尼斯努力让新数据尽快出版。一个最佳例证就是，西班牙探险家弗朗西斯科·德·乌略亚（卒于1540年）受埃尔南·科尔特斯委托探索位于北

美西北海岸的加利福尼亚湾，乌略亚 1539 年完成了最后一次航行，仅一年后，由他收集的信息就出现在了阿格尼斯 · 巴蒂斯塔的航海图集上。乌略亚发现加利福尼亚湾没有北部出口，因此加利福尼亚就是一个半岛，而不是像后来的 17 世纪地图里被错误地描绘成一个岛屿，关于这一点我们将在第五章中提及。阿格尼斯在其地图上将加利福尼亚涂成了引人注目的红色，这与他处理红海的做法一样，因为乌略亚把这里称为“火红海”（原文为西班牙文 Mar Bermejo）。由于受某种浮游

**巴蒂斯塔·阿格尼斯的两幅极地地图▲**

巴蒂斯塔·阿格尼斯工作坊于1544年制作的这部地图集非常独特，它包含两幅以北极与南极为观察视角来描绘的世界地图（14×20厘米）。在描绘北半球（下方）的地图中，亚洲扩展到北极并与北美相连。相比之下，南极（上方）位于一片完整的海洋中心位置，这一点与当时许多其他地图的做法不同，大部分地图中，整个极地地区被南方未知大陆所覆盖。

西班牙国家图书馆，马德里

生物的影响，这片海偶尔会呈现火红色。

巴蒂斯塔·阿格尼斯等人努力制作在视觉上有吸引力的地图，同时提供其认为能吸引富有的顾客地理信息。阿格尼斯在1536年的地图上标出了三条长途贸易路线。以蓝色标示的路线描绘了麦哲伦在1519—1522年环球航行的“香料路线”。虽然香料群岛或摩鹿加群岛位于太平洋遥远的西部边缘，但是通过向西跨越大西洋和太平洋到达这些岛屿，要比按照葡萄牙人早已开拓的向东绕过非洲到达印度洋的航行要困难得多。

地图上的第二条著名贸易路线，即被西班牙所支配的“黄金路线”在地图上用金色标示。这条路线建于16世纪30年代，从西班牙塞维利亚出发，跨越大西洋，航行到达加勒比海与巴拿马地峡。然后路线继续，经由陆路穿越地峡到达太平洋，商人在此搭乘等候在这里的船只，沿着哥伦比亚和厄瓜多尔海岸的海路向秘鲁航行。这里的船只装满了已经衰落的印加帝国的黄金珍宝，它们沿原路返回巴拿马。在返程途中，不得不再一次用骡子拉着货物穿过峡谷，直到宝藏再次被装载到在大西洋一侧等候的商船返回欧洲。

地图上的第三条路线让人特别感兴趣，它在今天被称为西北航道，用一条虚线标记，从法国沿着北美北部边缘一直延伸至摩鹿加群岛。在巴蒂斯塔·阿格尼斯的1536年地图中，首次表现了法国人在北美北部远端的太平洋寻找海上航线的早期尝试。四年后，塞巴斯蒂安·明斯特在其著名的1540年世界地图中发表了他自己的假想航线。在所有的阿格尼斯世界地图中，并未出现法国人寻求的这条路线，而只是出现在个别样本中。这可能是因为阿格尼斯地图集是针对特定顾客定制，而法国客户无疑会喜欢标明有可能存在的从法国海岸通向香料群岛路线的地图。

除了海上线路，巴蒂斯塔·阿格尼斯的地图中还有与城市相关的有趣细节。代表主要城市的城堡均匀地遍布在每个大洲。很显然，其中最大的城堡被画在了墨西哥，代表着阿兹特克帝国的古都特诺奇提特兰，现代大都市墨西哥城即以此为基础建构。1519年，西班牙征服者埃尔南·科尔特斯和他的部下第一次看到了这个“梦幻般迷

**特诺奇提特兰——北美明珠▶**

今天墨西哥的首都建在阿兹特克王朝建立的古代都城特诺奇提特兰之上。这座城市是一个繁华的贸易中心，是阿兹特克帝国的政治和宗教中心。按照征服者西班牙人所创造的城市景观，特诺奇提特兰建于湖中间的岛屿上。这座城市通过建设人造岛屿和再生土地来扩大面积。运河作为水道奔流其间。堤道配有桥洞，将城市与周围的海滨相连接。这幅特诺奇提特兰的地图制于1524年，并被列入《纽伦堡编年史》中。
芝加哥纽贝里图书馆

人的城市”及其空中花园。科尔特斯向国王查理五世的报告在欧洲学术界也是众所周知。

威尼斯人对这个奇迹般的新大陆城市特别感兴趣，因为他们自己的城市同样建在水上。正如威尼斯人认为自己是欧洲最重要最奇妙的城市，特诺奇提特兰也是墨西哥文明的大都市——哥伦布发现美洲之前的最大城市。巴蒂斯塔·阿格尼斯深谙骄傲的威尼斯人自视伟大的心理，并在其地图中利用视觉叙述加以强化。

特诺奇提特兰城位于一个大湖中间，在另一位很有影响力的威尼斯制图师贾科莫·盖斯塔尔迪（卒于1566年）的地图中也有同样描绘。盖斯塔尔迪最初来自皮埃蒙特，是当时威尼斯无可争议的最重要的制图师和宇宙学者。他也是一名技术熟练的工程师，威尼斯城雇佣他规划城市水道工程。盖斯塔尔迪多才多艺，学识渊博，他对制图史的重要影响已经可以与佛兰芒大师杰拉德·墨卡托和亚伯拉罕·奥特柳斯所取得的成就相提并论。虽然盖斯塔尔迪是其专业领域的知名专业人士，但他的个人生活几乎无人知晓，甚至连他确切的出生日期都是个谜。贾科莫·盖斯塔尔迪和巴蒂斯塔·阿格尼斯一样，也于1539年至1566年在威尼斯工作。

1553年8月，盖斯塔尔迪收到了威尼斯参议院的委托，他无疑非常高兴能接受这份委托。他受邀为总督府制作一幅描绘整个已知世界的大幅壁挂地图。如今人们能够欣赏到的仍保持着16世纪形态的地图室，就包括由科西莫·德·美第奇为佛罗伦萨的韦奇奥宫委托所建的地图室，以及教皇庇护四世与格里高利十三世为梵蒂冈委托所建的地图室。

受文艺复兴时期的亲王们委托并画在宫殿墙壁上的宏伟地图，都是能给人留下深刻印象的政治和宗教图画。它们不仅力求在地理方面尽可能准确，而且还都是三维艺术作品，建筑师对其大小和位置都做了仔细考量。与文艺复兴时期的印刷地图相似，直接绘在墙上的壁画地图将古代地理的两个维度结合在一起：经过测量的地理与百科全书式的文化和历史地理。画在地图边缘的距离标尺经常用来强调地图的地理精确度。与历史、神话、《圣经》故事以及各大洲人民、动植物种群有关的插图都有机融入建筑结构以及通往地图室的走廊里。

虽然我们已经不能在威尼斯总督官邸的地图室原址欣赏盖斯塔尔迪的壁画地图，但大量印刷版盖斯塔尔迪世界地图被保留了下来，这让人们可以推断出壁画曾经的样子。在他的地图中，盖斯塔尔迪试图利用所有的制图和地理信息，而在他于1546年和1548年出版的世界地图中，我们可以看到来自巴蒂斯塔·阿格尼斯和塞巴斯蒂安·卡伯特著名的印刷世界地图的影响。

贾科莫·盖斯塔尔迪之后出版的世界地图，

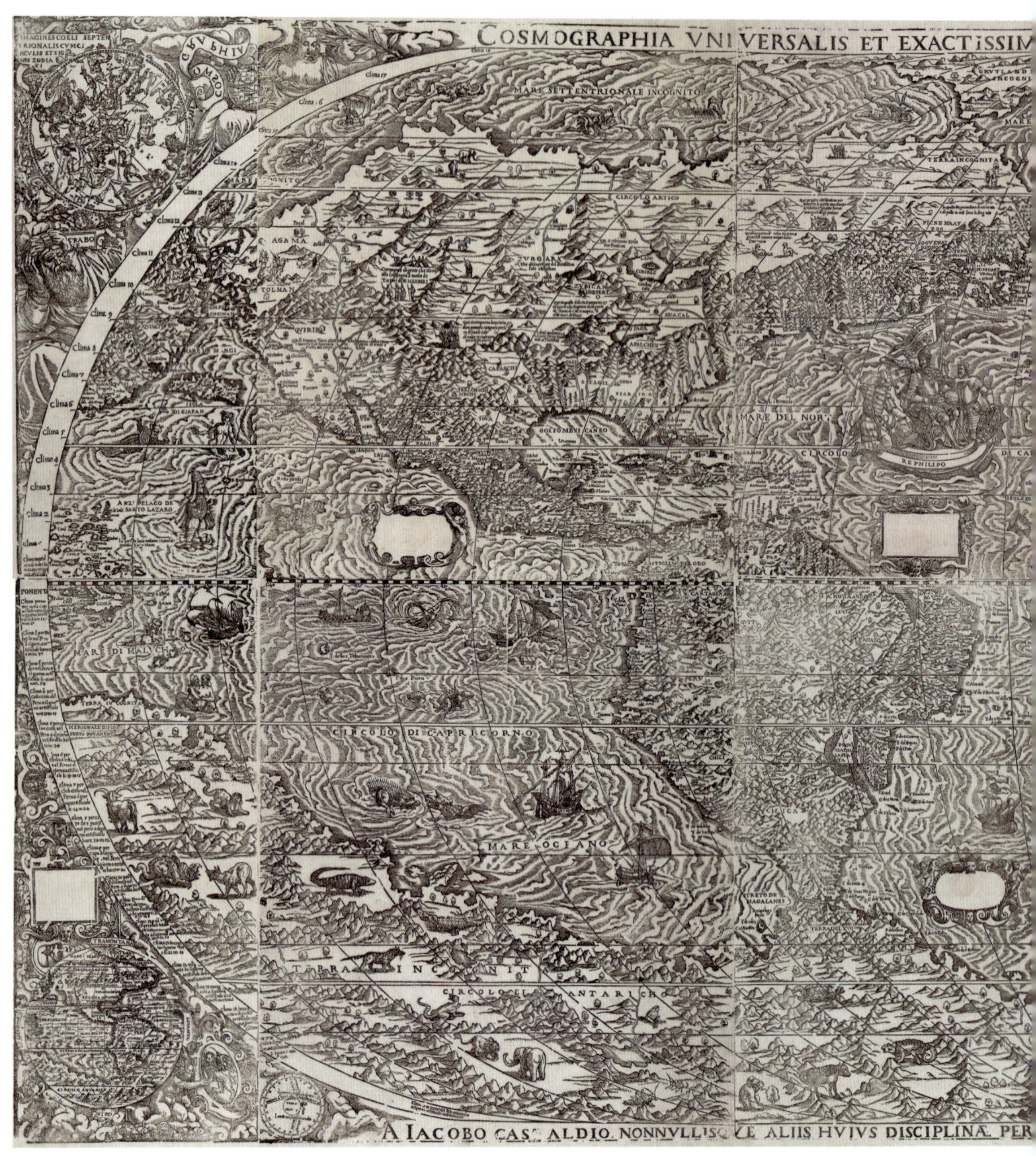


名为《宇宙通志》，印刷于 1561 年，这是一本制图杰作，同时也是一本内容丰富的百科全书。盖斯塔尔迪在其中展现了与他早期世界地图三个不同的新地理细节：第一，美洲大陆与亚洲被亚泥俺海峡（亚泥俺海峡是欧洲地理大发现时代一个半神话性质的海峡，当时的欧洲地图学家们相信这是一条分割东北亚洲和西北美洲大陆、连接北冰洋和太平洋的狭窄航道）分离，它被描绘得非常狭窄，只有动物和人能够轻易穿过；第二，北方大海被描绘为没有冰的世界，让人以为从欧洲北部高纬度地区向西航行经过北美路线（西北航道），或者向东经过挪威与西伯利亚通道（东北航线）即可到达中国和亚洲其他地区；第三，南回归线以南的整个南半球地区都是由一个巨大的

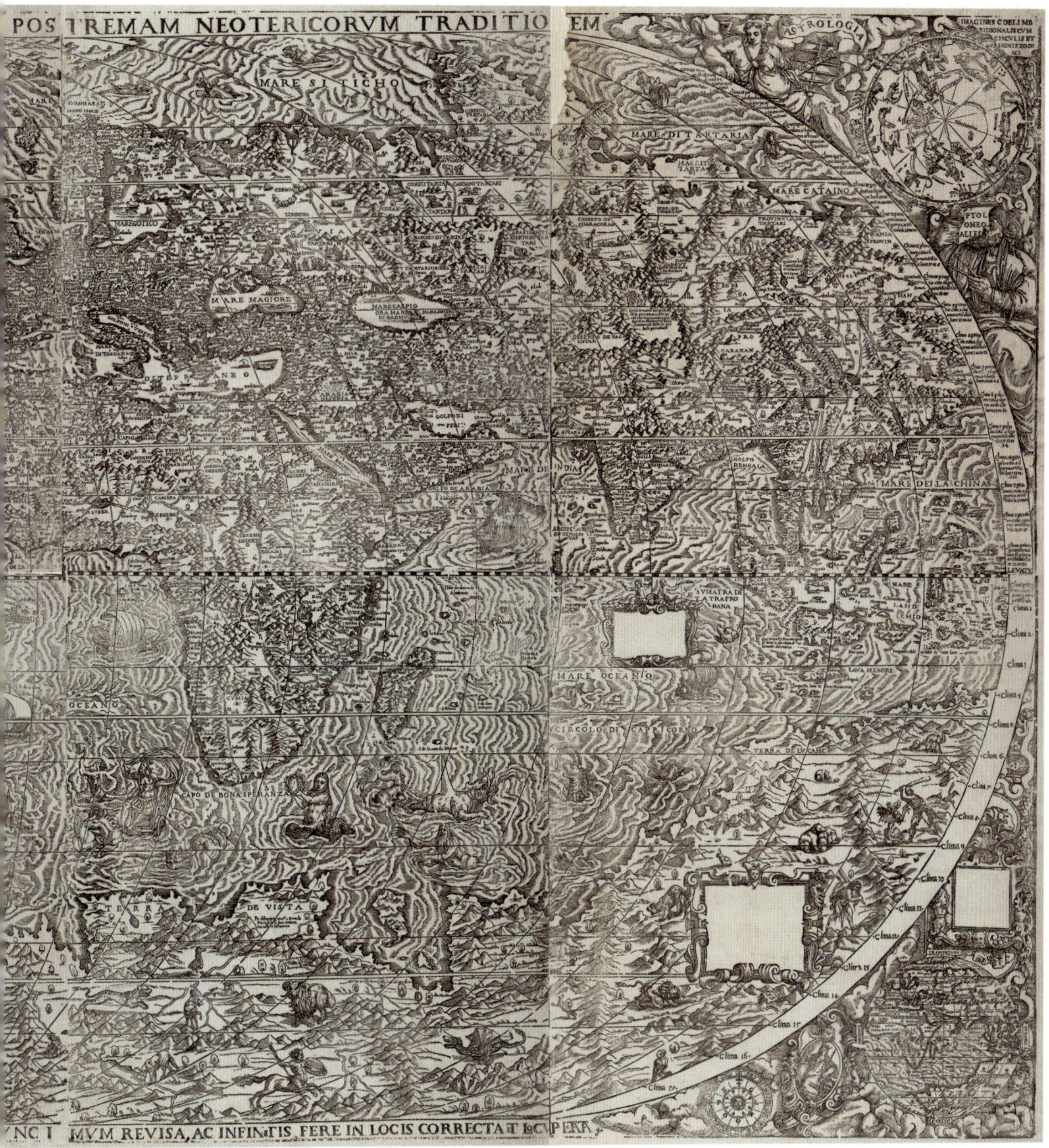


**贾科莫·盖斯塔尔迪世界地图，绘制于 1561 年▲**

贾科莫·盖斯塔尔迪这幅绘制于 1561 年的著名大幅（约 90x180 厘米）世界地图代表了当时最准确的地理信息和威尼斯木刻技术的巅峰。地图由十个部分组成，通篇绘有插图。地图的左上角描绘了北方天空的主要星座、对宇宙学缪斯女神和古代地理学家斯特拉博。右上角描绘了南方天空的星座，占星术缪斯女神以及托勒密。地图的两个下角描绘了东半球和西半球。海洋包围着世界，涌起美丽而圆润的波浪，海上的船只向东或向西航行。在海浪中我们能够看见海怪和美人鱼。在大西洋中心我们还可以看到当时最强大的统治者、西班牙国王腓力二世，他的身旁还有两名征服者。巨大的南方大陆遍布牛、大象、大型猫科动物、龙、骆驼、蜥蜴和鹦鹉等异域动物。

画在宫殿墙壁上的世界▲

在梵蒂冈景观中庭周围的建筑物中，有两条长廊画廊，装饰有巨大的地图。这两条地图画廊完工于16世纪80年代，以一位名叫伊尼亚齐奥·丹蒂的牧师的画作为基础，这位牧师曾学习过地理学、天文学和数学。图中的走廊是地图廊（原文为意大利文 Galleria delle carte geografiche）。这些壁画中的地理信息符合当时制图师——特别是盖斯塔尔迪和墨卡托——对已知世界的理解。在两个走廊的墙壁和天花板上都画着寓言图画和各个国家和大洲的局部地图，就像人们在地图集中看到的那样。这种地图壁画创造了令人印象深刻的建筑空间，其中的宗教和政治信息也让这些地理图像更加富有生气。

梵蒂冈地图廊，2015

未知大陆(原文为拉丁文 Terra Australis)所覆盖。

这三个地理假设都不是基于制作地图时的实际信息。白令海峡在一百多年后的 18 世纪方才确实可靠地出现在地图中。人类直到 19 世纪末才在西北航道和东北航道进行了第一次航行，而大约就在同一时期，南极洲才被发现，而此时距离盖斯塔尔迪地图问世已过去了三百多年。尽管如此，在佛兰芒大师墨卡托、奥特柳斯和德·约德后来制作的文艺复兴时期地图中，盖斯塔尔迪的世界地图中提出的这些假设几乎未做修改。与此同时，盖斯塔尔迪还出版了一本小册子《世界概况》（原文为拉丁文 La Universe descrittione del mondo），他在这本小册子中对其世界地图做了解释，并提到自己制作了四幅更为详细的局部地图，包括欧洲、亚洲、非洲和新大陆。然而，这些地图从未被发现。

除了手绘海图和大型印刷世界地图外，威尼斯也生产了高品质的托勒密地图集。与早先的托勒密地图集不同，这些以意大利语出版的小地图集，主要是针对大众阅读，而前者尺寸更大，用拉丁文写成，并用手工着色。最受欢迎的一本“口袋地图集”是 1561 年出版的《克劳迪奥·托勒密·亚历山德里诺的地理学》（原文为意大利文 La Geografia de Claudio Tolomeo Alessandrino），作者吉罗拉莫·鲁谢利拥有作家、译者和制图师等多重身份。鲁谢利有着多种文学

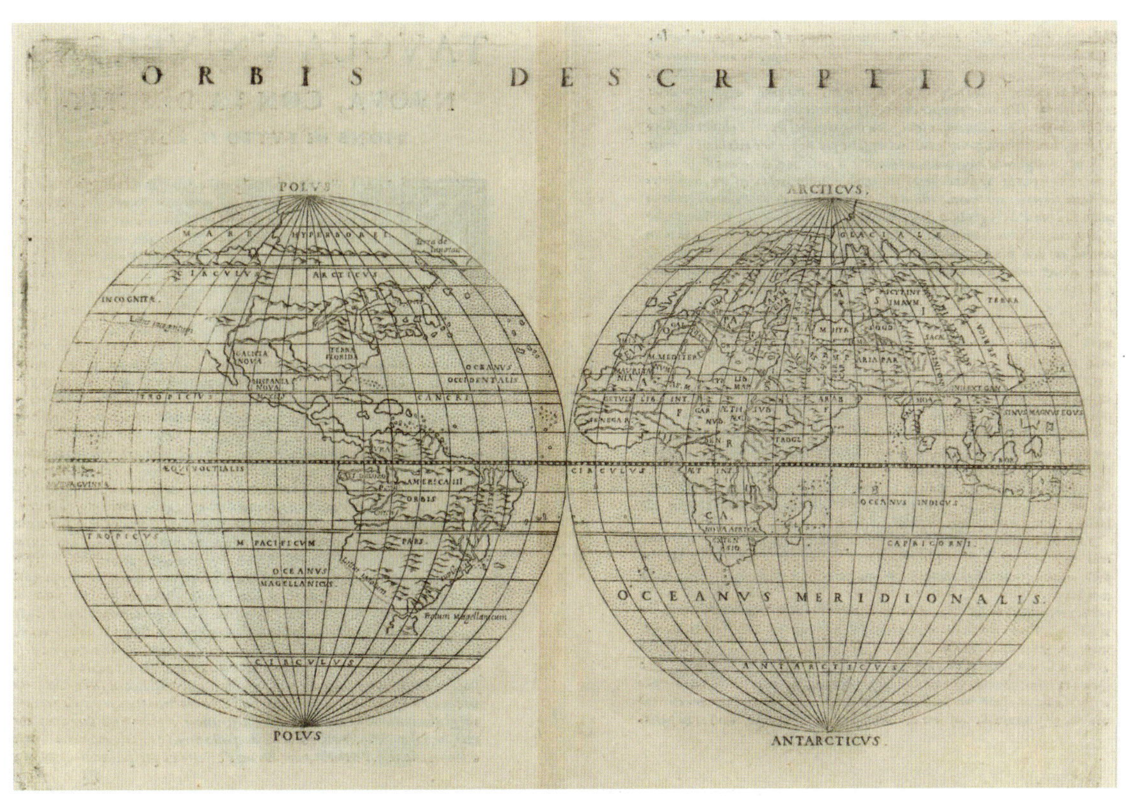


**吉罗拉莫 · 鲁谢利世界地图，绘制于 1561 年▲**

吉罗拉莫 · 鲁谢利在他的托勒密地图版本中发表了这幅地图，以两个半球的形式呈现了整个已知世界. 左边为西半球，右边为东半球。地图未包含任何额外的装饰图。相比之下，经线、纬线与重要地名被标记得十分清楚。

尤哈 · 努尔米宁世界地图收藏，赫尔辛基

才能，他不仅对古代语言与科学理解深刻，还通晓与地图制作相关的数学和天文学。他可以轻松地与人文主义者——古代语言与文学研究者——还有数学家交流，这使他成为研究托勒密的优秀专家。鲁谢利将托勒密的《宇宙学》从原始的希腊语版本翻译成意大利语，并起草了一本评论性的说明随书出版。

吉罗拉莫 · 鲁谢利出版的托勒密的《地理学》包含六十幅由铜版雕刻技术制作的微型地图。这些时髦的雕刻地图是鲁谢利 1548 年版托勒密地图集的副本。鲁谢利的地图集以古代地理学的介绍作为开篇，并附有二十六幅传统托勒密地图。紧随其后就是三十六幅新的局部地图，对最新的地理信息进行介绍，从而使读者清楚地了解地理信息从古至今如何扩展并提高准确度。

在鲁谢利出版的新局部地图中，尤其令人感兴趣的是对北大西洋地区由挪威海岸至格陵兰岛水域的描绘。人们的视线会被细长的格陵兰岛以及弗里斯兰、埃斯兰、恩格朗兰、埃斯托蒂兰和伊卡里亚五个岛屿所吸引。这些北方岛屿存在的可能性，源于两位威尼斯海员安东尼奥 · 泽诺和尼科洛 · 泽诺的故事，14 世纪末，他们在这些水域进行了航行。与此同时，威尼斯商人们也在北方地区开展贸易，至少可能曾航行到奥克尼群岛、设德兰群岛和冰岛，甚至有可能曾到达格陵兰岛。后来，在 16 世纪，威尼斯参议员小尼科洛 · 泽诺对这些航行进行了公开宣传。

1558 年，这些旅行游记和相关地图首次出版，引发人们极大的兴趣。然而，这部中世纪旅行游记的真实性无从确定，但是，无论如何，鲁谢利三年后就在自己的作品中加入了北大西洋地图。

吉罗拉莫 · 鲁谢利的海图，绘制于 1561 年▲

发表于吉罗拉莫 · 鲁谢利版本的托勒密地图集中的《新海图图表》，是贾科莫 · 盖斯塔尔迪十三年前发表的世界地图的一个副本。在该图中，格陵兰岛通过奇特的陆桥与美洲以及斯堪的纳维亚相连，亚洲与美洲在北方相接。这幅草图仅包含几个地名与罗盘方位线网络。
尤哈 · 努尔米宁世界地图收藏，赫尔辛基

这将对北大西洋在制图史上的形象产生深远影响，因为许多后来的制图师都相信鲁谢利的信息，并将这些想象的岛屿添加到自己的地图中，尽管它们在现实中并不存在。名为弗里斯兰的岛屿在地图中留存时间最长，直到 17 世纪的世界地图中还能找到它。

鲁谢利的托勒密《地理学》意大利语翻译版本除了有传统的托勒密世界地图，还包含两幅“现代”世界地图。第一幅是他自己绘制的《世界图志》（原文为拉丁文 Orbis Descriptio）。在地图上，世界以正摄平面投影的方式展现。在鲁谢利看来，通过以展示两个半球这种方式来呈现世界——右边的旧世界与左边的新大陆——会有助于观者真正了解地球的球形性质。虽然这种投影方法并非鲁谢利自己发明，但这是它第一次出现在印刷地图集中。

在地理细节方面，鲁谢利的世界地图与 1561 年的盖斯塔尔迪世界地图大致相同，但有两个例外。鲁谢利没有把分隔亚洲和美洲大陆的亚泥俺海峡画进地图中，而是将这个两大洲的连接点标记为“未知地带”（原文为拉丁文 Terra incognita）。这一区域的全部海岸线都设为未经证实状态，因为没有任何精确信息，鲁谢利不想对两大洲之间是否存在海峡的问题表明立场。盖斯塔尔迪和鲁谢利地图之间的另一个区别是，它们对假想南方大陆的描绘。鲁谢利不想在他的地图上显示这一地区，因为当时并没有来自实际造

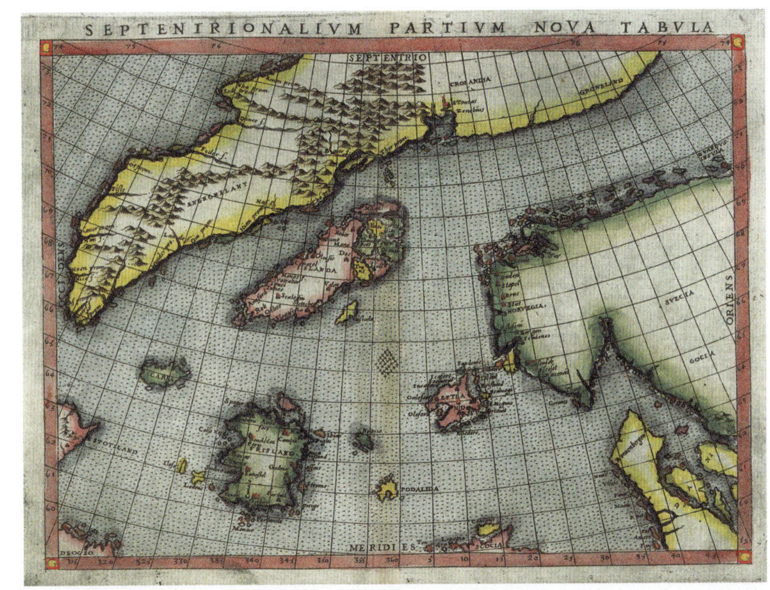


**北方幽灵群岛▶**

这幅描绘北极地区的地图被称为泽诺地图。该图于1558年出版，据称此地图源于一份中世纪游记，内容是关于一对兄弟——安东尼奥·泽诺和尼科洛·泽诺在14世纪80年代的在北方海域的旅行。游记与基于此绘制的地图可能并不真实，但在1561年吉罗拉莫·鲁谢利将它们加入自己的托勒密地图集之后，游记与地图就得到广泛传播。该地图描绘了挪威与格陵兰岛之间的海洋，包括五座幽灵岛：弗里斯兰、埃斯兰、恩格朗兰、埃斯托蒂兰和伊卡里亚。
约翰·努尔米宁基金会，赫尔辛基

**伟大的威尼斯人游记▶**

16世纪50年代，威尼斯旅行作家乔瓦尼·巴蒂斯塔·拉穆西奥出版了一套三卷本的《航海与旅行》（原书名为意大利文Delle Navigationi et Viagg），该书介绍了从中世纪到16世纪陆地与海洋的旅行与探险。这本书很快大受欢迎，并以多种不同的语言重印多次。在本书的第一卷，拉穆西奥将一位名叫利奥·阿非利加努斯（约1494–1554）的摩尔人学者兼地理学家对非洲内陆的描述出版并翻译成意大利语。直到19世纪，欧洲的基督教徒对这些地区的概念仍非常模糊。拉穆西奥的书对后来的旅行写作产生了重大影响。英国人理查德·哈克莱（约1552–1616）在撰写自己那部著名的英国探险者成就记录时，该书也是参考范例之一。这幅地图以西方为主方向，描绘了巴西海岸的情况。
圣保罗大学

访过该地区的水手的第一手信息。

鲁谢利的托勒密图集中的第三幅地图《新海图图表》，以带罗盘方位线网络的海图形式展现世界。该地图是十三年前盖斯塔尔迪创作的原始版本的放大版。

图像制作◀

这两幅蚀刻版画出自法国雕刻与蚀刻大师亚伯拉罕·古斯（约1602—1676）之手，观者可以看到在17世纪法国的一家工作坊制作图像的各个步骤。上图展现的是一个典型的巴黎金属雕刻工作坊，它同时也是一家艺术商店。右侧的一位铜版雕刻师正在一块板上雕刻《圣经》主题图像，在左侧我们能看到一位蚀刻师正使用一支金属笔在一块用黑色材料覆盖的铜板上绘画。在下图我们看到的是一家印刷坊的内部。画的左边，两名工人在准备印刷用的铜刻板。其中较远处背景中的工人正在用墨球将墨水抹在板上。右边的第三名工人正在专心印刷。他通过手工操作的木质印刷机上的滚筒的压力向下压着印刷台。在工作坊深处，印刷完成的图片被折叠着挂在一根绳子上晾干。

国会图书馆图片与照片部，华盛顿

铜板雕刻地图▶

这幅佩特鲁斯·普兰休斯绘制于1594年的珍贵世界地图的细节图，出自荷兰雕刻师巴普蒂斯塔·范·多耶特康之手。雕刻工艺极其精细。在极具造型感的字母中，人们可以看到当时典型的花饰，只有采用铜版雕刻才能做出如此装饰。与木刻相比，铜版印刷板价格昂贵，但持久耐用，在技艺高超的工匠手中，它们能绽放耀眼光彩。然而，与现代图像技术相比，16世纪的铜版雕刻显得极其费时费力。

尤哈·努尔米宁世界地图收藏，赫尔辛基

## ★文艺复兴时期的木刻与铜版雕刻地图

在文艺复兴时期，地图复制采用了两种新技术：木刻和铜版雕刻。在这两种情形下，无论是在木块还是铜板上，地图都以镜像被雕刻出来。

木刻是一种浮雕印刷技术，即颜色从木块的突出点传到纸上。制图师的地图是通过用凿子或特殊的刀切割木块制作，使得要着色的部分突出，不涂色的区域要挖掉。木刻师最重要的工具是用来处理图像边缘的半圆凿。大面积的木头被雕刻出来时要使用不同的凿子。木雕刻在木板上要顺着木材表面纹理的方向进行。约一英寸厚的木块通常由梨木、山毛榉或枫木制成。

在木块切刻工完成他的工作之后，印刷工继续工序，并将油墨涂在木块上，使其粘附在凸起部分上。最后，将印刷纸或上等皮纸（非常好的薄羊皮纸）放置在涂好墨水的木块上，并在压板上印刷成图像。木刻的优点是印刷版材料的成本较低，还可以将地图与文本一起打印。然而，当印刷精细内容时，如绘制复杂的细线时，木块在

此时并非最佳介质。

铜版雕刻是最古老的金属图形技术，逐渐在地图印刷中取代木刻。在铜版雕刻中，通过使用雕刻刀等各种工具刻入到抛光的铜板里来制作图片。雕刻刀将薄金属屑从铜板上挤出。雕刻线的特点是一开始很细，之后变粗，然后再次变细。雕刻需要高超技能，并要求手保持稳定，而且非常耗时。油墨用墨球、刷子或滚筒涂在雕刻板上，印刷完后再将板擦干净。然后打样阶段留在凹槽中的墨水在印刷机滚筒的压力下从印版转移到印刷材料上。地图被印在湿的铜版纸或薄羊皮纸上。

即使铜比木材贵很多，但铜版雕刻技术相比木刻印刷有几个优点：用铜板更容易印刷更大的地图，板的使用寿命更长，如果发现错误也更容易修复。他们还为活版印刷的发展带来了更好的机会，因为熟练的铜版雕刻师可以非常轻松地处理文艺复兴时期地图中非常流行的细线和曲线。

## 诺曼海图制图师

就在巴蒂斯塔·阿格尼斯的工作坊为威尼斯富有的客户制作海图的同时，法国的诺曼底地区也在生产许多附带插图的图集与航海指南，这门生意在鲁昂、迪耶普和勒阿弗尔等城市尤为兴盛。16 世纪，诺曼地图主要是以葡萄牙人的资料为基础制作，葡萄牙地名显而易见。

安德雷·奥梅姆和巴尔托洛梅乌·维利乌等许多熟练的制图师，在诺曼底和布列塔尼地区繁荣的港口城市中都很有影响力，当地的制图师的绘画都受他们影响。起初，海图制作始于法国国王弗朗西斯一世和诺曼底城市商船水手的合作时期，当时法国国王试图在海上探险领域向西班牙和葡萄牙王室挑战。约有二十个制图师的名字、五十张地图或地图集出自“诺曼底学派”。在这些地图制作者中有几位杰出的法国制图师，包括皮埃尔·德赛利耶（约 1500—1553）、让·罗茨（约 1505—1560）及纪尧姆·勒·泰斯蒂（约 1509—1573）。诺曼底的地图制作热潮持续了大约一百年，从 1530 年开始，直到 17 世纪 40 年代，之后由于战争，地图制作和航海业在该地区衰落。

大多数保存在世界图书馆和博物馆中的诺曼地图的装饰与配图都相当精美，它们通常都是放在图书馆供人观赏的艺术作品，而不是用于海上航行。然而，这些地图的创作者不仅是艺术家——其中许多人都曾做过水手，比如曾是商船水手和导航员，其中一些人，包括纪尧姆·勒·瓦瑟尔（卒于 1648 年）和纪尧姆·勒·泰斯蒂等，他们对与地图制作相关的数学有深入了解。早在 1601 年，纪尧姆·勒·瓦瑟尔就创作了第一幅使用墨卡托投影的法国地图，而且很快这幅图就成为法国海图的标杆。

许多在诺曼底工作的制图师也制作了独特而有趣的世界地图。其中一人我们在前面提到过，他就是来自勒阿弗尔的海船船长纪尧姆·勒·泰斯蒂，也曾担任过皇家宇宙学者。他丰富多彩的人生与法国的宗教战争和海上探险交织在一起。1551—1552 年，按照狂热的天主教徒国王亨利二世（1519—1559）的要求，这位技术精湛的海员出海航行，前往葡萄牙人尚未确定统治权的巴西海岸去绘制地图。几年后的 1555 年，他再次航行到同一片水域，这次是由法国海军上将尼古拉·迪朗·德维盖尼翁（1510—1571）领导的一次探险，目的是建立一个法国新教徒（胡格诺派教徒）的殖民地，位置大约在今天的里约热内卢附近。

回到法国后，勒·泰斯蒂投入到他的制图工作中，并于 1556 年出版了一本精美的航海图集《基于古代与当代水手的通用宇宙学》（原书名为法语 Cosmographie universelle selon les navigateurs, tant anciens que modernes），他将这部图集献给了法国海军上将、胡格诺派领袖加斯帕尔·德·科利尼（1519—1572）。勒·泰斯蒂的图集包含六幅世界地图，每幅都以不同的投影法绘制。其中一些投影法可以说是极其复杂的数学样本，也展现了勒·泰斯蒂对其中所涉及

纪尧姆 · 勒 · 泰斯蒂地图集，绘制于 1556 年◀

纪尧姆 · 勒 · 泰斯蒂配有漂亮插图的地图集的书名翻译过来即为“基于古代与当代水手的通用宇宙学”。为了与书名保持一致，这部地图集试图将托勒密传下来的、在数学方面准确的宇宙学与当代基于水手报告的地理信息完美结合。地图集开篇有六幅世界地图，每幅都使用不同的投影法。地图集包含许多装饰图，如美人鱼、船只、异国动物、“怪异人类”和新大陆的原住民等。地图中还有许多用法语、葡萄牙语、西班牙语和拉丁语标注的地名。
法国国防历史档案处，文森城堡

的数学知识的掌握程度。然而，由于他的地图集是手工绘制，只有一份成品被保存下来，他的这次投影法试验未能广泛传播。

16 世纪 70 年代，勒·泰斯蒂重返大海，他被认为在 1573 年死于巴拿马地峡，当时他正试图与英国私掠者弗朗西斯·德雷克（1540—1596）一起抢夺西班牙人的金银财宝。这些金银来自美洲原住民，他们已经被西班牙人征服和奴役。我们从勒·泰斯蒂与德雷克这样信奉新教的欧洲海员联手对抗天主教西班牙的事件中可以看出，在欧洲大陆肆虐的宗教战争掀起的狂澜甚至飞越了大洋。随着 16 世纪历史进程的推进，私掠者与海盗日益成为西班牙人在加勒比地区面临的严重问题。

## 亚伯拉罕·奥特柳斯——一本书绘尽全世界

1570 年春天，在今天比利时安特卫普市内斯凯尔特河的河湾地带出版了一本书，这本书彻底革新了一个观念：书籍中的地图应该如何展现世界。亚伯拉罕·奥特柳斯（1527—1598）的《世界概貌》（原书名为拉丁文 Theatrum Orbis Terrarum）是第一部现代地图集。许多人称赞奥特柳斯的地图集，称它是《圣经》之后最重要

加勒比海上的海盗与私掠船▲

由于征服了美洲，西班牙成为16世纪欧洲最强大的国家。满载金银回国的西班牙船只便成了极具诱惑力的猎物，因此遭到了加勒比海与大西洋上的英国、荷兰还有法国海盗与私掠船的袭击。本图中，法国海盗突袭了加勒比海沿岸的一座小城。
德国国家博物馆馆艺术图书馆，柏林

让·科西尼世界地图◀

让·科西尼在诺曼底地区的城市迪耶普工作，大约在1570年，他在羊皮纸上制作了这幅世界地图（25.5x45厘米）。地图的边界用花式字体写了地图名字"宇宙地图或通用世界描绘"（原文为法文 the Carte cosmographique ou Universelle description du monde）——还有制图师的名字。地图中的特殊投影强调了未知南方大陆的规模。
法国国家图书馆

的一本书。它被誉为文艺复兴时期最精美的书籍，在制图史上首次以平面排版的方式统一而系统地展现了全世界的陆地与海洋。本书整体雕刻及印刷十分精致，在国王、商人和诗人的藏书馆中都有其一席之地。这本书的第一版共包括70幅精美地图并附带注释，均以最新地理信息为基础创作。因此，《世界概貌》不仅是当时最漂亮的书籍之一，也是对已知世界的最准确描述。

安特卫普古董商、工匠与出版商亚伯拉罕·奥特柳斯的个人生平、工作和广泛的社交圈子可谓众所周知。很多主要资料来自他的遗产，这些都被保存下来，包括数百封信件，极具历史价值的日记，还有一本名为《友人录》（原名为拉丁文Album Amicorum）的签名簿。奥特柳斯的一本日记保存了二十多年，同时代的数百位著名人物也在其中留下文字。

奥特柳斯年轻时就知道要努力工作。1539年他的父亲伦纳德去世后，母亲安妮·哈勒瓦耶斯继任了亡夫的职业，成为一名古董商和钱币奖章收藏家，还有为地图上色的工作——最后这项工作是特别要交给家中的孩子来完成的，也就是亚伯拉罕与他的姐妹安妮和伊丽莎白。1547年，亚伯拉罕·奥特柳斯当选该市艺术家协会的正式成员，专门从事"地图彩饰"工作，他开始为养家糊口承担更多责任。出售书籍和古董是一桩很赚钱的生意，年轻的奥特柳斯在全欧洲奔波，特别

16 世纪的黄金时代与安特卫普的衰落▲

安特卫普城的全盛时期以及随后的衰落均发生在 16 世纪很短的一段时间内。自 16 世纪初期开始，商人们的经营活动开始从港口城市布鲁日转移到斯凯尔特河畔的安特卫普，这使该城发展为欧洲长途贸易、制糖及银行业中心。1556 年，荷兰的控制权转移到了查理五世的儿子、西班牙国王腓力二世手里。这段时间，已经在北欧发展壮大的新教运动开始在荷兰日渐蓬勃。西班牙王室非常反感对天主教会的批评，腓力二世企图扼杀安特卫普的新教运动，1576 年，镇压行动达到顶峰，在一场历时 3 天的大屠杀中，近 7000 位市民惨遭屠戮。在遭受西班牙人的毁灭性打击之后，安特卫普陷入衰落，并持续了几百年，商业及银行活动向北转移到了更加自由与和平的城市阿姆斯特丹。这幅创作于 1650 年的油画出自丹尼尔·范·海尔之手，描绘的是安特卫普城大火。
德国历史博物馆，柏林

亚伯拉罕·奥特柳斯肖像◀

在安特卫普工作的亚伯拉罕·奥特柳斯是当时最成功的地理学家、制图师和出版商。这幅绘制于 1570 年的肖像画也是奥特柳斯一生中仅存的一幅同时代画像。
比利时普朗坦－莫雷图斯博物馆，印刷部

是在德国、法国和意大利，他为富有的客户寻找并卖出稀有的书籍、地图和罗马时代的硬币。

1554 年，奥特柳斯前往法兰克福著名的书展与一名男子见面，他对此人的学问非常钦佩。后者便是当时技能最出色的制图师杰拉德·墨卡托，奥特柳斯与他见面后，便逐渐将工作重点将转到了地图上。作为声名远播的上一代学者，墨卡托鼓励了这位年轻的古董与图书商人奥特柳斯，后者在印刷和出版界有着不错的人脉，并且雄心勃勃，相信无论自己选择哪一行都会成功。墨卡托和奥特柳斯毫不怀疑他们的合作将使彼此获益匪浅。

亚伯拉罕·奥特柳斯在制图史上的声望和地位，最主要是凭借他对制图知识的收集、出版及系统化。他用数十年时间收集当时地图制作者及其地图的信息。奥特柳斯曾提及在他的首部印刷地图集中利用了八十七位不同制图师绘制的地图。他开始在此准备自己的杰作《世界概貌》，这是一部标准统一的地图集，它以最新的地理信息为基础，图文并茂地展现了地球上所有的土地和海洋。

然而，奥特柳斯并未成功地将其地图集的部分地图按照同一比例绘制，这会需要更多关于地点位置的数学方面准确信息。墨卡托是首位创作出比例统一并且准确的地图集的制图师。这部杰作直到地图制作者去世后才面世，后来这部书由于有了新的出版商约多库斯·洪第乌斯（1563—1612），而以《墨卡托—洪第乌斯地图集》闻名于世。

《世界概貌》是亚伯拉罕·奥特柳斯的伟大工程，他为此雇用了当时最有经验的工匠们。克里斯托弗·普朗坦出生于法国，这位雄心勃勃的印刷匠（约 1520—1589）于 16 世纪 50 年代在安特卫普定居，从 1579 年开始，他被奥特柳斯安排负责印刷工作。这本书中令人惊叹的地图由来自科隆的铜版雕刻大师弗兰斯·霍根伯格（约 1535—1590）制作，奥特柳斯在这本书的介绍中对此献上许多溢美之词："向弗兰斯·霍根伯格的妙手致敬，正是在他一个人不知疲倦的辛苦工作下，这些地图才能全部雕刻完成。"

奥特柳斯一生出版了 24 个版本的地图集。即使在他去世后，仍有十多个版本被印刷，共约 7300 份，其中约 1600 份保存到今天。该地图集最后一版出现在 1612 年，其中的地图数量是第一版的两倍以上。虽然《世界概貌》是截至当时所出版的最昂贵的书籍，但它在销售上取得了巨大成功。在 1570 年 11 月的一封信中，墨卡托赞扬了他的朋友最近所取得的成就："我已经看过你的《世界概貌》，你在制作过程中体现出的认真和优雅，还有你忠实保留每个人作品的态度，都是展现地理真实信息所必不可少的，我对此表示赞赏，而这些品质在如今的地图制作者当中已经被严重败坏。在意大利出版的地图尤为糟糕。"

亚伯拉罕·奥特柳斯在《世界概貌》中发表的世界地图，毫无疑问是当时世界上最广为人知的图像。在地图集出版的四十多年时间里，人们只对其做了微调。其中地理方面的最大调整或许是完善了南美洲的形状。在其他方面，地图仍基本保持不变，确实，在人们有关南太平洋和南极海域的知识增加之前，也没有必要对此图进行修改，而且加斯盖尔迪、墨卡托和奥特柳斯绘制的南方大陆显然比他们所设想的要小得多。

直到 17 世纪，仍有很多制图师复制奥特柳斯的世界地图，并且毫不夸张地说，16 世纪晚期每一幅重要的印刷世界地图基本上都是以奥特柳斯的作品为基础。在地理细节和说明文字方面，奥特柳斯的地图遵循了墨卡托在 1569 年出版的大型壁挂地图的做法，后者仅比奥特柳斯的地图早一年出版。奥特柳斯并没有从墨卡托这里直接抄袭这些信息。两位学者之间的通信表明，墨卡托一直在该项目上帮助和鼓励着奥特柳斯。鉴于两人的努力协作，这幅地图也可以被称为"奥特柳斯—墨卡托世界地图"，尽管它并未使用著名的墨卡托投影绘制，而是采取了当时典型的椭圆形构图。

TYPVS OR
AMERICA SIVE IN
DIA NOVA
CIRCVLVS ARCTICVS
TROPICVS CAPRICORNI
CIRCVLVS AEQVINOCTIALIS
CIRCVLVS ANTARCTICVS
TERRA AVSTRA
Terra del Fuego
Archipelago di
S. Lazaro
Noua Fran cia
Chilaga
Florida
Caribana
Peru
Amazones
Brasil
Chile
Chica
Tolm
QVIVIRA
EL MAR PACIFICO
OCCI
DENS
Hanc continentem Australem nonnulli Magellanicam regionem ab eius inuentore nuncupant.
QVID EI POTEST VIDERI M
NITAS OMNIS, TOTIVSQVE

**亚伯拉罕·奥特柳斯世界地图，绘制于1570年◀**

亚伯拉罕·奥特柳斯1570年出版的地图集《世界概貌》和其中包含的世界地图，是对当时已知世界描述最为详细的地图。这幅世界地图的地理信息源于墨卡托此前一年出版的大型壁挂地图。奥特柳斯世界地图传播广泛，此后数十年里经常被复制。尤哈·努尔米宁世界地图收藏，赫尔辛基

奥特柳斯的北方地图，绘制于 1598 年▲

亚伯拉罕·奥特柳斯的北方地图受到了奥劳斯·马格努斯著名的《海图》（1539）的影响。在这幅地图上，在地广人稀的“胡萝卜形状”的芬兰可以找到许多城市，包括奥布（图尔库）、赫尔辛加（赫尔辛基）、波尔加（波尔沃）和维堡（维伊普里）。此前人们已经从 1558 年的泽诺地图上知道了北大西洋的神秘岛弗里斯兰和伊卡利亚。地图对北极的呈现则受到了墨卡托 1569 年地图的影响，甚至照搬了后者的一段文字“侏儒族居住于此”。

约翰·努尔米宁基金会，赫尔辛基

奥特柳斯地图集中的冰岛地图▲

这幅地图包含二百多个地名和无数有趣的细节。在冰岛南部的海洋中有很多神秘的海怪。奥特柳斯这幅地图仍然基于瑞典历史学家奥劳斯·马格努斯（1490–1557）于1539年出版的著名的斯堪的纳维亚地图而绘制。在冰岛地图背面的文字说明中，奥特柳斯描绘了他们看到北极熊在原木和冰山上欢腾跳跃，从东方一路顺流而下。像这样的原木确实经常沿着西伯利亚的河流一路被冲到冰岛东部的海岸边。

尤哈·努尔米宁世界地图收藏，赫尔辛基

德·约德的极地投影世界，绘制于1593年▶

直到1591年安特卫普制图师、雕刻师与地图出版商杰拉德·德·约德（1509—1591）去世之时，此前由他开始制作的地图集《世界之镜》（原书名为拉丁语 Speculum Orbis Terrae）仍未能出版。不过他的儿子科尼利厄斯子承父业，终于在1593年完成了地图集的绘制。在这幅极地投影世界地图中，长长的亚泥俺海峡被描绘成分隔了美洲与亚洲。在墨卡托的“极地岛屿”和北美之间是西北航道。在图中出现的日本则位于美洲西北海岸附近，当时人们还没搞清楚日本的真正位置。然而，尽管并没有像竞争对手亚伯拉罕·奥特柳斯的地图集那样获得商业成功，杰拉德与科尼利厄斯·德·约德的豪华地图集仍然是一项重大的制图成就。

尤哈·努尔米宁世界地图收藏，赫尔辛基

HEMISPHERIV AB ÆQVINOCTIALI LINEA, AD CIRCVLV POLI ĀTARCTICI.
Tropicus Capricorni
Ter. Australis incognita
Circulus Antarcticus
Equinoctialis
OCEANVS
AETHIOPICVS
Peru
Patagones
AFRICAE

**克里斯蒂安·斯格鲁滕《马德里地图集》中的世界地图，绘制于 1592 年▲**

克里斯蒂安·斯格鲁滕（约 1525—1603）是德国西北的克勒夫斯公国人，他是当时收入最高的制图师之一。西班牙国王对其青睐有加，1557 年，他被腓力二世任命为皇家制图师。斯格鲁滕创造了许多详细的德国与荷兰本地地图，他以其制作的两部皇家地图集而闻名，分别是《布鲁塞尔地图集》（1573）和《马德里地图集》（1592），这两部作品均绘制在羊皮纸上。这幅对开尺寸世界地图出自后一本地图集。其中我们可以看到由于墨卡托而出名的“极地之岛”。墨卡托非常欣赏斯格鲁滕的精确地图，他自己的地图创作也受到这些地图的影响。

西班牙国家图书馆，马德里

## 杰拉德·墨卡托——现代地图投影之父

“一种新的且更完整的对地球的描述，特别适合水手使用。”在一幅世界地图的上方边缘有这样一句拉丁文标题，这幅图是 1569 年由佛兰芒—德国制图大师杰拉德·墨卡托制作，这句话恰当地描述了这幅最著名地图的使用目的——以对水手有用的方式在平面描绘球形地球。最终，墨卡托发展出以自己名字命名的地图投影法，这种投影法直到今天仍然被广泛使用。

这种新的现代地图投影法诞生于远离海洋波涛之地。杰拉德·墨卡托，原名为格哈德·克雷默，没人知道他是否曾踏上过船只的甲板。在佛兰德斯与德国大河畔的内陆小镇，他度过了漫长而曲折的一生。他出生于 1512 年，父亲是安特卫普附近小镇鲁佩蒙德的一个穷制靴匠。1528 年，他的双亲先后去世，年轻的格哈德与兄弟姐妹们搬到了当牧师的叔叔家里，在那里，家人开始更重视这个男孩的教育问题。最初，这位有天赋的青年获准去荷兰南部斯海尔托亨博斯一所不错的修道院学校，他在那里学习拉丁文以及如何以优美形式写作。墨卡托喜欢漂亮的斜体风格字母，他后来以此闻名正是始于此时的学习。在学校里，他开始使用他的姓氏克雷默的拉丁化形式——墨卡托。几年后，他得以利用叔叔的关系在著名的鲁汶天主教大学获得一个学习哲学的机会，这所大学成立于一百多年前，从那时起就一直是佛兰芒学术中心。

人们对杰拉德·墨卡托的生平与作品相对比较熟悉，这是因为他的朋友与邻居尔特·吉姆在他去世一年后的1595年出版了墨卡托的首部传记《墨卡托的一生》（原书名为拉丁文 Vita Mercatoris）。墨卡托在其漫长的人生中，已经建立起作为当时最重要的学者制图师之一的声望。墨卡托曾以地理学家、宇宙学家、科学仪器制造商、雕刻师和出版商的身份描绘自己的作品。除其他的作品外，这个高产的制图师还绘制了第一幅准确的欧洲地图，并编辑了当时最精美的托勒密《地理学》版本。今天，他的名字主要因两个原因被铭记：首先，世界上最著名和最广泛使用的地图投影法是以他的名字命名；其次，他首先使用“地图集”这个词来形容对地图的系统收集——因此墨卡托的地图集是第一个成系统的地图集，其中所有的局部地图均以统一的比例和图解形式呈现。

在鲁汶与安特卫普的早期岁月，对墨卡托的未来事业非常关键。在16世纪30年代初的那些年，墨卡托意识到自己平凡的家庭背景不会对他追求大学学术生涯有所帮助，因此他必须在自己的学习过程寻求更多实践技能。这位热切的年轻学生结识了三个人，他们对墨卡托的教导构成了他未来生活工作的基础：他们是数学家赫马·弗里修斯、金匠加斯帕·范·德海登和方济会修士蒙纳克斯。赫马·弗里修斯是当时荷兰最重要的数学家与宇宙学家，受其影响，墨卡托对这位导师研究的这些学科越来越感兴趣。在熟练的金匠和雕刻家范·德海登的指导下，墨卡托学习了许多生产科学仪器所需的实用手工技能。而蒙纳克斯教士则鼓励墨卡托努力将对宗教的奉献与对哲学和科学的追求结合起来，而这也促成了1569年墨卡托的《年代记》的出版。

**杰拉德·墨卡托肖像▲**

佛兰芒－德国铜雕师弗朗斯·霍根伯格1574年雕刻的这幅雕像让杰拉德·墨卡托的形象流芳百世。图中，这位62岁的大师手扶着一个放在腿上的地球仪，而地球仪上的北极位于四个“极地之岛”的中心。墨卡托用圆规的一脚指向地球仪的一个地点，旁边的一行字写着：“磁极”（原文为拉丁文 Polus magnetis）。因此这个地球仪描绘出了墨卡托对北极地区的看法。
普鲁士遗产图像档案馆

在鲁汶，墨卡托与赫马·弗里修斯一起，更深入地研究了地理和制图问题，墨卡托还在其导师指导下，学会了制作地球仪与和天球仪。即使是在青年时代，墨卡托在书法与铜版雕刻方面的技能也相当熟练，这两项技能对这位崭露头角的制图师来说都是宝贵的资产。1538年，墨卡托决定发表自己草拟并雕刻的第一幅地图，借此成为一名独立制图师与出版商。这幅描绘圣地的地图获得了商业上的成功。

神学与禁欲主义哲学让墨卡托深深着迷，但在16世纪的荷兰，宗教问题却是事关生死。与很多其他学者一样，墨卡托陷入了天主教徒与新教徒为争夺权力而展开的政治和宗教流血斗争之中。1544年，墨卡托与其他众多佛兰芒学者在布拉班特省被同时指控为异端分子，也就是说他们被指控支持并宣传新教徒的思想。被指控为异端是一个很严重的问题，有可能会遭受严厉惩罚；在此案中，至少有两个男人被判处火刑，一名女子遭到活埋。幸运的是，墨卡托有不少有势力的朋友，这些人赶忙施救，努力驳倒了所有对他的指控。

在度过精疲力竭而又心惊胆战的七个月后，墨卡托最终从监狱获释，他失去了全部家当，但保住了性命。墨卡托回到鲁汶，这里有他的妻子芭芭拉·谢莱肯斯和六个孩子，他试图重新开始运作他的工作坊。

饱受监狱折磨的墨卡托出狱后几年，一位名为约翰·迪伊（约1527—1609）的年轻学者跨越英吉利海峡来到荷兰。他直接前往鲁汶大学，他想要马上结识当地的数学家。迪伊很快就找到了墨卡托，由于两人的共同兴趣，他们很快成为终生挚友。两位学者交流频繁，在数年中通过信件或面谈探讨了许多方面的问题：天文学、占星学、宇宙学、地理学、数学、磁学和科学仪器的制造。后来，迪伊在回到英国后也经历了迫害和监禁，但在获释后，他在伊丽莎白一世女王（1533—1603）的宫廷中被提升到令人瞩目的位置。他从1558年开始担任女王的私人占星家及科学顾问。迪伊鼓励女王为发展王国的海军舰队投资并提高水手的航海技能。后来，他将墨卡托制造的许多科学仪器带到了剑桥三一学院，并在那里对这些仪器进行了细致的鉴别和研究。

墨卡托和迪伊都对解决与航海相关的理论问

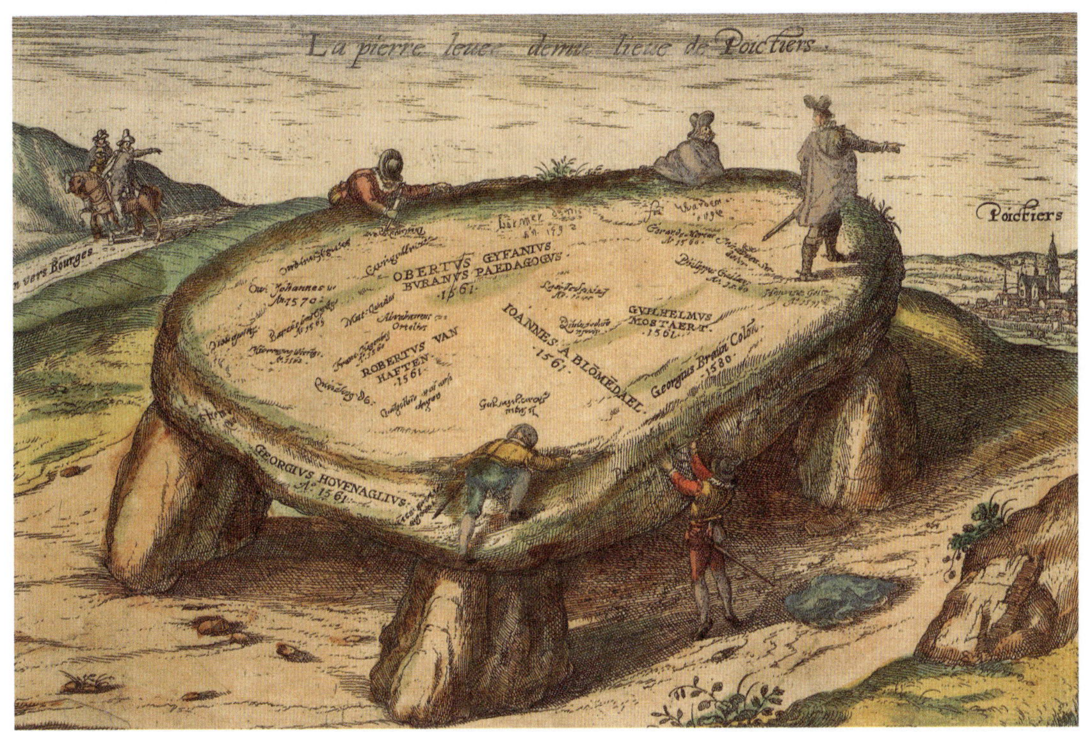


田野里的地理学家▲

弗朗斯·霍根伯格在其著名的描绘欧洲城市的地图集中，将其地理学家朋友杰拉德·墨卡托和亚伯拉罕·奥特柳斯永远铭刻其中。1560 年，霍根伯格、奥特柳斯与墨卡托这三位好友到法国去研究访问，他们对一块很有名的石头进行了研究，这块石头被认为与古代的德鲁伊文化有关。这几位旅行者在石头上刻上了他们的名字，这也是当时游客的一种习惯。图中，上了年纪的墨卡托身着灰袍坐在石头上。从这个朋友圈中产生了最有名的佛兰芒／德国制图师。
德阿戈斯蒂尼图片库／华盖图片

异教徒接受惩罚◀

宗教改革风潮在 16 世纪蔓延到荷兰之后，人类灵魂之战变得更加凶残，导致最后演变为彻底的宗教战争。南方各省的人们遵循传统，发誓效忠天主教会和西班牙国王，而北方省的新教居民则开始引起一些共鸣。西班牙国王腓力二世作为天主教的狂热信徒，采取了强硬政策并迫害新教徒，这导致了接受宗教改革教义的荷兰北方七省的独立战争。1581 年这七省宣布成立独立共和国。本图描绘了西班牙士兵残忍惩罚反抗的哈勒姆城新教徒居民。
私人收藏

题很感兴趣，他们经常就这些问题书信往来。两位学者都认真研究了葡萄牙数学家与宇宙学家佩德罗·努涅兹(1502—1578)发表于1537年的作品，这本书的主要内容是关于在海上测距与球形表面的经线曲率。努涅兹首次明确定义了与导航相关的两个概念：首先是在球体表面两点之间的最短距离——即大圆弧；其次是在海上使用罗盘方向追踪相同路线，被努涅兹称之为斜航线(恒向线)，这两个概念经常被混淆。不过努涅兹未能就球体表面的恒向线做出恰当的说明。

1541 年，墨卡托制作了自己的第一个地球仪，就描绘恒向线的问题展开研究。在这个著名的地球仪上，墨卡托首次展示了直恒向线在球面上的真实模样。当在航海图上画直恒向线时，经常会在相同角度与经线交叉，线条仍然保持笔直，不过当在球面上描绘同样的线条时，这些线虽然仍然会与在相同角度与经线交叉，但会以螺旋状向两极聚拢。

1522 年，墨卡托从动荡的西属尼德兰城市鲁汶举家迁往德国莱茵河畔的杜伊斯堡，开始了人生中较为平静的一段时期。1564 年，墨卡托收到了于利希—克里维斯—贝格公爵威廉五世（1516—1592）的邀请，担任官方宇宙学家，这一职位给这位逐渐老去的学者提供了未来的经济保障。五年后的 1569 年，57 岁的墨卡托出版了敬献给威廉公爵的著名的世界地图。

墨卡托长期以来一直想画一幅描述整个世界的地图，在地理信息上尽可能准确，并且地图所采用的投影法要对水手有帮助。为实现这个雄心勃勃的目标，墨卡托投入了几十年的时间。新型地图投影法隐藏的理论难题并不是阻碍这项工作的唯一因素。至少，收集地图上要介绍的大量地理信息要花费很多时间。对作者的异端指责和随之而来的经济困难也让这位大师消耗了他的力气，不过墨卡托在欧洲有一张不寻常的广泛的信息网络，通过这些“信息员”，他得以不断地为自己的地图收集到新信息。

墨卡托 1569 年制作的壁挂地图在许多方面与当时典型的印刷世界地图有所不同。首先，地图中使用的新投影法以矩形形式展现世界，这与航海图的习惯相同，而与 16 世纪代表性的椭圆形、心脏或圆形投影不同。其次，这幅地图大得超乎寻常，宽超过两米以上，差不多一米半高，更准确地说是 134×212 厘米。第三，墨卡托的地图的一个特点是其解释性文字格外多，涉及许多学科，包括古代地理、《圣经》故事、探险和最新地理信息、北极地理、磁学、制图科学原理，等等。此外，这幅地图一个不同寻常之处在于，图中没有任何欧洲统治者的旗帜来表示领土的所有权，也未提到过他们的对外征服。从这一点可以看出，墨卡托希望自己的地图是对已知世界的科学呈现，而非一幅简单的政治图景。

这幅世界地图是由墨卡托自己雕刻而成，地图被印在 21 张纸上，便于装订成一本地图集。当然，只有把它当作一个整体欣赏，观者才能感受到地图的精致。

墨卡托在发展新的投影法时，创造性地结合了自中世纪以来一直在独立发展的两个久远的地图制作传统：基于距离和方向的航海图，以及宇宙学家发展的地图投影理论。通过把这两个传统相结合，墨卡托创造出了一种地图投影法，让使用者可以放心地读取航海所需的罗盘方位线（恒向线），以便准确地到达目的地，同时也能读取确定位置所需的坐标。这种结合所创造的地图投影法今天仍在使用，并被冠以作者的名字：墨卡托。

墨卡托拿不出任何数学方程来解释经线和纬线之间的空间应该被拉伸多少，又以怎样的比例去拉伸，因为解释他所创造的投影法所必需的数学方法要在很久之后才发展出来。我们不知道究竟什么样的洞察力最终将墨卡托引向这个革命性的新投影法。又过了三十年，剑桥数学教授、地理学家和航海仪器设计师爱德华·怀特（约 1558—1615）才算出了三角计算法及表格，这让墨卡托的投影法可以用更精确的方法绘制。从数学上创造这种投影法所必需的对数，以及推导方程的微积分与微分几何，直到 18 世纪才出现。

墨卡托也深受另一个航海难题的困扰——磁：地球的磁场、磁极的位置及其对磁罗盘的影响。对于墨卡托来说，地磁北极的位置与整个北部地区的地理描绘相关。

墨卡托一度很难将其收集到的关于这一尚未被勘探地区的所有相互矛盾的信息有效融合。北极是否被海水覆盖，或者像许多当时的制图师所描绘的那样是一个大陆块，或者像德国制图师马丁·贝海姆和约翰·鲁伊希在他们的地图里画过的那样，极地地区主要都是一些大岛屿？地磁北极的地理位置在哪里？

通过北方水域，即东北航道与西北航道，找到通往中国和印度的航线的可能性对欧洲统治者掌控政治权力斗争至关重要。墨卡托对北极地理的意见受到欧洲学术界的广泛期待。

根据墨卡托对中世纪手稿《发现财富》（原书名为拉丁文 Inventio Fortunatae）的解读，北极被开放水域所包围。他惊奇地发现，四个大岛屿周围的海洋通过狭窄的海峡之后，在一个大漩涡中交汇，漩涡将水吸入地球中心。在极点的中心位置，墨卡托绘制了一座由磁性岩石构成的高耸入云的大山。

墨卡托然后又在白令海峡附近放置了另一座磁山，因为他认为真正的地磁北极位于这两座山之间。据墨卡托介绍，一座由磁石构成的山从北

杰拉德 · 墨卡托的地球仪，绘制于 1541 年▼

墨卡托在其于 1541 年制作的地球仪（直径 41 厘米）中展示了如何在球面上绘制罗盘方位线（恒向线），这样这些线可以一直同样角度与经线交汇，并以螺旋状通向两极。以地球仪的形式描绘整个世界时，不会扭曲大陆与大洋以及它们之间的相互距离。这一珍稀的设备现被奥地利国家图书馆收藏。
奥地利国家图书馆，维也纳

杰拉德·墨卡托的世界地图与圆柱投影 ▶

杰拉德·墨卡托著名的已知世界壁挂地图（134x212 厘米）出版于 1569 年。墨卡托在图中首次展示了他的最新直角圆柱投影法。墨卡托的这种投影法将经纬度直线绘制成互相垂直。直角涉及一个事实，即标准轴线（恒向线）在地图上被绘制成直线，会经常在相同角度与经线或平行线相交。为了让这成为可能，朝向两极的经线与平行线之间的空间必须要扩大。反过来，这也会导致任何以常规墨卡托投影法描绘的靠近两极的大陆块与赤道地区的大陆块相比，会大到不成比例。举例而言，使用墨卡托投影法，会使格陵兰岛看上去和南美洲一样大，而实际上格陵兰岛只有投影中的八分之一大小，这一问题在现代的地球仪上很容易被发现。

法国国家图书馆

极的中心直冲云霄，所有的经线在此汇合。北方磁山的理论是 16 世纪解释罗盘和地磁偏角运行原因的一种方式。墨卡托创造的这幅北极图景强调了宇宙和谐与对称的理念，自古希腊和古罗马时代以来，这种观念一直很流行。墨卡托与包括奥文斯·菲内在内的很多同时代的人，都对斯多葛派哲学家们（公元前 300—前 200）关于个人与宇宙和谐的想法很感兴趣。

杰拉德·墨卡托的一生漫长而多姿多彩。当他在 1594 年去世时，已经是令人肃然起敬的 82 岁高龄。然而，他从未完成过他的第二部杰作——一部系统地图集，它根据最新的地理信息描述整个已知世界，并以统一的地理形式和比例呈现世界上所有的陆地与海洋。完成并印刷这部地图集的任务落到了墨卡托的儿子鲁莫尔德以及他长子阿诺德的几个儿子——约翰、杰拉德和迈克尔的身上。

墨卡托的《关于世界结构与结构形状的地图集或宇宙学沉思录》（原文为法文 Atlas Sive Cosmographicae Meditationes de Fabrica

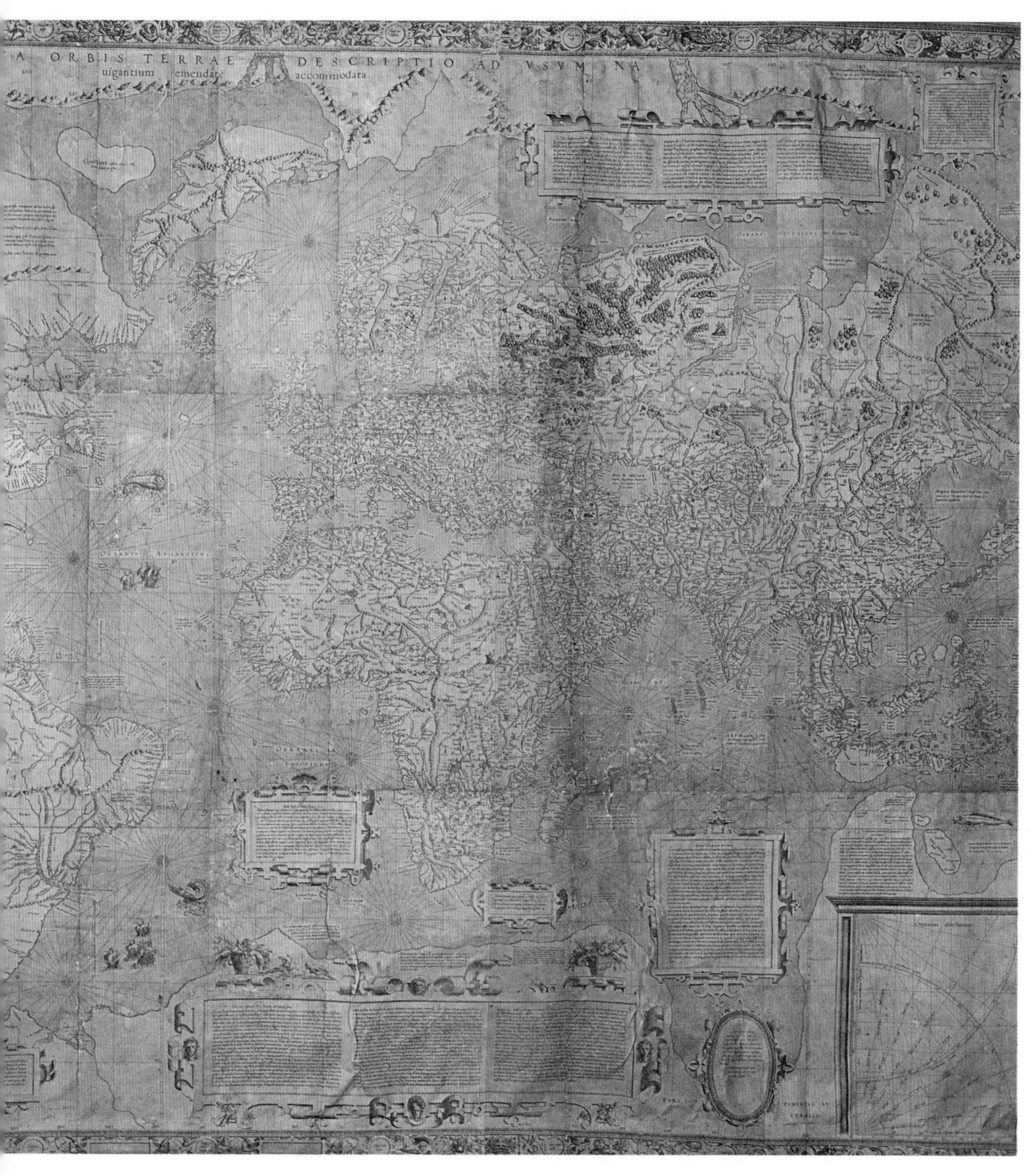
A ORBIS TERRAE DESCRIPTIO AD VSVM NA
uigantium emendate accommodata

鲁莫尔德·墨卡托－乔瓦尼·马吉尼世界地图，绘制于 1597 年▶

这幅绘制于 1597 年的世界地图将地球分为两个半球，它出现在由乔瓦尼·马吉尼编著的一本《托勒密地理学》中，以墨卡托的儿子鲁莫尔德在十年前绘制的一幅地图为基础。地图的地理信息可以回溯到更久远的时代，它是以鲁莫尔德的父亲制作于 1569 年的著名壁挂地图为基础。两个半球之间有装饰元素——浑天仪（上方）与罗盘玫瑰（下方）——强调了地理与宇宙学以及航海之间的关系。地图上的海洋地区使用点刻法雕刻而成。南方极地地区主要被虚构的南方未知大陆所占据，这片巨大的大陆有时在地图上甚至会延伸越过南回归线。

尤哈·努尔米宁世界地图收藏，赫尔辛基

PENDIOSA DESCRIPTIO
cator fieri curabat, in hanc commodiorē formā a Hieronymo Porro redacta.
Polus Arcticus
Tropicus Cancri
Aequinoctialis
Acquator
Tropicus Capricorni
Circulus Antarcticus
Polus Antarcticus
Te potius mirare ipsum, simulachra uidebis
In te Orbis duplicis, paruius et Orbis eris.
F.P.

杰拉德 · 墨卡托地图集的扉页▲

墨卡托是第一个开始将地图收藏合集称为"地图集"（atlas）的人。约道库斯 · 洪第乌斯的扩充版本被称为墨卡托－洪第乌斯地图集。在 1606 年版本图集的扉页中有一幅毛里塔尼亚智慧国王的图。墨卡托在介绍中解释称自己不希望将自己的"地图集"命名为泰坦巨人图集（阿特拉斯），因为泰坦被上帝惩罚，用脊背扛着整个天空（在希腊艺术中，泰坦经常以后背托举着巨大天球的形象出现）。
尤哈 · 努尔米宁世界地图收藏，赫尔辛基

Mundi et Fabricate Figur）于 1595 年出版，距离作者去世仅一年。鲁莫尔德在地图集中加入了自己的世界地图，这幅地图最初在 1587 年发表于在日内瓦印刷的一版斯特拉博《地理学》中。墨卡托的孙辈中，杰拉德为地图集刻制了亚洲与非洲地图，迈克尔刻制了美国地图，约翰则写了一首诗纪念自己的爷爷。

对于墨卡托家族来说，命中注定一切转瞬即逝。这部地图集并不完美，缺少西班牙和葡萄牙的局部地图。1604 年，墨卡托家族因为经济窘迫而被迫出售墨卡托的印版，而在 1606 年，阿姆斯特丹制图和地图经销商约道库斯 · 洪第乌斯出版了第一部所谓的《墨卡托—洪第乌斯地图集》，加入了缺失的部分，全书共有 143 幅地图。这部新的地图集迅速在商业上取得成功。1606—1641 年，共有二十九个版本被印刷成多种语言，包括拉丁文、荷兰语、法语、德语和英语。而且，仿效奥特柳斯在其所处时代所为，洪第乌斯也印制了一个口袋版，这个版本也很受欢迎。墨卡托的名字与作品对后代产生了重要影响，但令人惊讶的是，《墨卡托—洪第乌斯地图集》中并没有任何使用墨卡托投影法绘制的地图。我们将在第五章更仔细地考察这部地图集。

"从托勒密时期起，鲁佩蒙德的大师在制图史上就处于不可超越的地位。"我们很容易就会认同探险家诺登舍尔德的这段评价。杰拉德 · 墨卡托是他那个时代最负盛名的制图师和宇宙学家，甚至在今天他也可能是有史以来最著名的制图师。墨卡托的遗产继续存在于他创造的地图投影法中，这种投影法被证明非常实用，它已经成为我们世界观的一个不可分割的组成部分。我们会在学校里和广告上看到它；当我们想到地图时，我们很有可能想到的就是墨卡托投影法。

以墨卡托理论绘制的北极▲

杰拉德·墨卡托认为，在北极，有四座大岛从一片海洋中升起，他对北极地理的理解借用了16世纪一份被称为《发现财富》的中世纪旅行记中的描述。这部旅行记声称包含一位生活在中世纪的英国修道士留下的信息。虽然这幅地理图在展现知识方面有错，但其阐释也并非毫无现实基础。在中世纪晚期确有英国人定居在挪威汉萨同盟城市卑尔根，英国传教士也可以很容易地同挪威渔民一起去冰岛、格陵兰和马克兰（即拉布拉多）——也可能到过更北的地方。这些地区可能就是人们相信这些北极大岛存在的基础，贝海姆和鲁伊希首先描绘了这些岛，后来墨卡托也在地图上绘制了它们。

尤哈·努尔米宁世界地图收藏，赫尔辛基

## 总结

文艺复兴时期的制图师经常在统治者的资助和保护下工作；地图——特别是世界地图，是欧洲统治者在16世纪全球政治谋划中一个不可或缺的组成部分。在当时最重要的制图师与宇宙学者杰拉德·墨卡托于1594年去世时，欧洲正深陷于天主教南方与新教北方之间的宗教战争之苦。墨卡托一生中一直努力在宗教问题上保持中立，试图将自己的生命更多地投入科学而不是教会之中。但这种中立实际上已变得不可能，因为随着宗教政治紧张程度的加剧，宇宙学家和地图制作者的重要性也在飞速提升，特别是在商业航海领域。学术研究被要求忠于统治者所支持的教会；上天的奖赏在地球上被一分为二，每个人都必须要选一边站队。

然而，激烈的宗教政治氛围虽然是这个时代的鲜明特征，但并没有削弱地图制作者作为“科学工匠”的智力成果，相反，在16世纪的历史进程中，许多制图方面的数学精确原理被创造和改进，并构成了我们现代地图制作的主要基础。虽然包括测量未知水域的经度在内的一些与绘图和航海相关的核心科学问题尚未得到满意解答，但也使得对这些问题进行精确定义首次具备可能性。

杰拉德·墨卡托，这位当时最重要的制图师与宇宙学者发展了一种新的地图投影法，创造性地将两种传统的地图历史传统相结合，这两种传统自从中世纪以来独立发展，用于不同的目的：基于罗盘航向和距离的水手们使用的航海图，以及宇宙学者创造的地图投影原理。通过将这两个传统融合在一起，墨卡托创造了这样一种地图投影法，据此人们可以准确读取海航所需罗盘方位与定位所需的坐标。这种结合创造了一种现在仍然在使用的地图投影法——直角圆柱投影法，该投影法以其创造者墨卡托的名字命名。

使用墨卡托投影法的马特乌斯·梅里安世界地图▲

墨卡托投影法在17世纪制作的地图中已变得常见。梅里安的这幅世界地图完成于1638年。
尤哈·努尔米宁世界地图收藏，赫尔辛基

V

第五章

# 被包围的世界

## 海上贸易的兴起与地图出版商

### 一位冒险家的游历与荷兰黄金时代

1578 年，16 岁的男孩扬·惠根（1562—1611）还只是一个无名小卒，他离开荷兰北部的海港小镇恩克赫伊曾，向广阔的世界出发。男孩口袋里揣着一本笔记本，忠实地记录下对这个世界的所见所闻所感。十八年后的 1596 年，惠根出版了自己的旅行笔记。这本书再现了他前往葡属东印度群岛的旅行经历，使其在荷兰及整个欧洲迅速赢得声誉。

一开始，这本由出身普通家庭的冒险者撰写的书并不受人青睐，他甚至找不到合适的出版商。结束旅行回乡后，扬·惠根·范·林斯霍滕结识了科内利斯·克拉斯（约 1546/1551—1609），后者定居在阿姆斯特丹，是一位佛兰芒地图和图书出版商。1594 年 11 月，范·林斯霍滕和克拉斯签订了出版协议，决定“为保证双方获利而印制和销售一本有关航海前往东印度群岛的图文书”。

扬·惠根·范·林斯霍滕的《航海记》为自己和出版商赚了大钱。该书出版了多个语言版本。这本书不仅仅是一个年轻人前往世界尽头探险的奥德赛式的动人故事，同时也包含着与东印度群岛进行远洋贸易的极具价值的实用信息，而这对荷兰来说非常重要。

这本书具有无可争议的影响力，对 16 世纪晚期荷兰海上贸易的发展具有直接或间接的深远影响。它既是作者自己在遥远的非洲和东印度群岛地区进行贸易的经验总结，也第一次向荷兰人详细揭示了葡萄牙人前往该地区进行海上贸易的航线秘密。

在第五章，我们将探索 17 世纪荷兰海上贸易和地图出版商的世界。西属尼德兰地区——现在的比利时——普遍动荡不安并对新教徒进行迫害，曾经蓬勃发展的安特卫普情况尤为严重，这导致了 16 世纪晚期大批宗教改革支持者被流放。成千上万的流放者中有许多商人、工匠和学者，图书和地图出版商科内利斯·克拉斯就是其中一员。很多学者难民逃向更和平的北部地区，阿姆斯特丹尤其受欢迎，这座社会氛围更自由的城市向逃难的学者们敞开了怀抱。

17 世纪，阿姆斯特丹迅速崛起为荷兰新的外贸、银行业、科学、艺术和手工业中心。这一时期通常被称为荷兰黄金时代。这个依靠填海造地兴建城市和村镇的国家并没有多少可供使用的自然资源，但它拥有加尔文主义的企业家职业道德和精神。在学会了如何与海洋共生后，荷兰人把重点放在了运输和原料处理上。由丹麦橡木建造的船只上装备着涂抹着芬兰沥青的缆绳。荷兰人驾驶其匀称坚固的船远航至世界的东西尽头。他

们从印度和东南亚带回珍贵的香料、丝绸和瓷器；从新大陆带回可可、烟草、咖啡，以及最重要的糖，再用更高效的新技术精炼糖，转手以高价在欧洲出售，当时的欧洲虽然因为三十年战争（1618—1648）和多次瘟疫元气大伤，但也正在逐渐恢复中。

与远方大陆的海上贸易导致对精确地图的需求增加。阿姆斯特丹的地图交易随着荷兰共和国商船的崛起而蒸蒸日上。17 世纪，数十名制图师活跃在阿姆斯特丹，绘制出版了一百多幅各不相同的世界地图。我们将追踪其中几幅地图，它们

反映了 17 世纪荷兰制图师的欧洲式世界观和欧洲人绘制的地图带来的重要影响。

我们将从扬 · 惠根 · 范 · 林斯霍滕的航行开始介绍荷兰黄金时代的商船和世界地图制作。透过这位年轻冒险家的多彩生活，我们首先能窥见荷兰黄金时代逐渐兴起的精神和文化基础。扬 · 惠根 · 范 · 林斯霍滕的故事展现了谦卑的北海鲱鱼渔民是如何以令人惊异的速度成长为世界海上霸主。跟随着范 · 林斯霍滕，我们能学习到对外贸易的基本原理，塞维利亚和里斯本这些伟大城市的航海经验，以及荷兰人如何从伊比利亚半岛的商人和制图师那儿偷师学艺。

我们的探索将在印度和葡萄牙统治下的果阿继续，然后再回到荷兰。我们将见证在不到一百年的时间里，这个北方小国如何崛起为独一无二的世界贸易和制图超级力量。荷兰制图师绘制的精美巴洛克式地图，讲述了天主教徒与新教徒在荷兰本土和世界范围内的商船竞争和宣传战，只要有欧洲商船的地方，这样的“战争”就不可避免。在这场世界霸权的争夺战中，笔和印刷机成为比火药更有威力的武器。掌握着异域大陆知识和通往富饶新大陆最精确的安全航线地图的人统治着这个世界。

虚空派静物画中的地球仪和游记◀

荷兰虚空派（vanitas 源于拉丁文 vanity）静物画用物体来象征生命的无常、死亡的无可避免，以及人类成就的局限性，这些物体包括沙漏、断掉的小提琴弦、手提袋和熄灭的蜡烛。17 世纪，地球仪和游记开始成为作画对象，暗示了荷兰在国际贸易中日益强大的统治力。埃弗特 · 科利尔于 1662 年创作了这幅画，在这幅画右侧有一张小纸片，上面用拉丁文写着：Vanitas vanitatu(m) et omnia vanitas（虚空是空，万物皆空），提醒读者，所有人类努力最终都是徒劳。
苏富比

《东印度商船起航》▲

荷兰海景画先锋亨德里克·科内利斯·弗鲁姆描绘了三桅横帆船“毛里求斯”号沿北海马斯迪普海峡起航的场景。海峡南岸的登海尔德市在与东印度群岛的远洋贸易中扮演了重要角色。17 世纪荷兰势力巅峰时期，登海尔德附近的造船工业为荷兰东印度公司（Vereenigde Oostindische Compagnie，缩写为 VOC）提供了大量商船。正如本图描绘的那样，从马斯迪普海峡远航出发前，这些“东印度商船”都在登海尔德市海岸聚集。

阿姆斯特丹国家博物馆

## 扬·惠根·范·林斯霍滕——向荷兰人打开远东世界的大门

扬·惠根于1562年出生在天主教城市哈勒姆，在日后为西班牙和葡萄牙的天主教雇主效力时，他经常强调这一点。扬年幼时，全家迁居新教城市恩克赫伊曾。扬的父亲在那儿开了家小旅馆，同时也有资格从事公证和小额银行业务。扬·惠根和兄弟姐妹们被送进学校，学习读写和算术。对文学的兴趣和人文科学教育打下的基础让这位未来的游记作家获益匪浅。

扬·惠根每天在父亲的旅馆都能见到水手，听到他们的海上冒险传奇。扬的两个哥哥（原文用 half—brothers，未交代到底为同父异母还是同母异父）那时已经到西班牙塞维利亚学习远洋贸易，所以他决定追随他们的脚步。这个具有冒险精神的男孩对在小旅馆中过着受庇护的生活和在近海捕捞鲱鱼并不感兴趣，他梦想着环游世界。多年后，在一封给母亲的信里，扬表示离家远游是正确的决定："对于一个年轻人来说，没什么比像个小孩一样赖在母亲的厨房里更浪费时间，既不知道什么是贫富，也不知道世界的新发现，这种无知往往会毁掉他。"

1580年1月，扬·惠根第一次来到塞维利亚——一座位于瓜达尔基维尔河畔的多彩多姿的安达卢西亚城市。扬·惠根敏锐地感受到这座城市内陆港口的国际化和繁忙气息。大型西班牙盖伦帆船旁边停着较小的巴斯克、加泰罗尼亚和热那亚的商船，忙着进行欧洲本土商品贸易。那些最庞大的盖伦帆船横渡大西洋前往"新西班牙"，带回大量金银、辣椒、烟草、土豆、糖和其他实用植物及其加工产品。

西班牙大西洋舰队主要负责欧洲与美洲之间的贸易，而太平洋舰队则从南美洲西海岸和菲律宾新开发的港口城市远航。铁路工人在分隔加勒比海和太平洋的巴拿马地峡忙碌着。1565年，西班牙殖民者开通了一条从墨西哥阿卡普尔科前往马尼拉的往返航线，返程通常耗时三个月。马尼拉迅速成为西班牙亚洲贸易的中心，大型盖伦帆船满载着中国的丝绸、精美瓷器等奢侈品和马来群岛的珍贵香料从这里起航。菲律宾的银矿则为这些交易提供货币支持。国际化的远洋贸易复杂且风险大，但同时获利极其丰厚。在塞维利亚，扬·惠根意识到这座城市的生命力就来源于远洋贸易。横渡大西洋通常是每年仅有两次的壮举，一次在早春，一次在晚秋，都是大型舰队集群远航，装备加农炮的军舰一路随行，保护商船不受海盗所扰。每一次起航都是一次非常重要和受欢迎的大事件，人们会远道而来围观。这座大城市吸引了来自欧洲各地的船员、商人、工匠、艺术家和学者。同时也吸引着来自周边农村的穷人、流浪者和退伍老兵，所有人都渴望在这里改善生活。

**扬·惠根·范·林斯霍滕肖像画▲**

这幅荷兰游记作家扬·惠根·范·林斯霍滕的肖像画源自其于1596年出版的图书《航海记》。这本书记录了这位冒险家在葡属东印度群岛的个人经历。画的四角装饰着四幅鸟瞰图。它们是葡萄牙控制的东印度贸易沿线的重要城市和港口。左上角的图描绘了印度贸易城市果阿，右上角则是莫桑比克海岸沿线贸易据点。左右下角的两幅图分别描绘了遥远的圣赫勒拿岛景象，范·林斯霍滕搭乘的船从东印度群岛返回欧洲途中，曾遭遇大西洋风暴，当时他们就曾在那儿避难。

尤哈·努尔米宁世界地图收藏，赫尔辛基

西班牙最著名的作家、与威廉·莎士比亚

《荷兰商船驶离马尼拉》▲

1616 年初，一队由“海盗船长”约里斯·范·斯皮尔伯根带队的贸易船队抵达菲律宾，停靠在马尼拉湾。在这幅由特奥多尔·德·布里绘制的鸟瞰地形图前景中，我们可以看到六艘荷兰东印度公司的商船和当地舢板和小船。在后景海湾底端，我们可以看到马尼拉及邻近的甲米地港，这个避风港在 17 世纪成为马尼拉盖伦帆船的亚洲目的地。马尼拉盖伦帆船是从克拉克帆船和卡拉维尔帆船改进而来的大型多层西班牙商船，1565 年至 1815 年，这种商船每年横渡太平洋一两次，从马尼拉到今天的墨西哥阿卡普尔科。马尼拉盖伦帆船对西班牙而言具有重要的经济意义。墨西哥的白银在亚洲能卖得高价，然后能换取欧洲人梦寐以求的亚洲奢侈品。

国家博物馆版画收藏室，阿姆斯特丹

（1564—1616）同时代的米格尔·德·塞万提斯（1547—1616）也对安达卢西亚丰富多彩的生活有过相关描写。航海也是塞万提斯生活的一部分：1571 年，他参加了与奥斯曼人在地中海展开的著名的勒班陀海战。十年后，他来到塞维利亚，为西班牙腓力二世的“无敌舰队”筹集资金，但最后却因为债务问题入狱。同时期，英国的另一文学巨匠威廉·莎士比亚则见证了“无敌舰队”在与英国人的战争中被痛击，随后又在撤退回北海的途中被暴风雨摧残。天主教的西班牙从未成功征服新教的英格兰。这种政治冲突导致了公开的战争，同时也考验了天主教会的影响力，但并没有削弱国际海上贸易，尽管只要在海上相遇，英西两国船队总是想方设法弄沉彼此的船只。

人们对远洋商船的起航和回归都满怀期待。虽然在三个月内从塞维利亚往返加勒比海港口的新大陆是有可能的，但这趟远航通常需要六个月的漫长等待。这段时间很多人坐立不安，尤其是德意志、佛罗伦萨、威尼斯和热那亚的船主们与资助远航的银行家们。西班牙商船在海上面临很多危险，包括暴风雨、海盗和私掠者。与海盗不同，像弗朗西斯·德雷克这样心狠手辣的英格兰私掠者，是奉女王伊丽莎白一世之命劫掠西班牙商船，北方新教（英格兰、荷兰和法国胡格诺教派地区）和南方天主教（西班牙及其天主教联盟）在内陆港和遥远的海上展开激烈较量。

扬 · 惠根很快追随哥哥威廉 · 丁继续前往里斯本，他在那里学习如何与东印度群岛进行远洋贸易。两年后，他终于找到了一份会计师的工作，为一位升任果阿大主教的葡萄牙牧师服务。这位大主教要从里斯本乘坐商船去印度，而这艘船则是要去印度装载辣椒。1583 年的耶稣受难日（复活节前的星期五），扬 · 惠根启程前往印度。他在日记里记下了这次远航的所有细节：从里斯本出发，绕行非洲最南端，越过莫桑比克到果阿。风向优于预期，整个航程只用了大约五个月就完成。

16 世纪时，果阿迅速崛起，成为葡萄牙在东印度群岛的财富中心，同时也为葡萄牙航海家们提供了大量航海图。商船从世界各地涌入果阿的港口，俨然成为大主教秘书的扬 · 惠根得以搜集到各种贸易路线信息，最远可达中国和日本。虽然没有受过导航员训练，只是一个自学成才的会计师，但他十分聪明，很快就掌握了海上导航原理，并记下了葡萄牙商船的航行路线。他勤奋地研究导航指南，包括西班牙的《路径指南》、葡萄牙的《导航手稿》和其他航海图，还把其中一些带回了荷兰。

扬 · 惠根尽心为果阿大主教服务了六年。大主教死后，扬 · 惠根立即着手策划回家之旅。他故意强调其荷兰上层阶级背景，以范 · 林斯霍滕的名字向当局申请通行证。1588 年 11 月，在朋友的帮助下，他得以登上圣克鲁兹号，这艘满载辣椒的船即将从果阿返回里斯本。与此同时，大西洋东岸的欧洲海岸上，世纪最强风暴正在肆虐，“无敌舰队”的许多战舰因此沉没。受停靠港、风暴和其他绕行因素影响，扬 · 惠根用了超过两年半时间才回到故乡恩克赫伊曾。

在阿姆斯特丹，成功的书商和出版商科内利斯 · 克拉斯知道了“范 · 林斯霍滕”的名字，他很快意识到扬 · 惠根的故事的独一无二及其商业价值。他提出要出版扬 · 惠根的故事。由于扬 · 惠根没有接受过任何学术训练或文学创作经验，双方决定把扬 · 惠根在恩克赫伊曾的一位博学的朋

**果阿的市场◄**

1583 年至 1589 年，扬 · 惠根 · 范 · 林斯霍滕都充当着果阿的葡萄牙籍大主教阁下文森特 · 达 · 丰塞卡的秘书。这幅版画是根据范 · 林斯霍滕在果阿画的一幅素描制作完成，描绘了果阿主街上市场的情况。背景是一栋栋属于葡萄牙商人的白墙红顶两层小楼。果阿有七个市场，来自印度、中国、阿拉伯和桑给巴尔的商人们聚集在这些市场，进行丝绸、棉花、香料和香水交易。铁匠、金匠、珠宝匠、屠夫和鱼贩们在果阿也各有其专门的市场。
布里奇曼图片库

友纳入这本书的出版计划——一位名叫伯纳德斯 · 帕鲁达努斯（1550—1633）的医生。这三个人共同完成了这本书，并于 1596 年首次完整出版，取名为《航海记：扬 · 惠根 · 范 · 林斯霍滕近东与葡属东印度群岛游记》。

一开始，范 · 林斯霍滕的荷兰文版葡属东印度群岛行记由四个独立部分组成，后来被合为一体，以第一部的名字《航海记》统称。这是第一本现代意义上的民族志学游记。与中世纪游记不同，它来源于作者的真实个人旅行经验，书中没有什么居住在遥远大陆的怪人之类的想象内容。相反，它提供了很多有关我们现在所知道的印度、中国和东南亚内部市场、货币、价格、重量与计量方面的民族志学、地理学和经济学知识。

范 · 林斯霍滕在书里详细描述了葡萄牙到东印度群岛的航海路线。换言之，这本书充当了前往这些遥远海域的航行指南和手册，而这些地方在此之前对荷兰人和英格兰人来说都是未知之地。描写航海路线的《游记》部分在 1595 年首次出版，次年被收入《航海记》。该书的其他部分则介绍了当地文化、贸易和自然情况，并特别重点介绍了作为贸易品的植物情况。扬 · 惠根的所见所闻和普鲁达努斯的学术考证与解释相辅相成，例如，后者会对香料植物的药用功效加以说明。从 1596 年完整出版开始，《航海记》还附有一张著名的世界地图，该图由佩特鲁斯 · 普兰休斯绘制、约翰尼斯 · 范 · 多耶特坎雕刻制作。

在从事海上贸易的商人看来，这本书最有价值的地方在于，它提供了有关珍贵香料何时收获以及何时销往果阿和东印度群岛其他贸易中心的详细信息。这些信息对于荷兰商人开始认真筹划前往被称为香料岛或摩鹿加群岛的马来群岛所属香料产地进行远洋贸易至关重要。

17 世纪，荷兰共和国的海外贸易商以令人惊讶的速度，迅速控制了东方香料贸易，这很大程度上归功于其造船技术以及航海和制图技术的进步。16 世纪早期，荷兰海外贸易商还要依靠西班牙人和葡萄牙人的帮助造船，但到了 16 世纪末，他们就开始独立造船，并创建了自己的贸易公司。扬 · 惠根的《航海记》为荷兰独立航海家们提供了有关航海路线和与东印度做生意的丰富参考信息，鼓励了他们建造属于自己的船远航东印度群岛。科内利斯 · 克拉斯和其他专业出版商则收集了西班牙和葡萄牙最新的制图和水文地理知识，将其汇编成册，以航海图册或地图集形式卖给航海家们。

**佩特鲁斯·普兰休斯的《世界地图中的象征人物》，1594 年▶**

1596 年，由佩特鲁斯·普兰休斯绘制、约翰内斯·范·多特康雕刻的一幅著名世界地图出现在了扬·惠根·范·林斯霍滕的《航海记》中。这幅地图曾于 1594 年出版。图中主要依据葡萄牙已有资料对远东进行了描绘，例如参考了路易斯·特谢拉 16 世纪的地图。在这幅地图中，朝鲜半岛第一次以半岛形式出现，日本的形状也是首次出现。新几内亚之前都被描绘成一座岛屿，而在这里则被画成庞大的未知南方大陆墨瓦腊泥加的一部分。

地图周边装饰繁复，绘有北方和南方的星座、一个浑天仪、一个罗盘和女性象征人物形象及丰富多彩的大陆景象。这些地图周边的插图都是根据特奥多尔·德·布里的画作绘制，布里是一位出生在佛兰芒、定居在法兰克福的铜版雕刻师和出版商，他的画作近百年来一直被广泛用于地图和游记图书中。

地图左上角的女性形象代表欧洲。她腿上放着象征富饶的号角，左手则握着一个权杖。她的脚搭在一个带球十字架（原文拉丁文为 globus cruciger，英文为 cross-bearing orb）上，象征着欧洲相对于其他大陆的优越性。她的周围环绕着象征科学、技术和艺术的各种东西，有鲁特琴、书、浑天仪和在 1530 年新发明的火枪。

地图右上角有一个坐在犀牛身上的女性形象，她代表亚洲。她的手里拿着一个香炉，脚踩着一箱珠宝。画家在背景中画了更多大象、骆驼、长颈鹿和独角兽等珍禽异兽。

地图下方有四个女性象征人物，分别代表：墨西哥、秘鲁、墨瓦腊泥加和非洲。代表墨西哥的女性人物坐在一只犰狳身上，手握弓箭。代表秘鲁的女性人物则坐在一只巨猫身上，四周围绕着热带鸟类。两个女人的脚都踩着金币或银币，象征着美洲大陆的富饶。在两个女人身后，我们可以看到原住民在生火烹制当天猎捕到的食物。在代表墨西哥的图中，人们正在烤大蜥蜴，而在代表秘鲁的图中，则描绘了食人场景。

尤哈·努尔米宁世界地图收藏，赫尔辛基

GRO MULTIS IN LOCIS EMENDATUS auctore Petro Plancio 1594
ASIA
AFRICA
MAGALLANICA
Polus Arcticus
Polus Antarcticus
OCEANUS TARTARICUS
Aequinoctialis
Circulus Antarcticus
MAGALLANICA
TERRA AUSTRALIS
MARE LANTCHIDOL
JAPAN

**佩特鲁斯·普兰休斯教授商船海员▲**

本图源自约祖亚·范·登·恩德于1604年左右雕刻和出版的一幅世界地图（随后几页可见）。通常认为，图中间长着胡子的男人就是佩特鲁斯·普兰休斯，他正向荷兰商船海员们讲授有关制图和航海的理论。
法国国家图书馆

## 佩特鲁斯·普兰休斯——为海外贸易商绘制更好的地图

1585年，当家乡沦为西班牙腓力二世的地方官治下时，彼得·普拉特沃埃特（约1552—1622）——其拉丁名佩特鲁斯·普兰休斯更为人熟知——从布鲁塞尔逃亡到自由的阿姆斯特丹。普兰休斯曾是一位受过训练的神学家，也是一位职业新教牧师，但在阿姆斯特丹，这位博学的牧师专注于科学研究，对天文学、制图和航海理论的学习和教学尤其感兴趣。当时由七个省联合组成的荷兰共和国（尼德兰联邦或尼德兰七省联合共和国，1581–1795）张开双臂欢迎来自南方的有技能的难民。

佩特鲁斯·普兰休斯一生中绘制了多幅令人印象深刻的世界地图。1592 年 4 月，他向共和国行政领导机构国家议会展示了一幅呈现整个世界的挂图。这幅地图的诞生在制图界意义重大，因为普兰休斯的地图是信奉新教的尼德兰北部印制和出版的第一幅大型地图。制图者的名字被藏在了图后的一张小纸条中，以便这幅由新教制图匠制作的挂图能在信奉天主教的尼德兰南部出售。

这幅精美的世界地图根据圆柱投影绘制而成。仅有一幅原图保留下来，而且品相较差。制图师有两个主要地理参考资料来源：一个是 1569 年的墨卡托地图，另一个则是葡萄牙制图师佩德罗·德·莱莫斯（1576—1622）提供的信息。这幅地图被复制了很多次，1604 年，佛兰芒雕刻师约祖亚·范·登·恩德在阿姆斯特丹雕刻了他的版本。

与扬·惠根·范·林斯霍滕一样，佩特鲁斯·普兰西斯也对与远方大陆的远洋贸易感兴趣，而当时这种远洋贸易完全处于葡萄牙人和西班牙人控制之下。16 世纪以来，殖民政策和繁荣的远洋贸易带来的税收令伊比利亚半岛皇室的财富迅速增加。西班牙和葡萄牙的商人和资助的银行家都变身私人企业家，远航的成功离不开他们的财力支持，但是，皇室也在税收和保险方面对远航给予了有力支持，尤其是当商船在不可预知的海外水域失去所有货物时也能从中获益。

16 世纪末期，荷兰共和国的海外贸易商们也想从西印度群岛和东印度群岛的贸易中分一杯羹，他们开启了与伊比利亚半岛的商人们完全不同的商业模式：他们组建了世界上第一个股份公司，远洋贸易的利润和损失由股东共同承担。富有的荷兰商人同时在政府取得重要的一席之地，与西班牙和葡萄牙的真正权力仍掌握在国王、贵族和天主教会手中不同，在荷兰，商人们手握重权。这种荷兰模式当然也有其缺点。由少数富有商人组成的小公司之间竞争异常激烈，削弱了其与西班牙和葡萄牙对手的竞争力。

15 世纪末期到 16 世纪早期，佩特鲁斯·普兰休斯对荷兰海上贸易的兴起做出了应有贡献。在荷兰人大力发展海上贸易之前，需要解决两个相关联的问题：一是如何组织起能挑战伊比利亚半岛对手的船队；二是学习如何在未知海域航行。1602 年，随着荷兰共和国的远洋商人们决定停止内部竞争，联合起来组建单一大型公司荷兰东印度公司，第一个问题迎刃而解。国家议会授予荷兰东印度公司在东印度群岛（现在的印尼群岛）进行殖民贸易和其他活动的独占权，使其成为荷兰共和国最强大的贸易公司。

而第二个难题则由普兰休斯和克拉斯联手解

**阿姆斯特丹证券交易所▲**

1653 年，油画家埃马努埃尔·德·维特描绘了阿姆斯特丹证券交易所内买家和卖家人潮涌动的景象。1602 年，荷兰东印度公司开始在阿姆斯特丹经营。同年，它在阿姆斯特丹建立了自己的证券市场，成为世界上第一家在证券交易所上市的公司。荷兰东印度公司的成立打响了荷兰黄金时代的发令枪，这个辉煌的时代一直持续到 17 世纪末。
威廉·范·德·沃尔姆基金会，波伊曼·范·布宁根博物馆

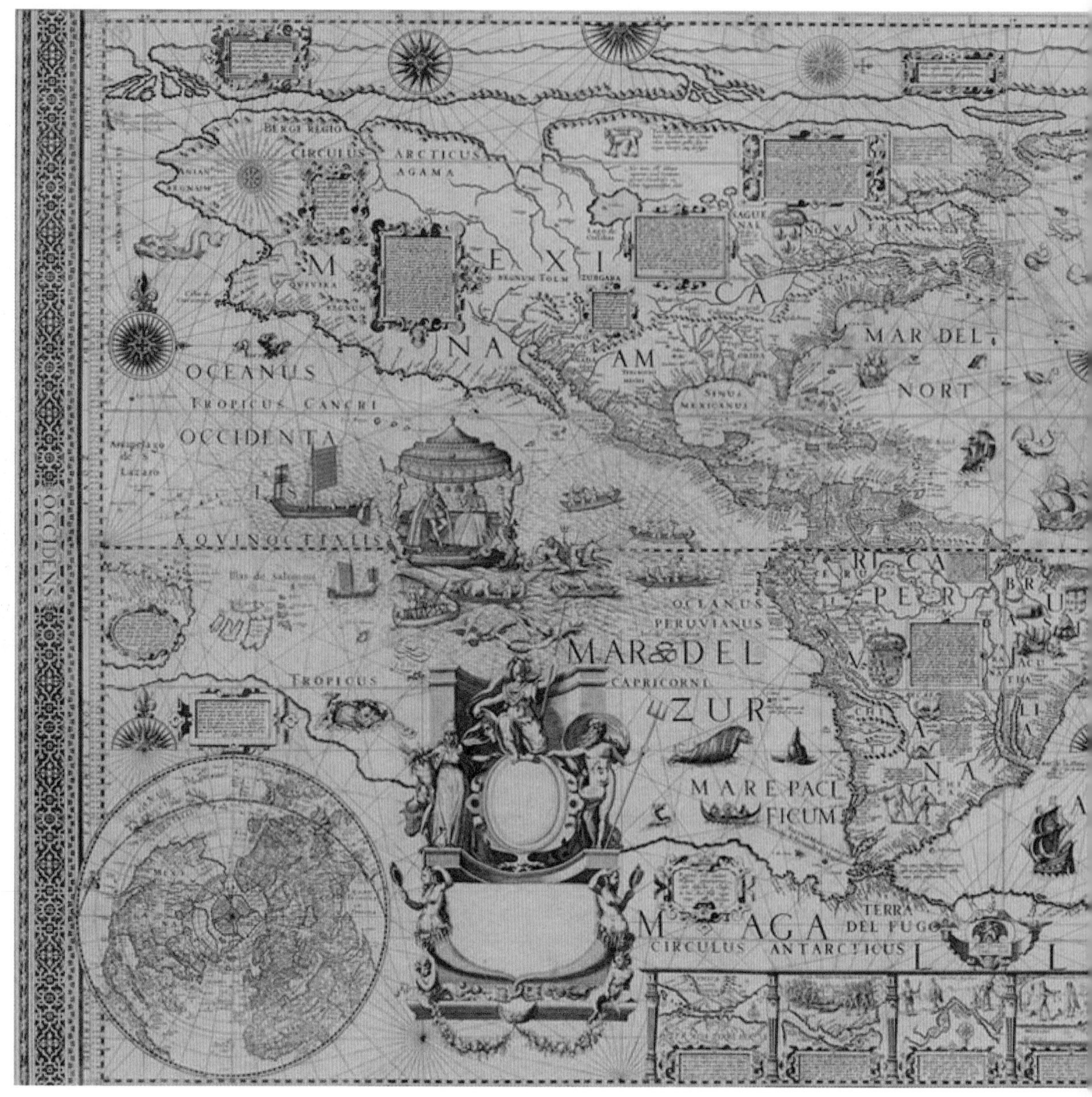


决。这两个博学的人仔细研究了西班牙贸易部和葡萄牙印度部所使用的航海图，以及这两个伊比利亚机构搜集制图和水道测量数据的方法。他们想在荷兰建立类似的系统，以便系统化训练一批经过筛选的专业技师来解读和整合数据，并创造属于荷兰的航海图。制作、出版和销售地图并不仅仅是一项智力挑战，同时也是普兰休斯和克拉斯的商业盈利业务。

地图历史学家基斯 · 赞德利特“档案文献显示，至少在‘老公司’（原文为荷兰语，Oude Compagnie，一家贸易公司，1602 年并入荷兰东印度公司，普兰休斯曾是该公司董事会成员）期间，普兰休斯扮演着葡萄牙人眼中的大宇宙学家的角色。在商船装备方面，普兰休斯主要负责提供科学实用的航海图和航海仪器。他还负责提高船上领航员的科学水平：他教授领航员有关航海

**约祖亚·范·登·恩德版的普兰休斯世界地图，约 1604 年▲**

佩特鲁斯·普兰休斯 1592 年完成的世界地图保存至今的仅有一幅，且品相较差。然而，普兰休斯的地图经常被复制，这幅由佛兰芒艺术家约祖亚·范·登·恩德雕刻的样本品相极佳。这幅地图并未标明制作者和出版商，但很可能是由威廉·扬松·布劳制作，它于 1604 年在阿姆斯特丹出版。这幅地图（113x231 厘米）有 12 页，它与普兰休斯的原始地图基本一致，只有个别几处细小差异。这幅地图新加入了 16 世纪 90 年代的一些地理新发现，例如增加了俄罗斯的新地岛。我们在地图上还可以看到墨卡托和约翰·迪伊猜想中的大片极地岛屿，虽然，普兰休斯本人直到 16 世纪 90 年代末仍不相信他们的猜想，原因是在 1594 年至 1597 年，威廉·巴伦支绘制了北大西洋和北极圈的地图，图中已经包含了斯瓦尔巴群岛，却没有找到任何其他岛屿的线索。
法国国家图书馆

知识的课程，经其批准才能加入老公司。商船返回荷兰后，普兰休斯收到了航海日志、航海图等，其中包括对星星的观测、海岸线等方面的信息”。1602 年以前，老公司活跃于与大西洋的西印度群岛的远洋贸易中。17 世纪开始，荷兰东印度公司的制图师们对于汇编由水手们带回的地理信息同样十分重视，他们利用这些信息制作出更精确的航海图，供公司的船长们使用。

1594 年，佩特鲁斯·普兰休斯向国家议会申请授权，允许其销售基于墨卡托投影法绘制的航海图。普兰休斯获得了十二年的独占权，得以向荷兰共和国的海外贸易商销售新航海图，老公司的船员们也开始使用这些新航海图。普兰休斯拥有深厚的数学和天文学功底，可以轻松掌握墨卡托投影法，但一般船员习惯使用旧式航海图，也就是平面航海图和模型，船员们花了一些时间才接受普兰休斯的新航海图。

普兰休斯使用墨卡托投影法绘制的航海图没有一幅保存至今。英格兰贵族罗伯特·达德利爵士（1574—1649）制作了世界上第一部完全采用墨卡托投影法绘制的航海图集《关于海洋的秘密》（原文为意大利文 Dell’arcano del mare），首版于 1645 年至 1646 年在佛罗伦萨印制。17 世纪，欧洲的船员们逐渐接受了墨卡托投影法，今天，这种制图法是世界通用的航海图标准制作方法。

天资过人的佩特鲁斯·普兰休斯很快在荷兰共和国海外贸易商的心中获得了较高地位，他同时也向不同贸易公司的船员提供服务。16 世纪 90 年代，他成为一家名为远洋公司的贸易公司的科学顾问，当时该公司正试图绕道好望角，开辟通往东印度群岛的新航线，这是荷兰人的首次尝试。科内利斯·德·豪特曼（1565—1599）是这次探险的总指挥。1595 年，4 艘商船和近 250 名船员在他的率领下扬帆出发。航程中，这位船长的弟弟弗雷德里克·德·豪特曼（约 1570—1627）负责恒星导航和绘图，而他曾跟随普兰休斯学习航海理论和天文测量技术。

德·豪特曼指挥的这次探险希望能避开葡萄牙商船和马来半岛的海盗，因此相较于一般葡萄牙船队的航线，其航行路线更靠近南边苏门答腊与爪哇之间的巽他海峡。在海上航行了十五个月后，这支船队终于实现目标，抵达爪哇岛西北角的贸易重镇万丹。1597 年，船队漂泊两年后最终返回荷兰，用事实证明了荷兰人可以不借助外力而顺利远航东印度群岛。制图史专家金特·席尔德曾评论道：“德·豪特曼指挥的远航并没有达到预期的商业目的。然而，他的远航极大地激励了荷兰人在不久的将来展开更多商业冒险。事实上，从航海角度而言，这次远航已经实现了最重要的目标：荷兰船队第一次绕道好望角，实现了横渡印度洋，荷兰人第一次与爪哇岛建立了贸易关系。而且，这次远航证实了扬·惠根·范·林斯霍滕的预言，荷兰人并不太需要葡萄牙人的协助。”

16 世纪 90 年代，佩特鲁斯·普兰休斯鼓励荷兰人开辟通往中国的东北航线。早在 16 世纪 50 年代，在休·威洛比爵士（卒于 1554 年）和理查德·钱塞勒（卒于 1556 年）的带领下，英国船员们已经探索了北方水域，在北冰洋海域与俄罗斯建立了贸易关系。虽然受墨卡托和迪伊影响，普拉休斯在其 1594 年的世界地图（几年后附于扬·惠根·范·林斯霍滕的《航海记》中）中已

**荷兰人在爪哇岛香料贸易中谋求一席之地▶**

这幅由特奥多尔·德·布里雕刻的航海图，描绘了一支由科内利斯·德·豪特曼率领的荷兰探险队从阿姆斯特丹往返爪哇岛的计划航线。这条计划航线根据扬·惠根·范·林斯霍滕的说明制订，并收录在他的书《旅行记》之中。1595 年 4 月，四艘船开启了前往东南亚的漫长旅程，这次由阿姆斯特丹商人资助的远航，是荷兰人介入有利可图的爪哇岛香料贸易的首次尝试。1596 年夏，荷兰人终于抵达目的地爪哇岛的港口城市万丹，也是该地区香料贸易的中心。
芬兰国家图书馆，赫尔辛基

**佩特鲁斯·普兰休斯的印度尼西亚和菲律宾群岛海图▶**

1592 年，科内利斯·克拉斯在阿姆斯特丹首次出版了佩特鲁斯·普兰休斯的海图。这幅地图重印多次，最后一次重印是在 1617 年。这幅地图描绘了西班牙治下的菲律宾和葡萄牙的香料群岛（摩鹿加群岛）的地理情况，是当时有关该地区最重要的地图。该图主要根据葡萄牙人的资料绘制，特别参考了来自巴尔托洛梅奥·拉索的信息。地图右上角对生长在群岛的珍贵香料做了简单描述，图的下方还具体画出了各种香料。
新南威尔士州立图书馆

DESCRIPTIO HYDROGRAPHICA
EYGENTLICHE VND AVSFVHRLICHE
MAR DEL
NORT
MARE
ARABICUM
INDICUM
OCEANUS
ÆTHIOPICUS
OCEANUS
TERRA
AUSTRALIS
INCOGNITA

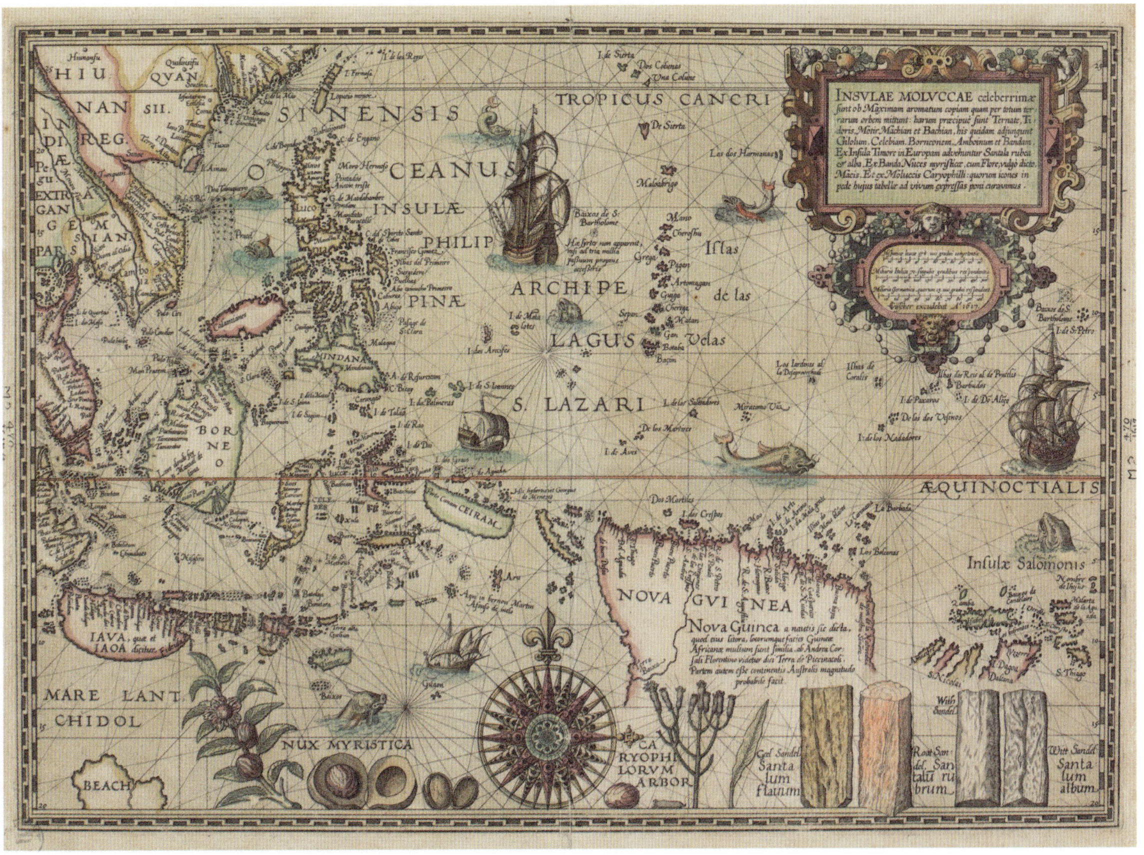

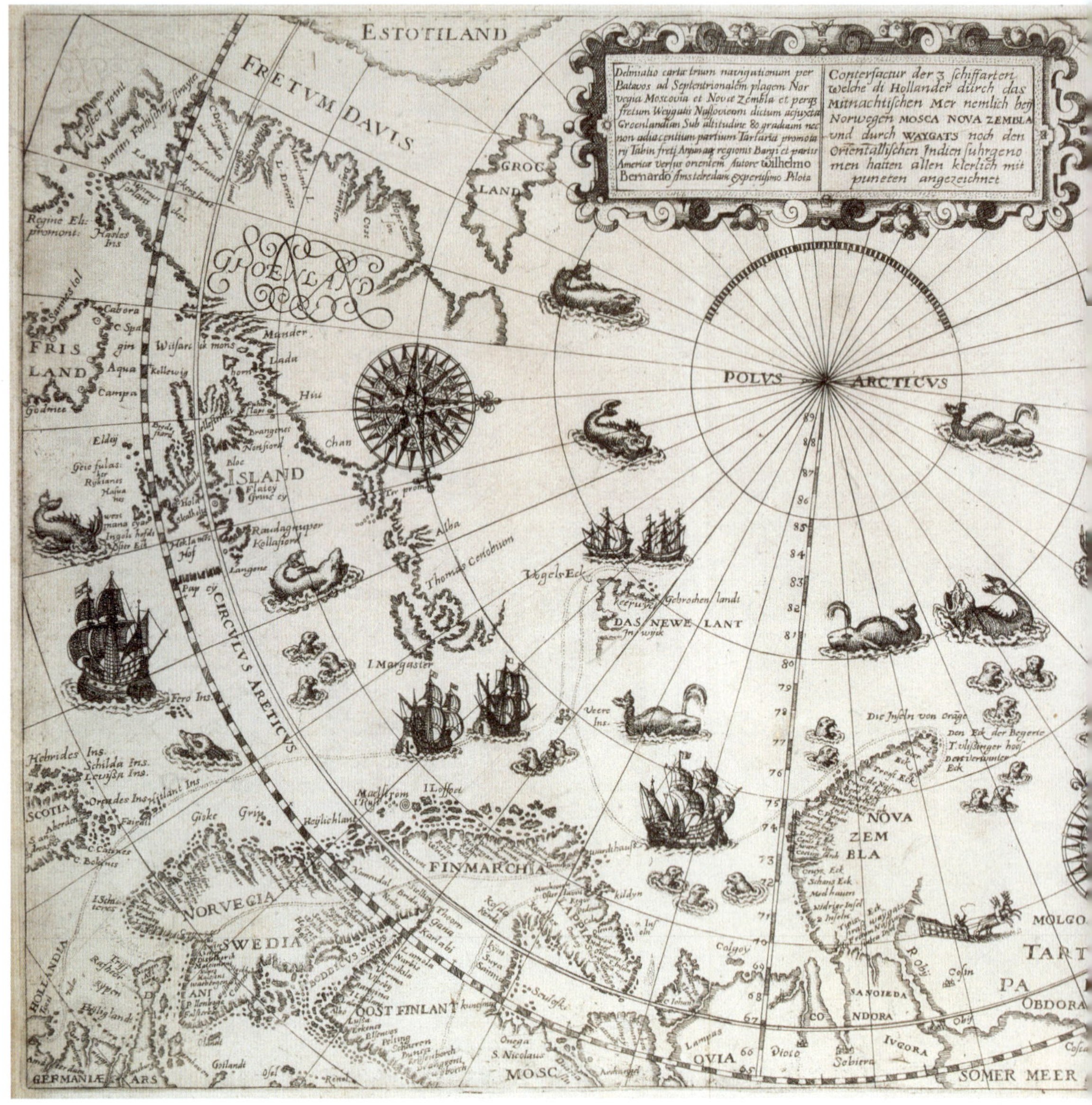


经画出了四座极地大岛屿，但他还是在这些岛屿旁边添加了拉丁文说明，表达对这些岛屿存在的怀疑。相反，普兰休斯认为在挪威和俄罗斯北部有广阔的海域可以航行，在那里可以开辟通往中国的东北航线。

1594 年 6 月，第一次由荷兰人资助的北方航线远航启程。经验丰富的水手和航海家威廉 · 巴伦支（约 1550—1597）负责这次远航，他曾三次远航北冰洋。第一次北冰洋探险时，他勘察了新地岛西部大片区域；在第三次航行中，他发现了熊岛，巴伦支还探索了更北部的斯瓦尔巴群岛（位于北冰洋，挪威大陆与北极中间）西海岸大片区域及其一小片北部海岸。扬 · 惠根 · 范 · 林斯霍滕则以海关官员和编年史作者的身份跟随巴伦支完成了第一次探险。

1601 年，扬 · 惠根 · 范 · 林斯霍滕出版了《扬 · 惠根 · 范 · 林斯霍滕北方航海旅行记》，详细记录了巴伦支的第一次北方探险。书中包含一幅巴伦支的航线地图。虽然巴伦支并没有抵达中国，但他前往北冰洋的航行很快改变了人们对北极的认

斯匹次卑尔根岛的捕鲸活动▲

这幅画描述了斯匹次卑尔根岛西北海域的丹麦人岛上的一个丹麦基地的景象，人们正在处理捕捞到的鲸鱼。图中展示了17世纪早期炼制鲸油的条件和设施。在海中，五艘丹麦小型捕鲸船正将鱼叉手捕到的鲸鱼拖到炼油区域。这些船通过鲸鱼尾部系着的吊拉绳彼此联系在一起。海岸上靠近炼油区的地方，人们正用长柄剥皮刀从刚捕到的一头鲸鱼身上一层层剥下鲸脂。图的右侧，一片片鲸脂被放进大铜罐里烧炼鲸油。鲸鱼的其他部分被弃用，残骸就这样被推回大海。图中间位置，两名负责炼油设备的人正与一名买家商谈。
斯库克洛斯特城堡

北方地图成为焦点◀

这幅精美的带插图的北方地图由特奥多尔·德·布里雕刻制成，地图源于荷兰水手和制图师威廉·巴伦支第三次也是最后一次北方远航。这次航行始于1596年，共有两艘船开往北极地区。在找到熊岛和斯瓦尔巴群岛后，巴伦支和他的船长们继续沿东北方向，向新地岛的北端进发。巴伦支的船“灰猎犬”号遭遇冰封，船员们被迫在新地岛东北海滨过冬。为躲避严寒，船员们用浮木和船上拆下来的木板搭建小屋。巴伦支则趁着这段被迫“休息”的时间，绘制了一幅详细的勘查地图。这幅地图同时展现了英格兰人马丁·弗罗比舍和约翰·戴维斯16世纪70年代和80年代的远航发现，其中包括西北方向的戴维斯海峡。地图的最右边是亚泥俺海峡，当时被认为是从北冰洋通往太平洋的关口，从这儿可以一直前往东亚市场。
约翰·努尔米宁基金会，赫尔辛基

识。17世纪开始，荷兰人的世界地图中就非常清楚地绘制出巴伦支勘探的新地岛西部的地理情况。同时，墨卡托想象的四个极地岛屿则从大多数地图中消失。但威尼斯泽诺兄弟描述的“幽灵岛”——包括埃斯托蒂兰岛和弗里斯兰岛，虽然也不存在，却在未来数十年继续出现在荷兰人和其他国家的人绘制的地图上。

1602年开始，佩特鲁斯·普兰休斯与新成立的荷兰东印度公司关系密切。由于有国家议会授予的垄断权，荷兰东印度公司迅速成为跨国贸易主力，统治东印度贸易长达近两百年。荷兰东印度公司的权力堪比一个国家：它能签订协议、宣布战争、囚禁和处决嫌犯、印制钞票和建立殖民地。为保证其商业运营，它在阿姆斯特丹成立了世界上第一个证券交易所，并且在1796年破产前，还一直发行债券。17世纪唯一能与荷兰东印度公司抗衡的是英格兰的东印度公司，它比荷兰东印度公司早成立两年，很快就在印度西北部城市苏拉特占据一席之地。荷兰东印度公司则将巴达维亚（今天的雅加达，印度尼西亚首都）作为其东

**科内利斯·德豪特曼船队返回阿姆斯特丹▲**

这幅画的作者是安蒂尔斯·范·厄特瓦尔特，他描绘了1599年7月19日荷兰第一支商业远洋船队从东印度群岛返回阿姆斯特丹的场景。虽然这次远航并非商业上的成功之举，但它仍是荷兰商业远航的盛事。即便如此，科内利斯·德·豪特曼率领的这支远征船队的成功返航，极大地增强了荷兰人的自信心，更多贸易船队被派往东印度群岛，而荷兰也在17世纪成为商业远航的主宰者。
国家海洋博物馆，格林威治，伦敦

印度首都，从这里开始完全控制马来群岛的香料贸易。荷兰东印度公司通过垄断残酷地牟取暴利，有时甚至不惜摧毁香料种植园，以此来刺激欧洲的香料需求和价格。因此，荷兰东印度公司与当地人的暴力冲突不断，当地人常常是失败的一方。

在其漫长的职业生涯中，佩特鲁斯·普兰休斯在宇宙学、地理、航海、制图方面，逐渐成为荷兰共和国的国家象征，而他的专业学识也得到其他国家的尊重。除了对宇宙学的理论问题用心钻研，普兰休斯对实用航海学也有深入研究。他是荷兰第一个出版大型壁挂地图的人，也是第一个使用墨卡托投影法绘制航海图的人。后来很多荷兰制图师都受到普兰休斯的启发。普兰休斯为荷兰东印度公司服务十六年，教授海外贸易商航海知识和制图学。他同时也持有荷兰东印度公司的股份，这在一定程度上解释了他为何对这家公司如此忠心，以及他在公司内的影响力。

但普兰休斯仍是一名独立制图师，他也为荷兰的竞争对手服务。他曾为法国国王亨利四世（1553—1610）制图，亨利四世于1603年成立法国东印度公司，致力于开拓法国穿越印度洋的商业航线。虽然这位法国统治者是荷兰人的商业竞争对手，普兰休斯仍然乐于帮助这位法国竞争者，因为他在其王国庇护新教徒。

## 约道库斯·洪第乌斯——新教徒的制图反击

约道库斯·洪第乌斯（1563—1612）原名约斯特·德·洪特，是他所生活的时代最有影响力、最多产的荷兰制图师之一。他是博学的制图师，也是熟练的铜雕刻师，还是一位成功的出版商。洪第乌斯的制图作品种类丰富，包括完整的图集、多幅大小不一的世界地图、大陆地图和更小幅的区域地图。他的对开大小世界地图为 16 世纪的宗教政治空气注入了新鲜气息，它们是洪第乌斯制图技艺的有力证明，也展现了他追求科学制图的雄心。

1590 年，洪第乌斯手绘并雕刻了一幅引人注目的对开大小（41×56 厘米）世界地图，该图在伦敦出版。这幅地图第一次展现了两位环游世界的英国探险家弗朗西斯·德雷克（1540—1596）和托马斯·卡文迪什（1560—1592）的航行路线。洪第乌斯采用两个半球的投影方式绘制这幅地图。但与同时期典型的半球图面地图将北半球新世界和南美洲整个放在左半球，并将旧世界（欧洲、亚洲和非洲）放在右半球不同，洪第乌斯在其半球图面世界中，把北美洲东半部放在了右半球，西半部（与亚洲东海岸和大部分未知的南方大陆一起）则放到了左半球。

洪第乌斯的这种分割世界的方式无疑是经过深思熟虑的，因为这能从视觉上更具体地表现洪第乌斯希望强调的细节：海洋的正面中心位置。同时，这幅地图也清晰地描绘了英国人的第一次环球航行，以及德雷克发现的新大陆——就在今天加利福尼亚的海岸沿线。按照当时的习惯，德雷克宣称这些土地是女王伊丽莎白一世的财产和领土。这幅地图显示，这次长途航行从欧洲出发，绕道南美洲，然后沿着北美洲海岸线继续向北远行。

人们并不确定德雷克继续向北航行了多远。德雷克或许远航到北纬 42° 附近海域，但他并没有找到神秘的亚泥俺海峡，或是穿越北极点通往大西洋的北海航线，因为严寒最终迫使这位船长沿西南方向返航。前面提到的加利福尼亚沿岸地区被德雷克称为新阿尔比恩（New Albion，

**弗朗西斯·德雷克爵士——公海上的新教战士 ▲**

英国船长弗朗西斯·德雷克在海上忠诚效忠于女王伊丽莎白一世，但他与西班牙的私怨也是激励其远航的原因之一。1567 年，年轻的德雷克参加了堂兄率领的贩奴船队，试图从非洲贩运奴隶到加勒比地区。但是，西班牙人对其在大西洋海域获利颇丰的垄断式贩奴业务十分在意，不允许任何竞争。英国船队遭到西班牙人的攻击，德雷克勉强死里逃生。这次羞辱的经历让德雷克一生都在海上与西班牙人针锋相对。

德雷克的人生后来却有着令人惊诧的转折，他竟与逃离西班牙蔗糖种植园和银矿的加勒比奴隶们结盟。信奉新教的私掠者弗朗西斯·德雷克与这些逃奴以及另一位法国私掠者纪尧姆·勒·泰斯蒂一起，在海上袭击西班牙人，抢劫其商船和沿海城镇。

国家肖像美术馆，伦敦

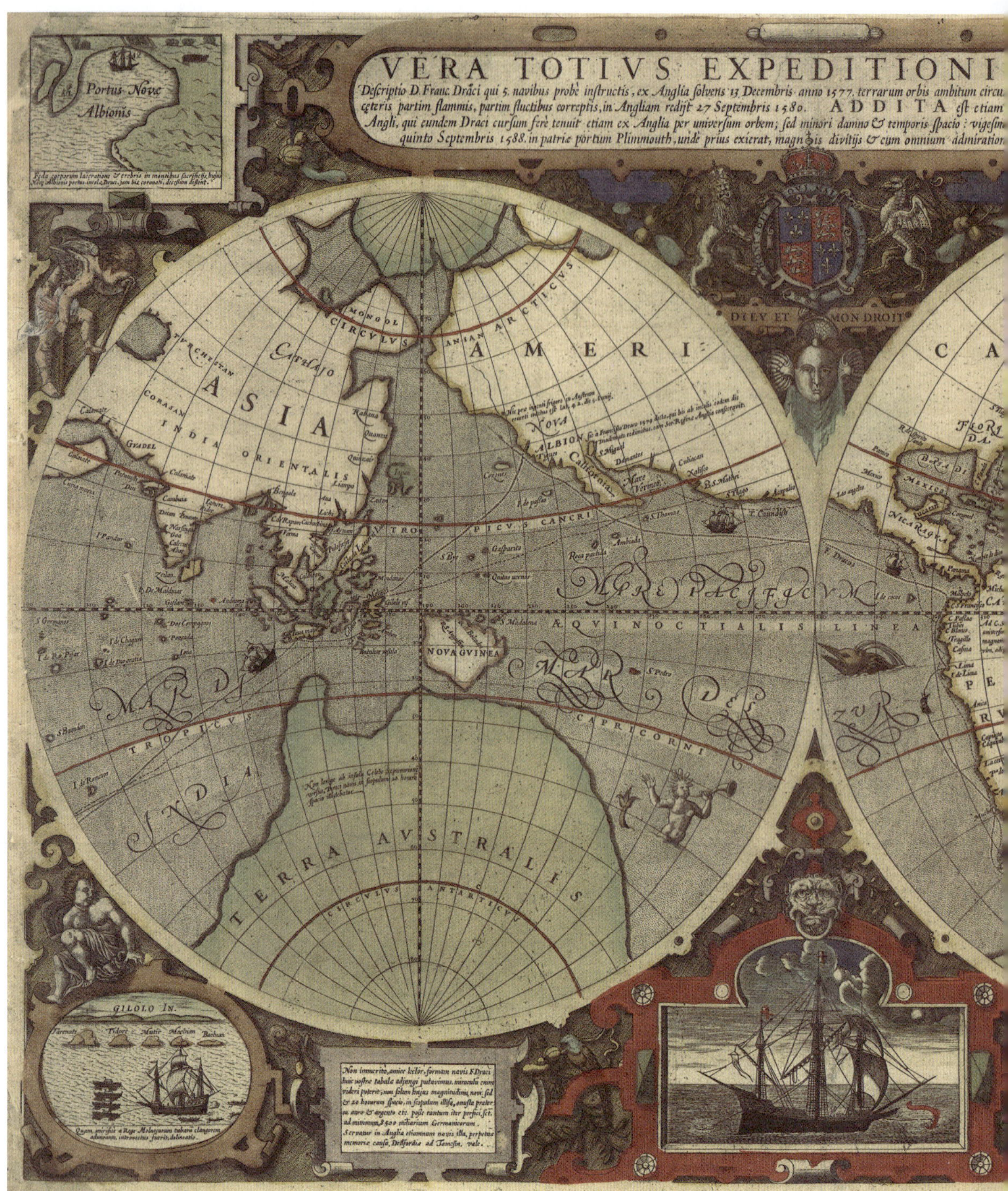
VERA TOTIVS EXPEDITIONI
Descriptio D. Franc. Draci qui 5. navibus probè instructis, ex Anglia solvens 13 Decembris anno 1577, terrarum orbis ambitum circu
ceteris partim flammis, partim fluctibus correptis, in Angliam redijt 27 Septembris 1580. ADDITA est etiam
Angli, qui eundem Draci cursum ferè tenuit etiam ex Anglia per universum orbem; sed minori damno & temporis spacio: vigesim
quinto Septembris 1588. in patriæ portum Plimmouth, unde prius exierat, magnis divitijs & cum omnium admiration
Portus Novæ Albionis
DIEV ET MON DROIT
ASIA
CATHAIO
TVRCHESTAN
CORASAN
INDIA ORIENTALIS
MONGOL
CIRCVLVS ARCTICVS
ANIAN
AMERI
NOVA ALBION
TROPICVS CANCRI
MARE PACIFICVM
ÆQVINOCTIALIS LINEA
NOVA GVINEA
MAR DI INDIA
MAR DEL ZVR
TROPICVS CAPRICORNI
TERRA AVSTRALIS
CIRCVLVS ANTARTICVS
FLORIDA
MEXICO
NICARAGVA
GILOLO IN.
Ternate Tidore Mutir Machian Bachian
Non immerito, amice lector, formam navis F.Draci huic nostræ tabulæ adjungi putavimus, miraculo enim videri poterit, non solum hujus magnitudinis navi sed & 20 horarum spacio, in scopulum ellisa, onusta præter ... auro & argento etc. posse tantum iter perfeci. ... ad minimum 1500 miliariam Germanicorum. Servatur in Anglia etiamnum navis illa, perpetuæ memoriæ causa, Deptfordiæ ad Tamesin. vale.

约道库斯·洪第乌斯的“德雷克地图”，约绘制于1595年▲

约道库斯·洪第乌斯绘制的这幅精美的世界地图极为珍贵，他绘制了两位英国航海家弗朗西斯·德雷克和托马斯·卡文迪什环游世界的航海路线。地图下方绘有德雷克的船金鹿号和海上景象。地图左上角表现了德雷克在新阿尔比恩——今天的加利福尼亚北部——登陆的情形。这片土地位于新西班牙北部，德雷克宣称其为英国领土。Albion的词义是“白色”，是英格兰的古称，源于多佛海岸的白色悬崖。

美国国会图书馆，地理和地图部

伊丽莎白一世与无敌舰队◀

这幅漂亮的女王伊丽莎白一世画像是为纪念1588年战胜"无敌的"西班牙舰队而定制。这幅画中的象征元素非常丰富：她的右手放在一个地球仪上，地球仪上方的皇冠则代表女王是全世界的女主人。图右的美人鱼雕像象征着英格兰海上霸权，而无数的白珍珠——纯洁与美德的象征——则表明伊丽莎白童贞女王的身份。背景中有两幅图，表现了无敌舰队的惨败。

沃本修道院，贝德福德郡

Albion是大不列颠岛的古称）。这时候，这两位环球探险家甚至还没有完成环球之旅的一半行程，漫长的横渡太平洋之旅、印度洋、绕行非洲等任务还在等着他们。

洪第乌斯突出了这次远航的重点，并且在地图边缘画出了德雷克著名的金鹿号的模样。地图左上角绘有新阿尔比恩的一个位置优越的天然港口。这很可能就是德雷克在北美洲西海岸登陆的地方，现在被命名为德雷克湾，位于现在的旧金山以北大约48公里（30英里）处。地图标题栏下方是都铎王朝的皇室纹章和一个女性面具，或者也可以称为彰显主旨的一张人脸，她很可能代表英格兰的伊丽莎白一世。那段长长的拉丁地图名称展现了德雷克此次航行的一些细节："此图对弗朗西斯·德雷克爵士的环球航行进行了准确描绘，德雷克爵士于1577年12月13日率领五艘装备精良的船从英格兰出发，进行环球远航，并于1580年9月12日返回英格兰，虽仅余一艘船但仍可谓载誉归来。他的其他船在海上毁于大火和风暴。此图同时也表现了另一位英格兰贵族托马斯·卡文迪什的真实航行，他也从英格兰出发，沿着几乎相同的路线环游世界，但他的船损失较少，航行时间也更短，他的船队于1586年7月21日出发，于1588年返航。他获得了巨大的财富，并赢得了国人的敬意。"

德雷克和卡文迪什是首批进行环球航行的英国船长。环球航行对其个人而言是无上荣誉，对英格兰整个民族而言有更重要的意义。这两位船长证明，这个小小的新教岛国不仅有能力出众的海员，同时也拥有足以挑战当时唯一的海上超级力量西班牙的航海知识、技术和财富。这两次探险的目的都是勘察西班牙的海上贸易线路和港口情况，如果条件允许，还能对西班牙商船进行劫掠，或者至少破坏西班牙的商船。

约道库斯·洪第乌斯无疑十分乐意为庆祝德雷克和卡文迪什的远航而绘制航海地图。他对西班牙低地国家对佛兰芒新教徒的迫害仍然记忆犹新，他就出生在低地国家。这些新教徒逃过一劫的有效方法就是：移民。大多数生活在今天比利时的新教徒迁居阿姆斯特丹，而像约斯特·德·洪特和他的姐妹雅克米娜则决定跨过海峡移居伦敦。英格兰和佛兰芒学者之间早就建立了联系：奥特柳斯和墨卡托都曾与约翰·迪伊这样学识渊博的英格兰人关系密切。

年轻的荷兰人洪第乌斯技艺娴熟，他很快就在伦敦找到工作并结交了朋友，在这座城市安居下来。移居伦敦的佛兰芒人保持着紧密联系，1587 年，约斯特 · 德 · 洪特就与制图师彼得 · 范 · 登 · 基尔（1571—约 1646）的姐姐科莱特·范·登·基尔（1568—1629）结婚。约道库斯·洪第乌斯在英格兰生活了九年。他为纪念德雷克远航而制作的那幅著名的世界地图的出版确切时间并不可考，但可以确定的是这幅地图的出版时间是在 1588 年之后。就在德雷克归来之后，女王伊丽莎白一世及其谋臣们并不想公开环球航行一事，以避免激怒情绪莫测的西班牙国王。德雷克的功绩仍然得到承认，他于 1581 年在英格兰被封为爵士，但他的所有日志和其他与此次航行相关的资料都被没收。

随着女王伊丽莎白一世公开支持荷兰新教徒，英格兰皇室与西班牙的关系在 16 世纪 80 年代恶化。1588 年夏天，腓力二世派遣大型舰队入侵英格兰，两国形势迎来关键时刻。腓力二世给自己的舰队取了一个响亮的名字：伟大而不可战胜的无敌舰队（西班牙文 Grande y Felicísima Armada）。7 月末，130 艘战舰和 3 万人组成的舰队抵达英格兰南部海岸，进行了两场激烈的海战。长达一周的风暴帮了英格兰人，没有一艘西班牙战舰能登陆英格兰领土。实际上，西班牙人被迫撤退，仅有 67 艘损毁严重的战舰和不到 1 万人返回西班牙。英格兰的胜利提升了女王伊丽莎白一世的声望，也增强了英格兰的国家荣誉感。此时再也无须隐藏德雷克环球航行的任何信息。

约道库斯 · 洪第乌斯现在被公认为一名多产的雕刻师和制图师，1596 年，他在阿姆斯特丹出版了另一幅对开大小的世界地图。这幅地图被称为《基督教骑士世界地图》，其主旨被解释为捍卫新教世界和信仰。这幅地图以墨卡托投影法绘制，包含最新的地理知识。

这幅地图下方大量的插图尤其引人注目，插图包括五个象征人物形象：蒙杜斯（Mundus，拉丁文有世界之意）、佩卡顿（Peccatum，拉丁文有罪行之意）、卡罗（Caro，拉丁文，有肉体之意）、迪阿伯鲁斯（Diabolus，拉丁文有恶魔之意）和摩斯（Mors，拉丁文有死亡之意）。他们正在侵扰中间位置的基督教骑士。这个骑士形象是受圣灵启发创作而成，他正踩在卡罗身上，是对肉欲的一种象征表现方式。骑士左手持盾，防备着迪阿伯鲁斯的阴谋袭击；右手握剑，准备砍下半人半蛇、代表罪行的佩卡顿的头。骑士最右边的蒙杜斯正向他献酒，她是巴比伦的一个妓女，象征着世俗虚荣。右下角是大家熟悉的手持镰刀的收割者（Grim Reaper，英语中对死神的称呼，源于《圣经》中耶稣把信徒比作麦子，等时候到了就要来收割）或者称为摩斯，它正准备收割死者的灵魂。

这些象征形象并不是洪第乌斯的发明，而是模仿佛兰芒雕刻师希罗尼穆斯 · 韦耶利克斯（1553—1619）的一幅雕刻，这幅雕刻又来源于荷兰画家梅尔滕 · 德 · 沃斯（1532—1603）的一幅画。这两位艺术家在法国人克里斯托夫 · 普朗坦在安特卫普创办的出版社紧密合作。多产的德 · 沃斯在创作圣地地图时，还与佛兰芒地图学家亚伯拉罕 · 奥特柳斯合作无间。佛兰芒艺术家、雕刻师和制图师们熟悉彼此的作品，互相“借鉴”，有时候未经许可就把别人的作品放到自己的创作中。

地图历史学家彼得 · 巴伯就曾表示，《基督教骑士世界地图》富含深意的主旨与 16 世纪晚期新教徒与天主教徒之间的宗教战争有关。基督教骑士代表法王亨利四世（1553—1610），他最初只是纳瓦拉国王，后来成为法国新教徒或胡格诺派教徒的领袖。他于 1589 年继承法国王位，但法国天主教徒与西班牙的腓力二世一起反对这位新国王，因为他对胡格诺派教徒心怀同情。宗教战争让法国陷入混乱，为了停战，亨利决定皈依天主教，但他同时允许胡格诺派教徒从事宗教活动农耕。根据这幅地图中暗含的信息，亨利四世可能只是表面上皈依天主教，内心深处却信奉新教。

约道库斯 · 洪第乌斯并不满足于在《基督教骑士世界地图》中借用象征插图，他的投影平面图也是借用而来。在地图左下角有对三位英格兰数学家的致谢，其中一位是爱德华 · 赖特（1561—1615）。洪第乌斯和赖特在伦敦成为朋友，这位才能出众的数学家把自己未出版的书稿《导航中的一些错误》（1599）借给了制图师。赖特让自

艺术宣传▲

在这幅创作于1600年左右的画中，法国画家图桑·杜布勒伊把法国国王亨利四世描绘成了神话英雄赫拉克勒斯。他脚踩着可怕的九头蛇海德拉，在画中象征着法国天主教联盟。这种寓意深刻的宣传画是加强一个人权力的有效方式。在16世纪和17世纪的欧洲宗教战争期间，天主教和新教两派都使用人们熟悉的神话形象和《圣经》故事作为宣传手段。

卢浮宫，巴黎

《基督教骑士世界地图》，绘制于1596年▶

根据拉丁文标题说明，约道库斯·洪第乌斯于1596年出版的这幅根据墨卡托投影法绘制的地图，描绘了"地球上基督教骑士"的斗争。占据地图底部的富有象征意义的叙事性插图，则是16世纪晚期欧洲新教徒与天主教徒斗争的真实反映。穿着盔甲的"基督教骑士"实际上象征着支持新教的法国国王亨利四世，而攻击他的角色——世俗虚荣、罪行、肉欲、恶魔和死神——则代表天主教派。当人们意识到制图师本人是一名新教徒时，这幅地图的政治意义更加显而易见。

© 大英图书馆理事会

己的这位朋友承诺，在他本人出版这本书之前，不得公开墨卡托投影法的信息。在那本书中，赖特首次介绍了墨卡托投影法的数学原理——那就是如何解决从赤道到极点之间成比例增加纬度距离的问题。赖特的解决方法在当时非常先进，使得墨卡托投影法可以被应用于航海图的绘制。洪第乌斯十分清楚赖特作品的重要科学价值，他无法遵守对朋友的承诺，在未经朋友许可的情况下，他把经赖特修正的墨卡托投影法应用到了自己的地图中。

除了那幅对开大小版本地图，在1595—1598年，洪第乌斯的《基督教骑士世界地图》还被制成了一幅令人惊艳的挂图和四幅大陆地图，它们都以墨卡托投影法制作而成。这也终结了洪第乌

斯和赖特的友谊。这位英格兰数学家被洪第乌斯彻底激怒，他在《导航中的一些错误》的前言中谴责了后者的抄袭行为。赖特确实允许了另一位朋友、同为数学家的托马斯·布朗德维尔（约1522—约1606）在其1594年出版的《导航的全新必要论述》一书中，使用一张图片和一段对墨卡托投影法的数学修正加以说明。

普兰休斯早期依据墨卡托投影法制作航海图（现已不存）时，很可能也参考过布朗德维尔的书。但显然爱德华·赖特是第一个对墨卡托投影法所需的数学原理进行研究和计算的，其他人只是在自己的书和地图中借用了他的知识。赖特的工作是真正的伟大科学进步。这一科学发现产生于信奉新教的英格兰，最开始是在北方信奉新教的荷

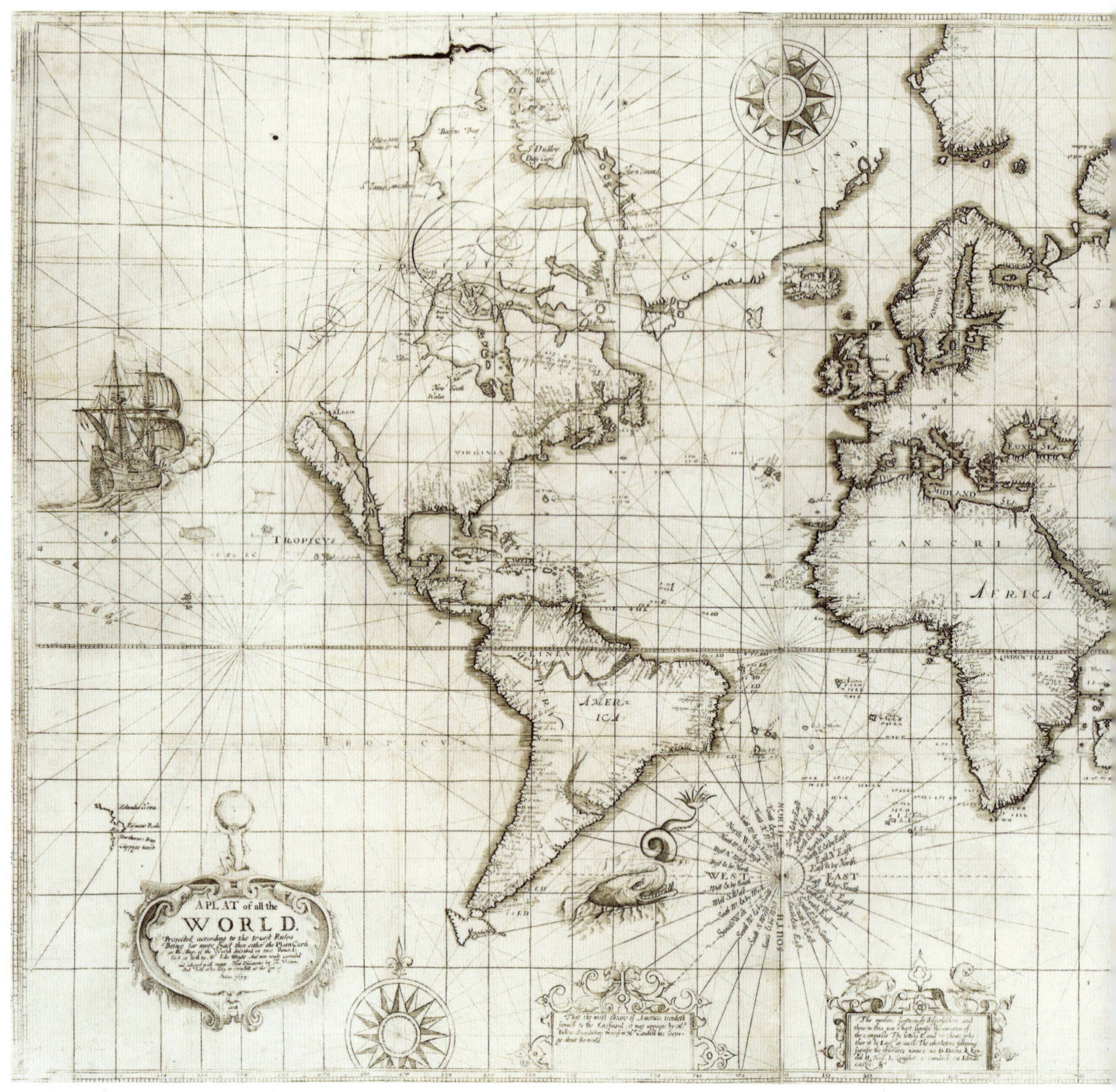


**爱德华 · 赖特的世界地图▲**

英格兰数学家和制图师爱德华 · 赖特的墨卡托投影法世界地图于 1599 年首次出版。赖特因其作品《导航中的一些错误》而为人所熟知，他在书中公开了墨卡托投影法的数学基础——如何用三角学方法呈现从赤道到极点的纬度增加情况。这幅地图在 1655 年后又有了修订版，后来被称为赖特 – 莫克森地图。约瑟夫 · 莫克森是这幅地图的出版商。尤哈 · 努尔米宁世界地图收藏，赫尔辛基

兰和英格兰广泛应用。更准确的航海图和导航技术的应用，使北方的航海家们得以在 17 世纪控制全球商船。

约道库斯 · 洪第乌斯在 17 世纪前几年非常高产，在 1612 年意外去世之前，他出版了包括三幅世界地图挂图在内的多幅不同大小的地图。他的世界地图存世的非常少，仅存的几幅绘有精美插图的也品相极差；与随书保存下来的地图相比，挂图则很可能都已淹没在时间的长河中。在 17 世纪的荷兰，挂图是实用物品，当有新的更精美、更准确的地图时，旧的就被取而代之。

墨卡托和洪第乌斯的双人画像▲

这幅双人画像中的主角是杰拉德·墨卡托和约道库斯·洪第乌斯。图中，这两人一起——实际上这两人从未见过彼此——坐在桌前，两人身后是一幅欧洲地图挂图，身前是两个地球仪。画像被“镶嵌”在一个建筑装饰框架里，与这两位制图大师在其地图中使用的装饰边框相似。装饰框架充满隐喻性地框住了两位大师，而这两人正用罗盘轮流测量地球仪，这象征着他们一生的事业。从1613年开始，这幅双人画像就出现在墨卡托－洪第乌斯地图集篇首。

尤哈·努尔米宁世界地图收藏，赫尔辛基

洪第乌斯其他重要制图作品——墨卡托地图集的补足之作——与挂图相比，得到了较好的保存。这本地图集的原始版由杰拉德·墨卡托雕刻和制作，洪第乌斯补充了一些遗漏的地图，约道库斯·洪第乌斯于1606年首次再版这本地图集，今天这本图集被称为墨卡托—洪第乌斯地图集。在富有的出版商和书商科内利斯·克拉斯的帮助下，洪第乌斯得以使用墨卡托地图集的原始铜版。洪第乌斯又补充雕刻了另外37幅地图，并把它们加入到原始地图集中。洪第乌斯同时设计了新的引人注目的大陆地图，也把它们附在地图集末尾。

洪第乌斯死后，从1613年开始，一张著名的双人画像被收入墨卡托—洪第乌斯地图集，这张画像表现了墨卡托和洪第乌斯这两位佛兰芒制图大师一起工作的场景。洪第乌斯的后代也成了制图师、雕刻师和出版商，他们希望表现出他们的这位亲戚是墨卡托遗志的继承人。这幅双人画像无疑有着商业目的。在杰拉德·墨卡托去世后十年，他的名字仍然是制图品质的保证，但洪第乌斯的作品显然并没有被这位前辈大师的光芒所遮蔽。

## 威廉·扬松·布劳和约安·布劳——父子共创制图盛世

1571 年，威廉·扬松·布劳（1571—1638）出生在荷兰小镇阿尔克马尔一户捕捞和贩卖鲱鱼的小康家庭，原名为威廉·扬松。后世对其童年和青少年时代的情况知之甚少，他更为人熟知的是制图事业。他最终成为了他所处的时代最有名和最多才多艺的地图、航海图、导航图出版商和印刷商之一。同时，布劳也制造数学仪器、地球仪和天文地球仪。1633 年，他终于得到梦寐以求的工作，成为荷兰东印度公司的科学顾问和制图大师。后来，他把祖父的昵称“布劳”加入名字中，以区别于最强劲的竞争对手约翰内斯·扬松纽斯，后者原名为扬·扬松（1588—1664）。

威廉·扬松对数学和天文学很感兴趣，他不想继承父业做一名鲱鱼商，而是专注于自己的学业。年轻时，他做过会计，但对自然科学的兴趣最终让他远走他乡。与其他许多欧洲年轻人一样，威廉对学习充满热情，1597 年，他向当时最负盛名的天文学家第谷·布拉赫（1546—1601）求教。布拉赫当时在丹麦与瑞典之间的厄勒海峡附近的小岛文岛上工作。

威廉·扬松可能只在文岛待了 6 个月，但对他来说是非常集中学习和受启发的一段时间。布拉赫是一名丹麦贵族，毕生致力于天文研究，他在文岛上建造了一个天文台。为表达对掌管天文和占星女神乌拉尼亚的敬意，布拉赫将天文台命名为乌拉尼亚堡。布拉赫的天文台装备有当时最先进的仪器，包括大型墙象限仪，这是一种安装在墙上的象限仪，布拉赫和他的学生们用它来测量恒星的高度，对天空进行准确的观测，并计算天体的运动。象限仪比望远镜更早发挥的这些作用，后者直到 1608 年才发明出来，此时布拉赫已经去世 7 年。威廉的儿子约安·布劳（1596—1673）后来在其传世之作《伟大地图集》中，把对其父亲的教育有重要意义的乌拉尼亚堡的一幅图片放进了书中。

1599 年，28 岁的威廉·扬松新婚不久并当上了父亲，他决定携全家定居阿姆斯特丹，并开办工作坊。他们的家就安在运河边的一处有利位置，即现在的达姆拉克街西侧，便于他专心制作与售卖导航仪器和地球仪。阿姆斯特丹的制图和导航仪器贸易竞争十分激烈，但市场需求也非常大。17 世纪，阿姆斯特丹是世界主要的制图资料产地。

威廉·扬松比较早就意识到，除了贩卖科学仪器和地球仪，他还要像其他竞争者一样，制作和出版精良的世界地图，满足更广泛的需求。世界地图的出版市场一直被前文提到的科内利斯·克拉斯控制着，他与约道库斯·洪第乌斯和佩特鲁斯·普兰休斯合作密切。17 世纪 20 年代末，当老一辈的大师克拉斯、洪第乌斯和普兰休斯相继

过世后，布劳在制图业的最大竞争对手就是约道库斯·洪第乌斯的女婿约翰内斯·扬松纽斯。

威廉·扬松·布劳很快成为阿姆斯特丹最重要图书与地图出版商和印刷商。威廉·扬松在数学、天文学和导航理论都颇有造诣，这位技艺娴熟且勤奋的出版商和仪器制造商的名声很快传遍整个城市，为其带来很多客户。1603 年荷兰东印度公司成为威廉·扬松的客户，其成功再也毋庸置疑。但在为荷兰东印度公司工作的早期，他只提供地球仪和其他仪器，并不提供航海图。直到 1633 年，他才被任命为荷兰东印度公司的首席制图师，从此之后直到 1712 年，布劳家族一直把持着这一职位。最开始是威廉·扬松·布劳，后来他的儿子约安·布劳（1596—1673）继续任职数十年，约安去世后，其子小约安·布劳（Joan Blaeu Jr.，1650—1712）又子承父业。

威廉·扬松·布劳肖像▲

1599 年，威廉·扬松·布劳开始在阿姆斯特丹发展事业，制作地球仪和导航仪器，后来又制作地图和地图集。威廉·扬松的敏锐商业嗅觉和高超制图技艺，令其事业发展成制图史上最了不起的成功故事之一。在这幅画像中，布劳按照自己的地位和社会阶层要求，穿着配有拉夫领的时髦黑色无袖上衣。

荷兰艺术史研究院，海牙

阿姆斯特丹景观▼

1606 年，威廉·扬松·布劳为自己的新故乡创作了这幅令人瞩目的市景图。这幅铜版雕刻的图被印在四张大纸上，总长超过 2 米（39x215 厘米）。从这幅非同寻常的雕刻图中，我们可以看到熙熙攘攘的阿姆斯特丹港口和海滨建筑，其中一些今天仍然矗立在那儿。

阿姆斯特丹国家博物馆

**菲利普·埃克布雷希特的世界地图▲**

17世纪欧洲人制作的地图中随处可见荷兰制图师和探险家的影响。这幅由德国人菲利普·埃克布雷希特绘制的珍贵地图是为了配合天文学家约翰内斯·开普勒的鲁道夫星历表（原文为拉丁文 Tabulae Rudolphinae，英文为 Rudolphine Tables），它特别借鉴了荷兰东印度公司的主要制图师黑塞尔·赫里茨制作的地图。

埃克布雷希特的地图的特别之处在于，它把地球分成三部分呈现。地图中央的本初子午线穿过第谷·布拉赫的乌拉尼亚堡天文台。这种表现方式使得制图师更容易使用开普勒的星历表计算经度——在地图左下角可以找到详细说明。这幅地图的准确制作时间已不可考，少数几幅流传至今的副本源于17世纪50年代。这幅地图是敬献给神圣罗马帝国皇帝的作品，地图上方有其象征物双头鹰。

尤哈·努尔米宁世界地图收藏，赫尔辛基

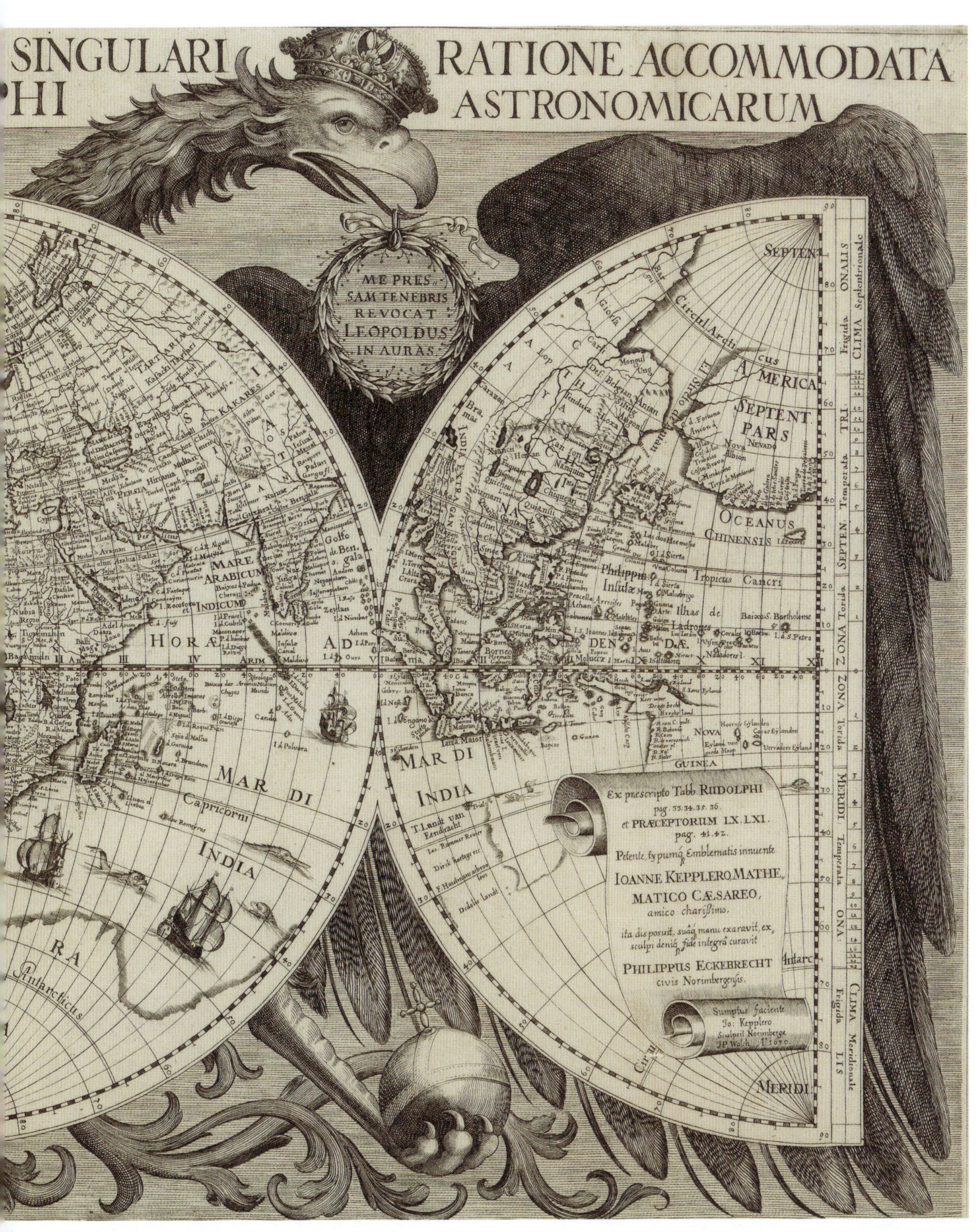

SINGULARI RATIONE ACCOMMODATA
PHI ASTRONOMICARUM
ME PRES-SAM TENEBRIS REVOCAT LEOPOLDUS IN AURAS
AMERICA SEPTENT. PARS
OCEANUS CHINENSIS
MARE ARABICUM
MAR DI INDIA
Ex præscripto Tabb. RUDOLPHI pag. 33.34.35.36. et PRÆCEPTORUM LX.LXI. pag. 41.42.
Petente, typumq; Emblematis inuente IOANNE KEPPLERO, MATHEMATICO CÆSAREO, amico charissimo, ita disposuit, suaq; manu exaravit, exsculpi deniq; fide integrâ curavit PHILIPPUS ECKEBRECHT civis Norimbergensis.
Sumptus faciente Jo: Kepplero Sculpsit Norimbergæ J.P. Walch. 1630

## ★球体世界地图

地球仪就是制成球体的地图。现存最古老的地球仪是“地球苹果”（原文为德文 Erdapfel，字面英文意思为 earth apple），由德国地理学家马丁·贝海姆于 1492 年（参见第三章）制作完成。但根据文献资料，同时描绘了地球和天空情况的地球仪在远古时代就已出现。

球状世界地图与平面世界地图相比有更多优点。地理方向、形状、距离在球体表面的失真度比在平面上要小。球体的大小决定了其表面可以呈现多少地理信息——一般而言，球体越大可以表现的地理细节越多。

16 世纪，随着大型探险活动的增加，人们对地球大小和其他地理细节有了更多了解，地球仪的产量也随之提高。许多知名制图师也制作地球仪，包括杰拉德·墨卡托、威廉·布劳和温琴佐·科罗内利等。

地球仪是重要的教学工具，也是重要的视觉化地理信息工具。它们被放置在皇宫和其他杰出人物的家中，作为一种身份的象征，暗示着全球政治影响力，但同时，它们也作为一种实用工具，被用于远洋航海，辅助导航。在文艺复兴时期的画作中，地球仪象征着学识和权威。

16 世纪，制图师们开始使用新的印刷技术，复制为地球仪而绘的所谓“地图叶”。文艺复兴时期的地球仪制作者们发展了一种实用分割法，通过切割子午线将地球仪分成十二等份。可放置在地上的直径更大的地球仪则可以被分割成十八个“地图叶”。

地球仪不同，制作材料也多种多样。有的地球仪甚至直接在金属球体或石质球体上雕刻而成。占据统治地位的空心地球仪的制作始于 16 世纪，直到 19 世纪，这种制作方法仍然没有实质改变。

威廉·扬松·布劳的地球仪▼

这个地球仪来自阿姆斯特丹制图师威廉·布劳，于 1599 年完成制作，直径 34 厘米。
奥地利国家图书馆地图部和地球仪馆，维也纳

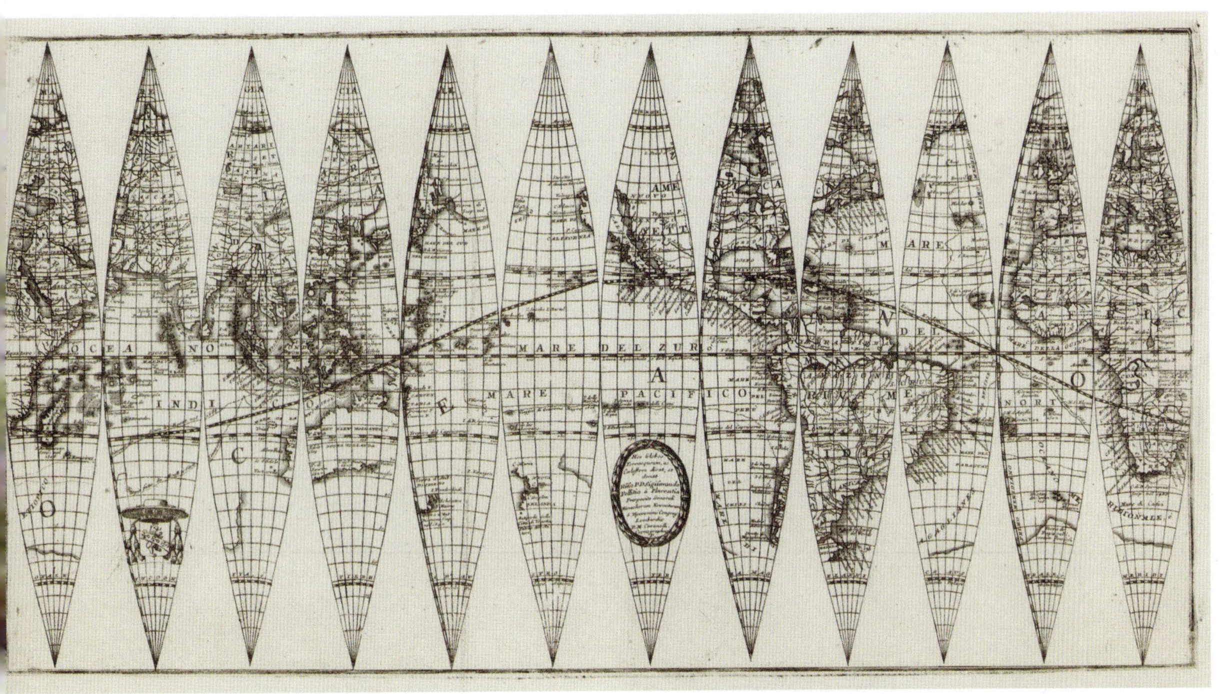


温琴佐·科罗内利为一个地球仪绘制的地球带▲

17、18 世纪之交，来自威尼斯的方济会修士温琴佐·科罗内利是制作地球仪的专家。他为欧洲国王们制作了许多精致的地球仪，他的许多地球仪现在都保存在欧洲的博物馆里。图中的地图带是科罗内利于 1692 年绘制的。
尤哈·努尔米宁世界地图收藏，赫尔辛基

约翰·绍内肖像▶

约翰·绍内（1477–1547）是一位德国学者，他是率先针对大众市场制作成对的地球仪和天球仪的制图师之一。在这幅绘于 1528 年的画像中，绍内手持自己制作的天球仪。
下萨克森州立博物馆，汉诺威

第谷 · 布拉赫的天文台▲

约安 · 布劳在其著名的《伟大地图集》中，把父亲威廉 · 扬松 · 布劳早年在第谷 · 布拉赫的乌拉尼亚堡天文台学习的场景永远地记录了下来。在这幅铜版雕刻制作的图中，巧妙地展现了天文台各层的重要区域。我们在背景中可以看到工作区域的截面图：底层是实验室，中层是图书馆，顶层有天文设备。右侧的第谷 · 布拉赫凭借对面墙上的一个小孔透过的星光，使用着象限仪。

芬兰国家图书馆，赫尔辛基

1604 年，威廉 · 扬松出版了自己的第一幅世界地图，这幅地图是根据佩特鲁斯 · 普兰休斯 1592 年那幅著名地图创作而成。作为出版商的威廉 · 布劳并没有那么为人所知，其雕刻师约祖亚 · 范 · 登 · 恩德（约 1584—约 1634）反而更加有名。三年后的 1607 年，布劳出版了一幅以墨卡托投影法绘制的新世界地图。但不幸的是，这幅周边绘有大量插图的精美挂图毁于“二战”。不过，“二战”爆发前有人拍下了这幅地图的照片，这张照片幸运地逃过一劫，我们因此才能见到这幅地图的全貌。这幅地图尺寸巨大（143 × 204 厘米），令人印象深刻的周边绘饰占据了近一半的画面。

除了壮观的挂图，威廉 · 布劳还出版过一幅对开大小（41 × 55 厘米）世界地图。图顶边缘以大写字母标明了地图名称。下方则是作者的名字：作者：制图：扬松尼奥。雕刻师的名字并未提及，但他就是布劳信任的雕刻师约祖亚 · 范 · 登 · 恩德。这幅以墨卡托投影法绘制的地图出版于 1606 年，并且大受欢迎。布劳的竞争对手、洪第乌斯家族的彼得 · 范 · 登 · 基尔和约翰内斯 · 扬松纽斯对其地图的复制，也令其声名远扬，这两人分别是约道库斯 · 洪第乌斯的内弟和女婿。布劳 1606 年版地图重印多次，使用时间跨度长达五十多年。

威廉 · 布劳也把这幅对开世界地图收入他的第一本地图集，这本地图集出版于 1630 年，《亚伯拉罕 · 奥尔特利乌斯（Abraham Ortelius）的〈世界剧场〉与盖拉尔都斯 · 墨卡托（Gerardus Mercator）的〈地图集〉之附录》（原文为拉丁文 Appendix Theatri A. Ortelii et Atlantis G. Mercatoris）这个书名含有向老一辈佛兰芒制图大师奥特柳斯和墨卡托致敬的意思，不过似乎故意忽略了布劳的强劲对手亨里克斯 · 洪第乌斯（约道库斯 · 洪第乌斯的儿子）和约翰内斯 · 扬松纽斯，但他的这幅地图集在很大程度上也有洪第乌斯家族的功劳。1629 年，布劳购买了 40 块原本属于小约道库斯 · 洪第乌斯（约道库斯 · 洪第乌斯的大儿子）的铜版，而且这些铜版仍然可以使用。按照当时的惯例，他可以把它们用于制作自己的地图集，布劳不过是直接从铜版上抹掉了洪第乌斯的名字，换上了自己的名字而已。

威廉·布劳在 17 世纪 30 年代的活动，也反映了布劳和洪第乌斯两大制图家族两代人之间激烈的竞争。这两大家族之间冲突的种子早在 1606 年就已埋下，当时威廉·布劳出版了之前提到的那张对开世界地图。仅仅两年后，约道库斯·洪第乌斯的内弟彼得·范·登·基尔就于 1608 年出版了布劳地图的原样复制品。这幅复制品与原图的唯一区别就在于，地图标题处和图下方写的是彼得·范·登·基尔的名字。作为一个熟练的雕刻师，范·登·基尔当然可以精确复制布劳的原图。布劳向国家议会写了封抗议信，在信中控诉了竞争对手的抄袭行为。但是，这封信并没起到什么

**作为世界之窗的地图▲**

荷兰巴洛克风格画家奎林格·赫里茨·范·布雷克伦卡姆创作过多幅日常生活场景的画作，包括一系列描绘工匠生活的作品。这系列作品的创作对象几乎相同，不是修鞋匠、裁缝、纺纱工人和制鞋匠，就是全神贯注工作着的其他工匠。图中央通常是一个上了年纪的男人或女人，整幅画散发着勤劳工作的气息。房间的布置则是实用而温馨。与这种专注的内在情绪相对应的是墙上挂着的荷兰地图，它似乎提供了一扇通往更广阔世界的窗。在这些作品中，地图总是被挂在墙上，正好在工匠的头顶上方，暗示着信奉加尔文主义的荷兰在世界上的成功，正是建立在各行各业人民勤奋工作的基础上。
苏富比

**威廉·布劳 1606 年世界地图的一个版本 ▶**

就在原图出版两年后（1608），威廉·扬松·布劳的竞争对手彼得·范·登·基尔复制并出版了布劳 1606 年的这幅世界地图。直到 1630 年，约翰内斯·扬松纽斯仍然在使用基尔印版，以自己的名字出版了布劳的这幅地图。

威廉·扬松·布劳为这幅地图设计了漂亮的饰边：上方的七幅象征性图案描绘了天球：月球、水星、金星、太阳、火星、木星和土星。远古世界七大建筑奇迹装饰着底边：巴比伦空中花园、罗德岛太阳神巨像、吉萨金字塔、存于现在的土耳其的摩索拉斯陵墓、奥林匹亚宙斯巨像、埃及的亚历山大灯塔和阿尔忒弥斯神庙。图左的象征性图案代表四元素（火、气、水、土），图右的图案则代表四季（春、夏、秋、冬）。尤哈·努尔米宁世界地图收藏，赫尔辛基

SOL
MARS
IUPITER
SATURNUS
EOGRAPHICA AC HYDROGRAPHICA TABULA. a Pet. Kerio.
QUATUOR ANNI TEMPESTATES
VER
AESTAS
AUTUMNUS
HYEMS
MARE GLACIALE
OCEANUS
NOVA ZEMLA
HIPERBOREUS
Oceanus
Ducale donius
MARE ATLANTICUM
DEL NORT
MEDITERRANEUM
AFRICA
ASIA
Mare Arabicum
OCEANUS AETHIOPICUS
MAR DI INDIA
MAGALLANICA
TERRA AUSTRALIS INCOGNITA
AMSTELODAMI Excudebat Ioannes Ianßonius
LLANICA
LIS NOND UM COGNITA
MAUSOLEUM
DIANÆ TEMPLUM
IUPITER OLYMPICUS
PHAROS

缓和冲突的作用。相反，洪第乌斯的后代与布劳家族在制图业的竞争愈加激烈。

根据地图历史学家罗德尼·W．雪利的研究，布劳 1606 年的世界地图的画功在制图史上是数一数二的，而地图周边具有象征意义的图案则是其最吸引人的特征之一。威廉·布劳把新的象征元素加入地图中，使其成为自己独特的风格特征。但这些图案也并非布劳原创，它们源于马尔滕·德·沃斯、马尔滕·范·海姆斯凯克等荷兰艺术家和雕刻师的创作。布劳所复制的这些艺术家的画，大多数来自于其为雕版而作的素描图，这与洪第乌斯此前绘制其《基督教骑士世界地图》的情况一模一样。

具有象征意义的图案在 17 世纪的视觉文化中特别流行，它们是一种应用艺术，用图画的形式来表现时代的价值观和理想。这些图像通常来源于远古神话和《圣经》，采用铜版雕刻技术制作，以系列图的形式印刷出版，包括四大洲、四季、四元素、五感官、七行星和古代世界七大奇迹等。象征性图案也是贵族和富有的资产阶级家庭的装饰物。它们之前被用来装饰家居和容器，后来被画在墙壁和天花板上，或是被编进漂亮的丝质或羊毛挂饰和装饰枕中。

象征性图案是装饰地图边缘的最佳元素，因为它们优雅地传达了欧洲人对自己的看法，既是古代历史遗产的继承人，又是全球贸易的开拓者。象征性图案通常也承载着欧洲人的世界地图所要传达的殖民主义和帝国主义信息，这些地图与欧洲人自我感觉的相对于世界其他地区人的优越感和自豪感息息相关。在威廉·扬松·布劳的 1606 年世界地图中，地球是被神圣自然力量统治着的一个监管严密的系统——天球、四元素和四季被象征化为远古神灵，欧洲人的历史则通过远古世界七大奇迹来表现。

当时，铜版雕刻印刷的图片还以传单、简报等形式出版发行，把象征性图案和其他印刷图片传播到了几乎社会各阶层。与此同时，大型地图由于价格昂贵，只有上层阶级和富有的商人才有财力买回去，像艺术品一样挂在其宽敞的市镇住宅或乡村大宅。这些地图的顶部和底部边缘通常镶有木质标尺用于加重，这样它们才能更好地保持形状。而在不太富裕的工匠家里，小幅地图和其他印刷图片常常就用大头针直接钉在墙上。

制图过程中的仿制和借鉴有时候很难分辨。布劳于 1604 年出版的挂图以普兰休斯的世界地图作为原始素材，但他对此绝口不提。而洪第乌斯 1611 年的那幅挂图，则与布劳 1605 年出版的世界地图有着非常多相似之处。同时期有很多完全相同的地图，这表明所谓仿制实际上就是不道德的抄袭，而布劳更多时候是受害者而非施害者。而且，抄袭并不仅仅针对个人印刷的地图，而是涉及整本书的抄袭，布劳的海图集《航海之光》就是最好的例证。1608 年，布劳出版了这本著名的地图集，描绘了从北冰洋到靠近北非的大西洋一线欧洲海域情况。一开始，布劳为了防范抄袭，特别向国家议会申请了保护特权，但当 1620 年特权失效时，约翰内斯·扬松纽斯就出版了一模一样的海图集。技艺精湛的彼得·范·登·基尔也在其中扮演了角色：他为扬松纽斯版海图集制作了地图，极其接近布劳的原版正品。

1622 年，威廉·扬松·布劳极力谋求荷兰东印度公司制图部门主管一职。虽然布劳无疑是最有资格的候选人，但这一职位最终给了他的学生和助手黑塞尔·赫里茨（约 1581—1632）。17 世纪早期，荷兰（以及荷兰东印度公司）的政治权力被控制在坚定的加尔文教徒手中，而布劳在宗教信仰方面态度温和，对天主教徒还抱有同情心，这阻碍了他争取政府职位。十年后，荷兰和荷兰东印度公司的政治气候发生改变，变得更为宽容。赫里茨死后，威廉·扬松·布劳终于在 1633 年成为荷兰东印度公司的首席制图师，但他也没有多少年可以享受新职位带来的喜悦。威廉·扬松·布劳五年后去世，享年 67 岁。

威廉·布劳的儿子约安·布劳（1596—1673）多年来一直协助父亲打理家族制图和图书出版生意，他顺理成章地继承了父亲在荷兰东印度公司的职位。约安·布劳最终获得了比父亲更大的政治影响力，阿姆斯特丹市政府十分信任他，给了他多个职位。除此之外，他还参与了多个同时进行的商业项目。他不仅在荷兰进一步开拓了

约安·布劳肖像▲

这幅肖像大约完成于1660年，约安·布劳已经把父亲创立的事业发展成欧洲最大的印刷公司之一，专注于制作地图，公司已经拥有九台书版印刷机和六台铜版印刷机，经常同时开机工作。他也成为荷兰东印度公司的主要制图师。这幅画像充分展示了布劳的尊贵、成功及其影响力。
荷兰国家海洋博物馆，阿姆斯特丹

家族出版事业，还在新大陆的弗吉尼亚建立了种植园。种植园的劳动力则源自非洲贩运过去的奴隶。资料显示，布劳亲自为非洲到美洲的贩奴船提供相关装备。

荷兰东印度公司的首席制图师只是约安·布劳的众多官职之一，不过却是最大的肥缺。公司下属船队的船长必须使用公司制作的海图和导航指南，首席制图师的职位使得约安·布劳垄断了向荷兰东印度公司制作和销售海图的业务。这些海图被印在牛皮纸上，价格极其高昂，布劳从中获利颇丰。作为一名严厉的商人，布劳把包括手下人工资在内的开销控制在最低水平，他得到的利润也因此变得非常高。

荷兰东印度公司也希望控制成本，因此要求公司下属的船长们对航海期间遗失或损坏的海图进行赔偿。虽然要价过高，首席制图师仍然地位稳固，因为公司不希望海图中的秘密泄露给竞争对手。这就意味着首席制图师一个人牢牢控制着海图的制作，虽然这令公司付出高昂代价，但如果让竞争对手得到这些海图，代价可能会更大。公司的首席制图师从维持现状的政策中获得比其他人多得多的利益。历史学家杰里·布罗顿曾评论道："荷兰东印度公司的职位给布劳带来的不仅仅是可观的利润。这个职位让他拥有独一无二的权利接触到最新制图信息用于绘制海图，以及影响（如有必要阻止）新航海计划的影响力。这也为他带来了巨大的文化和民众影响力。"这些政治、文化、经济和领导影响力，再加上其航海图和地图制作手艺，约安·布劳把家族生意扩张成了一个庞大的地图帝国。

在52岁高龄的时候，约安·布劳出版了一幅令人印象深刻的壁挂地图，在这幅地图中，整个已知世界被分成了两半。同样在1648年，从1618年开始蹂躏欧洲的三十年战争终于随着《威斯特伐利亚和约》的签署落下帷幕。战争肇始于神圣罗马帝国内部的天主教徒与新教徒之争，战火很快蔓延至几乎整个欧洲，并且从宗教战争演变为欧洲大陆控制权之争。法国和北方新崛起的瑞典加入到对抗天主教徒的战争中，以阻止哈布斯堡家族的西班牙分支（西班牙王国及其盟友）扩大在欧洲及海外新殖民地的影响力。1648年10月24日，和平条约最终在威斯特伐利亚签订，这一天也是信奉新教的荷兰共和国的庆祝日。现在，作为一个得到认可的独立国家（与瑞士一起），终于可以摆脱西班牙哈布斯堡家族的影响。但佛兰德斯和布拉班特（大致为现代比利时）仍然在西班牙控制之下。

约安·布劳的大型壁挂地图由二十一个部分组成，于1648年印制出版。与同时期其他地图不同，这幅挂图十分简洁明了。除了海中有几艘船

NOVA TOTIVS TER
AMERICA SEPTENTRIONALIS
OCEANUS OCCIDENTALIS
MAR DEL ZUR
MAR DEL NORT
AMERICA MERIDIONALIS
MARE PACIFICUM
AERDTRODEMS

VM ORBIS TABVLA.

**约安 · 布劳的壁挂地图，1648 ▲**

约安 · 布劳的这幅（前两页）大型壁挂地图（205x299 厘米）出版于 1648 年，是为庆祝同年签订的《威斯特伐利亚和约》而作，这一和约的签订标志着三十年战争的结束。这幅地图被认为是 17 世纪荷兰制图艺术的最杰出作品之一。布劳的这幅以两个半球形式呈现的世界地图表现了当时最先进的地理知识。现在全世界只有几家博物馆收藏着布劳的几幅原始地图。书中的这幅地图是荷兰东印度公司的一个官员献给日本幕府将军的礼物。
东京国立博物馆图片资料

和一些罗盘玫瑰，地图中央及其边缘没有任何其他装饰。从罗盘玫瑰散射出的恒向线朝极点弯曲，编织成一张紧密的网，看起来就像在一个球面上。因为是在一张平面图上，这些曲线并没有什么实际导航作用，但它们会让人觉得，这是一个可以轻易从任何方向扬帆远航的世界。

由于未知的南方大陆仍然存在于假想中，还没有人证实其存在与否，布劳决定不让它出现在自己的地图中。但他把荷兰探险家阿贝尔 · 塔斯曼发现的澳大利亚海岸、新西兰北部和大洋洲北部绘入了地图。地图左下角有一幅北半球陆地的极点俯视图，与之对应的是，右下角有另一幅南半球陆地的极点俯视图。

布劳世界地图的细节◀

这幅地图的原始色彩得到了非常好的保护。而且，图中有很多有趣的细节。一些写有注解和传说的古代日本米纸薄片随着这幅地图一起流传了下来。第一张细节图（左图）展示了太阳系，这是第一次在世界地图中以日心世界观表现太阳系。这幅图的上方就是地图的标题：新世界地图（NOVA TOTIVUS TERRARVM ORBIS TABULA）。第二张细节图（右上图）中画了一头鲸。在地图下方的角落处还画了一只火蜥蜴、一只鼹鼠和一只鹰。这些图案代表了四元素：火蜥蜴代表火，鲸代表水，鼹鼠代表土，鹰代表气。第三张细节图（右下图）表现了对荷兰贸易有重要意义的马来群岛。通过这幅图，我们可以看到巴布亚新几内亚和澳大利亚之间的海域和沿海地区在这幅地图中有着新的形状。

东京国立博物馆图片资料

得克萨斯大学哈利·兰塞姆中心，奥斯汀

约安·布劳的壁挂地图不仅仅是对其所处时代地理信息的汇编，也是一本宇宙学知识指南。图的右上角绘有南天星辰，左上角则是北天星辰。我们可以在图的两个下角看到极地地区。同时图的四角还分别绘有四种动物——一只鼹鼠、一头鲸、一只火蜥蜴和一只鹰，它们代表着土、水、火、气四元素。

在约安·布劳这幅世界地图中央部分的上下边缘处，绘有三幅不同的宇宙（我们的太阳系）模型图。一个是哥白尼假说图，一个是托勒密假说图，另一个则是第谷假说图。中央上方根据哥白尼学说绘制的行星系图非常引人瞩目。图中，太阳在宇宙的中心，其他恒星沿各自轨道环绕着太阳，而地球在距离太阳从内而外的第三个轨道上。

在远古神话中，行星被幻化为乘着战车的神。虽然天主教会和宗教裁判所仍然视哥白尼的宇宙学说为异端邪说，但他的学说仍然逐渐站稳脚跟，尤其在信奉新教的北方国家的学术圈中得到支持。第谷·布拉赫则将托勒密和哥白尼两人的学说同时加以利用，在自己的书中呈现了两者的混合理论。布拉赫受远古神话和教会影响，仍然认为地球是宇宙的中心，但其他行星则绕着太阳运行，然后再一起绕着地球转。

显然，布劳赞同哥白尼的日心说，因为他把太阳画得最大，并且把它放在整幅地图的中心位

**约安·布劳的《伟大地图集》世界地图，1662 ▶**

1662 年，约安·布劳出版了《全新极准世界地图》，这幅图收录在他的 11 卷本《伟大地图集》的第一卷中。这幅地图沿袭 17 世纪流行的表现方式，将地球分成了两个半球。这种地图为装饰性图案留出了更多空间。布劳地图的中央上方绘有代表行星的图案，按照哥白尼的学说，它们都围着太阳运行。代表四季的象征性图案装饰着地图下沿。这幅地图包含着最新地理知识，阿贝尔·扬松·塔斯曼远洋探险得到的有关澳大利亚和大洋洲的海岸线的信息就在这幅图中得到了具体表现。然而，与同时期其他地图一样，这幅地图也把加利福尼亚画成了一座岛。
尤哈·努尔米宁世界地图收藏，赫尔辛基

**阿贝尔·扬松·塔斯曼家庭肖像 ▼**

阿贝尔·扬松·塔斯曼是荷兰航海家和探险家，他曾在爪哇岛上的巴达维亚为荷兰东印度公司工作。从 1642 年到 1644 年，塔斯曼两次率领船队前往澳大利亚和大洋洲探险。正是得益于他的探险，欧洲人才发现了塔斯马尼亚、新西兰、斐济和汤加群岛。塔斯曼的探险是首次环澳大利亚航行，它证明了澳大利亚是一座岛，而“未知大陆”在更远的南方。这幅肖像作于 1637 年。
澳大利亚国家图书馆，堪培拉

TOTIVS TERRARVM ORBIS TABVLA. Auctore IOANNE BLAEV.

A NEW AND ACCVRAT MAP OF THE WORLD Drawne according to ye truest Descriptions la
The Heavens and Elements
WATER
NORTH
THE NORTH FROSEN SONE
THE TEMPERATE SONE
THE TORRID SONE
NORTH AMERICA OR MEXI
CANA
MAR DEL NORT
MAR DEL ZUR
The Tropicke of Cancer
The Aequinoctial Line
The Gulf of Mexico
SOUTH AMERICA OR PERU
THE OCEANE OF PERU
THE PACIFICKE SEA
The Tropicke of Capricorne
The North Hemi sphere
The South Hemisphere
THE WESTERNE OCEAN
St. Francis Drake
Ferdinandus Magellanus
Swile in our age hath these straights beene passed by English men. the first was by that valiant Sea Captaine Sir Francis Drake Ano. 1578 in the Pelican and ye second by that famous Gentellman master Thomas Candish in the desire 1586
MAGALLANICA
The Antarcticke Circle
SOUTH
THE SOUTH FROSEN SONE
FIRE
The Eclipse of the Sunne

约翰 · 斯皮德的世界地图和加利福尼亚细节图，1627 ▲

认为加利福尼亚是一座岛的错误观念流传很广，这幅由英格兰历史学家约翰 · 斯皮德（1552—1629）绘制的大受欢迎的世界地图也重复了这个错误。这幅地图收录在他于 1627 年出版的地图集《世界最著名区域勘察》中。这幅地图有丰富的装饰寓意图，既有象征四元素的图案，也有代表四位环球探险引导者的圆形浮雕画像，他们分别是德雷克、麦哲伦、卡文迪什和范 · 登 · 诺尔特。地图左右下角分别绘有月食和日食图，两个半球中间上下部分则绘有北天星座和南天星座。这幅地图中的地理信息和艺术表现都受到荷兰影响。

尤哈 · 努尔米宁世界地图收藏，赫尔辛基

置。但他也是个聪明的生意人，不想引起天主教客户的不快，因此称这些模型“仅限于假说”，以此得到各方支持。约安 · 布劳 1648 年的世界地图是第一幅表现日心世界观的地图。随后的几十年里，他精致的地图和隐藏的日心主旨在荷兰经常被仿制。这幅地图拥有数个版本，荷兰东印度公司还将其用作外交礼物。

从地理学角度来看，约安 · 布劳 1648 年的世界地图是新旧知识的有趣结合。约安 · 布劳和同时代其他制图师在其地图中揭示了 17 世纪中期欧洲远洋贸易商的——尤其是荷兰、英格兰和法国外贸商——关注点所在。远洋贸易活跃地区的海岸情况得到详细展示，而对于内陆地区，还沿用着古老的中世纪旅游笔记和古文献中的地名。

荷兰的远洋贸易商掌握的东印度群岛和太平洋——马来半岛、今天的印尼群岛、新几内亚、日本和澳大利亚北部——的知识比以前更准确。作为荷兰东印度公司的首席制图师，布劳为公司

的商船制作海图，因此得以获得商人们的这些知识。另一方面，他却完全忽视了德雷克关于北美洲西部的信息，把加利福尼亚画成了一个岛。

第一幅把加利福尼亚以海岛形式表现的出版地图，是阿姆斯特丹名制图师亚伯拉罕 · 古斯雕刻的一幅图，被收入在 1624 年出版的《西印度群岛影像》一书中。同时代英格兰最有影响力的制图师威廉 · 格伦特和约翰 · 斯皮德都分别在自己的地图中重复了这个错误。而斯皮德的地图又被其他制图师借鉴。这个制图错误一直沿用了超过一百年。

1662 年，约安 · 布劳制作了一幅较小的世

范·凯伦的世界地图◀

这幅出版于1682年的世界地图由约翰内斯·范·凯伦按照墨卡托投影法绘制而成，收录在他同年出版的地图集《新伟大闪耀海洋火炬》（原文为荷兰文 Nieauwe Groote Lichtende Zee-Fakkel）中。图中绘出了塔斯马尼亚（安东尼·范·迪门大陆，Anthoni van Diemen's Land，欧洲人对塔斯马尼亚的旧称）和新西兰（斯塔滕大陆），表现了荷兰人探险的最新发现。

尤哈·努尔米宁世界地图收藏，赫尔辛基

界地图，把日心说太阳系模型图作为其中心视觉主题。布劳是为了他的大型地图集《伟大地图集，或布拉维亚纳宇宙图，大陆、海洋和天空均准确呈现》（原文为拉丁文 Atlas maior, sive cosmographia Blaviana, qua solum, salum, coelum, accuratissime describuntur）创作的这幅精美的对开地图。这本地图集的拉丁文版于1662年首次出版。全书分为11卷，有4500多页，包含近600幅地图。仅仅一年后，这套书就有了法语版，规模甚至更宏大。

到1668年，《伟大地图集》已经出版了荷兰语版、西班牙语版和德语版。世界上从未有过如此大规模的印刷品，所有版本加在一起计算，布劳的地图集总印刷规模近600万页。《伟大地图集》虽然是有史以来最贵的书，但它取得了巨大成功，也让约安·布劳成为当时最成功的制图师和书商。在十年的时间里，他一直站在他所建立的地图王朝的制高点，超越了他的竞争对手，就像他的世界地图中处于中心的太阳一样耀眼。洪第乌斯的后代——尤其是约翰内斯·扬松纽斯，与布劳家族的激烈竞争持续了五十多年，最终，布劳家族大获全胜。

1672年2月22日，冷冽的东风穿过阿姆斯特丹的大街小巷，人们都努力让家和店铺保持温暖。入夜，布劳位于市中心格拉文斯特拉特街的印厂升起滚滚黑烟。大火突如其来。五年前布劳才把所有新印刷设备和整个库房搬来这里，现在这个令人骄傲的新地图印厂烧得就像暗夜中的一支大火炬。太阳终于升起来，阳光洒在冒着烟的灰烬上，受灾情况一目了然。当时媒体这样报道这场火灾："布劳先生损失惨重。所有印版付之一炬，损失相当大……我相信，这位尊敬的绅士损失了大约六、七万荷兰盾……"这家印厂全被烧光，包括所有印刷设备、库存纸张、油墨和大量存书。这对约安·布劳是一次巨大的打击，损失更是惨重，他再也没能恢复元气。第二年他就去世了，终年77岁。

这场火灾发生时，布劳最强劲的竞争对手约翰内斯·扬松纽斯已经去世多年，正是他把约安及其父亲威廉逼得疯狂工作。随着最后一位参赛者的永远退出，这两大制图家族的竞争终于画上句号。但这种激烈竞争结出的硕果——精美的巴洛克式地图和篇幅浩大的地图集——却流芳百世，至今仍然是受到珍视的藏品，也是那个时代文化史的忠实反映。

《海洋火炬》扉页▲

约翰内斯·范·凯伦著名的地图和图书印刷厂创建于 1678 年，在超过两百年的时间里，它都是顶尖海图出版社之一。这幅图来自于他 1681 年出版的颇受欢迎航海图集《新伟大闪耀海洋火炬》的扉页。
阿姆斯特丹博物馆馆藏

## 总结

阿姆斯特丹地图贸易随着荷兰海上贸易的发展而走向巅峰。16 世纪晚期，荷兰共和国海上贸易商曾积累了丰富的远洋路线和贸易知识，他们开始装备自己的商船，向东印度群岛和西印度群岛出发，但海上贸易很快被西班牙和葡萄牙控制。虽然西班牙和葡萄牙皇室竭尽所能地保护其获利颇丰的远洋贸易，制图师们还是将地图学知识传给了它们的竞争对手荷兰、英格兰和法国。因为大多数西班牙和葡萄牙制图师可能还是独立工匠，并非需要严格保密的政府雇工，所以才出现这种情况。

虽然荷兰共和国在威廉一世的领导下与西班牙政权处于敌对状态，但荷兰海上贸易商与伊比利亚半岛港口的人们保持着良好关系。扬·惠根·范·林斯霍滕这样的荷兰航海家们远航前往东印度群岛和西印度群岛，沿途搜集宝贵的地理和民族志信息，再把它们带回荷兰。定居阿姆斯特丹的知识渊博的佛兰芒制图师和海图商人们——科内利斯·克拉斯和佩特鲁斯·普兰休斯等人——运用西班牙和葡萄牙的制图资源，制作出新的海图，壮大了荷兰海上贸易商规模。

1602 年，荷兰共和国的远洋商人们决定停止相互竞争，联合起来成立一家大公司，即荷兰东印度公司。把海上贸易和制图权集中在一家公司的做法，令荷兰东印度公司及其合作伙伴几乎无人可敌。为巩固其贸易，荷兰东印度公司还在阿姆斯特丹成立了世界上第一家证券交易所。荷兰东印度公司成为巨型公司，为保证极具商业价值的航海图不被泄露给竞争对手，公司一次只雇用一名制图师掌管航海路线图的制作。从 1633 年开始，荷兰东印度公司的首席制图师一职落入布劳家族手中，并且被其牢牢控制长达数十年。

17 世纪，阿姆斯特丹成为世界上最大的地图产地。除了威廉和约安·布劳，这座城市还活跃中许多其他重要的制图师，包括约道库斯·洪第乌斯、他的儿子亨里克斯和小约道库斯·洪第乌斯、约翰内斯·扬松纽斯、彼得·范·登·基尔、克拉斯·扬松·菲斯海尔（1587—1652）和尼古拉斯·范·海尔科肯（约 1585—1656）。其中很多人也制作了在 17 世纪非常流行的精美的大型印刷世界地图。地图——尤其是世界地图，成为贵族和富裕的中产阶级家庭高度青睐的艺术品。

随着 18 世纪的到来，英格兰和法国这两个竞争对手逐渐崛起，成为荷兰和葡萄牙航海家们的新挑战者，后者也积极巩固在海外贸易和殖民地的位置。虽然形势发生变化，但阿姆斯特丹并没有停止制作航海图和航海地图集。相反，像约翰内斯·范·凯伦（1654—1715）以及其他后辈等又加入了这个行业。范·凯伦的图集《海图集》非常流行，其导图《海洋火炬》尤其受欢迎，一百多年来不断有新版本出现。

# EPILOGUE

# 18—19 世纪地图领域的科学、技术和探索

尤哈·努尔米宁

18 世纪的法国，尤其是首都巴黎，成为了当时地图制作、销售和收藏方面最重要的中心之一。一些德高望重的制图师都在巴黎工作，包括尼古拉斯·桑松、阿莱克西斯—胡伯特·亚伊洛特、让—巴普蒂斯特·诺林与儿子让—巴普蒂斯特·诺林二世、尼古拉斯·巴约勒、纪尧姆·德利勒及其继承人菲利普·布歇，还有卡西尼一家四代人。

乔凡尼·多美尼科·卡西尼（即卡西尼一世，1625—1712）在 17 世纪 70 年代长居法国，并将自己的名字改成了法国风格的让—多米尼克·卡西尼。他曾受聘负责管理巴黎天文台，该天文台由法国皇家科学院赞助。在卡西尼一世之后，卡西尼家族的后三代人都在这所天文台服务，他们作为 18 世纪制图与宇宙学领域的重要角色，对法国的崛起起到了重要作用。

乔凡尼·多美尼科·卡西尼肖像▲

意大利著名天文学家乔凡尼·多美尼科·卡西尼，在法国又被称为让—多米尼克·卡西尼（卡西尼一世），他在法国皇家科学院的天文台工作过数年。17 世纪末到 18 世纪初，法国崛起为科学制图的先驱国家，卡西尼及其后代对此产生了关键影响。
法国国家自然历史博物馆中心图书馆，巴黎

约翰·哈里森的表◄

由约翰·哈里森在 18 世纪 60 年代开发的著名的 H4 表成为后来的计时器的典范。此钟表的尺寸大约与茶杯托差不多。
英国国家航海博物馆，格林威治，伦敦

对于 18 世纪的天文学家、制图师和水手而言，学习如何在地图上及海上确定经线，是一件颇具挑战的事。直到 16 世纪，针对解决此问题的提议通常都集中在发展月距测量技术方面，对此我们曾在第四章讨论过。然而，这一方法在数学上非常复杂，所需的测量不切实际。17 世纪早期，望远镜的发明开启了测量世界时间并以此确定经度的新方法。这一新方法不用测量我们的月球，而是需要测量木星的卫星的运动。

1668 年，卡西尼发表了木星卫星月食的精确

PLANISPHERE
REPRESENTANT TOUTE L'ETENDUE DU MONDE.
DANS L'ORDRE QU'ON A SUIVI DANS CE LIVRE.
NB. LES CHIFFRES SE RAPORTENT AUX CARTES ET AUX PAGES DES DESCRIPTIONS.
OCEAN ORIENTAL
A AMSTERDAM, Chez LOUIS RENARD, Avec Privilège de Nosseigneurs les Etats de Hollande et de Westfrise.

**路易斯·雷纳德版本的卡西尼世界地图◀**

路易斯·雷纳德这份雅克·卡西尼世界地图的复制品制于1696年，该份复制品以雅克·卡西尼的父亲让—多米尼克·卡西尼绘制的地图为基础。该图有意以极地投影方式绘制，以便让经线显示得更清楚。该地图对北极地区的描绘也引发了人们的注意，虽然这些地区在这幅地图制作的时候仍然不为人知。地图将格陵兰假设成继续延伸至覆盖北极并一路扩展到太平洋的一块陆地。

尤哈·努尔米宁世界地图收藏，赫尔辛基

时间表，该表可作为天文学者与制图师的“通用时钟”。世界各地的观察者可以同时用他们自己的望远镜观察木星卫星的运动，他也就可以用卡西尼的表来计算他们所在地相对于本初子午线的经度。

1670 年，卡西尼开始为新成立的法国皇家科学院绘制一幅世界地图，他也将自己的天文表用在制图上。首先，卡西尼的地图并未采用先做木雕或铜雕然后再印刷的方法，而是在天文台西侧塔楼的圆形地板上绘制。这个圆形极地投影直径约 7.3 米，由于其尺寸巨大，在上面标注精确的位置坐标就要比在小地图上容易得多。

卡西尼为其地板地图收集坐标花了近二十年的时间。为准确定位这些地点，卡西尼对全世界四十个地点利用了天文测量法，其中包括魁北克、圣地亚哥、非洲最南端、果阿和北京。这项任务由法国皇家科学院组织完成，法国国王提供了资金支持。

1696 年，在巴黎印刷出版了一份卡西尼地板地图的副本，这幅地图大小为对开尺寸。这幅在科学史上非常重要的地图的作者是卡西尼的儿子、年轻的天文学家雅克·卡西尼（即卡西尼二世，1677—1756）。这幅极地投影地图以其极简主义风格著称，缺少所有巴洛克风格地图的标准装饰元素，它是第一幅试图精准呈现经线的世界地图。换句话说，地点的经度位置不再是通过估算，而是基于准确的天文测量得出。

法国皇家科学院成立于 1666 年，由太阳王路易十四与其首席大臣让—巴普蒂斯特·柯尔贝尔（1619—1683）创建，后者主要负责 17 世纪与 18 世纪多个最重要的欧洲制图项目的设计与生产。这些项目就包括对法国国土进行精确测量，通过使用三角测量法和实地考察来确定陆地的准确大小与形状。

使用三角测量法对整个法国帝国进行测量是一项庞大的事业，持续了数十年之久，同时要求众多来自全国的测量员参与。1733 年，塞萨尔·弗朗索瓦·卡西尼·德·杜里（即卡西尼三世，1714—1784）开始组织编辑一幅地图，该图以测量员收集的信息为基础。1744 年，他出版了自己制作的地图《新法国地图》（原名为法文 Nouvelle carte ...de la France），图中不仅包含整个帝国边界的细节，还有法国所有重要城市与村庄的位置，这幅著名并且相当巨大的地图现在被简单地称为《卡西尼地图》（法文原文 Carte de Cassini）。

让—多米尼克·卡西尼（即卡西尼四世，1748—1845）继承了其父的工作，1793 年，他完成了一部巨幅法国详细地形图集，各种场景的形状——谷地、山丘、高山——都有描绘。作为 18 世纪制图领域最伟大的成就，该图集多达 182 页，若将其连接成一整幅地图，可达 12 米高，11 米宽。之后三角测量法也用于测量其他国家甚至整个大洲的疆域。

根据艾萨克·牛顿（1642—1727）所提出的万有引力理论的推测，地球的两极地区呈扁平状，法国皇家科学院第二个大任务的目的就是要确定这一推论。在 18 世纪初，法国科学界普遍支持勒内·笛卡尔（1596—1650）自相矛盾的观点。虽然地球形状的问题纯粹是科学方面的，只能通过在极点附近测量来解决，但这里也涉及更大的问题。在许多法国学者的思想中，法国整个的科学遗产都岌岌可危，因为它太依赖于笛卡尔的思想及其自然哲学。

在法国皇家科学院，牛顿的万有引力理论被认为是来自英国的威胁，没有无懈可击的证据，

**尼古拉斯·巴约勒的装饰世界地图▶**

世界地图一直反映当时的科学和艺术。这幅由法国人尼古拉斯·巴约勒（小巴约勒）在1750年完成的装饰世界地图包括了巴洛克时期具有代表性的边饰插图。在右边缘与左边缘有圆形宇宙图。西半球和东半球之间是两幅天体图——上方是北半球的天空，下方是南半球的天空。地图的上边缘包含代表艺术和科学的寓言女性人物，而底部的寓言女性人物代表欧洲、亚洲、非洲和美洲等大洲。地图本身代表了当时地理信息所能达到的高度。
尤哈·努尔米宁世界地图收藏，赫尔辛基

很少有人会接受。于是远征北极圈和赤道搜集证据的探险队出发了。一位天才的年轻数学家皮埃尔·路易·莫佩尔蒂（1698—1759）负责这次探险，他们最北到达芬兰拉普兰的托尔讷河谷，在那里他对经线弧度进行了测量，终于证实了牛顿理论的正确。地球确实在两极地区稍微扁平化，而法国科学家们不得不逐渐转为支持牛顿的自然哲学。

· · ·

纪尧姆·德利勒（1675—1726）与卡西尼家族成员一起成为18世纪初法国科学制图领域的重要人物之一。德利勒在让—多米尼克·卡西尼那里受到了当时作为天文学者能获得的最好教育，之后，他被选为法国皇家科学院成员，并在那里工作多年，同时也为法国宫廷服务。1718年，德利勒获得了国王和皇家学院授予的"首席皇家地理学家"头衔，这保证了他可以光荣退休，并且相对于其他商业制图师的地图，德利勒制作的地图的价值得到了提升。德利勒对制图的改进包括修正地中海的宽度，并将下加利福尼亚重新连接到北美。

路易十四在统治法国期间，有效地利用科学、艺术和制图为君主政体服务。法国制图师、"皇家雕刻师"和地图商人让—巴普蒂斯特·诺林（1657—1708）就创作了几幅赞美太阳王卓越功勋的地图。1700年，诺林出版了一幅著名的已知世界壁挂地图，无论是在地理还是雕刻技术方面，这幅图都代表了法国当时制图的最高水平。诺林的世界地图的使用与流传时间之久可谓异乎寻常：在数年里发布了很多修订版本，最后一版于1767年出版，距离第一版已过去近七十年。尽管在当

时此图地理上的某些知识几乎就要过时，但它仍然在法国学校里发挥了重要的教育作用。

随着巴黎成为欧洲地图制作中心，英国的制图业也在向前发展。推动力来自于英国作为海洋力量迅速增长的影响力，以及他们与西班牙人、荷兰人还有后来的法国人纠缠不清的争夺主导地

让·巴普蒂斯特·诺林的世界地图▲

在这幅法国制图师让·巴普蒂斯特·诺林的1700年世界地图（119x149厘米）中，圣经主题图案被放在围绕边界的奖章型装饰物中。 地图的两个半球被放在一个虚构的景观当中，代表季节的寓言人物撑起了两半地球，地球周边环绕着创世纪场景图。诺林大受欢迎的世界地图的多个版本在随后的几十年里印刷出版，这幅地图大约源自1750年版本。

尤哈·努尔米宁世界地图收藏，赫尔辛基

位的斗争。商船和海军都需要更详细的地图和更好地确定船只位置的技术。

自 16 世纪以来，通过使用倾斜仪测量纬度，精度偏差已经达到可以小于 1°，但是直到 18 世纪早期，测量经度时仍然可能出现几度的误差。由于无法确定一艘船在海上的确切经度位置，从而导致世界各地发生许多致命的沉船事故。卡西尼的新方法基于对木星卫星的观测，而不是更费劲的月球距离测量法，但这仍然不切实际，因为在摇晃船只的甲板上进行天文观测十分困难。由于在实践中“天上的钟”无法在海上工作，所以要寻求新的解决方案。

1707 年，英国议会宣布发起公开竞标，以找到解决这一重大海上安全问题的办法。奖赏非常丰厚。欧洲许多卓著的科学家都努力寻找答案，有些人采取的方案极为复杂且不可行。要找到真正实际的解决之道还得等几十年。海难仍在继续发生，地图上东西方向经度不够精确已无法让人接受，但情况依旧。船的位置距离欧洲本初子午线越远，错误就越严重。

长久以来，大家明白这个问题的核心在于必须在遥远位置的船上获得准确时间。船只需要已知经度的某个位置的确切时间进行比较。只要知道这个时间，计算经度就会非常简单。因为地球每小时向东自转 15°，那么通过计算当前位置和比较位置之间的时差，人们就可以知道船只相对于比较位置的经度。如果一艘船的本地时间相对于比较时间（格林尼治时间）晚了五个小时，那它一定位于西经 75°（在加勒比海上）。越来越多的人开始明白，问题的唯一解决方案是要有足够准确而持久的时钟。

在 18 世纪早期，测量时间仍然主要使用摆钟，但在长达数月的海上航行中，想让摆钟保证计时准确是行不通的。因此就需要有一个在船只运动和温度变化的情况下仍然能保证比较时间准确的钟表。

约翰·哈里森（1693—1776）是一位来自英国的木匠兼钟表匠，他致力于开发运行精确的钟表。在这项工作中，他与当局及科学界一样遇到了很多挫折和困难。然而，哈里森也获得了鼓励

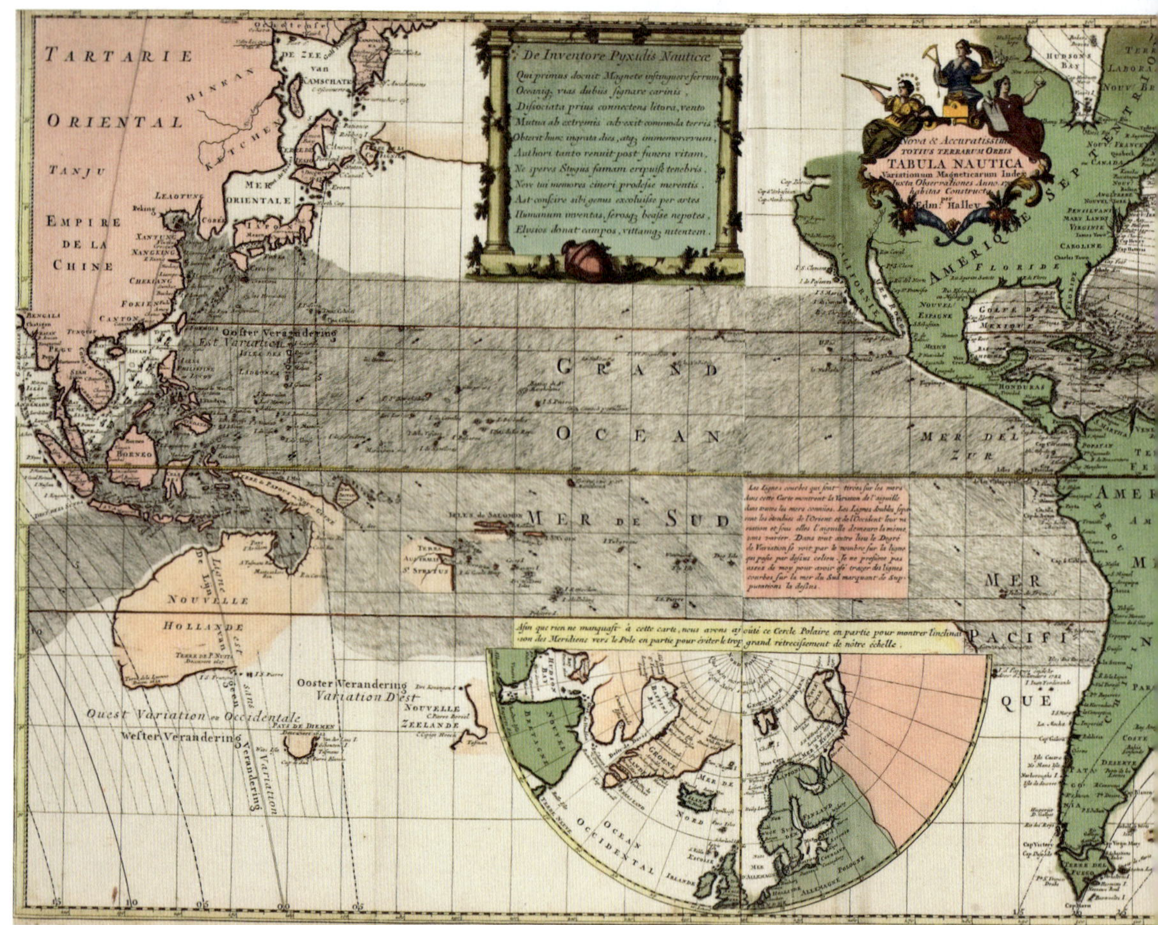


和经济支持，这使得他能够开发出第一个准确而持久的航海计时钟。经过多次海上试验与数次修正后，终于在1762年，哈里森的H4型“航海表”的精确度超过了所需精度。哈里森的儿子威廉参加了航海表在牙买加航行中最后五个月的测试。返回英国后，他们发现手表在整个航程中只慢了不到两分钟。詹姆斯·库克在1772—1775年的首次环球航行中，随身携带着这一计时器的K1版复制品。钟表对经度计算的准确度超出库克预期，他也开始默默地信任了这款表。

哈里森的工作成果还包括许多机械发明，其中一些为后来所有高精度计时工具的制作奠定了基础。他持久而顽强的工作对海上安全、海上经度测量和地图绘制有着深远影响。在18世纪晚期和19世纪早期，精准计时器在航海与测量领域得到广泛使用，因为它在东西方时间测量方面精度的显著提升，影响了许多地图的制作。许多海岸线被重新绘制，岛屿也被重新定位。

· · ·

启蒙时代的科学活动以多种方式在当时的世界地图上留下印记。测量仪器得到改进，科学考察在世界各大海洋上展开。这其中必须提到两位水手——他们甚至在詹姆斯·库克展开其高精度考察之旅前就极具影响力：这就是威廉·丹皮尔和埃德蒙·哈雷。两人都对世界地图中的科学内容产生了重大影响。

威廉·丹皮尔（1651—1715）的事业始于做海盗，以及劫持了他的第一艘考察船。丹皮尔总共环球航行三次，并帮助完善了澳大利亚北半部

**奥滕斯版本的埃德蒙·哈雷世界地图▲**

大约在 1730 年，阿姆斯特丹地图出版人雷尼耶·奥滕斯与约书亚·奥滕斯出版了他们的一版埃德蒙·哈雷著名的世界地图。哈雷的世界地图是最早的专题地图之一，包含风向系统与描绘地磁偏角的等偏线。哈雷自己对大西洋做过地磁偏角测量，这幅地图环绕的幅度超过了 360°，因此澳大利亚在图的左边与右边出现了两次。阿拉斯加、澳大利亚西部还有新西兰在当时还没有被正确的绘制在地图上。而巴布亚新几内亚也被错误地与澳大利亚连接在一起。
尤哈·努尔米宁世界地图收藏，赫尔辛基

**埃德蒙·哈雷肖像▶**

天文学家埃德蒙·哈雷对从物理学到水文学的许多学科都有研究。除了广泛涉猎各类科学学科，哈雷也是一位经验丰富的航海家。他将科学与主题元素引入地图制作中，在世界地图史上留下了属于他的印记。
英国国家航海博物馆，格林威治，伦敦

的地图。他还成为了一名狂热的自然观察者。丹皮尔在他的作品《新荷兰航行》（1703）中发表了自己的研究成果，这部作品在对自然描述以及制图方面都具有开创性。书中包含两幅由荷兰制图师赫尔曼·莫尔绘制雕刻的世界地图。其中一幅地图十分吸引人，因为它是根据丹皮尔所进行的科学观察绘制的。该地图使用线条和箭头描绘了主要的海洋风系：印度洋的大信风与季风。丹皮尔还在一篇题为《论风》（1699）的文章中单独出版了这幅科学世界地图。

另一位航海科学家、天文学家埃德蒙·哈雷（1656—1742）丰富的科学工作涉及天文学、光学、地球物理学、气象学、磁学和制图学。世人对他的工作十分尊重，英国皇室更是在 1720 年任命其为皇家天文学家。他是国际公认的名人，还曾与让—多米尼克·卡西尼合作研究彗星。如今以他的名字命名的彗星也是最著名的一颗彗星，哈雷计算并准确地预测这颗彗星将在 1758 年回到我们的太阳系。哈雷也对牛顿的理论非常精通，并且向国王詹姆斯二世（1633—1701）解释了这些理论对研究潮汐与洋流的意义。哈雷还在牛顿的著作《自然哲学的数学原理》的编辑工作中发挥了关键作用。

**约翰·哈里森肖像▲**

约翰·哈里森曾是专业木工，但最后却成为当时技艺最为高超的钟表匠。他著名的 H4 精密计时器通过了海洋条件下的严格计时测试，其不知疲倦的工作最终得到了应有的回报。哈里森发展了全新的钟表技术，包括平衡系统，自动润滑的木质零件，以及能够消除热膨胀问题的金属合金。伦敦科学博物馆

哈雷曾对大西洋进行考察，并亲自担任了“帕拉莫尔”号的船长。这些航程最远一直向南延伸至南极，其主要目标是确定地球磁性的性质和在各个地区的偏差变化。地磁偏角作为一种现象——北方和北方的指南针磁针之间的偏差——自哥伦布时代以来就被海员们所熟悉。很多人试图测量各个地区的偏差，希望这有助于确定经度。但是，由于地磁偏角每年都有所不同，哈雷明白它针对这方面毫无可用之处。

像丹皮尔一样，哈雷也对地球的风力系统感兴趣。1686 年，一幅描绘地球风系的创新地图与哈雷的一篇文章一起出现在皇家学会的一份科学出版物《哲学会刊》中。该地图展现的区域大小仅限于大约非洲南北端的范围，包括西边的加勒比海与南美洲以及东边的香料群岛。因此，地图重点描绘了大西洋和印度洋。细虚线用来描绘盛行信风的流动方向，当时已知的风系便以此方式得到展现。哈雷对于大西洋信风非常熟悉。

哈雷的航行也催生了其他重要的科学世界地图。这些都基于哈雷在大西洋进行的考察和他做的磁测量。他的一幅仅限于大西洋范围的地图于 1701 年出版。这是第一次在地图中对地球物理现象进行形象描述。基于他对变化差异的测量，这幅地图包含一种曲线——等偏线，这些线跨越海洋，用来描绘等磁差位置。

哈雷将其对地磁与制图的众多研究成果融合到 1702 年在伦敦出版的世界地图中。该图包括北部和南部的海洋以及所有的大洋，地图的一周似乎超过了 360°。我们在这幅有趣的世界地图中可以看到，图的两侧都绘有澳大利亚，体现了当

让·德·布兰世界地图▲

让·德·布兰绘制于 1782 年的世界地图形象展示了在 18 世纪的最后几十年中，出现在地图上的大陆海岸线的规模。北边的俄罗斯荒蛮东部的北冰洋海岸勘探工作也已完成。不过，人们对美洲最北端的加拿大西部仍然一无所知。阿拉斯加也处于未知状态，在这幅地图的极地投影中完全看不到它。在接近现实中的白令海峡的位置所绘制的那些海峡，只不过是一些假想之作。

尤哈·努尔米宁世界地图收藏，赫尔辛基

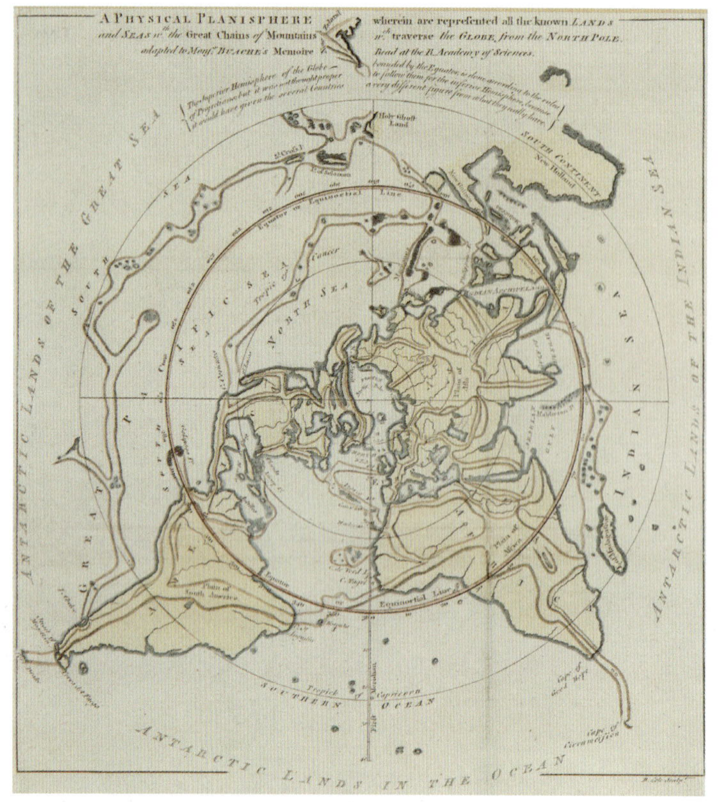


**菲利普 · 布歇地图中的山脉** ◀

这幅由菲利普 · 布歇在 1760 年绘制的地图描述了世界的山脉，图中的一些山脉延绵到海底。

尤哈 · 努尔米宁世界地图收藏，赫尔辛基

**詹姆斯 · 库克船长的船队** ▶

在此可以看到，1773年1月，詹姆斯·库克的船员们砍切冰块来补充其淡水储备。库克在航行中努力尝试发现南极洲，但没有成功。然而，在他驾驶图中的"决心"号的第二次航行中，有好几次已经非常接近南极洲。当探险者遇到冰山的时候，他们并不知道这些冰山只能在大陆形成。他们本应该继续寻找，因为冰山是南极洲即地球最南端大陆存在的证据。

尤哈 · 努尔米宁世界地图收藏，赫尔辛基

时人们对这块大陆的了解程度。

在这幅地图上，哈雷的变化等偏线已经从大西洋延伸到印度洋。哈雷将这幅地图编入其 1705 年出版的《奇象杂记》（原书名为拉丁文 Miscellanea curiosa）中。哈雷与丹皮尔均对风系理论进行了发展，而这幅反映磁性变化的地图，随后也得到补充，增加了描绘风系的图形。这幅改进后的世界地图在 18 世纪的一百年中几乎一直在出版。许多著名的制图专家和普通制图师都出版过这幅地图，包括伦敦的约翰 · 塞勒，巴黎的路易斯·雷纳德，阿姆斯特丹的赖尼尔与乔舒亚·奥滕斯。

哈雷的科学世界地图是 18 世纪在科学、实验测量与制图领域发展和创新的绝佳范例。哈雷的地磁等偏线把常量描绘为地图上的曲线，无疑创建了一个范式。我们已经习惯于在地形图（高度）、航海图（深度）和天气图（等压线）上看到这些曲线。

· · ·

两大因素对 18 世纪欧洲制作的世界地图的改进产生了特别影响。第一个是之前提到过的经度测量的进步，第二个是法国和英国皇家学会组织的大规模研究考察带来的影响。通过更准确的测量，大陆及其海岸的位置也更为准确。在库克（1728—1779）与法国人路易斯 · 安托万 · 德 · 布干维尔（1729—1811）和让—弗朗索瓦 · 拉彼鲁兹（1741—1788）的探险过程中，以前未勘察过的一些地区，尤其是太平洋中的一些区域出现在了地图上。

在 18 世纪世界地图中能够看到更为准确的新地理信息，加利福尼亚重新连接到北美，再加上澳大利亚南部与东部海岸，以及对阿拉斯加的勘察，这块最后一个未知大区域也出现在了地图上。在 19 世纪，南极洲与加拿大的北极群岛也在地图上最终定形。

白令海峡地区长期以来一直未被探索过，人们因此对其并不了解。虽然在俄罗斯海军服役的丹麦人维他斯·白令（1681—1741）在自己早期航行中到过该地区，但从未真正探索过阿拉斯加海岸。但他确实发现了阿留申群岛。人们有时猜想亚洲和北美之间有一个大陆桥。也有人认为在日本北部有一群大岛屿。当时的地图提出了许多关于西北航道存在的假设。由于尚未发现通过北冰洋到达太平洋的海路，很长一段时间以来，许多人甚至相信有一条水路可以一路贯穿北美。这一想法的根源可以在探险家塞缪尔·德·尚普兰（1574—1635）对北美的考察中找到。法国人纪尧姆·德利勒制作了一幅地图，包括这些想象中的五大湖区、白令海峡和北美的内陆水道，该图流传广泛，在许多世界地图中都能看到它的影响。德利勒的法国同胞菲利普·布歇（1700—1773）在自己的地图中介绍了北方地区的地理和地形。他还出版了一幅极地投影世界地图，并提出了自己关于世界山系位置的理论。他将这些山系描绘延伸至海洋水面之下，并连接着各个岛屿。

· · ·

1794 年，由亚伦·阿罗史密斯（1750—1823）绘制的一幅地图在伦敦出版，此图中所有已知的大洲都被放在了正确位置——除了尚未探索的极地地区。这幅大型壁挂地图用两个半球描绘世界，旧大陆（欧洲、亚洲和非洲）与澳大利亚位于左半球，右边是新大陆（北美和南美），这种地图布局与 18 世纪的通行做法相反。这种表现方式是在向詹姆斯·库克船长致敬，是为了提醒人们注意到他在 1769—1779 年三次著名的探险活动。阿罗史密斯地图的地理精确度很高，这幅地图表明当时的测量技术已经高度发达。白令海峡的正确位置与海岸线的正确形式均基于库克最后一次航行的测量。库克第三次航行的目的之一是试图找到从太平洋到大西洋的北海航线。

INDIAN
OCEAN
NEW HOLLAND
SOUTHERN OCEAN
SOUTH ATLANTIC OCEAN
NORTH PACIFIC OCEAN
ANTARCTIC OCEAN
ARCTIC OCEAN

**亚伦·阿罗史密斯的世界地图▲**

1794 年，英国制图师亚伦·阿罗史密斯在伦敦发表了他的双半球地图。这幅地图向詹姆斯·库克的航行表达了敬意，库克的航线在地图上用不同颜色的线条记录。第一次航行（1768—1771）的路线被标为绿色，第二次（1772—1775）为红色，第三次（1776—1779）为蓝色，之后在环绕夏威夷群岛时又变成黑色，代表着 1779 年库克在这里遇害。南极洲没有出现在地图上。

尤哈·努尔米宁世界地图收藏，赫尔辛基

**世界地图中的自然现象▲**

在 19 世纪，世界地图越来越多地被用作教学工具，而不是单纯作为自然地理载体。这幅 1863 年在莱比锡出版的地图讲述了在北半球与南半球海洋中发现的自然现象与动物。由于有了新的印刷技术，印制图像变得更容易，漂亮的地图集也越来越便宜。很快几乎每个欧洲家庭都能拥有一本地图集。

尤哈・努尔米宁世界地图收藏，赫尔辛基

詹姆斯・库克在英国皇家学会和英国海军部的主持下完成了所有的探险活动。因为 1769 年会有金星凌日，航行的目的首先是进行天文测量，同时收集关于“可能存在的南方大洲”的准确地理信息。阿罗史密斯的地图用不同颜色的线记录了库克的航程。第一次航行（1768—1771）的路线用绿色表示，第二次（1772—1775）为红色，第三次（1776—1779）为蓝色，直至夏威夷群岛附近用黑色表示，因为库克 1779 年在此遇害。

库克在天文学、航海与带队探险方面的技能都很强大，在科学探险史上无人能出其右。他绘制了澳大利亚东海岸数千公里的地图，并证实了新西兰由两个岛屿组成，没有与任何神秘的南方大陆相连。在第二次航行中，库克在约南纬 60°的南太平洋海域来回航行了数万海里。1744 年 2 月，他的船进入了距离南极 1100 海里以内的范围，即南纬 71° 10'，他在这里并没有发现“可能存在的南方大陆”。库克还绘制了北太平洋地图，发现了汤加、斐济、新赫布里底群岛、复活节岛和夏威夷，后者被他称为三明治群岛。在第三次航行中，他从今天的俄勒冈州北部沿着北美洲西海岸航行，并绕行阿拉斯加到达了北纬 71° 44' 的地区，但海冰阻止了他继续前进的步伐。

在第一次航行中，库克采用月距测量来确定他所处的纬度和经度，但在第二次航行中，他就能够用我们之前提到过的约翰・哈里森开发的著

**大英帝国地图▲**

在19世纪，世界地图仍然被用作政治宣传工具。这幅由约翰·科隆博在1886年制作的世界地图宣扬了大英帝国的权威。英国及其殖民地用亮红色描绘。黑线代表由英国控制的较为重要的全球贸易线路。在底部是漂亮的新艺术风格边饰，我们能够看到作为大英帝国象征的雅典娜。坐在她脚边的女性人物代表其他大陆，每个人都将自己的财富献给大英帝国。

尤哈·努尔米宁世界地图收藏，赫尔辛基

名的袖珍精密计时表K1来检查他的计算结果。库克第二次航行持续了三年，共航行了7万海里，这表明哈里森的袖珍精密计时表确实能够承受海上旅行的苛刻条件。在库克航行之后，精密计时表在远洋航行中日渐普及，显著提高了导航和位置查找的准确度。因为与夏威夷当地居民发生纠纷，1779年2月14日，詹姆斯·库克船长在他的第三次航行中遇害。有一句悼词这样评论道：“可能海洋是他的坟墓。但整个地球是他的纪念碑。”

· · ·

18、19世纪，世界地图的地理信息越来越准确，开始为科学与政治目的服务。有了准确的地理信息的帮助，各帝国的边界与殖民地能够展现得更为精准。随着19世纪的到来，制图学被用于支持有着明确地理边界的单一民族独立国家以及这些国家的帝国主义殖民政策——这些政策的起源可追溯到地理大发现时期。

除服务于民族主义意识形态之外，世界地图也被用作展现许多其他类型信息的基础。使用多种绘图工具及颜色，世界地图可以描绘那些在自然与地理环境中观察到的现象。人们开始制作描绘洋流、山脉、植物带的世界地图。地图通过颜色来表现地表形貌，这种方法我们如今依然能在学校的地图中见到。

19世纪，越来越多的探险活动深入到非洲、

A. E. 诺登斯科德旅行记封面▲

出生于芬兰的探险家与制图历史学家 A. E. 诺登斯科德搭乘“维加”号，成为环游航行欧亚大陆的第一人。他的《维加号环游亚欧之旅》出版于1880—1881年，全书分成两部分。在书中，作者讨论了北方地区的发现历史以及很多与东北航道地区相关的科学问题。该书因情节引人入胜而大获成功，诺登斯科德因此获得的收入让他得以收藏许多重要的古地图。他的收藏如今成为芬兰国家博物馆的珍宝之一，也被列入联合国教科文组织的世界记忆遗产名录。
尤哈·努尔米宁世界地图收藏，赫尔辛基

亚洲与美洲的内部，欧洲人此前难以到达的或未知的地区开始成为焦点。尼罗河这样巨大的水路资源也陆续被发现，人们发现这条河的上游源头不再是古人认为的“月亮山”，而是一个大湖，本着殖民主义精神，它被冠以英国维多利亚女王的名字，称为维多利亚湖。各国派遣了许多重要的探险队，跨过每个海洋，到达世界的各个角落。许多重要的科学、地理与海洋研究大大增进了我们对世界的了解。人类在大洋上展开数万海里的航程，其中包括法国的儒勒·迪蒙·迪维尔（1790—1842），为俄罗斯海军远征波罗的海地区的德国人亚当·约翰·里特尔·冯·克鲁森斯滕（1770—1846），还有英国的乔治·纳尔斯爵士（1831—1915），他们针对海底地形、洋流等展开了研究。从制图角度而言，他们对塔斯曼、布甘维尔、库克与拉·佩鲁斯等前辈的工作进行了补充。

西北航道与东北航道是否适合航行的问题在19世纪仍然是海员们关注的主题，许多探险队被派往这些北方水域。经过英国海军部的一系列大规模探险，终于将最晚发现的北美洲部分海岸与格陵兰岛绘制在了地图上。英国海军多次冒险进入了北美洲北部，让我们逐渐对北冰洋地区有了越来越多的了解。在19世纪末对失踪的约翰·富兰克林爵士探险队的大规模搜寻过程中，这一地区最后的未知海岸也得以进入地图。不过，直到20世纪初罗尔德·阿蒙森（1872—1928）才成功驶进西北航道。在19、20世纪之交的时候，探险家已经证明，在北极地区没有开放海域，也没有任何大的岛屿，更没有墨卡托曾相信存在的磁山。北极仅是被漂浮着的冰块的北冰洋所覆盖。挪威探险家弗里乔夫·南森（1861—1930）驾驶着他的船“弗雷姆”号，从西伯利亚的北边到格陵兰东岸随极地冰川漂流，最终证明了这一理论。

生于芬兰的诺登斯科德（1832—1901）代表瑞典驾驶“维加”号成为了开辟东北航道的第一人。诺登斯科德在探险中绕行了整个欧亚大陆，经由新开凿的苏伊士运河从里海回到地中海。在此过程中，诺登斯科德解决了一个古老问题——大陆是否被海洋所包围。正如约翰·曼德维尔爵士早在14世纪预言的那样，只要有“一条状况良好的船和出色的团队”，人们确实能够环球航行游遍所有大洲，或从一个大洲航行到另一个。19世纪90年代，在完成了最为艰巨的一次探险后，诺登斯科德专心投入到地图收集与制图历史研究当中。他在这一时期出版的《摹本—地图集》（1889）和《水域图》（1895—1897）仍被看作地图史上的经典之作。

OCEANUS
ORIEN
TALIS
AMERI
EUROP
AFRICA
Rußica Milliaria
80 160 240 320 400 480 560 640 720 800 880 960 1040 1120
Italica
60 120 180 240 300 360 420 480 540 600 660 720 780 840
Anglica
55 110 165 120 175 230 285 340 395 450 505 560 615 670

Aliona
S. Bracas
S. Spirito
S. Christouano
I. Buqui
Cuba
I. de Diego
Soaires
Boamaro
MA
DA
C. de Boa maro
Vingagora
Cade
Tangil
B. Demana
B. de Tangil
C. da Tangil
I. de S. Maria
Baixos do G
De Nazare
Terra de S. Andre
Baixos de Pracel
R. de Pracel
Sylva Lignorum Sandali
Terra del gada
Aros
Quacado
Maluco
Manaiara
Matatova
Manapara
Maiba
Manatemga
Do Sirne
I. de Diego Roiz
c Iuan
nora
Iudia
GAS
CAR
Pontanan
C. de S. Vincente
S. Thiago
Atabasta
Madagascar, quę et S. Laurentij insula dicitur
ugustino
Guara Ababoula
S. Maria
S. Antipera
Toneba
C. S. Iusta
S. Lucia
R. de S. Clara
I. de Antipera
C. de S. Romano
C. de S. Sebastiano
De Ioan de Lixa
Romeræ Insula
Hic appulit navis, cui n
S. Paulo

# *Bibliography*
# 参考书目


## 引言 地图作为世界的图像——欧洲人绘制的世界地图的千年之旅

Barber, Peter (ed.): The Map Book. London, Weidenfeld & Nicolson 2005.

Buissert, David: *The Mapmakers' Quest: Depicting New Worlds in Renaissance Europe*. Oxford University Press 2003.

Cumming W.P., Skelton R.A. & Quinn D.B.: *The Discovery of America*. Elek, London 1971.

Edson, Evelyn: *Mapping Time and Space: How Medieval Mapmakers Viewed Their World*. The British Library Studies in Map History, V.1. (Book 1) 1997.

Harley, J. B. & David Woodward (ed.): *The History of Cartography*. Volume 1: Cartography in Prehistoric, Ancient, and Medieval Europe and the Mediterranean. Chicago & London, The University of Chicago Press 1987.

Karttunen, Hannu: *Vanhin tiede: tähtitiedettä kivikaudesta kuulentoihin*. Ursan julkaisuja, Helsinki 2003.

Stevenson, Edward Luther: *Terrestrial and Celestial Globes I–II*.Johnson Reprint Corp., New York 1971.

Unger, Rihard W.: *Ships on Maps; Pictures of Power in Renaissance Europe*. Palgrave Macmillan, New York 2010.

## 第一章 地图上的中世纪世界——世界边界被教会与航海业定义

Almagià, Roberto: *Monumenta Cartographica Vaticana*. Città del Vaticano, Biblioteca Apostolica Vaticana 1944–1955.

Ahmad, Maqbul S.: "Cartography of al-Sharif al-Idrisi". In *The History of Cartography*, vol. 2, Book 1, J.B. Harley & David Woodward (ed.). Chicago, University of Chicago Press 1992.

Aujac, Germaine: "The Growth of an Empirical Cartography in Hellenistic Greece". In *The History of Cartography*, vol. 1, J.B. Harley & David Woodward (ed.). Chicago, University of Chicago Press 1987.

Bagrow, Leo: *History of Cartography*. Chicago, Precedent Publishing, Inc. 1985.

Barber, Peter (ed.): *The Map Book*. London, Weidenfeld & Nicolson 2005.

Barber, Peter & Harper, Tom: *Magnificent Maps – Power, Propaganda and Art*. London, The British Library 2010.

Barbero, Alessandro: *Charlemagne: Father of a Continent*. Berkeley, University of California Press 2004.

Bartlett, Robert (ed.): *The Medieval World Complete*. Thames & Hudson, London 2010.

Baumgärtner, Ingrid: "Die Wahrnehmung Jerusalems auf Mittelalterlichen Weltkarten". In *Jerusalem in Hoch- und Spätmittelalter*. Dieter Bauer, Klaus Herbers & Nikolas Jaspert (Hg.) (ed.). Frankfurt, Campus 2001.

Beazley, C. Raymond: *The Dawn of Modern Geography*, Vol. 1 and 2. London, H. Frowde 1905.

Block Friedman, John: *The Monstrous Races in Medieval Art and Thought*. Syracuse University Press, New York 2000.

Block Friedman, John & Mossler Figg, Kristen (ed.): *Trade, Travel, and Exploration in the Middle Ages: An Encyclopedia*. New York & London, Garland Publishing, Inc. 2000.

Brown, Nancy Marie: The Abacus and the Cross. Basic Books, New York 2010.

Brotton, Jerry: *Great Maps*. London, Dorling Kindersley Limited 2014.

Campbell, Tony: *Early Maps*. New York, Abbeville Press 1981.

–: "Portolan Charts from the Late Thirteenth Century to 1500". In *The History of Cartography*, vol. 1. J.B. Harley & David Woodward (ed.). Chicago, University of Chicago Press 1987.

Codazzi, Angela: "Monumenta Cartographica Vaticana". In *Imago Mundi*, vol. 5. Issue 1, 1948.

Collins, Robert: *Early Medieval Europe, 300-1000*. Palgrave Macmillan, third edition, 2010.

Comnena, Anna: *The Alexiad*. E.R.A. Sewter (trans.). Baltimore, Penguin 1969.

Cresques, Abraham: *The Catalan Atlas of the Year 1375*. Georges Grosjean (ed.). Dietikon-Zurich, Urs Graf Publishing Company 1978.

Derolez, Albert: *The Autograph Manuscript of the Liber Floridus, A Key to the Encyclopedia of Lambert of Saint-Omer*. Firenze, Brepols 1998.

Eastwood, Bruce S.: Ordering *the Heavens – Roman Astronomy and Cosmology in the Carolingian Renaissance*. Koninklije Brill, Leiden 2007.

Edson, Evelyn: *Mapping Time and Space: How Medieval Mapmakers Viewed Their World*. The British Library Studies in Map History, V.1., 1999.

–: "Reving the crusade: Sanudo's schemes and Vesconte's maps". In Eastward Bound: *Travel and Travellers, 1050–1550*. Rosamund Allen (ed.), 2004.

--: *The World Map, 1300–1492, The Persistence of Tradition and Transformation*. Baltimore, The John Hopkins University Press 2007.

Edson, Evelyn & Savage-Smith, Emilie: *Medieval Views of the Cosmos*. Bodleian Library. University of Oxford 2004.

Ekblom, Richard: "Les noms de lieu baltiques chez Idrs". In *Annales Academiae Scientiarum Fennicae*. Helsinki 1932.

Gautier Dalché, Patrick: *Carte marine et portulan au XIIe siècle: le "Liber de existencia riveriarum et forma maris nostri Mediterranei"*. Rome, École française de Rome, Boccard 1995.

George, Wilma B.: *Animals and Maps*. Berkeley, University of California Press 1969.Harley, J. B. & David Woodward (ed.): *The History of Cartography*. Volume 1: Cartography in Prehistoric,

Ancient, and Medieval Europe and the Mediterranean. Chicago & London, The University of Chicago Press 1987.

Harvey, P. D. A.: *Medieval Maps*. London, British Library 1991.

–: *The Hereford Word Map, Introduction*. London, The Folio Society 2010.

Henderson, John: *The Medieval World of Isidore of Seville: Truth from Words*. Cambridge, Cambridge University Press 2007.

Hiatt, Alfred: "The Map of Macrobius before 1100". In Imago Mundi, Vol 59, part 2, 2007.

–: *Terra Incognita: Mapping the Antipodes before 1600*. The British Library, London 2008.

Hoogvliet, Margriet: "The Mystery of the Makers. Did Nuns Make the Ebstorf Map". In *Mercator's World* 1/6. 1996, pp. 16–21.

Johnson, Donald S. & Nurminen, Juha. *The History of Navigation – Navigating the World's Oceans*. John Nurminen Foundation and Conway Maritime Press, Helsinki 2007.

Kimble, G. H. T.: *Geography in the Middle Ages*. Russell & Russell, N.Y. 1968.

Kivimäki, Arto & Tuomisto, Pekka: *Rooman keisarit*. Karisto 2000.

Kretschmer, Konrad: *Die italienischen Portolane des Mittelalters, etc. A reduced photographic reprint of the edition of 1909*. Hildesheim: G. Olms 1962.

Lindberg, David C.: *The Beginnings of Western Science*. The University Chicago Press, London 2007.

Macrobius: *Commentary on the Dream of Scipio*. Translated by William H. Stahl, New York, Columbia University Press 1952.

Mandeville, John: *Travels*. C. W. R. D. Mosley (ed.). Baltimore, Penguin 1983.

Masonen, Pekka: "Kultaa, kristittyjä ja koirankuonolaisia: Euroopan ja Afrikan kohtaamisia keskiajalla". *Historiallinen Aikakauskirja* 4/1999.

Markus, R. A.: *Gregory the Great and his World*. Cambridge University Press, Cambridge 1997.

McKitterick, Rosamond (ed.): *Atlas of the Medieval World*. Oxford University Press, New York 2004.

McKitterick, Rosamond: *Charlemagne, The Formation of a European identity*. Cambridge University Press, Cambridge 2008.

Mollat du Jourdin, Michel & de La Roncière, Monique: *Sea Charts of the Early Explorers 13th to 17th Century*. New York, Thames and Hudson 1984.

Morse, Victoria: "An Apologist for Papal Avignon: The Moralized Geography of Opicino de Canistris". In *The Cultures of Papal Avignon (1309-1378)*. Susan Noakes (ed.). Minneapolis: University of Minnesota Press 2007a.

--: "The Role of Maps in Later Medieval Society (12th-14th Centuries)." In *The History of Cartography*, vol. 3, The European Renaissance. David Woodward (ed.). Chicago: University of Chicago Press 2007b.

–: "Seeing and Believing: The Problem of Idolatry in the Thought of Opicino de Canistris." In *Orthodoxie, Christianisme, Histoire*. Susanna Elm, Eric Rebillard & Antonella Romano (ed.). Collection de l'Ecole Française de Rome, 270. Rome: Ecole Française de Rome 2000.

–: "The Vita mediocris: The Secular Priesthood in the Thought of Opicino de Canistris." In *Quaderni di storia religiosa 4*. 1997, pp. 257–282.

Newton, Arthur Percival: *Travel and Travellers of the Middle Ages*. New York, Barnes and Noble 1968.

Nordenskiöld, A. E.: *Facsimile Atlas to the Early History of Cartography*. Stockholm 1889. Reprint, New York, Dover 1973.

–: *Periplus. An Essay on the Early History of Charts and Sailing Directions*. Translated from Swedish by F. A. Bather. Stockholm, P. A. Norstedt & Söner 1897.

Ostrogorsky, George: *History of the Byzantine State*. Rutgers University Press 1969.

Parker, Philip (ed.): *The Great Trade Routes – A History of Cargoes and Commerce over Land and Sea*. Conway, London 2012.

Phillips, Jonathan: *The Crusades, 1095–1204*. Routledge, London 2014.

Polo, Marco: *The Travels*. Translated by Ronald Latham. Baltimore, Penguin 1958.

Pujades, Ramon: *Les Cartes Portolanes: la Representació Medieval d'una Mar Solcada, Institut Cartogràfic de Catalunya*. Barcelona 2007. Includes an abstract in English, pp. 403–522.

Sáenz-López Pérez, Sandra: *The Beatus Maps, The Revelation of the World in the Middle Ages*. Siloé, Burgos 2014.

Salomon, Richard Georg: "A Newly Discovered Manuscript of Opicinus de Canistris". In *Journal of the Warburg and Courtauld Institutes*. XVI, 1953.

Sanudo, Marino: *Liber secretorum fidelium crucis super Terrae Sanctae recuperatione et conservatione ... cuius auctor Marinus Sanutus dictus Torsellus. Hanoviae, Typis Wechelianis apud heredes Joannis Aubrii, 16ll.* Joshua Prawer (ed.). Toronto, University of Toronto Press 1972.

Sanudo, Marino (older, also called Torsello): *The Book of the Secrets of the Faithful of the Cross*. Translated by Peter Lock. Surrey, England: Ashgate 2011.

Scafi, Alessandro: *Mapping Paradise, A History of Heaven on Earth*. London, British Library 2006.

Scammell, G. V.: *The World Encompassed*. London, Methuen & Co. Ltd. 1981.

Talbert, Richard J. A. & Unger, Richard W. (ed.): *Cartography in Antiquity and the Middle Ages: Fresh Perspectives, New Methods*. Leiden/ Boston, Brill Academic Publishers 2008.

Tolmacheva, Marina: "The Medieval Arabic Geographers and the Beginnings of Modern Orientalism". In *International Journal of Middle East Studies* 27 (2), 1995.

Vesconte, Pietro: *Carte nautiche. Presentazione di Otto Mazal, studio introduttivo di Lelio Pagani. Bergamo*, Grafica Gutenberg 1977.

Westrem, Scott D.: *The Hereford World Map, A Transcription and Translation of Legends with Commentary*. The Folio Society, London 2010.

Whittington, Karl: *Body-Worlds: Opicinus de Canistris and the Medieval Cartographic Imagination*. PIMS (Studies and Texts, Book 186), 2014.

Williams, John: "Isidore, Orosius and Beatus Map". In *Imago Mundi*, Vol 49, Issue 1, 1997.

Wolf, Armin: "The Ebstorf Mappamundi and Gervase of Tilbury: The Controversy Revisited". In *Imago Mundi*, vol 64, Issue 1, 2012,

Woodward, David: "Medieval Mappaemundi", *The History of*

*Cartography*, vol. 1. J.B. Harley & David Woodward (ed.). Chicago, University of Chicago Press 1987.

第二章 过渡时期的世界地图——从遗忘中重新发现古代地理

Abulafia, David (ed.): *The Mediterranean in History*. Thames & Hudson Ltd., London 2003.

Abulafia, David: *The Discovery of Mankind – Atlantic Encounters in the Age of Columbus*. Yale University Press, New Haven and London 2008.

Bagrow, Leo: *History of Cartography*. Precedent Publishing, Inc., Chicago 1985.

Brotton, Jerry. *A History of the World in Twelve Maps*. Allen Lane, London 2012.

Buonocore, Marco: *Vedere i classici – l'illustrazione libraria dei testi antichi dall'età romana al tardo Medioevo*. Biblioteca Apostolica Vaticana, Città del Vaticano 1996.

Cattaneo, Angelo: *Fra Mauro's Mappa Mundi and Fifteenth-Century Venice*. Terrarum orbis. Brepols, Turnhout 2011.

Chrysochoou, Styliani, A.: *The Cartographical Tradition of Ptolemy's Geographike Hyphegesis in the Palaeologan Period and Renaissance* ( 13th-16th century); Ph. thesis at the University of London (Royal Holloway) 2010.

Clemens, Raymond: "Gregorio Dati's Sfera and Geographical Education in Fifteenth-Century Florence". *The Newberry Library Newsletter*. Illinois State University 2002.

Comnena, Anna: *The Alexiad*. Translated by E.R.A. Sewter. Penguin, Baltimore 1969.

Dati, Gregorio: *La Sfera*. The National Library of Finland, Helsinki, 15th century.

Dilke, O. A. W: "Cartography in the Byzantine Empire". In *The History of Cartography*, Volume 1. Harley, J. B. & David Woodward (ed.). The University of Chicago Press, Chicago & London 1987.

Edson, Evelyn: *The World Map, 1300–1492, The Persistence of Tradition and Transformation*. The John Hopkins University Press, Baltimore 2007.

Edson, Evelyn & Savage-Smith, Emilie: *Medieval Views of the Cosmos*. Bodleian Library. University of Oxford, Oxford 2004.

Fischer, Joseph: *Claudii Ptolemaei Geographiae codex Urbinas graecus 82* (Codices Vaticani Selecti, vol. 19). E. J. Brill, Leyden & Otto Harassowitz, Leipzig 1932.

Gautier Dalché, Patrick: "The Reception of Ptolemy's Geography (End of the Fourteenth to Beginning of the Sixteenth Century)". In *The History of Cartography*. Volume 3, Part 1. The University of Chicago Press, Chicago & London 2007.

Geus, Klaus: "Der lateinische Ptolemaios". In *Klaudios Ptolemaios Handbuch der Geographie*. Stückelberger, Alfred & Mittenhuber, Florian (ed.). Schwabe Verlag, Basel 2009.

Harley, J. B. & David Woodward (ed.): *The History of Cartography*. Volume 1: Cartography in Prehistoric, Ancient, and Medieval Europe and the Mediterranean. The University of Chicago Press, Chicago & London 1987.

Heikkilä, Tuomas: "Renessanssikauppiaan maailmankuva – Gregorio Datin La Sfera kansalliskirjastossa". *Helsingin Yliopiston kirjaston tiedotuslehti*, Helsinki 2/2006, pp. 6–14.

Hiatt, Alfred: *Terra Incognita – Mapping the Antipodes before 1600*. The British Library, London 2008.

Joutsivuo, Timo & Mikkeli, Heikki (ed.): *Renessanssin tiede*. Suomalaisen kirjallisuuden seura, Helsinki 2000.

Markkanen, Tapio: "Imago Mundi – karttojen laadinnan vaiheita". In *Terra Cognita – Maailma tulee tunnetuksi*. Helsingin yliopiston kirjasto, Helsinki 2000.

–: *Paratiisista katsoen – tähtitaivaan karttojen historiaa*. Ursan julkaisuja 117, Helsinki 2009.

Milanesi, Marica: "A Forgotten Ptolemy: Harley Codex 3686 in the British Library". In *Imago Mundi*, Volume 48. 1996, pp. 43–64.

Merisalo, Outi: *Manu Scripta. Länsimaisen kirjan historia keskiajalla (500-1500)*. Kampus kustannus, Jyväskylä 2003.

Mollat du Jourdin, Michel and de La Roncière, Monique: *Sea Charts of the Early Explorers 13th to 17th Century*. Thames and Hudson, New York 1984.

Nordenskiöld, A. E.: *Facsimile Atlas to the Early History of Cartography*. Stockholm 1889, Reprint, New York, Dover 1973.

–: *Periplus. An Essay on the Early History of Charts and Sailing Directions*. Translated from Swedish by F. A. Bather, P. A Norstedt & Söner, Stockholm 1897.

–: "Randtecknigar I gamla handskrifter af Datis la Sfera". *Ymer* 20, 1900.

Ostrogorsky, George (ed.): *History of the Byzantine State*. Rutgers University Press 1969.

Ptolemy, Claudios: *Ptolemy's "Geography": An Annotated Translation of the Theoretical Chapters*. Translated by Berggren, J. Lennard & Alexander Jones, Princeton University Press 2002.

Scammell, G. V.: *The World Encompassed*. Methuen & Co. Ltd., London 1981.

Stückelberger, Alfred & Mittenhuber, Florian (ed.): *Klaudios Ptolemaios Handbuch der Geographie*. Schwabe Verlag, Basel 2009.

Van Duzer, Chet: "Bring on the Monsters and Marvels: Non-Ptolemaic Legends on Manuscript Maps of Ptolemy's Geography". *Viator* 45, No. 2, 2014.

Van Duzer, Chet: "Benedetto Cotrugli's Lost mappamundi Found Three Times", *Imago Mundi*, Vol 65, Part 1, 2013.

Witt, Ronald G.: *In the Footsteps of the Ancients: The Origins of Humanism from Lovato to Bruni*. *Koninklijke Brill* NV, Leiden 2000.

Woodward, David: "Medival Mappaemundi". In *The History of Cartography*. Volume 1. Harley, J. B. & David Woodward (ed.). The University of Chicago Press, Chicago & London 1987.

Yamen, Basil S.: "Benedetto Cotrugli on bookkeeping (1458)", *Accounting, Bussiness & Financial History*, Vol 4, Issue 1, 1994.

Medieval Map Production: Parchment, Ink, and Quill

Jäntti, Yrjö A.: *Kirjapainotaidon historia*. WSOY, Porvoo-Helsinki, 1940.

Paavola, Arja-Leena: "Keskiajan kirjantekijät olivat myös kemistejä", *Kemia* 5, 2012.

Ancient Views on the Distribution of Lands and Seas Around the Globe

Kretschmer, K: *Die Entdeckung Amerikas in ihrer Bedeutung für die Geschichte des Weltbildes*. 1892.

Hybrid Maps – The World Map in Transition

Barber, Peter: "The Maps, Town-Views and Historical Prints in the Columbus Inventory" In *The Print Collection of Ferdinand Columbus (1488–1539): A Renaissance Collector in Seville*. Mark P. McDonald (ed.). London,British Museum Press 2004.

Harley, J. B. & David Woodward (ed.): *The History of Cartography*. Volume 1: Cartography in Prehistoric, Ancient, and Medieval Europe and the Mediterranean. Chicago & London, The University of Chicago Press 1987.

## 第三章 通向新世界——地图上的航行和印刷新世界

Abulafia, David (ed): *The Mediterranean in History*. Thames & Hudson Ltd., London 2003.

–: *The Discovery of Mankind*. Yale University Press, New Haven and London 2008.

Almagià, Roberto: "On the Cartographic Work of Francesco Roselli." In *Imago Mundi*, vol. 18–19, 1951–1952.

Axelson, Eric (ed.): *Dias and his Successors*. Saayman & Weber, Cape Town 1988.

Brotton, Jerry: *Trading Territories, Mapping the early modern world*. Reaktion Books Ltd, London 1997.

–: *A History of the World in twelve Maps*. Allen Lane, London 2012.

–: *Great Maps*. Dorling Kinderslay, London 2014.

Bräunlein, Peter J.: *Martin Behaim – Legende und Wirklichkeit eines berühmten Nürnbergers*. Bayerishe Verlagsanstalt GmbH, Bamberg 1992.

Campbell, Tony: *Early Maps*. Abbeville, New York 1981.

Columbus, Christopher (ed. J.M. Cohen): *The Four Voyages of Christopher Columbus*. Penguin Classics, London 1992.

Crone G. R.: *Maps and their Makers*. W&J Mackay Ltd., Chatham 1978.

Cumming W.P., Skelton R.A. & Quinn D.B.: *The Discovery of America*. Elek, London 1971.

Davies, Arthur: "Behaim, Martellus and Columbus". In *The Geographical Journal* 143(3), pp. 451–459, 1977.

Edson, Evelyn: *The World Map*, 1300–1492. The Johns Hopkins University Press, Baltimore 2007.

Eisenstein, Elizabeth: *The Printing Revolution in Early Modern Europe*. Cambridge University Press, Cambridge 1983.

Fernández-Armesto, Felipe: "Maps and Exploration in Sixteenth and Seventeenth Centuries". In *The History of Cartography*, Vol III, Part 1. David Woodward (ed.). The University of Chicago Press, Chicago & London 2007.

Gaspar, Joaquim Alves: "De la Mêditerranée à l'Océan : nouveaux problémes, nouvelles solutions". In *L'âge d'or des cartes Marines*. Bibliothèque national de France, Seuil 2012.

Ghillany, Friedrich Wilhelm. *Geschichte des seefahrers ritter Martin Behaim nach den ältesten vorhandenen urkunden*. Bauer and Raspe, J. Merz, Nürnberg 1858.

Hage, Ruschika February: "The Island Book of Henricus Martellus", In *Portolan* 56, pp. 7–23, 2003.

Hessler, John W.: *The Naming of America: Martin Waldseemuller's 1507 World Map and the Cosmographiae Introductio*. Giles (in association with the Library of Congress) 2008.

Karrow, Robert: "Centers of Map Publishing in Europe, 1472–1600" In *The History of Cartography*, vol. 3, part 1. J. B. Harley & David Woodward (ed.). University of Chicago Press, Chicago & London 2007.

Keen, Benjamin (trans. & ed.): *The Life of the Admiral Christopher Columbus: by his Son Ferdinand*. Rutgers University Press 1992.

Lester, Toby: *The Fourth part of the World*. Profile Books, London 2009.

Massing, Michel: "Early European Images of America: The Ethnographic Approach". In *Circa 1492, Art in the Age of Exploration*. Jay A Levenson (ed.) Yale University Press, New Haven and London 1991.

Marques, Alfredo Pinheiro (a): "Nautical cartography on portolan-charts in the Late Middle Ages, and the contribution made by Portuguese cartography (15th–16th centuries)". In *Atlas Miller* (facsimile, pp. 57–102), Mónica Miró (ed.). M. Moleiro, Barcelona 2006.

Marques, Alfredo Pinheiro (b): "The outsatanding artistic value of the Atlas Miller, a masterpiece by Lopo Homem, Pedro Reinel, Jorge reinel and António de Holanda". In *Atlas Miller* (facsimile, pp. 139–216), Mónica Miró (ed.). M. Moleiro, Barcelona 2006.

Mollat du Jourdin, Michel & de La Roncière, Monique (ed.): *Sea Chartes of the Early Explorers*. Thames and Hudson, New York 1984.

Nebenzahl, Kenneth: *Maps from the Age of Discovery – Columbus to Mercator*. Thimes Books Ltd. London 1990.

Newitt, Malyn: *A History of Portugese Overseas Expansion, 1400–1668*. Routledge, London and New York 2005.

Nordenskiöld, A. E.: *Facsimile-Atlas to The Early History of Cartography*. Dover Publications, Toronto 1973.

Piri Reis: *Kitabi-I Bahriye* (ed. Ertuğrul Zekâi Ökte), facsimile. The Historical Research Foundation, Istanbul Research Center 1988.

Portuondo, María M.: *Secret Science, Spanish Cosmography and the New World*. The University of Chicago Press, Chicago and London 2009.

Provost, Foster: *Columbus: An Annotated Guide to the Scholarship on His Life and Writings, 1750 to 1988*. John Carter Brown Library & Omnigraphics, Detroit 1991.

Ptolemaeus, Claudius: *Cosmographia*, Bologna 1477 (facsimile), foreword by R.A. Skelton. N. Israel Publisher, Amsterdam 1963.

Richardson, William A. R.: "South America on Maps before Columbus? Martellus's Dragon's Tail Peninsula". In *Imago Mundi* 55, pp. 25–37, 2003.

Roberts, Sean: *Printing A Mediterranean World*. Harvard University press, Cambridge, Massachusetts & London 2013.

Sandman, Alison: "Spanish nautical cartography in the Renaissance". In *The History of Cartography*, Vol III, Part 1. David Woodward (ed.). The University of Chicago Press, Chicago & London 2007.

Schwartz, Seymour I.: *Puttin "America" on the Map*. Prometheus Books, New York 2007.

Shirley, Rodney W.: The Mapping of the World, Early Printed World maps 1472–1700. New Holland Ltd, London 1993.

Silió Cervera, Fernando: "Juan de la Cosa. El Padrón real y la imagen de América". In *Marinos Cartógrafos Españoles*. Prosegur, Madrid 2002.

Skelton, R.A.: "Bibliographical Note". In *Cosmographia*, Bologna 1477 (facsimile), Claudius Ptolemaeus. N. Israel Publisher, Amsterdam 1963.

Soucek, Svat: "Islamic Charting in the Mediterranean". In *The History of Cartography*, Vol II, Book 1. J. B. Harley and David Woodward (ed.). The University of Chicago Press, Chicago & London 1992.

Thomaz, Luís Filipe F. R. (a): "The Atlas Miller and the ideology of Manueline imperialism". In *Atlas Miller* (facsimile, pp. 219–253). Mônica Miró (ed.). M. Moleiro, Barcelona 2006.

Thomaz, Luís Filipe F. R. (b): "The Regional Charts: Shered Features". In *Atlas Miller* (facsimile, pp. 257–263), Mônica Miró (ed.). M. Moleiro, Barcelona 2006.

Treen, Maria de Freitas (ed. Jon P. Speller): *The admiral and his lady: Columbus and Filipa of Portugal*. Robert Speller & Sons 1989.

Unger, Richart W.: *Ships on Maps; Pictures of Power in Renaissance Europe*. Palgrave Macmillan, New York 2010.

Vietor, Alexander O.: "A Pre-Columbian map of the world, circa 1489". In *Yale University Library Gazette* 37 (no. 1), 1963.

Whitfield, Peter: *New Found Lands*. Routledge, New York 1998.

Willers, Johannes: "Die Geschichte des Behaim-Globus". In *Focus Behaim Globus*, Teil1: Aufsätze, Nürnberg 1992.

Zandvliet, Kees: *Mapping for Money*. Batavia Lion International, Amsterdam 1998.

## 第四章 世界地图进入专注时代——科学工匠测量世界

Apianus, Petrus: *Cosmographie...M.D.XLV*. Antwerpen 1545.

Bagrow, Leo: *History of Cartography*. R.A. Skeltons renewed edition. Precedent Publishing, Chicago 1985.

Barber, Peter & Harper, Tom: *Magnificent maps – Power, Propaganda and Art*. The British Library, London 2010.

Binder, Christa & Kretschmer, Ingrid: "La projection mercatorienne". In *Gérard Mercator Cosmograhe – le temps et l'espace*. Fonds Mercator Paribas, Antwerpen 1994.

Binding, Paul: *Imagined Corners – Exploring the World's First Atlas*. Review, London 2003.

Brotton, Jerry: *Trading Territories – Mapping the Early Modern World*. Reaktion Books, London 1997.

–: *A History of the World in Twelve Maps*. Penguin Group, London 2012.

Carlton, Genevieve: "Making an Impression: The Display of Maps in Sixteenth-Century Venetian Homes". In *Imago Mundi*, Vol. 64, Issue 1, 2012.

Cosgrove, Denis: "Mapping New Worlds: Culture and Cartography in Sixteenth-Century Venice". In *Imago Mundi*, Vol. 41, 1992.

Crane, Nicholas: *Mercator, The man who mapped the planet*. Phoenix, London 2002.

Crone, G. R.: "A manuscript atlas by Battista Agnese in the Society's Collection". In *The Geographical Journal*, Vol. 108, 1947.

Dackerman, Susan (ed.): *Prints and the Pursuit of Knowledge in Early Modern Europe*. Harvard Art Museums, Cambridge, Massachusetts 2011.

Dekker, Elly: "Globes in Renaissance Europe". In *The History of Cartography*, Volume 3, Part 1. David Woodward (ed.). The University of Chicago Press, Chicago & London 2007.

Di Robilant, Andrea: Venetian Navigators – *The Mystery of the Voyages of the Zen Brothers*. Farber & Farber, London 2012.

Fiorani, Francesca: *The Marvel of Maps, Art, Cartography and Politics in Renaissance Italy*. Yale University Press, New Haven and London 2005.

Hill Boone, Elizabeth: "This new world now revealed: Hernán Cortés and the presentation of Mexico to Europe". In *World & Image*, vol. 27, no. 1 (pp. 31– 46) 2011.

Johnson, Donald S. & Nurminen, Juha: *The History of Seafaring – Navigating the World's Oceans*. John Nurminen Foundation, Helsinki 2007.

Karrow, Robert W.: *Mapmakers of the Sixteenth Century and Their Maps*. Speculum Orbis Press, Chicago 1993.

Kretschmer, Konrad: "Die Atlanten des Battista Agnese". In *Zeitschrift der Gesellschaft für Erdkunde zu Berlin*, vol 31, 1896.

Lainema, Matti & Nurminen, Juha: *Ultima Thule – Arctic Explorations*. John Nurminen Foundation and WSOY, Helsinki 2001.

Lestringant, Frank: "Présentation": *Cosmographie Universelle par Guillaume Le Testu*. Arthaud, Paris 2012.

Levenson Jay A.: Circa 1492 – Art in the Age of Exploration. Yale University Press, New Haven and London 1991.

Lindgern, Uta: "Mesures de l'espace et du temps". In *Gérard Mercator Cosmograhe – le temps et l'espace*. Fonds Mercator Paribas, Antwerpen 1994.

Marr, Alexander (ed.): *The World of Oronce Fine – Mathematics, Instruments and Print in Renaissance France*. Shaun Tyas, Donington 2009.

McLean, Matthew: *The Cosmographia of Sebastian Münter*. Ashgate, Cornwall 2007.

Mercator, Rumold: *Gerardi Mercatoris Atlas Sive Cosmographicae Meditationes...An. D. 1630*. Amsterdam 1630.

Münster, Sebastian: *Geographia universalis, vetus et nova... Claudii Ptolemaei Alexandrini... Basiliae Apud Henricum Petrum MDXL*. Basel, 1540.

–: *Cosmographen... M.D.LXXXVIII*. Basel, 1588.

North, John David: *The Ambassadors' Secret: Holbein and the World of the Renaissance*. Hambledon and London 2004.

Nordenskiöld, A. E.: *Facsimile-Atlas to The Early History of Cartography with Reproduction of the Most Important Maps Printed in the XV and XVI Centuries*. Dover Publications, Toronto, (1889) 1973.

Ortelius, Abraham: *Theatre De L'univers...Abraham Ortelius... M.D.LXXVII*. Antwerpen, 1587.

Reinharz, Dennis: "The Dieppe school and its maps in their time". In *Vallard Atlas Facsimile Commentary volume*. M. Moleiro, Barcelona 2010.

Rosen, Edward: "The First Map to Show the Earth in Rotation". In *Copernicus and His Successors*. The Hambledon Press, London 1995.

Ruscelli, Girolamo: *La Geografia de Claudio Tolemeo... Nuovamente tradotto di Greco in Italiana da Girolamo Ruscelli... In Venetica... Vincenzo Valgrisi, MDLXI*. Venice, 1561.

Shirley, Rodnay W.: *The Mapping of the World, Early Printed World maps 1472–1700*. New Holland Ltd, London 1993.

Stevenson, Edward Luther: *Terrestrial and Celestial Globes I–II*. The Hispanic Society of America & Yale University Press, New York &

London 1971.

Toulouse, Sarah: "Le hydrographes normands". In *L'âge D'or des cartes marines*. Catherine Hofmann, Hélène Richard, Emmanuelle Vagon (ed.), Seuil/Bibliothèque nationale de France 2012.

Van den Broecke, Marcel: *Ortelius Atlas Maps, An illustrated guide*. 2nd renewed edition, HES publishers 2011.

Wagner, Henry R.: *The manuscript atlases of Battista Agnese*. Bibliographical Society of America 1931.

Watson, Ruth: "Cordiform Maps since the Sixteenth Century: The Legacy of Nineteenth-Century Classificatory Systems". In *Imago Mundi*, Vol. 60, Part 2, 2008.

Woodward, David: "The Italian map Trade, 1480–1650". *The History of Cartography*, Vol. 3, Part 1, David Woodward (ed.). The University of Chicago Press, Chicago & London 2007.

Renaissance Maps were Engraved in Wood and Copper

Malme, Heikki: *Grafiikka: tekniikkaa ja taidetta*. Helsinki, Ateneumin taidemuseo 2002.

第五章 被包围的世界——海上贸易的兴起与地图出版商

Barber, Peter: "The Christian Knight, the Most Christian King and the rulers of darkness". In *The Map Collector*, 52 (pp. 8–13), 1990.

Barber, Peter & Harper, Tom: *Magnificent Maps – Power, Propaganda and Art*. The British Library, London 2010.

Bennett, S. K.: "Drawings by Maerten de Vos. Designs to ornament an Ortelius map". In *The Hoogsteder Mercury* 11 (pp. 4–13), 1990.

Brotton, Jerry: *A History of the World in Twelve Maps*. Allen Lane, London 2012.

Burden, Philip D.: *Mapping of North America, A list of printed maps 1511–1670*. Raleigh Publications 1996.

Dackerman, Susan (ed.): *Prints and the Pursuit of Knowledge in Early Modern Europe*. Harvard Art Museums, Cambridge, Massachusetts 2011.

De Vries, Dirk & Günter Schilder, Willem Mörzer Bruyns et al.: *The Van Keulen Cartography Amsterdam 1680–1885*. The Van Keulen Cartography Research Project 2005.

Israel, Jonathan I.: *Dutch Republic – Its Rise, Greatness, and Fall 1477–1806*. Oxford University Press, Oxford and New York 1998.

Kelsey, Harry: *Sir Francis Drake, the Queen's Pirate New Haven*. Yale University Press, Connecticut 1998.

Keuning, J.: *Petrus Plancius: theoloog en geograaf 1552-1622*. Amsterdam, Van Kampen 1946.

Keuning, J. and Donkersloot-de Vrij, M.: *Willem Jansz. Blaeu. A biography and history of his work as cartographer and publisher*. Amsterdam, Theatrum Orbis Terrarum 1971.

Koeman, C.: *Joan Blaeu and his Grand Atlas*. (Foreword in facsimile). Amsterdam, Theatrum Orbis Terrarum Ltd. 1970.

Koeman, Cornelis & Günter Schilder, Marco van Egmond, Peter van der Krogt: "Comercial Cartography and map Production in the Low Countries, 1500 - ca. 1672". In *The History of Cartography*, Vol. 3, Part 2. The University of Chicago Press, Chicago & London 2007.

McCrory, Donald P.: *No Ordinary Man: The Life and Times of Miguel de Cervantes*. Dover Publications 2005.

Margócsy, Dániel: *Commercial Visions: Science, Trade, and Visual Culture in the Dutch Golden Age*. University of Chicago Press, Chicago and London 2014.

Parr,McKew, Charles: *Jan van Linschoten – The Duch Marco Polo*. Thomas Y. Crowell Company, New York 1964.

Price, J.L.: *Dutch Culture in the Golden Age*. Reaktion Books Ltd., London 2011.

Schilder, Günter: *Three world maps by Francois van den Hoeye of 1661, Willem Janszoon (Blaeu) of 1607, Claes Janszoon Visscher of 1650*. Amsterdam, Nico Israel 1981.

Schilder, Günter: *Monumenta Cartographica Neerlandica*, Vol. IV. Alphen aan den Rijn, Canaletto 1993.

–: *Monumenta Cartographica Neerlandica*, Vol. IV. Alphen aan den Rijn 1997.

–: *Monumenta Cartographica Neerlandica*, vol. VI. Uitgeverij Canaletto/ Repro-Holland, Alphen aan den Rijn 2000.

–: *Monumenta Cartographica Neerlandica*, vol. VII. Uitgeverij Canaletto/ Repro-Holland, Alphen aan den Rijn 2003.

–: *Monumenta Cartographica Neerlandica*, vol. VIII. Uitgeverij Canaletto/ Repro-Holland, Alphen aan den Rijn 2007.

–: *Monumenta Cartographica Neerlandica*, General Index of Volumes I-IX. Hes & de Graaf, Amsterdam 2013.

Schilder, Günter & Kok, Hans: *Sailing for the East, History & Catalogue of Manuscript Charts on vellum of the Dutch East India Company (VOC) 1602–1799*. Hes & de Graaf, Houten 2010.

Shirley, Rodney W.: *The mapping of the World – Early Printed World Maps 1472–1700*. New Holland Ltd, London 1993.

Stevenson, Edward Luther: *Willem Janszoon Blaeu (1571–1638): A Sketch of His Life and Work*. Bibliolife Reproduction Series 2014 (1914).

Van der Krogt, Peter: *Globi Neerlandici. The production of globes in the Low Countries*. Utrecht, HES Publishers 1993.

–: *Koeman's Atlantes Neerlandici*. New Edition. Volume II. The Folio Atlases Published by Willem Jansz. Blaeu and Joan Blaeu. 't Goy-Houten, HES Publishers 2000.

–: *Atlas Maior of 1665*. (Foreword and text) Peter van der Krogt. Köln, Taschen 2005.

–: *Monumenta Cartographica Neerlandica*, General Index of Volumes I–IX. Hes & de Graaf, Amsterdam 2013.

Wieder, F.C.: *Monumenta Cartographica: reproductions of unique and rare maps, plans and views in the actual size of the originals; accompanied by cartographical monographs*. 5 volumes. The Hague, Martinus Nijhoff 1925–1933.

Zandvliet, Kees: *Mapping for Money*. Batavian Lion International, Amsterdam 1998.

The World Map as Sphere

Sumira, Sylvia: *Globes – 400 Years of Exploration*, Navigation, and Power. Chicago, The University of Chicago Press 2014.

后记 18—19 世纪地图领域的科学、技术和探索

Andrewes, William J.H. (ed.): *The Quest for Longitude: the Proceedings of the Longitude Symposium*. Harvard University, Cambridge 1998.

Barber, Peter & Harper, Tom: *Magnificent Maps – Power, Propaganda and*

*Art*. The British Library, London 2010.

Brotton, Jerry: *Trading Territories, Mapping the early modern world*. Reaktion Books Ltd, London 1997.

–: *A History of the World in twelve Maps*. Allen Lane, London 2012.

–: *Great Maps*. Dorling Kinderslay, London 2014.

Brown, Lloyd A. *The Story of Maps*. Dover Publications, Inc. New York 1979.

Dampier, William: *A Collection of voyages*, Vol I-IV. London, 1729

Grönroos, Maria & Christian Palsamäki (ed.) *Juha Nurminen Collection of World Maps*. John Nurminen Foundation 2013.

Heffernan, Michael: "A Paper City: On History, Maps, and Map Collections in 18th and 19th Century Paris". In *Imago Mundi*, Vol 66 (Supplement 1) 2014.

Johnson, Donald S. & Juha Nurminen: *The History of Seafaring – Navigating the World's Oceans*. John Nurminen Foundation, Helsinki 2007.

Lainema, Matti & Juha Nurminen: *Ultima Thule – Arctic Explorations*. John Nurminen Foundation and WSOY, Helsinki 2001.

Petto, Christine M.: "From L'État, c'est moi to L'État, c'est l'État: Mapping in Early Modern France". *Cartographica*, vol 40, issue 3 2007.

Preston, Diana & Michael Preston: *A Pirate of Exquisite Mind: Explorer, Naturalist, and Buccaneer*: The Life of William Dampier. Walker & Company 2005.

Shirley, Rodney W.: *The mapping of the World – Early Printed World Maps 1472–1700*. New Holland Ltd, London 1993.

Thrower, Norman J. W.: "Edmond Halley as a thematic geo-cartographer". In *Annals of the Association of American Geographers*, Volume 59, Issue 4, 1969.

# *Picture list*
# 图片列表

49 Teaching astronomy. 1500s. © University Library Istanbul / Muslim Heritage Consulting. MS 1418.

49 Harīrī al-Başrī, al-Qāsim ibn Alī al – Yahya ben Mahmud al-Wasiti. Arabian pilgrim, *Maqamat-al-Hariri*. 1237. BnF. MS Arabe 5847, f. 51.

50–51 Hereford *mappa mundi* (replica). Early 1200s (2009). 165 × 135 cm. The Hereford Mappa Mundi Trust and the Dean and Chapter of Hereford Cathedral.

52 Ebstorf *mappa mundi* (replica). c. 1300 (2007). 350 × 350 cm. Leuphana University.

53, 54 World map, *Psalter*. 1262-1300. Ø 9.5 cm. BL. Add.MS 28681, f. 9r.

56 Illustrations, Roman d'Alexandre en prose. 1444-1445. BL. Royal MS 15 E VI, f. 20v

57 Ships at the Indian Ocean, Marco Polo: Le Livre des merveilles. c. 1410-1410. BnF. MS Français 2810, f. 188v.

58–59 "Carta Pisana". c. 1275-1300. 48 × 103 cm.BnF. Res. Ge. B1118.

59 Merchant's Commonplace Book. 1350-1400. BRB. MS 327, ff. 16v-17r.

60–61 Angelino Dulcert. Detail from the Portolan chart. 1339. 75 × 102 cm. BnF. GE B 696 (RES).

60 Battista Agnese. Compass, *Portolan atlas* (replika). 1546, Venice, (1993, Graz). The National
Library of Russia, Saint Petersburg / JNY.

62 Compass Rose from *Cantino planisphere*. 1502. Biblioteca Estense Universitaria diModena.

63 Pietro Vesconte. Chart of the Black Sea. 1318, Venice. Fondazioni Musei Civici Venezia, 2015 © Photo Archive. Port. 28, table II.

64 Andrea Benincasa. Portolan chart of the western Mediterranean Sea. 1500s. Bibliothèque de Genève. MS lat. 81.

66–68 Macià de Viladesters. Portolan chart. 1413. 84.5 × 118 cm. BnF. GE AA 566 (RES).

70–71 Abraham Cresques. World map, *Atles Catalá*. 1375. BnF. Espagnol 30, planches III-VI.

72 Rachid al-Din Fazl-ollâh Hamadâni – Sayf al-Dîn Naqqâsh Esfahânî Vâhedî. The Siege of Bagdad 1258. 1430-1434. BnF. MS Sup. Pers.1113. ff.180v-181.

73 Illustration, Marco Polo: *Li Livres du Graunt Caam*. 1400s. Bodleian Library, University of Oxford. MS Bodl. 264, f. 218r.

74 William of Tyre. A Detail, *Histoire d'Outremer*, Vol. XI. 1232-1261. BL. Yates Thompson 12, f. 58v.

75 Jean Colombe – Sébastien Mamerot. Illustration, *Les Passages d'outremer faits parles Français contre les Turcs*... 1474-1475. BnF. FRANÇAIS 5594, f. 211.

77 Pietro Vesconte – Marino Sanudo. *Mappa mundi, Secreta Fidelium Crucism*. 1320. Ø 35 cm. BAV. MSPal. Lat. 1362 A.

第二章 过渡时期的世界地图——从遗忘中重新发现古代地理

82, 124 Gregorio Dati. The Cosmographic model, *La Sfera-Cosmographia*. 1400s. KK. N. Mscr. 1.

84 A Mosaic. Chora church museum / Godong/UIG / BI.

85 Claudios Ptolemy. World map. Late 1400s. 31 × 43.5 cm. BL. MS Burney 111, ff. 105v-106r.

86 Illustration, *Cosmographia*. BnF. GREC 1401, f. 2.

87 Guiart des Moulins. A Detail, *Bible historiale* (vol.1). 1403–1404, Paris. BL. Harley 4381, f. 3

88–89 Claudios Ptolemy. World map. Early 1300s. 27 × 37 cm. BL. Add. MS 19391, f. 17v-18.

89 Sebastian Münster. Map projections of Ptolemy, *Cosmographen*.... 1588, Basel. JNY.

90–91 Hartmann Schedel. Florencia, *Liber chronicarum*. 1493, Nuremberg. Bayerische Staatsbibliothek München. Rar. 287, f. LXXXVIv-LXXXVIIr.

92 Paolo Uccello. Manuel Chrysoloras. 1400s. Musée du Louvre, Paris / bpk / RMN - Grand Palais / Thierry Le Mage.

93 Apollonio di Giovanni. Coluccio Salutatati. 1400s. De Agostini Picture Library / G. B. Pineider / BI.

94 Hartmann Schedel. Constancia, *Liber chronicarum*. 1493, Nuremberg. Bayerische Staatsbibliothek München. Rar. 287, f. CCXLv-CCXLIr.

94 Vincent de Beauvais. Miniature illustration, *Le miroir historial*. 1479–1480. Royal 14 E. I, vol1. f. 3r.

95 Claudius Clavus. Map of Scandinavia. 1427, Rome. 14.8 × 21.5 cm. Bibliotheque municipale de Nancy. Nancy codex.

96 Guillaume Fillastre. World map, Pomponius Mela: De Situ Orbis. 1471, Milan. 16 × 21.8 cm. BibliothequeMunicipale, Reims, France / BI. MS 1321, f.12.

97 Heinrich Seuse. Miniature illustration, *Miniature de Horologium*. 1450. Bibliothèque Royale Alberte 1er, Bruxelles. MS Bruxelles B.R.IV., f. 130.

98–99 Claudios Ptolemy. World map, *Cosmographie*. 26.5 × 14.5 cm. BnF. Parisinus Latinus 10764, ff. 234v-235.

100–101 Claudios Ptolemy. World map. 1466. 31.5 × 43 cm. BAV. Vat.lat.3811, ff. 1v-2.

102 Benozzo di Lese di Sandro Gozzoli. A detail from the Cappella dei Magi. 1460s. Palazzo
Medici-Riccardi, Florence, Italy / BI.

103 Claudios Ptolemy. A Detail from the World map. 1468. BAV. Urb.lat.274, ff. 74-75.

104 A Detail, *Biblia Latina* (Hamburg Bible). 1255. Det Kongelige Bibliotek, Copenhagen. MS, 4 2o, f. 183v.

104 James le Palmer. A Detail, *Omne bonum*. c.1360–1375. BL. MS Royal 6 E. VI, f. 329.

105 Fricz Egen. A Tanner and parchmenter, *Mendel I Hausbüch*. 1473, Nuremberg. Stadt Nürnberg - Stadtbibliothek im Bildungscampus Nürnberg. Amb. 317.2°, f. 34v & 92r.

105 Saint Ambrose. Process of Book production, *Opera varia*. 1150. Staatsbibliothek Bamberg. MS Patr. 5, f. 1v.

107 Andrea Bianco. The Theory of navigation, *Atlante nautico*. 1436. Biblioteca nazionale Marciana, Venice. MS It. Z, 76, tav.1.

108, 109 Andrea Bianco. Mappa mundi, *Atlante nautico*. 1436. 26 × 38 cm. Biblioteca nazionale Marciana,Venice. MS It. Z, 76, tav. 9.

110 Diagrams, Fridtjof Nansen: *In Northern Mists*. 1911, London. JNY.

111 Jacopo de' Barbari. Fra Luca de Pacioli. Museo e Gallerie Nazionale di Capodimonte, Naples / BI.

112–114 Fra Mauro. World map. c.1447. 239 × 229 cm. Biblioteca nazionale Marciana, Venice

116–117 The Borgia world map. c. 1430. Ø 63 cm. BAV. MS Borg. lat. XVI.

118 The Modena world map. c. 1450. Ø 113 cm. Biblioteca Estense universitaria, Modena. Su concessione del Ministero dei Beni e delle Attività Culturali e del turismo. C.G.A.1.

119 The Giovanni Leardo map. 1452/1453. 73 × 60 cm. American Geographical Society Library, Universityof Wisconsin-Milwaukee Libraries.

120–121 The Genoese map. 1457. 42 × 81 cm. Ministero per i Beni e le Attivitata Culturali della RepubblicaItaliana. Biblioteca nazionale centrale, Florence. Portolano 1.

122 Gregorio Dati. Illustrations, *La Sfera*. 1400s. The New York Public Library. MA 110.

125 Gregorio Dati. World map, *La Sfera-Cosmographia*. 1400s. KK. N. Mscr. 1.

126–127 Gregorio Dati. Illustrations, *La Sfera-Cosmographia*. 1400s. KK. N. Mscr. 1.

128 Christoforo Buondelmonti. World map, *Liber insularum archipelagi*. c. 1470. Staatsbibliothek zu Berlin-Preussischer Kulturbesitz, Berlin. MS Hamilton 108, f. 81r.

129 Christoforo Buondelmonti. Map of Constantinople, Liber insularum archipelagi. BnF. GE FF 9351 (RES), f. 37.

130 Benedetto Cotrugli. The Cosmographic diagram, *L'arte del navegare*. 1644–1465. 21 × 13.5 cm. Florida, Lawrence J. Schoenberg Collection Philadelphia, University of Pennsylvania, Rare Book & Manuscript Library. MS LJS 473, f. 8r.

第三章 通向新世界——地图上的航行和印刷新世界

132 The Cabral Armada, Livro das Armadas. 1500s. Academia das Ciencias de Lisboa / BI.

134–136 Lopo Homem. The Map of Northern Atlantic, *Atlas Miller*. 1519. 61 × 118 cm. BnF. GE AA 640 (RES), f. 6.

137 Market square in Bologna, *Codex Marticola dei Mercant*. 1470s. Museo Civico / SA.

138 Claudios Ptolemy. World map. 1477, Bologna. 35 × 53 cm. JNY.

139 Claudios Ptolemy. World map. 1478, Rome. 32 × 54 cm. JNY.

140–141 Jost Amman – Verleger Holzschneider Feyerabend. Illustrations, *Das Ständebuch*. 1568. Sächsische Landesbibliothek - Staats- und Universitätsbibliothek Dresden / Deutsche Fotothek.

142 Claudios Ptolemy. "Insculptum est Iohane Schnitzer de Armszheim". 1482 (1486), Ulm.40 × 57 cm. JNY.

143 Hartman Schedel. "Secunda etas mundi". 1493, Nuremberg.37 × 52 cm. JNY.

144–145 Drawing of Lisbon. 1500s. Universiteitsbibliotheek Leiden.

146 Henricus Martellus. World map. 1489, Florence. 47 × 30 cm. BL. Add. 15760, ff.68v-69.

147 Antonio Fracanzano de Montalboddo. The Map of Africa, *Itinerarium portugallensium*. 1508. Sotheby's.

148–149 Francesco Rosselli. World map. 1508, Florence. 18 × 33.5 cm. NMM.

150 William Parron. The Astrological calendar, *Liber de optimo fato Henrici Eboraci ducis et optimorumipsius parentum*. c. 1502–1503. 19 × 13 cm. BL. Royal 12 B. VI, f. 1.

152 Martin Behaim. "Erdapfel" (replica). 1492 (1999). Ø 50.7 cm. JNS.

153 Ridolfo Ghirlandaio. *The Portrait of Christopher Columbus*. Galata Museo de Mare, Genoa.

153 The Columbus letter, Epistola de insulis nuper inventis. 1493, Basel. John Carter Brown
Library, Brown University.

154–156 *Cantino planisphere*. 1502. 105 x 220 cm. Biblioteca Estense, Modena.

158–159 Juan de la Cosa. World map. 1500. 96 × 183 cm. Museo Naval, Madrid.

160–161 Johannes Ruysch. "Universalior Cogniti Orbis Tabula Ex Recentibus Confecta Observationibus", *Ic Hoc Operae Haec ContineturGeographia Cl. Ptholemei...* 1507, Rome. 39 × 54 cm. KK.

162 Matthias Ringmann – Martin

Waldseemüller. A Diagram of the Earth, *Cosmographieintroductio*. 1507, St.Dié. Daniel Crouch Rare Books LLP.

163–165 Martin Waldseemüller. "Universalis Cosmographia Secundum Ptholomaei Traditionem et Americi Vespucii Alioru[m] que Lustrationes"". 1507, St.Dié. 132 × 236 cm. LOC, Geography and Map Division.

166 Théodor de Bry. Native inhabitants of Brazil, Grand voyages, vol III. Kunstbibliothek, Staatliche Museen zu Berlin / bpk.

166 Vasco Fernández. *Adoration of the Magi*. 1504. Museu Nacional de Arte Antiga, Lisbon / SA.

167 Bernard Sylvanus. World map. 1511, Venice. 27 × 56.5 cm. JNY.

168 Piri Reis. A part of the World map. 1513. 90 × 63 cm. Topkapi Sarayi Müzesi, Istanbul.

169 Nasuh (Matraki) Al-Silahi. The Ottoman fleet at Marseille in 1543. 1500s. Topkapi Sarayi Müzesi, Istanbul / BI.

171 Lopo Homem. Maps of Northern Europe and Indian Ocean, *Atlas Miller*. 1519. 41.5 × 59 cm. BnF. GE AA 640 (RES), f. 2 & f. 3.

172–173 Lopo Homem. Mappa mundi, *Atlas Miller*. 1519. Ø 33 cm. BnF. GE AA 640 (RES), f. 1.

174 Francisco de Holanda. The biblical creation story, *De Aetatibus Mundi Imagines*. 1545. BNE.

175 Abraham Ortelius. A detail from the map "Maris Pacifici". 1587, Antwerpen. JNY.

177 Alonso Sanchez Coello. Sevilla. c. 1590. Museo de America, Madrid / Index / BI.

178–179 Diogo Ribeiro. World map. 1529. 85 × 205 cm. BAV. Borg. Carte.naut.III. f. 1r.

180 After James Herringin mukaan. *The Portrait of Sebastian Cabot*. 1800s. © Bristol Museumand Art Gallery / BI.

181–183 Sebastian Cabot. World map. 1544, Antwerpen. 124 x 216 cm. BnF. GE AA 582 (RES).

184–185 Pedro de Medina. World map, *Suma de cosmographia...* 1500s. 35 × 28 cm. BNE. RES 215, pag. 2-3.

185 Pedro de Medina. Cross staff, *Regimiento de nauegaciõ...* 1563, Sevilla. BRB. Taylor 132, f.15. v.

185 Pedro de Medina. Astrolabe, *Regimiento de nauegaciõ...* 1563, Sevilla. BL / BI.

第四章 世界地图进入专注时代——科学工匠测量世界

188, 190–191 Hans Holbein the younger. *The Ambassadors*. 1553. National Gallery, Lontoo.

192 Frans Florisin koulukunta. *The Measurers*. Late 1500s. Museum of the History of Science,University of Oxford.

193 P. Galle. Petrus Apianus, *Vivorum doctorum effigies*. 1572. Wellcome Library.

193 Maerten van Heemskerck. Gemma Frisius. c. 1543. Museum Boijmans van Beuningen, Rotterdam.

194–195 Petrus Apianus. Illustrations, *Cosmographicus liber*. 1545, Antwerpen. JNY.

196 Petrus Apianus. "Tipus Orbis Universalis Iuxta Ptolemei Cosmographi Tradionem...", *Ionnis Camertis Minoritari...* 1520, Vienna. 28.5 × 41 cm. JNY.

197 Petrus Apianus – Gemma Frisius. "Carta Cosmographica, con los nombres proriedad, y virtud delos vientos". 1544 (1575), Antwerpen. 19 × 27 cm. JNY.

199 Oronce Finé. "Recens, Et Integra Orbis Descriptio...". 1534, Paris. 51 × 57 cm. BnF. GE DD 2987 (63) (RES).

201 Christoph Amberger. *The Portrait of Sebastian Münster*. 1552. bpk / Gemäldegalerie, SMB/ Jörg P. Anders.

201 Frans Hogenberg – Georg Braun. "Basilea", Civitates orbis terrarum, Liber primus. JNY.

202–203 Sebastian Münster – Hans Holbein the younger. "Typus Cosmographicus Universale". 1532, Basel. 35 × 54 cm. JNY.

204–205 Sebastian Münster. Maps of the Continents, *Cosmographey oder beschreibung allerLänder...* 1567, Basel. Universität Freiburg. UB Freiburg, J 4763 h.

206–207 Sebastian Münster. "Typus universalis". 1540, Basel. 26 × 34.2 cm. JNY.

208–209 Jacobo de' Barbari. Venetie M.D. 1500. c. 131 × 282 cm. The John R. Van Derlip Fund, Minneapolis Institute of Arts.

210–211 Battista Agnese. World map. 1536. The Huntington Library.

212 Battista Agnese. Polar maps, *Atlas de Battista Agnese*. 1544. 14 × 22 cm. BNE. RES 000176, pag. 1-4.

213 Friedrich Peypus. The map of Tenochtitlán. 1524, Nuremberg. Newberry Library, Chicago / BI.

214–15 Giocomo Gastaldi. "Cosmographia Universalis et Exactissima Iuxta Postremam Neotericorum Traditio[n]em". 1561, Venice. 90 × 180 cm. BL. Maps C.18.n.1

216 Galleria delle carte geografiche. Vatican, Maps Gallery. © 2015. SA.

217 Girolamo Ruscelli. "Orbis Descriptio". 1561, Venice. 12.5 × 25.5 cm. JNY.

218 Girolamo Ruscelli. "Carta Marina NuovaTabula". 1561, Venice. 18.5 × 24 cm. JNY.

219 Girolamo Ruscelli. "Septentrionalium Partium Nova Tabula". 1561. JNS.

219 Giacomo Gastaldi. The map of Brazil,

Giovanni Ramusio: *Delle Navigationi et Viaggi*. 1556-1606. 18 × 24.5 cm. Universidade de São Paulo.

220 Abraham Bosse. The production of graphics. 1642/1643. LOC Prints and Photographs Division.

221 Petrus Plancius – Baptista van Doetecum. “Orbis Terrarum Typus de Integro Multis in Locis emendatus auctore Petro Plancio 1594”, Jan Huygen van Linschoten: *Histoire de la navigatio*... 1638, Amsterdam. JNY.

222–223 Guillaume Le Testu. Map projections and illustrations, *Cosmographie Universelle*. 1556. 53 × 36 cm. Service historique de la Défense – Château de Vincennes. D 1 Z 14, ff. IV, VII, XXXIV.

224–225 Jean Cossini. “Carte Cosmographique ou Universelle Description du Monde”. 1570, Dieppe. 25.5 × 45 cm. BnF. GE D 7896.

225 Theodore de Bry. Pirates, *Grand voyages*, vol. V. 1595. Kunstbibliothek, Staatliche Museen zu Berlin / bpk.

226 Daniel van Heil. The fire of Antwerpen. 1650. Deutsches Historisches Museum, Berlin/ A. Psille.

226 Peter Paul Rubens. *The portrait of Abraham Ortelius*. 1633. Museum Plantin-Moretus, Prentenkabinet,Antwerpen.

228–229 Abraham Ortelius. “Typus Orbis Terrarum”, *Theatre De L'Univers*... 1587, Antwerpen.33.5 × 49 cm.JNY.

230 Abraham Ortelius. “Septentrionales Regiones. Septentrionalium Regionum Descrip.”. 1598, Antwerpen. 36 × 42 cm. JNS.

231 Abraham Ortelius – Andreas Velleius. “Islandia Illustris...”. 1590. 33.5 × 49 cm. JNY.

232–233 Cornelis de Jode. “Hemispheriu Ab Aequinoctiali Linea...”. 1593, Antwerpen. 32.7 × 53.3 cm. JNY.

234 Christian Sgrooten. ” Prioris Hemisphaerii, totiusque Geographici huius operis, metrica dedicatio...”. 1592.83 × 68 cm. BNE. RES 266 (H. 10-11).

235 Frans Hogenberg. *The portrait of Gerard Mercator*. 1574. bpk.

236 Burning Heretics at the Stake. c. 1567. Private collection / BI.

237 Frans Hogenberg – Georg Braun. Poitier, *Civitates orbis terrarum*. De Agostini Picture Library / Getty images.

239 Gerard Mercator. Globe. 1541. Ø 41 cm. ÖNB.

240–241 Gerard Mercator. “Nova Et Aucta Orbis Terrae Description...”. 1569, Duisburg. 134 × 212 cm. BnF. GE A 1064.

242–243 Rumold Mercator – Giovanni Magini. “Orbis Terrae Compendiosa Descriptio Ex...”. 1597, Cologne. 13 × 17 cm. JNY.

244 Mercator. Frontispiece, *Atlas sive cosmographiae meditationes de fabricati figura*... 1630,Amsterdam. JNY.

245 Gerard Mercator – Henricus Hondius. “Septentrionalium Terrarum Descriptio Per Gerardum Mercatorum Cum Privilegio”. 1595, Duisburg. 18 × 25 cm. JNY.

246 Matthäus Merian. ”Nova Totius Terrarum Orbis Geographica Ac Hydrographica Tabula”. 1638, Frankfurt. 26 × 37.5 cm. JNY.

第五章 被包围的世界——海上贸易的兴起与地图出版商

250–251 Edwaert Collier. *Vanitas*. 1600s. Sotheby's.

252–253 Hendrik Cornelis Vroom. The Departure of the East Indiamen. c. 1600–1630. Rijksmuseum, Amsterdam.

254 Jan Huygen van Linschoten, Jan Huygen van Linschoten: *Histoire de la navigatio*... 1638, Amsterdam. JNY.

255 Manila. 1617/1619/1646. Rijksmuseum, Amsterdam.

256–257 Johannes Baptista van Doetecum. The market square of Goa. 1579–1592. History / BI.

258–259 Petrus Plancius. “Orbis Terrarum Typus De Integro Multis In Locis Emendatus Auctore Petro Plancio 1594”. 1594, Amsterdam. 40.5 × 57.5 cm. JNY.

260, 262–263 Petrus Plancius – Josua van den Ende. World map. c. 1604, Amsterdam. 113 × 231 cm. BnF. GE DD 2974 (11) (RES).

261 Emanuel de Witte. The Amsterdam Stock Exchange. 1653. Museum Boijmans Van Beuningen,
Rotterdam. Loan: Willem van der Vorm Foundation / Photographer Studio Tromp, Rotterdam.

265 Johann Theodor de Bry. “Descriptio Hydrographica”, *Dritter Theil Indiae Orientalis*. 1599, Frankfurt. c. 35 × 66 cm. KK.

265 Petrus Plancius – C. J. Visscher – Ioannes & Baptista van Doetecum. “Insulae Moluccae Celeberrimae Sunt Ob Maximam Aromatum...”. 1617, Amsterdam. 36.7 × 53 cm. State Library of New South Wales.

266–267 Theodore de Bry – Gerritt de Veer.“Deliniatio Cartae Trium Navigationum...”.1601, Amsterdam. 27.5 × 35.8 cm. JNS.

267 Abraham Speeck. Whaling on Svalbard. 1634. Skokloster slott.

268 Andries van Eertvelt. The Return to Amsterdam of the Cornelis de Hotman Fleet. 1600s. NMM.

269 *The Portrait of Sir Francis Drake*. *c*. 1580. National Portrait Gallery, London.

270–271 Jocodus Hondius. “Vera Totius Expeditionis Nauticae: Descriptio D. Franc. Draci...”. c. 1595, Amsterdam. 41 × 56 cm. LOC Geography and Map Division.

272 George Gower. *Elizabeth I and the*

*Invincible Armada*. c. 1588. Woburn Abbey, Bedfordshire/ BI.

274 Toussaint Dubreuil. *The Portrait of Henry IV*. c 1600. 37 × 48 cm. Musée du Louvre, Paris / RMN

274–275 Gerard Mercator – Henricus Hondius. “Typus Totius Orbis Terrarum In Quo &Christiani Militis...”. 1596–1597, Amsterdam. 37 × 48 cm. BL. Maps.188. k.1.(5).

276–277 Edward Wright – Joseph Moxon. “A Plat of All the World...”. 1655 (1657), London.52 × 77 cm.JNY.

277 Rumold Mercator. Mercator & Hondius, *Atlas sive cosmographiae meditationes de fabricatifigura*... 1630, Amsterdam. JNY.

278–279 Willem Jansz. Blaeu. Panorama of Rotterdam. 1606. Rijksmuseum, Amsterdam.

279 Thomas Keyser. *The Portrait of Willem Jansz. Blaeu*. Rijksbureau voor Kunsthistoriche Dokumentatie,The Hague.

280–281 Philip Eckebrecht. “Nova Orbis Terrarum Delineatio Singulai Ratione Accommadata...”. 1630, Ulm. 38.2 × 67.7 cm. JNY.

282 Willem Jansz. Blaeu. Globe. 1599, Amsterdam. Ø 34 cm. ÖNB.

283 Vincenzo Coronelli. Map Strips for a Globe. 1693, Venice. 24 × 46 cm. JNY.

283 *The Portrait of Johannes Schöner*. 1528. © Landesmuseum Hannover - ARTOTHEK.

284 Joan Blaeu. Effigies Tychonis Brahe O. F...., *Atlas Maior*, vol I. 1662, Amsterdam. KK.

285 Quiringh Gerritsz. van Brekelenkam. *A coppler at work*. c. 1622–1630, Leiden. Sotheby’s.

286–287 Pieter van den Keere – Johannes Janssonius. “Nova Totius Terrarum Orbis Geographica...”. 1630, Amsterdam. 40 × 53 cm. JNY.

289 Jan van Rossum. *The portrait of Joan Blaeu*. 1660. Het Scheepsvaartsmuseum, Amsterdam.

290–292 Joan Blaeu. “Nova Totius Terrarum Orbis Tabula”. 1648. 205 × 299 cm. Tokyo National Museum image archives.

293 Joan Blaeu. A detail from “Nova Totius Terrarum Orbis Tabula”. 1648. 203 × 300.9 cm. Tokyo National Museum image archives, Harry Ransom Center, University of Texas, Austin.

294–295 Joan Blaeu. “Nova Et Accuratissima Totius Terrarum Orbis Tabula...”. 1662, Amsterdam. 41 × 54.4 cm. JNY.

294 Jacob Gerritsz. Cuyp. *Portrait of Abel Tasman and his family*. 1637. National Library ofAustralia, Canberra.

296–297 John Speed. “A New and Accurat Map of the World...”. 1651, London. 39.6 × 52.8 cm. JNY.

298–299 Johannes van Keulen. Frontispiece, *De nieuwe groote lightende zee fakkel, ’t vierde deel door Jan Luyken*. 1681, Amsterdam. 48.5 × 60.2 cm. Collection Amsterdam Museum.

300 Johannes van Keulen. “Wassende Graade Kaart Van Alle Bekende Zeekusten...”. 1682, Amsterdam. JNY.

后记 18—19 世纪地图领域的科学、技术和探索

302 John Harrison. H4. 1759. NMM.

303 Louis Cossin. *J. Dominique Cassini*. 1696. Muséum national d’Histoire naturelle (MNHN), bibliothèque centrale, Pariisi.

304 Louis Renard. “Planisphere Representant Tout &L’etendue du Monde”. 1715–1739, Paris. 43.2 × 26.4 cm. JNY.

306–307 Nicolas Bailleul. “Nouvelle Mappemonde Avec las Representations des deux Emispheres...”. 1750, Paris. 51 × 72.5 cm. JNY.

308–309 Jean Baptiste Nolin. “Le Globe Terrestre Represente en Deux Plans-hemispheres...”. c. 1750, Pariisi. 119 × 149 cm. JNY.

310–311 Edmond Halley – R. & J. Ottens. “Nova et Accuratissima Totius Terrarum Orbis Tabula Nautica...”. c. 1730, Amsterdam. 52 × 142.5 cm. JNY.

311 Sir Godfrey Kneller. *The Portrait of Edmond Halley*. c. 1721. NMM.

312 Thomas King. *The Portrait of John Harrison*. 1767. Science museum, London / BI.

313 Jean de Beaurain. “Carte des Deux Regions Polaires jusqu’a 45° dgré de latitude”. c. 1780. 22.2 × 44.4 cm. JNS.

314 Philippe Buache – Benjamin Cole. “Physical Planisphere Wherein are Represented all the Known Lands and Seas...”. c. 1760. 32.2 × 29.8 cm. JNY.

315 William Hodges. – B. T. Pouncy. The Ice Islands, seen the 9th of Jan. 1773, A Voyage towardsthe South Pole... vol I. 1777, London. JNY.

316–317 Aaron Arrowsmith. “A Map of the World on a Globular Projection...”. 1794, London. 96 × 182 cm. JNY.

318 F. A. Brockhaus. “Luft und Meeresstromungen”. 1863, Leipzig. 36 × 49 cm. JNY.

319 Walter Crane. “Imperial Federation, Map of the World Showing the Extent of the British Empire”. 1886, London. 58.7 × 76.5 cm. JNY.

320 A. E. Nordenskiöld. *Vegas färd kring Asien och Europa*. 1880, Tukholma. JNS.

BAV Biblioteca Apostolica Vaticana
BI Bridgeman Images
BL © The British Library Board
BNE Biblioteca Nacional de España, Madrid.
BnF Bibliothêque nationale de France
bpk Bildagentur für Kunst, Kultur und Geschichte
BRB Beinecke Rare Books and Manuscript Library, Yale University
JNS John Nurminen Foundation, Helsinki (photos: Rauno Träskelin)
JNY Juha Nurminen World Map Collection, Helsinki (photos: Rauno Träskelin)
KK The National Library of Finland, Helsinki
LOC Library of Congress, Washington D.C.
NMM © National Maritime Museum, Greenwich, London
SA Scala archives

# 中译本图片索引

58—59 页
比萨图——13 世纪早期的航海图
法国国家图书馆

59 页
中世纪时期欧洲对阿拉伯数字的学习
耶鲁大学拜内克古籍善本图书馆

60—61 页
安吉利诺·杜尔塞特地图，1339
法国国家图书馆

60 页
罗盘
俄罗斯国家图书馆，圣彼得堡

61 页
绘图比例线
法国国家图书馆

62 页
罗盘风玫瑰：基于罗盘的风
摩德纳大学伊斯滕斯图书馆

63 页
皮耶特罗·维斯康提的波特兰海图
威尼斯民间博物馆基金会，2015 图片档案

64 页
阿拉贡王国的黄金时代
日内瓦图书馆

66—67 页
极北与极南地区的贸易
法国国家图书馆

68 页上
马西亚·德·比拉德斯特斯地图中的波罗的海
法国国家图书馆

68 页下
伟大的非洲统治者曼萨·穆萨
法国国家图书馆

70—71 页
《加泰罗尼亚地图集》——一幅皇家世界地图
法国国家图书馆

72 页
蒙古帝国——中世纪的超级大国
法国国家博物馆

73 页
《马可·波罗旅行记》
牛津大学博德利图书馆

74 页
12—13 世纪比萨的黄金时代
法国国家图书馆

75 页
第三次十字军东征离开海港
法国国家图书馆

77 页
马里诺·萨努托的世界地图
梵蒂冈教廷图书馆

82—83 页
宇宙图
芬兰国家图书馆

84 页
作为拜占庭科学与艺术中心的修道院
伊斯坦布尔科拉教堂

85 页
拜占庭的托勒密世界地图
大英图书馆董事会

86 页
托勒密指导制图师
法国国家图书馆

87 页
克劳狄乌斯·托勒密——“科学之王”
法国国家图书馆

90—91 页
佛罗伦萨——托斯卡纳的珍珠
慕尼黑巴伐利亚国立图书馆

92 页
曼努埃尔·赫里索洛拉斯肖像
巴黎卢浮宫

93 页
科卢乔·萨卢塔蒂肖像
佛罗伦萨老楞佐图书馆

94 页上
康斯坦茨
慕尼黑巴伐利亚国立图书馆

94 页下
博学的法国教士
大英图书馆董事会

95 页
斯堪的纳维亚出现在地图上
南锡市立图书馆

96 页
庞波尼乌斯·梅拉根据纪尧姆·菲拉特理论绘制的地图
兰斯图书馆

97 页
中世纪机械装置工作坊
布鲁塞尔比利时皇家图书馆

98—99 页
《小托勒密》
法国国家图书馆

100—101 页
精美图书中的新地理信息
梵蒂冈教廷图书馆

102 页
伟大的美第奇家族的寓言
佛罗伦萨美第奇 - 里卡迪宫

103 页
尼古劳斯·盖尔马努斯其他版本的斯堪的纳维亚地图
梵蒂冈教廷图书馆

104 页左
采购羊皮纸
哥本哈根丹麦皇家图书馆

104 页右
混合颜料
大英图书馆董事会

105 页上
制革师在工作

105 页下
羊皮纸制作完成
纽伦堡公共图书馆

105 页
中世纪图书制作指南
班贝格图书馆

107 页
安德里亚·比安科革新航海理论
威尼斯圣马可图书馆

108 页
安德里亚·比安科的世界地图
威尼斯圣马可图书馆

109 页上
地图中出现向大西洋岛屿航行的情景
威尼斯圣马可图书馆

109 页下
撒马尔罕——东西方千年丝绸之路的枢纽
威尼斯圣马可图书馆

111 页
博学的修道士
那不勒斯卡波迪蒙特国家博物馆和美术馆

112—113 页
弗拉·毛罗的世界地图，约绘制于 1447 年
威尼斯圣马可图书馆

114 页
弗拉·毛罗世界地图的细节：船、城市和伊甸园
威尼斯圣马可图书馆

117 页
博吉亚世界地图，绘制于 1430 年
梵蒂冈教廷图书馆

118 页
摩德纳世界地图，约绘制于 1450 年
摩德纳大学伊斯滕斯图书馆

119 页
乔瓦尼·利奥多地图，绘制于 1452 年
美国地理学会图书馆，威斯康星大学密尔沃基分校图书馆

120–121 页
"热那亚地图"，绘制于 1457 年
佛罗伦萨老楞佐图书馆

122 页
15 世纪晚期地中海商船
纽约公共图书馆

125 页
《球体 – 宇宙学》中的宇宙模型与世界地图
芬兰国家图书馆

126–127 页
《球体 – 宇宙学》中的插图
芬兰国家图书馆

128 页
《岛之书》中的世界地图
普鲁士文化遗产基金会下属柏林国家图书馆

129 页
克里斯托福罗·布隆戴蒙提《岛之书》中的君士坦丁堡
法国国家图书馆

130 页
航海教科书中的宇宙图和世界地图
劳伦斯·J. 舍恩伯格收藏

132 页
卡布拉尔的舰队
里斯本皇家科学院

134–135 页
航行在大西洋上的葡萄牙船只
法国国家图书馆

136 页
新世界的图像
法国国家图书馆

137 页
博洛尼亚——意大利北部贸易与学术中心
博洛尼亚城市博物馆

138 页
1477 年博洛尼亚版——第一幅印刷版世界地图
尤哈·努尔米宁世界地图收藏，赫尔辛基

139 页
1478 年罗马版——清晰图像
尤哈·努尔米宁世界地图收藏，赫尔辛基

140 页左
粗纸制作

140 页右
铸字

141 页左
印刷工

141 页右
装订工
德累斯顿萨克森州立 – 大学图书馆

142 页
1493 年《纽伦堡编年史》中的托勒密世界地图
尤哈·努尔米宁世界地图收藏，赫尔辛基

143 页
1482 年乌尔姆版——在木材上雕刻世界
尤哈·努尔米宁世界地图收藏，赫尔辛基

144–145 页
里斯本——葡萄牙通向海洋的窗口
莱顿大学图书馆

146 页
16 世纪旅行书籍中的葡萄牙航行
法国国家图书馆

147 页
1489 年亨里克斯·马尔特鲁斯作品——非洲最南端出现在地图上
大英图书馆董事会

148–149 页
弗兰西斯科·罗塞利的世界地图，绘制于约 1508 年
伦敦格林尼治国家航海博物馆

150 页
一幅皇家微缩地图上的最新地理世界观
大英图书馆董事会

152 页
马丁·贝海姆的"地球苹果"，1492 年
约翰·努尔米宁基金会，赫尔辛基

153 页左
克里斯托弗·哥伦布肖像画
加拉塔海洋博物馆，热那亚

153 页右
哥伦布发自西印度群岛的信函
约翰·卡特·布朗图书馆

154–155 页
1502 年"坎迪诺世界地图"——将世界划分为西班牙和葡萄牙势力的两个半球
摩德纳大学伊斯滕斯图书馆

156 页上
坎迪诺世界地图的细节：欧洲和北大西洋

156 页下
坎迪诺世界地图的细节：加勒比海群岛
摩德纳大学伊斯滕斯图书馆

158–159 页
胡安·德·拉·科萨世界地图，绘制于 1500 年
航海博物馆，马德里

160–161 页
1508 年的约翰内斯·鲁伊希世界地图
芬兰国家图书馆

162 页
1507 年的《宇宙学入门》
丹尼尔·克劳奇珍本书店

163 页
亚美利哥·韦斯普奇与美洲
美国国会图书馆，地理与地图部

164–165 页
马丁·瓦尔德泽米勒 1507 年世界地图
美国国会图书馆，地理与地图部

166 页左
想象新大陆
柏林国家博物馆艺术图书馆

166 页右
国王鞠躬
里斯本古代艺术国家博物馆

167 页
1511 年伯纳德·西尔瓦努斯的世界地图
尤哈·努尔米宁世界地图收藏，赫尔辛基

168 页
皮里·雷斯世界地图片段，绘制于 1513 年
伊斯坦布尔托普卡帕宫博物馆

169 页
控制地中海之战
伊斯坦布尔托普卡帕宫博物馆

171 页
《米勒图集》中的北欧和印度洋
法国国家图书馆

172–173 页
《米勒图集》中的圆形世界地图，绘制于 1519 年
法国国家图书馆

174 页
神圣戏剧中的世界
马德里西班牙国家图书馆

175 页
费迪南德·麦哲伦的环球航行
尤哈·努尔米宁世界地图收藏，赫尔辛基

177 页
塞维利亚——西班牙的外贸中心
马德里美洲博物馆

178–179 页
迪奥戈·里贝罗世界地图，绘制于 1529 年
梵蒂冈教廷图书馆

180 页
塞巴斯蒂安·卡伯特肖像
布里斯托市博物馆与美术馆

181 页
塞巴斯蒂安·卡伯特 1544 年世界地图（细节）：南美洲的大河
法国国家国书馆

182–183 页
塞巴斯蒂安·卡伯特 1544 年世界地图（后页跨页）
法国国家国书馆

184–185 页
佩德罗·德·梅迪纳的世界地图
西班牙国家图书馆，马德里

185 页
佩德罗·德·梅迪纳：作为导航工具的直角器与星盘
大英图书馆理事会
耶鲁大学拜内克古籍善本图书馆

186 页
Mar del Sur – 南方海洋
西班牙国家图书馆，马德里

191 页
《大使们》的世界
英国国家美术馆，伦敦

192 页
科学工匠测量世界
牛津大学科学史博物馆

193 页左
彼得鲁斯·阿皮亚努斯肖像
维尔康姆图书馆

193 页右
赫马·弗里修斯肖像
博伊曼斯·范伯宁恩美术馆，鹿特丹

195 页
仪器中的世界地图
尤哈·努尔米宁世界地图收藏，赫尔辛基

196 页
彼得鲁斯·阿皮亚努斯世界地图，绘制于 1520 年
尤哈·努尔米宁世界地图收藏，赫尔辛基

197 页
彼得鲁斯·阿皮亚努斯和赫马·弗里修斯的世界地图，绘制于 1544 年
尤哈·努尔米宁世界地图收藏，赫尔辛基

199 页
奥文斯·菲内的心形投影，绘制于 1534 年
法国国家图书馆

201 页左
塞巴斯蒂安·明斯特肖像
画廊博物馆，柏林

201 页右
巴塞尔——新教的文化中心
尤哈·努尔米宁世界地图收藏，赫尔辛基

202–203 页
塞巴斯蒂安·明斯特与小汉斯·荷尔拜因的世界地图，绘制于 1532 年
尤哈·努尔米宁世界地图收藏，赫尔辛基

204–205 页
塞巴斯蒂安·明斯特大洲地图，绘制于 1540 年
弗赖堡大学

206–207 页
塞巴斯蒂安·明斯特世界地图，绘制于 1540 年
尤哈·努尔米宁世界地图收藏，赫尔辛基

208–209 页
16 世纪初的威尼斯——印刷业与海运业的超级大国
约翰·R. 范德利普基金，明尼阿波利斯艺术博物馆

210–211 页
巴蒂斯塔·阿格尼斯的三条长途贸易路线，绘制于 1536 年
亨廷顿图书馆

212 页
巴蒂斯塔·阿格尼斯的两幅极地地图
西班牙国家图书馆，马德里

213 页
特诺奇提特兰——北美明珠
芝加哥纽贝里图书馆

214–215 页
贾科莫·盖斯塔尔迪世界地图，绘制于 1561 年
大英图书馆理事会

216 页
画在宫殿墙壁上的世界
梵蒂冈地图廊，2015

217 页
吉罗拉莫·鲁谢利世界地图，绘制于 1561 年
尤哈·努尔米宁世界地图收藏，赫尔辛基

218 页
吉罗拉莫·鲁谢利的海图，绘制于 1561 年
尤哈·努尔米宁世界地图收藏，赫尔辛基

219 页上
北方幽灵群岛
约翰·努尔米宁基金会，赫尔辛基

219 页下
伟大的威尼斯人游记
圣保罗大学

220 页
图像制作
国会图书馆图片与照片部，华盛顿

221 页
铜板雕刻地图
约哈·努尔米宁世界地图收藏，赫尔辛基

222–223 页
纪尧姆·勒·泰斯蒂地图集，绘制于 1556 年
法国国防历史档案处，文森城堡

225 页
加勒比海上的海盗与私掠船
德国国家博物馆馆艺术图书馆，柏林

224–225 页
让·科西尼世界地图
法国国家图书馆

226 页上
16 世纪的黄金时代与安特卫普的衰落
德国历史博物馆，柏林

226 下
亚伯拉罕·奥特柳斯肖像
比利时普朗坦 – 莫雷图斯博物馆，印刷部

228–229 页
亚伯拉罕·奥特柳斯世界地图，绘制于 1570 年
尤哈·努尔米宁世界地图收藏，赫尔辛基

230 页
奥特柳斯的北方地图，绘制于 1598 年
约翰·努尔米宁基金会，赫尔辛基

231 页
奥特柳斯地图集中的冰岛地图
尤哈·努尔米宁世界地图收藏，赫尔辛基

232–233 页
德·约德的极地投影世界，绘制于 1593 年

尤哈·努尔米宁世界地图收藏，赫尔辛基

234 页
克里斯蒂安·斯格鲁滕《马德里地图集》中的世界地图，绘制于 1592 年
西班牙国家图书馆，马德里

235 页
杰拉德·墨卡托肖像
普鲁士遗产图像档案馆

236 页
异教徒接受惩罚
私人收藏

237 页
田野里的地理学家
德阿戈斯蒂尼图片库／华盖图片

239 页
杰拉德·墨卡托的地球仪，绘制于 1541 年
奥地利国家图书馆，维也纳

240—241 页
杰拉德·墨卡托的世界地图与圆柱投影
法国国家图书馆

242—243 页
鲁莫尔德·墨卡托－乔瓦尼·马吉尼世界地图，绘制于 1597 年
尤哈·努尔米宁世界地图收藏，赫尔辛基

244 页
杰拉德·墨卡托地图集的扉页
尤哈·努尔米宁世界地图收藏，赫尔辛基

245 页
以墨卡托理论绘制的北极
尤哈·努尔米宁世界地图收藏，赫尔辛基

246 页
使用墨卡托投影法的马特乌斯·梅里安世界地图
尤哈·努尔米宁世界地图收藏，赫尔辛基

250—251 页
虚空派静物画中的地球仪和游记
苏富比

252—253 页
《东印度商船起航》
阿姆斯特丹国家博物馆

254 页
扬·惠根·范·林斯霍滕肖像画
尤哈·努尔米宁世界地图收藏，赫尔辛基

255 页
《荷兰商船驶离马尼拉》
国家博物馆版画收藏室，阿姆斯特丹

256—257 页
果阿的市场
布里奇曼图片库

258—259 页
佩特鲁斯·普兰休斯的《世界地图中的象征人物》，1594 年
尤哈·努尔米宁世界地图收藏，赫尔辛基

260 页
佩特鲁斯·普兰休斯教授商船海员
法国国家图书馆

261 页
阿姆斯特丹证券交易所
威廉·范·德·沃尔姆基金会，波伊曼·范·布宁根博物馆

262—263 页
约祖亚·范·登·恩德版的普兰休斯世界地图，约 1604 年
法国国家图书馆

265 页上
荷兰人在爪哇岛香料贸易中谋求一席之地
芬兰国家图书馆，赫尔辛基

265 页下
佩特鲁斯·普兰休斯的印度尼西亚和菲律宾群岛海图
新南威尔士州立图书馆

266—267 页
北方地图成为焦点
约翰·努尔米宁基金会，赫尔辛基

267 页
斯匹次卑尔根岛的捕鲸活动
斯库克洛斯特城堡

268 页
科内利斯·德豪特曼船队返回阿姆斯特丹
国家海洋博物馆，格林威治，伦敦

269 页
弗朗西斯·德雷克爵士——公海上的新教战士
国家肖像美术馆，伦敦

270—271 页
约道库斯·洪第乌斯的“德雷克地图”，约绘制于 1595 年
美国国会图书馆，地理和地图部

272 页
伊丽莎白一世与无敌舰队
沃本修道院，贝德福德郡

274 页
艺术宣传
卢浮宫，巴黎

274—275 页
《基督教骑士世界地图》，绘制于 1596 年
大英图书馆理事会

276—277 页
爱德华·赖特的世界地图
尤哈·努尔米宁世界地图收藏，赫尔辛基

277 页
墨卡托和洪第乌斯的双人画像
尤哈·努尔米宁世界地图收藏，赫尔辛基

278—279 页
阿姆斯特丹景观
阿姆斯特丹国家博物馆

279 页
威廉·扬松·布劳肖像
荷兰艺术史研究院，海牙

280—281 页
菲利普·埃克布雷希特的世界地图
尤哈·努尔米宁世界地图收藏，赫尔辛基

282 页
威廉·扬松·布劳的地球仪
奥地利国家图书馆地图部和地球仪馆，维也纳

283 页上
温琴佐·科罗内利为一个地球仪绘制的地球带
尤哈·努尔米宁世界地图收藏，赫尔辛基

283 页下
约翰·绍内肖像
下萨克森州立博物馆，汉诺威

284 页
第谷·布拉赫的天文台
芬兰国家图书馆，赫尔辛基

285 页
作为世界之窗的地图
苏富比

286—287 页
威廉·布劳 1606 年世界地图的一个版本
尤哈·努尔米宁世界地图收藏，赫尔辛基

289 页
约安·布劳肖像
荷兰国家海洋博物馆，阿姆斯特丹

290—291 页
约安·布劳的壁挂地图，1648
东京国立博物馆图片资料

292—293 页
布劳世界地图的细节
东京国立博物馆图片资料
得克萨斯大学哈利·兰塞姆中心，奥斯汀

294 页
阿贝尔 · 扬松 · 塔斯曼家庭肖像
澳大利亚国家图书馆，堪培拉

294—295 页
约安 · 布劳的《伟大地图集》世界地图，1662
尤哈 · 努尔米宁世界地图收藏，赫尔辛基

296—297 页
约翰 · 斯皮德的世界地图和加利福尼亚细节图，1627
尤哈 · 努尔米宁世界地图收藏，赫尔辛基

298—299 页
范 · 凯伦的世界地图
尤哈 · 努尔米宁世界地图收藏，赫尔辛基

300 页
《海洋火炬》扉页
阿姆斯特丹博物馆馆藏

302 页
约翰 · 哈里森的表
英国国家航海博物馆，格林威治，伦敦

303 页
乔凡尼 · 多美尼科 · 卡西尼肖像
法国国家自然历史博物馆中心图书馆，巴黎

304 页
路易斯 · 雷纳德版本的卡西尼世界地图
尤哈 · 努尔米宁世界地图收藏，赫尔辛基

306—307 页
尼古拉斯 · 巴约勒的装饰世界地图
尤哈 · 努尔米宁世界地图收藏，赫尔辛基

308—309 页
让 · 巴普蒂斯特 · 诺林的世界地图
尤哈 · 努尔米宁世界地图收藏，赫尔辛基

310—311 页
奥滕斯版本的埃德蒙 · 哈雷世界地图
尤哈 · 努尔米宁世界地图收藏，赫尔辛基

311 页
埃德蒙 · 哈雷肖像
英国国家航海博物馆，格林威治，伦敦

312 页
约翰 · 哈里森肖像
伦敦科学博物馆

313 页
让 · 德 · 布兰世界地图
尤哈 · 努尔米宁世界地图收藏，赫尔辛基

314 页
菲利普 · 布歇地图中的山脉
尤哈 · 努尔米宁世界地图收藏，赫尔辛基

315 页
詹姆斯 · 库克船长的船队
尤哈 · 努尔米宁世界地图收藏，赫尔辛基

316—317 页
亚伦 · 阿罗史密斯的世界地图
尤哈 · 努尔米宁世界地图收藏，赫尔辛基

318 页
世界地图中的自然现象
尤哈 · 努尔米宁世界地图收藏，赫尔辛基

319 页
大英帝国地图
尤哈 · 努尔米宁世界地图收藏，赫尔辛基

320 页
A．E. 诺登斯科德旅行记封面
尤哈 · 努尔米宁世界地图收藏，赫尔辛基

# *Map Projections and Coordinates in Terrestrial Sphere*

## 地球球体上的地图投影和坐标

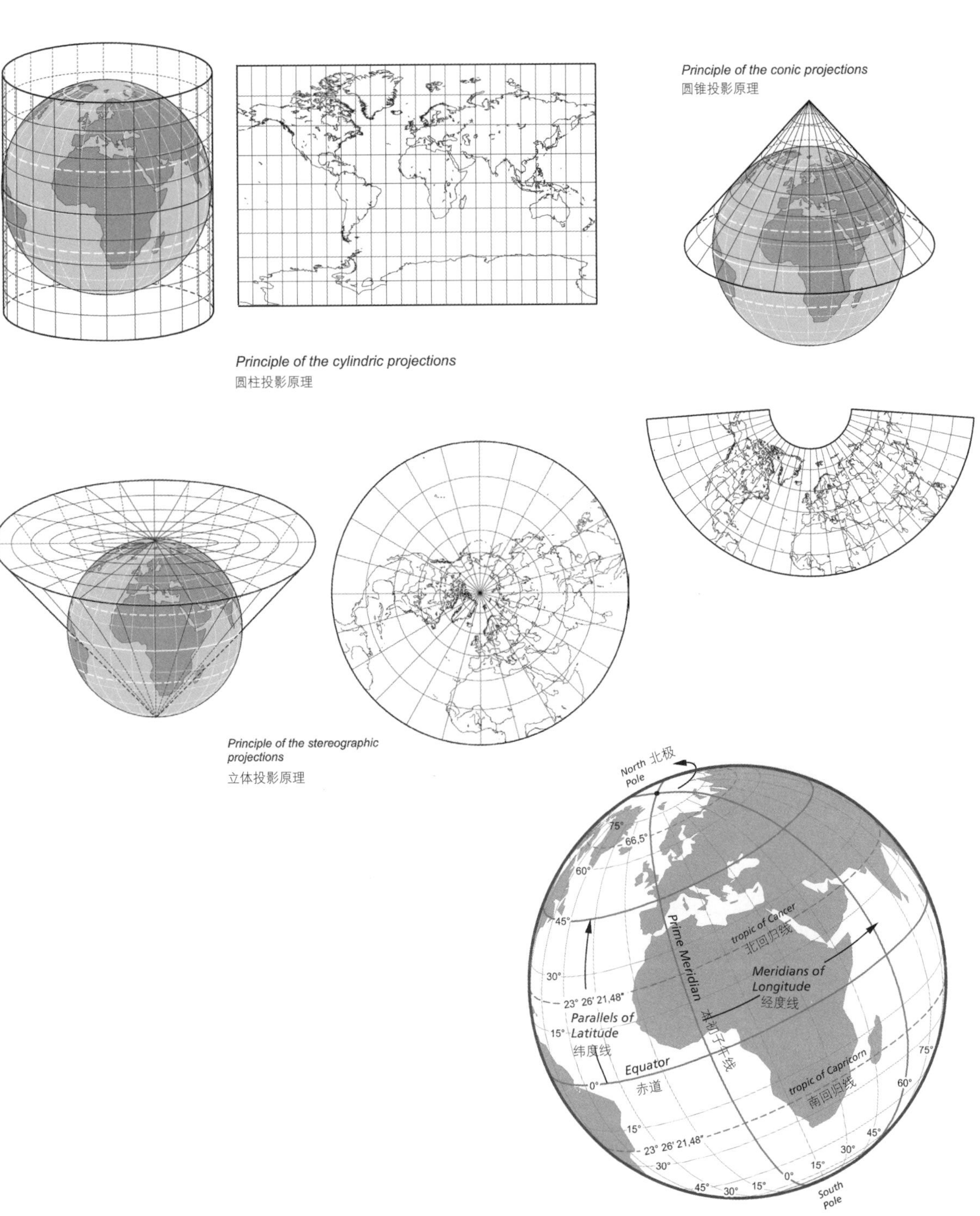


*Principle of the conic projections*
圆锥投影原理

*Principle of the cylindric projections*
圆柱投影原理

*Principle of the stereographic projections*
立体投影原理

# 译者后记

作为一名非专业译者，在看到翻译合同里规定译者要写一篇译后感的时候，内心着实忐忑。在我的认知里，译者后记都得是著名译者才有资格来写的，而且这类著名译者大多应该是某一领域的专业人士，而我既不是历史系出身，更不懂制图史，只是爱好翻译又了解点历史毛皮的普通兼职译者，该如何下笔，真是难事一桩。

虽然如此，也还是要迎难而上。放弃，似乎有那么点不甘，更何况在翻译这么一部博大生动、图文并茂的历史著作的过程中也确有所感触。最后想想，既然无法正襟危坐从专业历史角度来谈，不如就坦然地以一个普通译者／读者的身份来聊聊这本书——在我看来它有除了单纯历史书外不一样的读法。而且这样一本通俗易懂的历史读物，应该让更多大众读者来读着玩，而不仅是历史专业人士或重度历史爱好者独享这种阅读的乐趣。

现在大家对艺术的热情似乎与日俱增，各类教读者读懂名画、艺术史的作品如雨后春笋般涌现。而在翻译这本以制图为主题的历史著作的过程中，竟意外发现也可以把它当成一本欧洲绘画作品简明赏析手册，因为它不仅收录了众多珍贵地图——其中不乏堪称艺术品的精美之作，还展示了不同题材的艺术画作，并都用心撰写了图片说明——本书图片说明就多达 5 万字——足以让读者学会如何从历史文化的角度欣赏一幅画。除了地图，这本书中还收录了以历史事件、人物、景物等为主题的各类绘画作品三十余幅，作者都从历史文化角度对其进行了简约而不简单的说明。其中让我印象尤为深刻的是第五章两幅画的图说。其中一幅是英女王伊丽莎白一世的肖像画，另一幅则是荷兰画家奎林格·赫里茨·范·布雷克伦卡姆的代表性画作。作者对前一幅画中象征元素的详细说明，让看似无趣的肖像画瞬间散发出历史的趣味，而对后一幅看似寻常的历史生活场景画的解说，则在紧扣全书主旨的同时，又升华了地图的象征意义。读完这两幅图的图说，有一种豁然开朗之感，原来这些看似简单的画都暗藏玄机呀。这种送给读者的附加技能，我想值得更多人来 get。

而在翻译过程中，另一个让我引以为该书附送的好处是——以后出国旅游有新目标啦！作为一本内容翔实严谨的历史著作，全书收录的两百多幅地图和其他各类画作，作者不仅都配了图说，还一一标明了出处。作为译者，在翻译的过程中看到大英博物馆、法国国家图书馆、博洛尼亚城市博物馆等熟悉或陌生的名词，忍不住感叹，以后要是能带着这本书，把这些地方都去一遍，真实地看一眼书里的那些地图或画作该多好啊！我相信《欧洲地图里的世界文明史》有这样的魅力，也让读者在心中默默立下类似的 flag，让热爱阅读的人多一种走出国门的动力，不再只是买买买或各种景点打卡摆拍，而是能来一次更有深度的旅行，更贴近历史文化的旅行。

《欧洲地图里的世界文明史》的“好处”自然不止以上不那么正经的两个，之所以先说这两个，是希望读者不要轻易对这样一本书望而却步，而是能从阅读这样一本历史书中获得更多乐趣，能愉快地亲近历史。

作为一本正经的历史著作，《欧洲地图里的世界文明史》当然也有一本正经的“好处”作者马里奥·T. 努尔米宁是一名专业考古学家，擅长科学哲学研究，在成为全职作家前，她有超过 10 年的科学编辑经验。她的先生尤哈·努尔米宁——也是本书主编——则是一位地图收藏家。正是在丈夫的鼓励和协助下，马里奥花了大约 5 年时间，走访欧洲多家博物馆、图书馆和档案馆，为创作这本书搜集资料。本书中收录的很多地图都是稀世珍品，并且是第一次呈现给大众读者。而在本书的整个资料搜集和创作过程中，大英图书馆前地图部门负责人彼得·巴贝尔一直充当作者的导师。作者的这番苦心最终也赢得了高度认可，这本书出版后获得了专家一致好评，不仅得到芬兰图书基金会主办的芬兰文学奖非虚构类图书提名，还获得了英国皇家地理学会颁发的福德汉姆奖。专业团队的保驾护航和专业奖项的肯定，无疑是本书品质的最大保障。

最后，我想引用芬兰文学奖作品遴选委员会的提名理由来简单呈现本书的内容，让读者直接聆听专业的声音：“《欧洲地图里的世界文明史》带领读者穿过时间的长河，直抵欧洲文化核心。作者以制图和地图历史为中介，对宗教、商业、艺术、航海和强权政治进行了深入研究……最终呈现为这部精美深厚的作品。世界观的创造是一个伟大而令人激动的过程。这本书赋予了读者前所未有的体验。”